Carsten Schütz

Die UNCITRAL-Konvention
über Internationale Gezogene Wechsel
und Internationale Eigenwechsel
vom 9. Dezember 1988

RiWV 8

Die UNCITRAL-Konvention über Internationale Gezogene Wechsel und Internationale Eigenwechsel vom 9. Dezember 1988

von

Carsten Schütz

1992

Walter de Gruyter · Berlin · New York

Recht des internationalen Wirtschaftsverkehrs

herausgegeben von

Norbert Horn, Köln

in Verbindung mit

Ulrich Drobnig, Hamburg

Rolf Herber, Hamburg

Rolf A. Schütze, Stuttgart

und der Forschungsstelle für Vertragsrecht der internationalen Wirtschaft an der Universität zu Köln

Band 8

Walter de Gruyter · Berlin · New York

∞ Gedruckt auf säurefreiem Papier, das die US-ANSI-Norm über Haltbarkeit erfüllt.

Die Deutsche Bibliothek — CIP-Einheitsaufnahme

Schütz, Carsten:
Die UNCITRAL-Konvention über Internationale Gezogene Wechsel und Internationale Eigen-Wechsel vom 9. Dezember 1988 / von Carsten Schütz. — Berlin ; New York : de Gruyter, 1992.
(Recht des internationalen Wirtschaftsverkehrs ; 8)
ISBN 3-11-013482-9
NE: GT

Printed in The Netherlands.
Druck: Offsetdrukkerij Kanters, Ablasserdam
Buchbinderische Verarbeitung: Lüderitz & Bauer GmbH, Berlin

Inhaltsverzeichnis

Abkürzungsverzeichnis

A., A2d	Atlantic Reporter (Band und Seite)
A. & E.	Adolphus & Ellis's Reports (Band und Seite)
a.A.	anderer Ansicht
aff'd	affirmed
AG	Die Aktiengesellschaft (Jahr und Seite)
Am.J.Comp.L.	American Journal of Comparative Law (Jahrgang und Seite)
Anm.	Anmerkung
App.Cas.	Appeal Cases (Band und Seite)
Ariz.J.Int'l. & Comp.L.	Arizona Journal of International and Comparative Law (Jahrgang und Seite)
Art.	Artikel
AWD/RIW	Außenwirtschaftsdienst des Betriebsberaters/Recht der Internationalen Wirtschaft (Jahr und Seite), siehe auch RIW/AWD
AWG	Außenwirtschaftsgesetz v. 28.4.1961, BGBl I 481, BGBl III 7 Nr. 74000-1
B & C	Barnewall & Creswell's Reports (Band und Seite)
B.C.L.Rev.	Boston College Law Review (Jahrgang und Seite)
BankGesch	Bankgeschäfte
BB	Betriebsberater (Jahr und Seite)
BEA	Bills of Exchange Act, 1882, 45 & 46 Vict. c. 61; vgl. *Halsbury's Statutes of England and Wales* Vol.5 Bills of Exchange, Promissory Notes and Negotiable Instruments; Übersetzung bei *Schettler & Büeler*, Großbritannien
BGB	Bürgerliches Gesetzbuch v. 18.8. 1896, RGBl 195, BGBl I 2413
BGBl.	Bundesgesetzblatt, mit I Teil I; mit II Teil II; mit III Teil III
BGH	Bundesgerichtshof
bzw.	beziehungsweise
c	codex
C.B.	Common Bench Reports (Band und Seite)
Cal.West.I.L.J.	California Western International Law Journal (Jahrgang und Seite)
CanBEA	Canadian Bills of Exchange Act, Revised Statutes of Canada Chapter B-5, 1970; Übersetzung bei *Schettler & Büeler*, Kanada
Car.	Charles
Cir.	Circuit
CISG	United Nations Convention on Contracts for the International Sale of Goods

Conn.	Connecticut, Connecticut Reports
Ct.App.	Court of Appeal
D.	District
d.h.	das heißt
ders.	derselbe
DM	Deutsche Mark
dt.	deutsch
ECU	European Currency Unit
E.R.	English Reports (Band und Seite)
Ed.	editor
EGBGB	Einführungsgesetz zum Bürgerlichen Gesetzbuch v. 18.8.1896, RGBl. 604, BGBl. III 4 Nr. 400-1
EGWG	Einführungsgesetz zum Wechselgesetz v. 21.6.1933, RGBl. I 409
Einl. .	Einleitung
engl.	englisch
f, ff.	folgende
F2d	Federal Reporter (Band und Seite)
FG.	Festgabe
Fla.	Florida
Fn.	Fußnote
frz.	französisch
FS	Festschrift
FSupp.	Federal Supplement (Band und Seite)
G.	Gesetz
Ga.J.Int'l & Comp.L.	Georgia Journal of International and Comparative Law (Jahrgang und Seite)
Gen.Assembly	General Assembly
H.L.	Clark's House of Lords' Reports (Band und Seite)
i.e. .	id est
Ill.App.3d	Illinois Appellate Court Reports (Band und Seite)
IPR	Internationales Privatrecht
IPRax	Praxis des Internationalen Privat und Verfahrensrechts (Jahr und Seite)
iSv.	im Sinne von
I.Tr.L.C.	International Trade Law Conference
I.Tr.L.S.	International Trade Law Seminar
iVm	in Verbindung mit
IWF	Internationaler Währungsfonds
J.Dr.Int.	Journal Du Droit International (Jahr und Seite)
Jg.	Jahrgang
JZ	Juristen Zeitung (Jahr und Seite)
K.B.	King's Bench
Kan.	Kanada
KonflkAbk	Abkommen über Bestimmungen auf dem Gebiete des internationalen Wechselprivatrechts Bek. v. 22.Juni.1933 (RGBl II 377/445)
Ky.L.J.	Kentucky Law Journal (Jahrgang und Seite)

La.	Louisiana
LIBOR	London Interbank Offered Rate
M & W	Meeson & Welsby's Reports (Band und Seite)
M.L.J.	Malayan Law Journal (Jahrgang und Seite)
Marq. L.Rev.	Marquette Law Review (Jahrgang und Seite)
Mass.	Massachusetts, Massachusetts Reports
M.D.	Middle District
Md.	Maryland, Maryland Reports
MDR	Monatsschrift für Deutsches Recht (Jahr und Seite)
Mich.	Michigan
Mich.App.	Michigan Appeals Reports (Band und Seite)
Mich.L.R.	Michigan Law Review (Jahrgang und Seite)
Minn.	Minnesota
Misc.2d	Miscellaneous Reports (Band und Seite)
ML.	Methodenlehre
mwN.	mit weiteren Nachweisen
N.C.	North Carolina, North Carolina Reports
N.J.	New Jersey, New Jersey Reports (Band und Seite)
NIL	Negotiable Instruments Law
NJW	Neue Juristische Wochenschrift (Jahr und Seite)
Nr.; No.	Nummer
NW 2d	North Western Reporter (Band und Seite)
N.Y.	New York, New York Reports (Band und Seite)
NYS 2d	West's New York Supplement (Band und Seite)
ÖBankA	Oesterreichisches Bankarchiv (Jahr und Seite)
OLG	Oberlandesgericht
OLGZ	Entscheidungen der Oberlandesgerichte in Zivilsachen (Band u. Seite)
Or.	Oregon Reports (Band und Seite)
Ore.	Oregon
P2d	Pacific Reporter (Band und Seite)
Q.B. .	Queen's Bench Reports (Band und Seite)
RabelsZ	Rabels Zeitschrift für ausländisches und internationales Privatrecht (Jahr und Seite)
report Secr.gen.	report of the Secretary-General
RGBl.	Reichsgesetzblatt mit I Teil I; mit II Teil II
RGZ	Amtliche Sammlung der Reichsgericht-Rechtsprechung in Zivilsachen (Band u. Seite)
RIW/AWD	Recht der Internationalen Wirtschaft/Außenwirtschaftsdienst des Betriebsberaters (Jahr und Seite), siehe auch AWD/RIW
Rn.	Randnummer
R.R.	The Revised Reports (Band und Seite)
Rz.	Randziffer
S.	Seite
S.A.BEA	South African Bills of Exchange Act, Act 34 of 1964, Government Gazette No. 793 of 15th May 1964; Übersetzung bei *Schettler & Büeler*, Republik Südafrika
S.D.	Southern District

SchwBGE II	Entscheidungen des Schweizerischen Bundesgerichts, Amtliche Sammlung, Zivilsachen (Band und Seite)
SE2d	South Eastern Reporter (Band und Seite)
sec.	section
SJZ	Schweizerische Juristenzeitung (Jahr und Seite)
So 2d	Southern Reporter (Band und Seite)
Sup.Ct.	Supreme Court (Staat)
SW 2d	South Western Reporter (Band und Seite)
SZW	Schweizerische Zeitschrift für Wirtschaftsrecht (Jahr und Seite)
Tenn.	Tennessee
Tex.	Texas
u.	und
U. Pa. J.Int'l Bus.L .	University of Pennsylvania Journal of International Business Law (Jahrgang und Seite)
U.C.C. Rep. Serv.	Uniform Commercial Code Reporting Service (Band und Seite)
U.Chi.L.Rev.	University of Chicago Law Review (Jahrgang und Seite)
U.Pittsb. L.R .	University of Pittsburgh Law Review (Jahrgang und Seite)
U.S.	United States
U.S.A.	United States of America
Übers.	Übersicht
UCC	Uniform Commercial Code
UN	United Nations
UNCITRAL	United Nations Commission on International Trade Law
UNIDROIT	International Institute for the Unification of Private Law
v.	vor, von, vom
Va.	Virginia
Va.L.Rev.	Virginia Law Review (Jahrgang und Seite)
Vgl.	vergleiche
Vict.	Victoria
VO	Verordnung
Vol.	Volume
Vorbem.	Vorbemerkung
WährG	Erstes Gesetz zur Neuordnung des Geldwesens (Währungsgesetz) v. 20. 6. 1948, BGBl III Nr. 7600-1-a
WG	Wechselgesetz vom 21. 6. 1933, RGBl I 399
WM	Zeitschrift für Wirtschaft und Bankrecht, Wertpapiermitteilungen (Jahr und Seite)
WO	Wechselordnung vom 3. 6. 1908
WV	Wörterbuch des Völkerrechts
Yale L.J.	Yale Law Journal (Jahrgang und Seite)
z.B.	zum Beispiel
ZAIP	Zeitschrift für Ausländisches und Internationales Privatrecht (Rabelszeitschrift) (Jahr und Seite)
ZfRV	Zeitschrift für Rechtsvergleichung (Jahr und Seite)
zit.	zitiert

ZHR	Zeitschrift für das gesamte Handels- und Wirtschaftsrecht (Jahrgang und Seite)
ZPO	Zivilprozeßordnung, BGBl 535, BGBl III Nr. 310-4

Literaturverzeichnis

Angelici, Carlo, La Letra de Cambio Internacional en el Proyecto UNCITRAL, Vol. 69 revista de la federación latinoamerican de bancos, September 1988,55

Angelici, Carlo, La Convenzione delle Nazioni Unite sulla cambiale internazionale, Vol.2 Diritto Del Commercio Internazionale, Juli-Dezember 1988,575

Allan, David E., The UNCITRAL Draft Convention Revisited, Sixth International Trade Law Seminar, Australian Academy of Science, Canberra, 21-22 April 1979 S.29ff; Canberra 1979; zit.: *Allan*, VI. I.Tr.L.S. S. 29

Allan, David E., The UNCITRAL Draft Conventions On International Bills Of Exchange And International Promissory Notes And On International Cheques, Tenth International Trade Law Seminar, Australian Academy of Science, Canberra, 18-19 June 1983 S.313ff; Canberra 1983, zit.: *Allan*, X. I.Tr.L.S. S. 313

Arminjon, P., Précis de Droit international privé commercial, Paris 1948, zit.: *Arminjon* Nr.

Arminjon, P./Carry, P., La Lettre de Change et le Billet à Ordre, Lausanne 1938, zit.: *Arminjon/Carry* Nr.

Arrighi,Paul, La convención de la letra de cambio y pagaré internacional Legislación regional en materia de letra de cambio, Vol.75 revista de la federación latinoamerican de bancos, Dezember 1989,41

Bailey, Henry J./Brady, John Edson, Brady On Bank Checks, 5. Auflage Boston 1979, zit.: *Bailey* §

Baumbach, Adolf/Duden, Konrad/Hopt, Klaus J., Handelsgesetzbuch, 28. Auflage München 1989, zit.: *Baumbach/Duden/Hopt* § Anm.

Baumbach, Adolf/Hefermehl, Wolfgang, Wechselgesetz und Scheckgesetz, 17. Auflage München 1990, zit.: *Baumbach/Hefermehl* WG Art.Rn.

Baumbach, Adolf/Lauterbach, Wolfgang/Albers, Jan/Hartmann, Peter, Zivilprozeßordnung, 48. Auflage München 1990, zit.: *Baumbach/L/A/H*-Bearbeiter § Anm.

Bianca, C.M./Bonell, M.J., Commentary on the International Sales Law, The 1980 Vienna Sales Convention, Mailand 1987, zit.: *Bianca/Bonell*-Bearbeiter Art. Anm.

Bloch, Pascale, Le projet de convention sur les lettres de change internationales et les billets à ordre internationaux, Journal Du Droit International 1979 S. 770ff, zit.: *Bloch*, J.Dr.Int.1979,770

Blomquist, Robert F., The Proposed Uniform Law On International Bills of Exchange and Promissory Notes: A Discussion Of Some Special And General Problems Reflected In The Form And Content, Choice Of Law, And Judicial Interpretation Articles, Vol. 9 California Western International Law Journal S. 30 (1979), zit.: *Blomquist*, 9 Cal. West. I.L.J. 30, (1979)

Blum, Brian A., Notice To Holder In Due Course And Other Bona Fide Purchasers Under The Uniform Commercial Code, Vol. 22 Boston College Law Review S. 203 (1981), zit.: *Blum*, 22 B.C.L.Rev. 203, (1981)

Britton, William Everett, Handbook of the Law of Bills and Notes, 2. Auflage St. Paul 1961, zit.: *Britton* sec.

Byles, Sir John Barnard/Ryder,Frank R./Bueno, Antonio, Byles on Bills of Exchange, 26. Auflage London 1988, zit.: *Byles* S.

Caemmerer, Ernst v., Scheck- und Wechselrecht, Internationales in Wörterbuch des Völkerrechts Bd. III, Hrsg. Hans-Jürgen Schlochauer, S. 166ff, zit.: *v.Caemmerer*, Scheck- und Wechselrecht S.

Caemmerer, Ernst v./Schlechtriem, Peter, Hrsg., Kommentar zum Einheitlichen UN-Kaufrecht, München 1990, zit.: *v.Caemmerer/Schlechtriem-Bearbeiter* Art. Rn.

Canaris, Claus-Wilhelm, Das Verhältnis zwischen dem wechsel- und scheckrechtlichen Einwendungsausschluß und der Lehre vom Einwendungsdruchgriff kraft Rechtsmißbrauchs, Zeitschrift für das gesamte Handels- und Wirtschaftsrecht Jg.151 (1987) 517-565, zit.: *Canaris* ZHR 151 (1987) 517

Canaris, Claus-Wilhelm, Die Bedeutung allgemeiner Auslegungs- und Rechtsfortbildungskriterien im Wechselrecht, Juristenzeitung 1987, 543, zit.: *Canaris* JZ 1987, 543

Canaris, Claus-Wilhelm, Die Feststellung von Lücken im Gesetz, 2. Auflage Berlin 1983, zit.: *Canaris* Lücke §

Chalmers, Mackenzie D.E.St., Chalmers On Bills of Exchange, 13. Auflage London 1964, zit.: *Chalmers* S.

Cheng, Charles Lim Aeng, UNCITRAL's Work On The Draft Convention On International Bills Of Exchange And International Promissory Notes, Vol. 3 The Malayan Law Journal 1988 S.liii, zit.: *Cheng* 3 M.L.J 1988 S.

Coing, Helmut, Zur Rechtsstellung des gutgläubigen Wechselerwerbers, Festschrift für Carl Hans Barz zum 65. Geburtstag, S. 443ff, Berlin 1974, zit.: *Coing*, FS Barz S.443

Cowen, Dennis V., Cowen On The Law Of Negotiable Instruments In South Africa, 4. Auflage Kapstadt 1966, zit.: *Cowen*, S.

Crawford, Bradley, Crawford and Falconbridge Banking and Bills of Exchange, Vol. 2, 8. Auflage Toronto 1986, zit.: *Falconbridge-Crawford* §

Crawford, Bradley, Joint Meetings of UNCITRAL and FELABAN on International Negotiable Instruments and Legal Aspects of Electronic Funds Transfers, Mexico City 1-3 June, 1987. Remarks on The Practical Significance of the New Instuments from the Point of View of a Banking Lawyer, zit.: *Crawford* Remarks S.

Denkschrift der Reichsregierung, Reichstagsdrucksache Nr. 1442, RT V. Wahlperiode, 1930, zit.: *Denkschrift* S.

Dicey, A.V./Morris, J.H.C., Dicey and Morris on The Conflict of Laws, Band 2, 11. Auflage London 1987, zit.: *Dicey/Morris* S.

Dohm, Jürgen, Draft Uniform Law on International Bills of Exchange And International Promissory Notes, Vol. 21 The American Journal of Comparative Law S.474, 1973, zit.: *Dohm*, 21 Am.J.Comp.L. 474, (1973)

Farnsworth, E.Allan, Contracts, Boston 1982, zit.: *Farnsworth*, Contracts §

Farnsworth, E.Allan, Good Faith Performance And Commercial Reasonableness Under The Uniform Commercial Code, 30 University of Chicago Law Review S.666 (1963), zit.: *Farnsworth*, 30 U.Chi.L.Rev. 666, (1963)

Ferid, Murad, Internationales Privatrecht, 3. Auflage Frankfurt am Main 1986, zit.: *Ferid* IPR Kapitel-Rz

Firsching, Karl, Spanische Wechsel, Praxis des Internationalen Privat- und Verfahrensrechts 1982, 174; zit.: *Firsching*, IPRax 1982,174

Frisch Philipp, Walter, Die Interamerikanischen Abkommen von Panama über Wechsel, Schecks und Fakturen, Recht der Internationalen Wirtschaft 1979,520, zit.: *Frisch Philipp* RIW/AWD 1979,520

Ganten, Reinhard/Jahn, Uwe, Neues internationales Wechselrecht vor dem Abschluß, Die Bank 1987,394, zit.: *Ganten/Jahn*, Die Bank 1987,394

Ganten, Reinhard/Jäger, Horst-Ulrich/Jahn, Uwe, Wechselrechtsübereinkommen an die UNO überwiesen, Die Bank 1987,574, zit.: *Ganten/Jäger/Jahn*, Die Bank 1987,394

Graf, Jorge Barrera, Letra de Cambio y Pagaré Internacionales, por fin una reglamentación uniforme, Vol.69 revista de la federación latinoamerican de bancos, September 1988,83

Gramlich, Ludwig, Bundesbankgesetz Währungsgesetz Münzgesetz, Köln 1988, zit.: *Gramlich*, § Rn.

Greene, Bruno H., Personal Defences under the Geneva Uniform Law on Bills of Exchange and Promissory Notes: A Comparison, 46 Marquette Law Review S.281ff (1962-63), zit.: *Greene*, 46 Marq. L.Rev. 281 (1962-1963)

Guest, Anthony G., Instruments Denominated in A Foreign Currency, Vol. 27 The American Journal of Comparative Law 1979 S.533, zit.: *Guest*, 27 Am.J.Comp.L. 533, (1979)

Lord Hailsham of St.Marylebone, Bills of Exchange, Cheques and Promissory Notes, in Halsbury's Laws of England Vol.4, London 1973, zit.: *Halsbury's Laws of England* Vol.4 Nr.

Hart /Willier, Bender's Uniform Commercial Code Service Commercial Paper, Loseblattsammlung, Stand 1989, New York, zit.: *Hart & Willier* §

Hawkland, William D./Lawrence, Lary, Uniform Commercial Code Series, Band 4 und 5 - Art.3: Commercial Paper, Loseblattsammlung, Stand 1990, Wilmette 1982, zit.: *Hawkland* § 3- Nr.

Hefermehl, Wolfgang, Zum Anwendungsbereich des Art. 17 WG, Zeitschrift für das gesamte Handels- und Wirtschaftsrecht Jg.144 (1980) S. 34-46, zit.: *Hefermehl* ZHR 144 (1980) 34

Herber, Rolf, Die Arbeiten des Ausschusses der Vereinten Nationen für internationales Handelsrecht (UNCITRAL), Außenwirtschaftsdienst des Betriebsberaters/Recht der Internationalen Wirtschaft 1974,577; 1977,314, zit.: *Herber*, AWD/RIW 1974,577; *Herber*, RIW/AWD 1977,314

Herrmann, Gerold, Background and Salient Features of the United Nations Convention on International Bills of Exchange and International Promissory Notes, Vol. 10 University Of Pennsylvania Journal Of International Business Law S. 517 (1988), zit.: *Herrmann*, 10 U. Pa. J.Int'l Bus.L. 517 (1988)

Herrmann, Gerold, International Bills of Exchange And Promissory Notes: Legal Problems And Disparities Overcome By New United Nations Convention, Studies in Transnational Economic Law Vol. 6, The Law of International Trade Finance, Hrsg. Norbert Horn, Deventer 1989, zit.: *Horn-Herrmann* S.259

Herrmann, Gerold, La Conencion de las Naciones Unidas sobre letras de Cambio internacionales y pagares internacionales (Innovaciones con respecto a la Ley Uniforme de Ginebra), Vol.75 revista de la federación latinoamericana de bancos, Dezember 1989,17

Holden, J.M., The History of Negotiable Instruments in English Law, London 1955, zit.: *Holden* S.

Honnold, John, The United Nations Commission on International Trade Law: Mission and Methods, Vol. 27 The American Journal of Comparative Law 1979 S.201, zit.: *Honnold*, 27 Am. J. Comp.L. 201 (1979)

Honnold, John, Uniform law for international sales under the 1980 United Nations convention, Deventer 1982, zit.: *Honnold*, Uniform Sales Convention Anm.

Huber, Ulrich, Der UNCITRAL-Entwurf eines Übereinkommens über Internationale Warenkäufe. Rabels Zeitschrift für ausländisches und internationales Privatrecht 43. Jahrgang 1979,413ff, zit.: *Huber*, RabelsZ 1979,413

Huber, Ulrich, Einwendungen des Bezogenen gegen den Wechsel, Festschrift für Werner Flume Band II Köln 1978 S. 83, zit.: *Huber*, FS Flume II S.83

Hueck, Alfred/Canaris, Claus-Wilhelm, Recht der Wertpapiere, 12. Auflage München 1986, zit.: *Hueck/Canaris* §

Hupka, Josef, Das Einheitliche Wechselrecht der Genfer Verträge, Wien 1934, zit.: *Hupka* S.

Jacobi, Ernst, Wechsel- und Scheckrecht, Berlin 1955, zit.: *Jacobi* S.

Jäggi, Peter/Druey, Jean Nicolas/v. Greyerz, Christoph, Wertpapierrecht, Basel 1985, zit.: *Jäggi/Druey/Greyerz* § Nr.

Jähnchen-John, Heidrun, Das Wechsel- und Scheckrecht der Vereinigten Staaten von Amerika, Berlin 1976, zit.: *Jähnchen-John*, S.

Jayme, Erik, Das neue IPR-Gesetz - Brennpunkte der Reform Praxis des Internationalen Privat- und Verfahrensrechts 1986 S.265, zit.: *Jayme*, IPRax 1986,265

Joost, Detlev, Wechselauslegung und Wechselstrenge Wertpapiermitteilungen 1977,1394, zit.: *Joost* WM 1977,1394

Kapfer, Hans, Wechselgesetz und Scheckgesetz, 8. Auflage Wien 1981, zit.: *Kapfer*, Art. Anm.

Kegel, Gerhard, Internationales Privatrecht, 6. Auflage München 1987, zit.: *Kegel* IPR §

Keßler, Friedrich, Wechselgesetz, Mannheim 1933, zit.: *Keßler*, Art. Anm.

Klein, Friedrich, Vertragskonkurrenz in Wörterbuch des Völkerrechts Bd. III, Hrsg. Hans-Jürgen Schlochauer, S. 555ff, zit.: *Klein* WV III S.

Knur, Alexander/Hammerschlag, Karl, Kommentar zum Wechselgesetz, Bonn 1949, zit.: *Knur/Hammerschlag* Art. Anm.

Kropholler, Jan, Internationales Einheitsrecht Tübingen 1975, zit.: *Kropholler* S.

Kropholler, Jan, Internationales Privatrecht, Tübingen 1990, zit.: *Kropholler* IPR S.

Larenz, Karl, Methodenlehre der Rechtswissenschaft, Studienausgabe Berlin 1983, zit.: *Larenz* ML S.

Liesecke, Rudolph, Der Internationale Wechsel, Wertpapiermitteilungen 1973,442, zit.: *Liesecke*, WM 1973,442

Loussouarn, Yvon/Bredin, Jean-Denis, Droit Du Commerce International, Paris 1969, zit.: *Loussouarn/Bredin* Nr.

Marshall, Wolfgang Freiherr v., UNCITRAL's proposed International Bill of Exchange, Arizona Journal of International and Comparative Law 1987, 6ff, zit.: *v.Marshall*, 1987 Ariz.J.Int'l. & Comp.L. S.6,

Megrah, Maurice, The Bills of Exchange Act, 1882, 5. Auflage London 1957, zit.: *Megrah* S.

Meier-Hayoz, Arthur, Wertpapierrecht, Bern 1985, zit.: *Meier-Hayoz* § Rn.

Mertens, Hans-Joachim/Pflug, Hans-Joachim, Der internationale Wechsel - ein zirkulationsfähiges Wertpapier ? Die Aktiengesellschaft 1978,219, 260, 279, zit.: *Mertens/Pflug*, AG 1978,219

Müller-Freienfels, W., Die Verjährung englischer Wechsel vor deutschen Gerichten, Festschrift für Pan. J. Zepos anlässlich seines 65. Geburtstages am 1. Dezember 1973 II. Band S. 491ff, zit.: *Müller-Freienfels*, FS Zepos S.491

Münchener Kommentar zum Bürgerlichen Gesetzbuch, 2. Auflage, Band 7, München 1990, zit.: *Müko-Bearbeiter* § Rn.

O'Callaghan, Thomas E., UNCITRAL Draft Convention On International Bills Of Exchange And International Promissory Notes - A Commentary On The Paper Presented By Dr. Gerold Herrmann, Fifteenth International Trade Law Conference, Canberra, 4-6 November 1988, Canberra 1988, zit.: *O'Callaghan*, XV. I.Tr.L.C. S.

Ostheim, Rolf, Zur Lehre von den Einwendungen im Wechselrecht, Festschrift für Walter Kastner zum 70. Geburtstag, S.349ff, Wien 1972, zit.: *Ostheim* FS Kastner S.349

Ott, Walter, Das Vertrauensprinzip und die Lehre vom Einredenausschluß im Wechselrecht, Schweizer Juristenzeitung 1979,153, zit.: *Ott* SJZ 1979,153

Palandt, Bürgerliches Gesetzbuch, 49. Auflage München 1990, zit.: *Palandt*-Bearbeiter § Anm.

Penney, Norman, The Draft Convention On International Bills Of Exchange and International Promissory Notes: Formal Requisites, Vol. 27 The American Journal of Comparative Law, 1979 S. 515, zit.: *Penney*, 27 Am.J.Comp.L. 515, (1979)

Percerou, J./Bouteron, J., La Nouvelle Législation française et internationale De La Lettre De Change, Du Billet A Ordre Et Du Chèque, Band 2, Paris 1951, zit.: *Percerou/Bouteron* II Nr.

Percy, R.A., Charlesworth & Percy on Negligence, 7. Auflage London 1983, zit.: *Percy* Anm.

Peters, Ellen A., Suretyship Under Art. 3 of the Uniform Commercial Code, Vol. 77 Yale Law Journal S. 833 (1968), zit.: *Peters*, 77 Yale L.J. 833, (1968)

Pflug, Hans-Joachim, Zur Auslegung wechselmäßiger Erklärungen gegenüber dem ersten Wechselnehmer und gegenüber weiteren Erwerbern des Papiers, Zeitschrift für das gesamte Handels- und Wirtschaftsrecht Jg.148 (1984) S.1, zit.: *Pflug* ZHR 148 (1984) 1

Pleyer, Klemens/Stecher, Reiner, Erfordernisse und Möglichkeiten einer internationalen Vereinheitlichung des Wechselrechts, Wertpapiermitteilungen 1977, Sonderbeilage 4, zit.: *Pleyer-Stecher* WM 1977 S.

Quassowski, L./Albrecht, E., Wechselgesetz, Berlin 1934, zit.: *Quassowski/Albrecht* Art. Anm.

Rabel, Ernst, "Bills and Notes" in "The Conflict of Laws" Vol.IV, S.129ff, Ann Arbor 1958, zit.: *Rabel*, Conflict of Laws Vol.IV S.

Raiser, Ludwig, Die Wirkungen der Wechselerklärungen im internationalen Privatrecht, Berlin und Leipzig 1931, zit.: *Raiser*, Wechselerklärungen S.

Ripert, Georges/Roblot, René, Traité Élémentaire De Droit Commercial, 10. Auflage Paris 1986, zit.: *Ripert-Roblot* Nr. S.

Roblot, René, Les Effets De Commerce, Paris 1975, zit.: *Roblot* Nr.

Roblot, René, Une Tentative D'Unification Mondiale Du Droit: Le Projet De La C.N.U.D.C.I. Pour La Création D'Une Lettre De Change Internationale, Mélanges dédiés à Jean Vincent S. 361ff, Paris 1981, zit.: *Roblot*, Mélanges Vincent S. 361

Rodriguez, Nury, Convención de la CNUDMI sobre letras de cambio internacionales y pagarés internacionales, Vol.75 Revista de la federación latinoamericana de bancos, Dezember 1989,53

Ryder, F.R., Negotiable Instruments, Harmondsworth 1970, zit.: *Ryder* S.

Samtleben, Jürgen, Die Interamerikanischen Spezialkonferenzen für Internationales Privatrecht, Rabels Zeitschrift für ausländisches und internationales Privatrecht 44. Jahrgang 1980 S.257ff, zit.: *Samtleben*, RabelsZ 1980,257

Schefold, Dietrich, Zur Rechtswahl im internationalen Scheckrecht, Praxis des Internationalen Privat- und Verfahrensrechts 1987 S.151, zit.: *Schefold*, IPRax 1987,151

Schettler, Wolfgang/Büeler, Heinrich/Bodenstein, Friedel/Jahn, Uwe, Das Wechsel- und Scheckrecht aller Länder, Großbritannien und Nordirland, Kanada, Republik Südafrika, Vereinigte Staaten von Amerika, Loseblattsammlung Stand 1984 Köln, zit.: *Schettler-Büeler*

Schinnerer, Erich, Brauchen wir ein neues Wertpapier für den internationalen Handel ? Oestereichisches Bankarchiv 1971,370, zit.: *Schinnerer*, ÖBankA 1971,370

Schinnerer, Erich, Zum Entwurf für ein Internationales Wertpapier, Festschrift für Kurt Wagner zum 65. Geburtstag, Seite 315ff, Wien 1987, zit.: *Schinnerer*, FS Wagner S.315

Schinnerer, Erich, Österreichs Einstellung zum Entwurf einer Konvention für ein internationales Wertpapier, Oesterreichisches Bankarchiv 1986,259, zit.: *Schinnerer*, ÖBankA 1986,259

Schinnerer, Erich, Zu den Konventionsentwürfen von UNCITRAL für ein internationales Wechselrecht und ein internationales Scheckrecht, Wien 1983, zit.: *Schinnerer* Konventionsentwürfe S.

Schinnerer, Erich, Einige Fragen der Rechtsanwendung im Zusammenhang mit dem Entwurf zu einer Konvention für internationale gezogene Wechsel und internationale Eigenwechsel, Festschrift Fritz Schwind S.237ff, Wien 1978, zit.: *Schinnerer* FS Schwind S.237

Schinnerer, Erich, Regeln für ein besonderes Wertpapier für den internationalen Handel, Festschrift für Walter Kastner zum 70. Geburtstag, S.383ff; Wien 1972, zit.: *Schinnerer* FS Kastner S.383

Schinnerer, Erich, Zum Entwurf eines einheitlichen Gesetzes über ein Wertpapier für den internationalen Handel, Zeitschrift für Rechtsvergleichung 1972,277, zit.: *Schinnerer*, ZfRV 1972,277

Schinnerer, Erich, Noch einmal zu den Regeln über ein neues Wertpapier für den internationalen Handel, Zeitschrift für Rechtsvergleichung 1971,261, zit.: *Schinnerer*, ZfRV 1971,261

Schnitzer, Adolf F., Handbuch des Internationalen Handels,- Wechsel- und Checkrechts, Zürich-Leipzig 1938, zit.: *Schnitzer* S.

Soergel, Bürgerliches Gesetzbuch, 11. Auflage Band 8 Stuttgart 1983, zit: *Soergel-Bearbeiter* § Rz.

Stanzl, Gustav, Böser Glaube im Wechselrecht, Graz 1950, zit.: *Stanzl*, S.

Staub/Stranz, Martin/Stranz, Moritz, Staub's Kommentar zur Wechselordnung, 12. Auflage Berlin 1929, zit.: *Staub-Stranz* WO Art. Anm.

Staudinger, J.v., Kommentar zum Bürgerlichen Gesetzbuch, 10/11. Auflage, Teil 2b, Berlin 1978, zit.: *Staudinger-Bearbeiter* § Rn.

Stranz, Martin, Wechselgesetz, 14. Auflage Berlin 1952, zit.: *Stranz* WG Art. Anm.

Thomsen, Detlef, Die Einwendungslehre im englischen und deutschen Wechselrecht Heidelberg 1977, zit.: *Thomsen*, S.

Ulmer, Eugen, Das Recht der Wertpapiere, Stuttgart-Berlin 1938, zit.: *Ulmer* § S.

Ulmer, Eugen, Die Bedeutung der Form im englischen Wechselrecht, Zeitschrift für Ausländisches und Internationales Privatrecht 1929,242, zit.: *Ulmer*, ZAIP 1929,242

Ulmer, Eugen, Einwendungsausschluß im Einheitlichen Wechselgesetz, Festschrift für Ludwig Raiser zum 70. Geburtstag, Tübingen 1974, S.225ff, zit.: *Ulmer*, FS Raiser S.

Ulmer, Eugen, Geschichtliche und rechtsvergleichende Studien zum englischen Wechselrecht, Festgabe für Philipp Heck, Max Rümelin, Arthur Benno Schmidt S.178ff, Tübingen 1931, zit.: *Ulmer* FG Heck S.178

Vis, Willem C., Forged Indorsements, Vol. 27 The American Journal of Comparative Law 1979 S.547, zit.: *Vis*, 27 Am.J.Comp.L. 547, (1979)

Vis, Willem C., Unification of the Law Of Negotiable Instruments: The Legislative Process, Vol. 27 The American Journal of Comparative Law 1979, S.507, zit.: *Vis*, 27 Am.J.Comp.L. 507, (1979)

Vis, Willem C., Unification of International Trade Law (with special reference to negotiable instruments and commercial arbitration) in World Trade And Trade Finance, Hrsg. Joseph Jude Norton, New York 1985, zit.: *Vis* Unification S.

Volken, Paul, Das UNO-Übereinkommen vom 9.Dezember 1988 über internationale Wechsel, Schweizerische Zeitschrift für Wirtschaftsrecht 1990 S.100, zit.: *Volken*, SZW 1990,100

Warren, William D., Cutting Off Claims Of Ownership Under The Uniform Commercial Code, 30 University of Chicago Law Review S.469 (1963), zit.: *Warren*, 30 U.Chi.L.Rev. 469, (1963)

Weber, Charles M./Speidel, Richard E., Commercial Paper, 3. Auflage St.Paul 1982, zit.: *Weber/Speidel* S.

Weimar, Wilhelm, Die Umdeutung wechsel- und scheckrechtlicher Erklärungen, Wertpapiermitteilungen 1967, 862, zit.: *Weimar*, WM 1967,862

Weinberg, Harold R., Pleading and Practice in Commercial Paper Cases: Burdens of Proof, Vol. 72 Kentucky Law Journal S.575 (1983-1984), zit.: *Weinberg* 72 Ky.L.J. 575 (1983-1984)

Whaley, Douglas J., Forged Indorsements and the UCC's "holder", Vol. 65 Indiana Law Review S. 45 (1967), zit.: *Whaley*, 65 Ind.L.R. 45, (1967)

White, Harold S., The Convention on the Uniform Law of International Bills of Exchange and International Promissory Notes: A Comparison to the Uniform Commercial Code, 5 Georgia Journal of International and Comparative, Law S.216 (1975), zit.: *White*, 5 Ga.J.Int'l & Comp.L. 216, (1975)

White, James J., Some petty complaints about Article Three, Vol. 65 Michigan Law Review S.1315 (1972), zit.: *White*, 65 Mich.L.R. 1315, (1972)

White, James J./Summers, Robert S., Uniform Commercial Code, 3. Auflage St.Paul 1988, zit.: *White/Summers* § S.

Wolff, Martin, Das Internationale Privatrecht Deutschlands, 3. Auflage Berlin 1954, zit.: *Wolff*, IPR S.

Zöllner, Wolfgang, Die Wirkung von Einreden aus dem Grundverhältnis gegenüber Wechsel und Scheck in der Hand des ersten Nehmers, Zeitschrift für das gesamte Handels- und Wirtschaftsrecht Jg.148 (1984) 313, zit.: *Zöllner* ZHR 148 (1984) 313

Zöllner, Wolfgang, Wertpapierrecht, 14. Auflage München 1987, zit.: *Zöllner* §

§ 1 Einleitung

Am 9. Dezember 1988 verabschiedete die Generalversammlung der Vereinten Nationen auf ihrer 76. Sitzung die "Konvention über Internationale Gezogene Wechsel und Internationale Eigen-Wechsel". Diese Konvention ist das Ergebnis von 20 jährigen Verhandlungen unter der Schirmherrschaft der Vereinten Nationen.

Der Text der Konvention[1] umfaßt insgesamt 90 Artikel, die in 9 Kapitel, teilweise mit Unterabschnitten, gegliedert sind. Die Konvention umschreibt in Kapitel 1 ihren Anwendungsbereich und die formalen Voraussetzungen für die Gültigkeit Internationaler Wechsel und Internationaler Eigen-Wechsel. Das zweite Kapitel enthält Auslegungsrichtlinien und Definitionen für allgemein verwendete Ausdrücke sowie eine Vorschrift zur Vervollständigung unvollständiger Papiere. In Kapitel 3 wird die Übertragung der Wechsel behandelt, Kapitel 4 umschreibt die Rechte und Pflichten der verschiedenen Wechselparteien. Das Verfahren der Vorlage zur Annahme und Zahlung, die Rechte der Parteien bei Verweigerung von Annahme und Zahlung sowie der Rückgriff sind in Kapitel 5 geregelt, während Kapitel 6 die Beendigung der Wechselverpflichtung durch Zahlung behandelt. Die Kapitel 7 bis 9 enthalten dann Vorschriften für abhandengekommene Wertpapiere, die Verjährung sowie die Schlußvorschriften über Vorbehalte und Zeichnungsfristen.

Diese Konvention soll als ein weiterer Schritt auf dem Weg zur Vereinheitlichung des Wechselrechtes ein neues, internationales Wechselsystem schaffen, welches der Handelsverkehr wahlweise neben den weiterhin bestehenden nationalen Wechselrechten verwenden kann. In seiner Anlage will die Konvention die bis heute bestehenden Unterschiede zwischen den existierenden Wechselrechten überbrücken. Mit dieser Konvention kommt vorerst ein langer Prozeß der Rechtsvereinheitlichung in einem Rechtsgebiet zu Ende, welches bereits frühzeitig und wiederholt Gegenstand von Rechtsvereinheitlichungsbemühungen war.

---

1 Der englische Text der Konvention ist im Annex zu UNCITRAL Yb. 1988 Vol.19 A/RES/43/165 enthalten und wird in Anhang I wiedergegeben.

1.1 Die Entwicklung des Wechselrechts

Die Geschichte des Wechsels beginnt im frühen Mittelalter. Mit dem Wiederaufleben des Fernhandels im 12. Jahrhundert erwachte das Bedürfnis nach einem konvertiblen Zahlungsmittel, welches zugleich einen bargeldlosen Zahlungsverkehr ermöglichte. In den oberitalienischen Handelsstädten entwickelte sich daraufhin der Wechsel (cambium), der in seiner Frühform ein domizilierter Eigenwechsel war. Der Kaufmann, der eine Schuld in einer anderen Stadt, meist in einer anderen Währung, zu begleichen hatte, zahlte den Betrag in seiner Heimatwährung bei einem Geldwechsler (campsor) in seiner Heimatstadt ein und erhielt dafür einen Wechselbrief, in welchem der Geldwechsler versprach, den geschuldeten Betrag in der am Zahlungsort gültigen Währung auszuzahlen.[2] Der "Wechsel" hatte in seiner Frühzeit als bargeldersetzendes Zahlungsmittel die doppelte Funktion der Überweisung (Remittierung) von Geldern an einen fremden Platz und der Umwechselung von Geldern von heimischer Währung in die Währung des Zahlungsortes.[3]

Im Laufe des 14. und 15. Jahrhunderts entwickelte sich der gezogene Wechsel, die Tratte, in welcher der Geldwechsler nicht mehr versprach, selbst am Zahlungsort zu zahlen, sondern in welcher er einen Geschäftsfreund anwies, an den Überbringer der Urkunde zu zahlen.[4] Die Forderungen der Geldwechsler gegeneinander wurden entweder verrechnet oder auf speziellen Wechselmessen ausgeglichen.[5]

Durch die Einführung des Indossamentes oder Giro im 16. Jahrhundert wurde der Wechsel zu einem umlauffähigen Zahlungspapier.[6] Voraussetzung für diese Entwicklung war die Übernahme der Orderklausel in den Wechsel. Durch diese eröffnete der Aussteller die Möglichkeit, den Wechsel an eine weitere Person als Zahlungsempfänger zu übertragen. Als Übertragungsvermerk setzte sich dabei das auf die Rückseite des Wechsels gesetzte Indossament durch.[7] Die durch die erleichterte Übertragbarkeit des Wechsels mittels Orderklausel und Übertragungsvermerk erzielte Umlauffähigkeit des Wechsels führte zu einem allmählichen Funktionswandel des Wechsels. Dieser wurde nicht mehr nur als Zahlungsmittel, sondern zunehmend auch als Kreditmittel verwandt. Der Aussteller, meist der Verkäufer, zog auf den Käufer einen Wechsel mit einer Laufzeit von ca. 3 Monaten, den dieser akzeptierte.

---

2 *Baumbach/Hefermehl* Einl.WG Rn.1; ausführlich zur Entwicklung des Wechsels *Ulmer* § 16 S.162ff mwN.

3 *Ulmer* § 16 S.162f.

4 *Baumbach/Hefermehl* Einl.WG Rn.1.

5 *Baumbach/Hefermehl* Einl.WG Rn.1.

6 *Ulmer* § 16 S.166f.

7 Vgl. *Ulmer* § 16 S.166.

Der Aussteller verkaufte (diskontierte) diesen Wechsel unter Abzug der Zwischenzinsen (dem Diskont) an seine Bank und beschaffte sich so die benötigten Barmittel.[8]

Der Umlauf der Wechsel brachte allerdings das Problem der Schutzbedürftigkeit des Erwerbers eines Wechsels mit sich, welches gegen Ende des 17. Jahrhunderts zur Ausbildung der Lehre vom Einwendungsausschluß führte.[9]

Mit der damit einsetzenden rechtsdogmatischen Diskussion löste sich die bis dahin bestehende Rechtseinheit im Wechselrecht auf. In England übernahmen die Common Law Gerichte die Jurisdiktion über das Wechselrecht von den bis dahin zuständigen kaufmännischen Sondergerichten und begannen mit der Ausbildung eines Common Law Wechselrechtes, welches schließlich im Bills of Exchange Act (BEA) von 1882 kodifiziert wurde,[10] und in dieser Form weitgehend von den damaligen Kolonien und Mitgliedern des Britischen Commonwealth übernommen wurde.[11]

Die ersten landesrechtlichen Kodifizierungen des Wechselgewohnheitsrechtes begannen jedoch auf dem Kontinent.[12] Die erste Kodifizierung erfolgte 1603 mit der Wechselordnung in Hamburg, 1673 folgte in Frankreich die ordonnance du commerce und 1794 kodifizierte Preußen das Wechselrecht in seinem Allgemeinen Landrecht.[13] Bis 1847 wurden in Deutschland 56 verschiedene Wechselordnungen erlassen. Diese Rechtszersplitterung machte sich beim Wechsel, als einem zum Umlauf bestimmten Zahlungspapier, besonders nachteilig bemerkbar. Preußen berief daher 1847 die deutsche zwischenstaatliche Kommission nach Leipzig, welche die Allgemeine Deutsche Wechselordnung entwarf. Obwohl dieser Entwurf 1848 von der Deutschen Nationalversammlung in Frankfurt zum Reichsgesetz erhoben wurde, führten die politischen Umstände dazu, daß die Allgemeine Deutsche Wechselordnung in den deutschen Ländern sowie in Österreich und Liechtenstein nur als Landesgesetz eingeführt wurde.[14] Dieses Gesetz wurde 1857 von der Nürnberger Handelsrechtskommission novelliert, sodann 1869 vom Norddeutschen Bund als Bundesgesetz und 1871 vom Deutschen Reich als

---

8 *Ulmer* § 15 S.153f; *Hueck/Canaris* § 5 III 2.

9 *Ulmer* § 16 S.167.

10 Bills of Exchange Act, 1882, 45 & 46 Vict. c. 61. Zur Entwicklung des Wechselrechts in England ausführlich *Holden*, siehe auch *Ulmer* FG Heck S.178 (180-192). Der BEA ist abgedruckt in *Halsbury's Statutes of England and Wales*, Vol.5, Fourth Ed., London 1989 S.334ff, Übersetzung bei *Schettler & Büeler*, Großbritannien.

11 Vgl. *Byles* S.3.

12 Vgl. *Baumbach/Hefermehl* Einl.WG Rn.1,2; *Ulmer* § 16 S.168; *Vis* Unification 6-7.

13 *Hueck/Canaris* § 5 IV 6; *Ulmer* § 16 S.168.

14 *Baumbach/Hefermehl* Einl.WG Rn.2; *Hueck/Canaris* § 5 IV 7.

Reichsgesetz übernommen. In der geänderten Fassung von 1908 galt dieses Gesetz in Deutschland bis 1933.[15]

Durch die wachsende Bedeutung des internationalen Handels machte sich gegen Ende des 19. Jahrhunderts ein Bedürfnis nach internationaler Rechtsvereinheitlichung bemerkbar. 1910 und 1912 fanden zwei Wechselrechtskonferenzen im Haag statt, deren endgültiger Entwurf infolge des Ausbruchs des 1. Weltkrieges jedoch nicht ratifiziert wurde.[16] Nach dem 1. Weltkrieg nahm der Völkerbund die Arbeit wieder auf, die 1930 auf der Genfer Wechselrechtskonferenz zu drei Abkommen führte : das Genfer Einheitliche Wechselgesetz (WG) mit zwei Anlagen;[17] die Bestimmungen auf dem Gebiet des internationalen Wechselprivatrechts sowie das Abkommen über das Verhältnis der Stempelgesetze zum Wechselrecht.[18] Die Abkommen wurden von 22 Staaten unterzeichnet und vom Deutschen Reich 1933 ratifiziert. Das zur Ausführung der Abkommen erlassene Wechselgesetz[19] trat am 1.4.1934 in Deutschland in Kraft.[20] Heute gilt das Genfer Wechselgesetz in den meisten europäischen und südamerikanischen Staaten sowie Japan, nicht jedoch in Großbritannien und den U.S.A.[21] Diese Staaten lehnten den Beitritt zum Genfer Abkommen unter Hinweis auf die durch ihre jeweiligen Einheitsgesetze gerade verwirklichte Rechtsvereinheitlichung ab.[22] Somit stehen sich mit dem Genfer Wechselgesetz und dem anglo-amerikanischen Wechselrecht zwei Wechselrechtssysteme gegenüber,[23] so daß bisher nicht von einem einheitlichen internationalen Wechselrecht gesprochen werden konnte.

---

15 *Baumbach/Hefermehl* Einl.WG Rn.2; *Hueck/Canaris* § 5 IV 7.

16 *Baumbach/Hefermehl* Einl.WG Rn.3.

17 League of Nations Treaty Series Doc. C.360.M.151.1930 II (1930) S.32-57.

18 Ausführlich zu der Entstehung der Abkommen *Hupka*, Das Einheitliche Wechselrecht der Genfer Verträge.

19 RGBl.I 399; geändert durch Gesetz vom 5.Juli 1934 (RGBl.I 571), G. v. 10.8.1965 (BGBl.I 753) und 17.7.1985 (BGBl.I 1507).

20 Art.1 I EGWG vom 21.Juni 1933, VO v.28.11.1933, RGBl.I 1019.

21 *Hueck/Canaris* § 5 IV 8.

22 *v.Caemmerer*, Scheck- und Wechselrecht S.168f. Zur Rechtsvereinheitlichung in den anglo-amerikanischen Ländern siehe *Britton* S.9ff.

23 *Herrmann*, 10 U. Pa. J.Int'l Bus.L. 517(520) (1988) und derselbe in *Horn-Herrmann* S.259 (260) weist zutreffend darauf hin, daß es ungenau ist, nur von zwei Wechselsystemen zu sprechen. So bestehen innerhalb des anglo-amerikanischen und des Genfer Wechselsystems nicht unerhebliche Unterschiede. *Allan*, X. I.Tr.L.S. S.313(316) spricht von drei Wechselsystemen, wobei er zwischen dem BEA und dem UCC unterscheidet. Aus Vereinfachungsgründen soll jedoch in dieser Arbeit lediglich von dem Genfer Wechselsystem und dem anglo-amerikanischen Wechselsystem gesprochen werden. Ebenso *Vis* Unification 6-7

1.2 Die Entstehung der Konvention über Internationale Gezogene Wechsel und Internationale Eigen-Wechsel der United Nations Commission on International Trade Law (UNCITRAL).

Nach dem 2. Weltkrieg wurde die Arbeit des Völkerbundes auf dem Gebiet des internationalen Handelsrechtes zunächst von dem International Institute for the Unification of Private Law (UNIDROIT) und später von der United Nations Commission on International Trade Law (UNCITRAL) fortgeführt.

UNCITRAL wurde 1966 von der Generalversammlung der Vereinten Nationen als ständiger Ausschuß mit dem Ziel ins Leben gerufen,[24] die Harmonisierung und Rechtsvereinheitlichung des internationalen Handelsrechtes zu fördern.[25] UNCITRAL setzt sich aus mittlerweile 36 Mitgliedsstaaten zusammen, die jeweils für 6 Jahre von der Generalversammlung gewählt werden. Eine Wiederwahl ist unbeschränkt zulässig und nicht ungewöhnlich. Die Verteilung der Sitze erfolgt nach geographischen Gesichtspunkten.[26]

UNCITRAL hält jährlich eine etwa einmonatige Sitzung ab, deren Tagungsort zwischen Genf, Wien und New York wechselt. Während dieser Sitzungen werden die Entwicklungen in allen Rechtsgebieten beraten und koordiniert, in denen UNCITRAL tätig ist. Die eigentliche gesetzgeberische Tätigkeit findet in speziellen Arbeitsgruppen statt, die vom Gesamtausschuß für einzelne Rechtsgebiete eingesetzt werden.[27]

Bereits auf seiner ersten Sitzung 1968 beschloß UNCITRAL, das Recht des internationalen Zahlungsverkehrs in sein Arbeitsprogramm aufzunehmen.[28] Als ein Schwerpunkt wurde dabei das internationale Wechsel- und Scheckrecht gewählt. Auf diesem Gebiet konnte UNCITRAL auf Ergebnisse von UNIDROIT zurückgreifen, welches bereits von 1950-1955 eigene Untersuchungen angestellt hatte.[29] Auf Ersuchen von UNCITRAL faßte UNIDROIT die dabei gewonnenen Erkenntnisse in einem "Vorläufigen Be-

---

24 Siehe General Assembly Resolution 2205 in UNCITRAL Yearbook 1968-1970 Vol.1 S.65ff und *Herber*, AWD/RIW 1974,577.

25 Siehe *Honnold*, 27 Am.J.Comp.L. 201 (1979) und *Herber*, AWD/RIW 1974,577.

26 *Honnold*, 27 Am.J.Comp.L. 201,207; *Herber*, AWD/RIW 1974,577. Von den 36 Sitzen sind neun für afrikanische, sieben für asiatische, sechs für lateinamerikanische, fünf für osteuropäische und neun für westeuropäische und sonstige Staaten reserviert.

27 Vgl. *Honnold*, 27 Am.J.Comp.L. 201,209f (1979). Diese Arbeitsgruppen tagen im Regelfall ebenfalls einmal im Jahr für mehrere Wochen; über die Annahme ihrer Ergebnisse wird dann auf der jährlichen Sitzung von UNCITRAL abgestimmt.

28 UNCITRAL Yb. 1968-70 Vol.1 A/7216 S.77 Anm.40; *v.Marshall*, 1987 Ariz.J.Int'l. & Comp.L. 6,10; siehe generell *Vis*, 27 Am.J.Comp.L. 507,509ff (1979); *Vis* Unification 6-7f.

29 Siehe UNCITRAL Yb. 1968-70 Vol.1 A/CN.9/19 Annex IV.

richt über die Möglichkeiten, die Rechtsvereinheitlichung des Wechsel- und Scheckrechts auszudehnen" zusammen.[30]

In diesem Bericht wurden von UNIDROIT verschiedene Möglichkeiten untersucht, eine Rechtsvereinheitlichung zu erreichen. Die Chancen für einen Beitritt der anglo-amerikanischen Staaten zu einem modifizierten Genfer Abkommen wurden von UNIDROIT gering eingeschätzt, da frühere Untersuchungen nur eine geringe Neigung der anglo-amerikanischen Staaten ergeben hatten, dem Genfer Abkommen beizutreten. UNIDROIT favorisierte die alternative Möglichkeit, ein völlig neues, fakultatives Wertpapierrecht zu schaffen. Dieses sollte sich auf die Vereinheitlichung der Probleme beschränken, die in den nationalen Systemen unterschiedlich gelöst sind. Rechtsvergleichende Untersuchungen des Genfer Wechselabkommens, des britischen Bills of Exchange Act von 1882 (BEA), des Uniform Negotiable Instruments Law der Vereinigten Staaten von 1896, sowie dessen Nachfolger, des Artikel 3 des Uniform Commercial Code von 1958, hatten dabei ergeben, daß entscheidende Unterschiede nur bei der Regelung des Protestes und bei der Behandlung gefälschter Indossamente bestehen.[31] UNIDROIT schlug vor, das Rechtsvereinheitlichungsbedürfnis der betroffenen Handelskreise und der Banken mit Hilfe einer Umfrage zu erkunden und festzustellen, ob nicht doch ein Beitritt zu einem modifizierten Genfer Abkommen in Frage käme.[32]

UNCITRAL diskutierte den UNIDROIT - Bericht auf seiner 2. Sitzung im März 1969.[33] Dabei wurden drei Möglichkeiten erörtert, eine Rechtsvereinheitlichung herbeizuführen. Neben den bereits von UNIDROIT angesprochenen Lösungen wurde zusätzlich die Möglichkeit eines Beitritts der angloamerikanischen Staaten zu dem Genfer Abkommen in seiner jetzigen Form erörtert. Diese Möglichkeit wurde jedoch ebenso als aussichtslos ausgeschieden, wie die Möglichkeit einer Modifikation des Genfer Abkommens mit dem Ziel, das Abkommen für die anglo-amerikanischen Staaten akzeptabler zu gestalten.[34] UNCITRAL entschloß sich zur Schaffung eines neuen internationalen Wertpapieres, wobei der Gedanke von UNIDROIT aufgegriffen wurde, die betroffenen Handelskreise und Banken um eine Stellungnahme zu bitten.[35] Dazu wurde in Zusammenarbeit mit UNIDROIT, dem Internationalen Währungsfond (IWF), der Internationalen Handelskammer (IHK), der

---

30 UNCITRAL Yb. 1968-70 Vol.1 A/CN.9/19 S.239 Anm.1; der Bericht ist im Annex zu A/CN.9/19 abgedruckt.

31 UNCITRAL Yb. 1968-70 Vol.1 A/CN.9/19 Annex S.240f.

32 UNCITRAL Yb. 1968-70 Vol.1 A/CN.9/19 Annex S.240; vgl. *Vis* Unification 6-8.

33 UNCITRAL Yb. 1970 Vol.1 A/7618 S.103 Anm.64ff.

34 UNCITRAL Yb. 1970 Vol.1 A/7618 S.104 Anm.70ff; *Herrmann*, 10 U. Pa. J.Int'l Bus.L. 517(521) (1988).

35 UNCITRAL Yb. 1970 Vol.1 A/7618 S.105 Anm.85ff.

Organisation Amerikanischer Staaten (OAS) sowie der Haager Konferenz für Internationales Privatrecht und der Internationalen Bank für Wirtschaftliche Zusammenarbeit ein Fragebogen entworfen,[36] der an die Mitglieder der Vereinten Nationen, die Zentralbanken und Bankvereinigungen sowie die Nationalen Handelskammern verschickt wurde.[37]

Die Analyse der mehr als 100 Antworten ergab,[38] daß trotz des Bedeutungsverlustes des Wechsels als Zahlungsmittel eine weitere Rechtsvereinheitlichung gewünscht wurde,[39] die anglo-amerikanischen Staaten aber keine Neigung zeigten, dem Genfer Abkommen beizutreten.[40] Auf der 4. Sitzung forderte UNCITRAL daher, ein Einheitsgesetz für einen neuen, internationalen Wechsel zu entwerfen.

Ein erster Entwurf für gezogene Wechsel[41] entstand in enger Zusammenarbeit einer besonderen UNCITRAL Studiengruppe mit verschiedenen Bank- und Handelsinstitutionen.[42] Dieser erste Entwurf war als vollständiger, abgeschlossener Gesetzestext angelegt und beschränkte sich entgegen dem Vorschlag von UNIDROIT nicht auf die Regelung von Problemen, die in den nationalen Gesetzen unterschiedlich gelöst sind.[43] Die Beschränkung auf gezogene Wechsel wurde von UNCITRAL aufgegeben,[44] als Bank- und Handelskreise eine Ausdehnung auf Eigene Wechsel befürworteten.[45] Der verbesserte Entwurf wurde von UNCITRAL 1972 auf seiner 5. Sitzung diskutiert,[46] und es wurde eine Arbeitsgruppe für internationale Wertpapiere ins Leben gerufen, die den Entwurf weiter entwickeln sollte.[47]

Diese Arbeitsgruppe überarbeitete den ersten Entwurf in 11 Sitzungen bis August 1981. Die vollständige und abgeschlossene Regelung des Entwurfes wurde dabei beibehalten, da sich herausgestellt hatte, daß sich das Wertpa-

---

36 Siehe UNCITRAL Yb. 1971 Vol.2 A/8417 S.14 Fn.14; *Coing*, FS Barz, S.443.

37 UNCITRAL Yb. 1970 Vol.1 A/CN.9/38 S.245 Anm.8; der Fragebogen ist zusammen mit einer Analyse der Antworten im UNCITRAL Yb. 1970 Vol.1 A/CN.9/38 S.244ff sowie im UNCITRAL Yb. 1971 Vol.2 A/CN.9/38 Add.1 S.113, A/CN.9/48 S.114ff abgedruckt.

38 UNCITRAL Yb. 1970 Vol.1 A/CN.9/38 S.246ff Anm.13-72; UNCITRAL Yb. 1971 Vol.2 A/CN.9/38 Add.1 S.113 und A/CN.9/48 S.114 Anm.7-13.

39 UNCITRAL Yb. 1972 Vol.3 A/CN.9/67 S.145 Anm.2.

40 Siehe auch *Herber*, AWD/RIW 1974,577(580); *Herrmann*, 10 U. Pa. J.Int'l Bus. L. 517(521) (1988).

41 UNCITRAL Yb. 1972 Vol.3 A/CN.9/67 S.145ff.

42 UNCITRAL Yb. 1971 Vol.2 A/8417 S.15 Anm.32.

43 UNCITRAL Yb. 1972 Vol.3 A/CN.9/67 S.146 Anm.6,7; *Vis* Unification 6-9.

44 UNCITRAL Yb. 1972 Vol.3 A/8717 S.20 Anm.55.

45 UNCITRAL Yb. 1972 Vol.3 A/CN.9/67 S.147 Anm.10,11.

46 UNCITRAL Yb. 1972 Vol.3 A/8717 S.20 Anm.53.

47 UNCITRAL Yb. 1972 Vol.3 A/8717 S.21 Anm.61.

pierrecht mit seinen miteinander in Beziehung stehenden Problemkreisen nicht für eine punktuelle Regelung eignet.[48] Bei den Entwurfsarbeiten wurde versucht, sich so wenig wie möglich von den existierenden nationalen Gesetzen zu entfernen und übereinstimmende Regelungen zu übernehmen, es sei denn, zeitgenössische Handelsbräuche rechtfertigten eine Abweichung.[49]

Die Zusammensetzung dieser Arbeitsgruppe in der Anfangsphase der Entwurfsarbeiten begünstigte die Übernahme der Systematik des anglo-amerikanischen Wechselsystems in die Konvention. Die Einführung von zwei unterschiedlichen Inhabertypen, dem einfachen Inhaber (holder) und dem "Geschützten Inhaber" (protected holder) in den Artt. 27ff.[50] sowie die Übernahme der "shelter rule" in Art. 31 resultiert aus dieser engen Anlehnung an die anglo-amerikanische Gesetzessystematik.[51]

Die Arbeitsgruppe änderte in ihrer 5. Sitzung die Rechtsvereinheitlichungsmethode, indem sie den Arbeitstitel des Entwurfes von "Draft Uniform Law on Bills of Exchange and Promissory Notes" in "Draft Convention on Bills of Exchange and Promissory Notes" umbenannte. Ursprünglich sollte die Konvention als Einheitsgesetz (uniform law) entstehen.[52] Dies hätte bedeutet, daß der Text des Einheitsgesetzes von interessierten Staaten als Vorlage für eine übereinstimmende nationale Gesetzgebung benutzt worden wäre. Diese Technik hätte es dem jeweiligen Staat grundsätzlich ermöglicht, den zu übernehmenden Text bei seiner Einführung dem nationalen Recht anzupassen und ihn auch inhaltlich zu verändern. Darüber hinaus wäre eine nachträgliche Anpassung an das nationale Recht durch Rechtsprechung und Gesetzgebung möglich gewesen. Diese Methode hätte zwar einen größeren Anreiz zur Übernahme gegeben, hätte aber auch den Nachteil gehabt, daß eine wörtliche Übereinstimmung der nationalen Gesetze nicht gewährleistet gewesen wäre.[53]

---

48 UNCITRAL Yb. 1972 Vol.3 A/CN.9/67 S.146 Anm.6.7; UNCITRAL Yb. 1982 Vol.13 A/CN.9/213 S.123f Anm.7,8; vgl. auch *Herrmann*, 10 U.Pa.J.Int'l Bus L. 517(525) (1988).

49 UNCITRAL Yb. 1982 Vol.13 A/CN.9/213 S.124 Anm.8, dieser Ansatz hatte sich bereits bei der Überarbeitung des Negotiable Instruments Law im Rahmen des Uniform Commercial Codes in den U.S.A. bewährt, vgl. *Weber/Speidel* S.7.

50 Artikel ohne weitere Gesetzesangabe sind solche der Konvention, wie sie im Annex zu UNCITRAL Yb. 1988 Vol.19 A/RES/43/165 abgedruckt ist.

51 Vgl. *Schinnerer* Konventionsentwürfe S.9f.

52 Internationales Einheitsrecht kann u.a. durch Einheitsgesetze (Uniform Law, loi uniforme) oder durch Staatsverträge geschaffen werden. Zu den Rechtsquellen des Einheitsrechtes, sowie den Vor- und Nachteilen einer Rechtsvereinheitlichung mittels Staatsvertrag und Einheitsgesetz siehe *Kropholler*, S.94ff,107ff.

53 Diese Bedenken haben die Genfer Konferenz bewogen, das Genfer Wechselrecht nicht als Einheitsgesetz, sondern als völkerrechtlichen Vertrag auszugestalten; *Denkschrift* S.117.

Die von der Arbeitsgruppe nun gewählte Rechtsvereinheitlichungsmethode mittels Staatsvertrag (Konventionen) führt dagegen zu einer völkerrechtlichen Bindung der Unterzeichnerstaaten, den Konventionstext ohne inhaltliche Veränderung als nationales Recht einzuführen. Eine nachträgliche Umgestaltung durch Interpretation oder Gesetzgebung ist unzulässig. Diese Technik bietet den Vorteil größtmöglicher Übereinstimmung des Wortlautes der nationalen Gesetze. Nachteilig ist die mangelnde Flexibilität bei der Übernahme, die eine Anpassung an das nationale Recht und eine Ratifikation der Konvention erschwert.[54] Andererseits bietet diese Methode den Staaten die Gewißheit, daß auch die anderen Vertragsstaaten ihr nationales Recht ändern müssen, was wiederum einen Anreiz für die Übernahme darstellt.[55]

Die Arbeitsgruppe legte den zweiten, kommentierten Konventionsentwurf für Internationale gezogene Wechsel und Internationale Eigene Wechsel[56] im August 1981 auf der 14. UNCITRAL-Sitzung den Delegierten vor,[57] welche den General-Sekretär aufforderten, den kommentierten Entwurf mit der Aufforderung zur Stellungnahme an alle Regierungen und interessierten Organisationen zu verteilen.[58]

Der Entwurf wurde im Lichte der inzwischen eingegangenen Stellungnahmen auf der 17. Sitzung von UNCITRAL im Sommer 1984 erneut beraten. Dabei wurden Zweifel geäußert, ob die Fortsetzung der Arbeiten noch gerechtfertigt sei, da offenbar die Existenz verschiedener Wechselrechtssysteme den Rechtsverkehr nicht so stark behinderte wie ursprünglich angenommen.[59] Demgegenüber wurde der bisher erreichte Entwurf als ein wertvoller, wenngleich verbesserungsbedürftiger Schritt auf dem Weg zur Rechtsvereinheitlichung dargestellt.[60] Es wurde beschlossen, die weitere Arbeit auf die Wechselrechtskonvention zu konzentrieren, und die Arbeitsgruppe mit einer erneuten Revision des Entwurfes beauftragt.[61]

Diese Revision wurde auf der 13. und 14. Sitzung der Arbeitsgruppe durchgeführt und bis Dezember 1985 abgeschlossen.[62] Sie führte auf Drängen

---

54 Siehe *Kropholler*, S.94ff und *Vis* Unification 6-6.

55 *Denkschrift* S.117.

56 Text und Kommentar sind in UNCITRAL Yb. 1982 Vol.13 A/CN.9/213 S.125-186 abgedruckt.

57 UNCITRAL Yb. 1982 Vol.13 A/CN.9/213 S.124 Anm.10,11.

58 UNCITRAL Yb. 1981 Vol.12 A/36/17 S.5f Anm.16,22; die Stellungnahmen sind zusammengefaßt und analysiert in UNCITRAL Yb. 1984 Vol.15 A/CN.9/248 S.27-84; A/CN.9/249 S.106-112; A/CN.9/249 Add.1 S.112-114.

59 UNCITRAL Yb. 1984 Vol.15 A/39/17 S.5 Anm.15.

60 UNCITRAL Yb. 1984 Vol.15 A/39/17 S.6 Anm.17-20.

61 UNCITRAL Yb. 1984 Vol.15 A/39/17 S.14 Anm.88.

62 UNCITRAL Yb. 1985 Vol.16 A/CN.9/261 S.4 Anm.2,3; UNCITRAL Yb. 1986 Vol.17 A/CN.9/273 S.42 Anm.2,3.

der Vertreter des Genfer Wechselsystems zu einer Annäherung der Konvention an die Systematik des Genfer Wechselrechts. Im Zuge der Revision wurde als dogmatischer Kompromiß der redliche, einwendungsfreie Erwerb des Wechsels auch für den einfachen Inhaber in Art. 28 (1) und (2) eingeführt,[63] der allerdings die ursprüngliche, am anglo-amerikanischen Recht orientierte Systematik der Konvention stark verwässert.

Der revidierte Entwurf war Gegenstand von Beratungen auf der 19. Sitzung von UNCITRAL im Sommer 1986. Der General-Sekretär wurde aufgefordert, den revidierten Entwurf den Regierungen und interessierten internationalen Organisationen zur Stellungnahme zuzuleiten sowie der Arbeitsgruppe Entwürfe für die Abschlußklauseln zu unterbreiten.[64]

Die Arbeitsgruppe überarbeitete den Konventionsentwurf auf ihrer 15. Sitzung unter Berücksichtigung der bis Februar 1987 eingegangenen Stellungnahmen ein weiteres Mal.[65] Bei der Erörterung des Entwurfes durch UNCITRAL auf seiner 20. Sitzung im August 1987 tauchten bis dahin nicht bemerkte, tiefgreifende Meinungsverschiedenheiten zwischen den Vertretern des Genfer Wechselgesetzes und des anglo-amerikanischen Rechtskreises über die Rechtsfolgen der im Konventionsentwurf enthaltenen Bestimmungen für Wechselbürgschaften auf.[66] Diese führten zu einer umfassenden Umarbeitung dieser Bestimmungen und zur Einführung einer zusätzlichen Wechselbürgschaftsart, die im Ergebnis dem Wechselbürgen gegenüber dem "Geschützten Inhaber" bessere Verteidigungsmöglichkeiten bietet.[67] Außerdem wurden die bis dahin eingegangenen Stellungnahmen nachgetragen und die Abschlußklauseln erörtert.[68] Gleichzeitig wurde der Konventionsentwurf an eine neu gegründete Entwurfsgruppe überwiesen, welche die verschiedenen offiziellen Sprachversionen auf ihre sprachliche Übereinstimmung hin untersuchte.[69] Die Einberufung einer diplomatischen Konferenz zum Abschluß der Konvention wurde im Hinblick auf die damit verbundenen Kosten und die angespannte finanzielle Situation der Vereinten Nationen abgelehnt.[70] Stattdessen verwandte UNCITRAL erstmals eine völlig neue Technik, indem es den überarbeiteten Entwurf an die Generalversammlung der Vereinten Na-

---

63 Vgl. UNCITRAL Yb. 1985 Vol.16 A/CN.9/261 S.5 Anm.15-19.

64 UNCITRAL Yb. 1986 Vol.17 A/41/17 S.29 Anm.223; UNCITRAL Yb. 1987 Vol.18 A/42/17 S.5 Anm.11.

65 UNCITRAL Yb. 1987 Vol.18 A/CN.9/288 S.48 Anm.6.

66 Vgl. UNCITRAL Yb. 1987 Vol.18 A/42/17 S.10 Anm.59ff.

67 Vgl. auch *Horn-Herrmann* S.259 (266ff).

68 UNCITRAL Yb. 1987 Vol.18 A/42/17 S.5 Anm.15.

69 UNCITRAL Yb. 1987 Vol.18 A/42/17 S.5 Anm.15.

70 UNCITRAL Yb. 1987 Vol.18 A/CN.9/SR.385 S.188ff Anm.52-74.

tionen mit dem Vorschlag überwies, die Konvention selbst auf der nächsten Generalversammlung anzunehmen.[71]

Die Generalversammlung der Vereinten Nationen beschloß, die Annahme der Konvention auf ihrer 43. Generalversammlung zu erörtern und forderte den General-Sekretär auf, alle Staaten um Stellungnahmen und Vorschläge zu dem Entwurf bis zum 30. April 1988 zu bitten.[72]

Die Konvention wurde zur weiteren Bearbeitung an den Rechtsausschuß, das 6. Komitee überwiesen. Im Rahmen des Rechtsausschusses wurde eine unbefristet tagende Arbeitsgruppe gebildet,[73] die Ende September 1988 zu Beginn der Generalversammlung in 8 Sitzungen die eingegangenen Stellungnahmen erörterte.[74] Diese Arbeitsgruppe nahm neben redaktionellen Änderungen noch bedeutende inhaltliche Änderungen vor. Diese betrafen den Anwendungsbereich der Konvention, der bis dahin von verschiedenen Staaten als zu umfassend kritisiert worden war. Auf Betreiben Frankreichs wurde der Anwendungsbereich in Art. 2 (3) dahingehend beschränkt, daß nunmehr mindestens einer der auf dem Wechsel angegeben Orte in einem Vertragsstaat liegen muß. Ferner wurde den Bedenken einzelner Staaten hinsichtlich der Verträglichkeit der Konvention mit bestehenden nationalen Wechselkollisionsregeln durch Streichung eines Artikels Rechnung getragen, der die Konvention auch auf Rechtsgeschäfte für anwendbar erklärte, die ausschließlich zwischen Nichtvertragsstaaten abgewickelt werden sollten.[75] Neben diesen Änderungen legte die Arbeitsgruppe das Ende der Zeichnungsfrist auf den 30. Juni 1990 fest.[76] Der Rechtsausschuß empfahl der Generalversammlung daraufhin, die Konvention anzunehmen.[77]

Am 9. Dezember 1988 nahm die 43. Generalversammlung auf ihrer 76. Plenarsitzung die "Konvention der Vereinten Nationen über Internationale Wechsel und Internationale Eigen-Wechsel" an.[78]

Die Konvention konnte bis zum 30. Juni 1990 bei den Vereinten Nationen in New York gezeichnet werden[79] und unterliegt gemäß Art. 86 (2) der Ratifizierung, Annahme oder Zustimmung der Zeichnerstaaten. Ein späterer Bei-

---

71 UNCITRAL Yb. 1987 Vol.18 A/42/17 S.6 Anm.16; *Volken*, SZW 1990,100.

72 UNCITRAL Yb. 1987 Vol.18 A/RES/42/153.

73 UNCITRAL Yb. 1988 Vol.19 A/43/17 S.5 Anm.14.

74 Abgedruckt in UNCITRAL Yb. 1988 Vol.19 S.188 A/43/405 und S.205ff A/43/405 Add.1-3.

75 Näheres siehe unten Kapitel 2.1.4, S.20.

76 UNCITRAL Yb. 1988 Vol.19 A/C.6/43/L.2 Anm.4 S.187.

77 UNCITRAL Yb. 1988 Vol.19 A/43/820 S.19 Anm.4,9.

78 UNCITRAL Yb. 1988 Vol.19 A/RES/43/165.

79 Bis zum 30. Juni 1990 haben die Vereinigten Staaten, Kanada und die Sowjetunion die Konvention gezeichnet.

tritt ist gemäß Art. 86 (3) möglich. Die Ratifikations-, Annahme-, Zustimmungs- und Beitrittsurkunden sind nach den Artt. 85, 86 (4) bei dem Generalsekretär der Vereinten Nationen zu hinterlegen. Besteht ein Vertragsstaat aus mehreren unterschiedlichen Rechtsgebieten, so kann der Vertragsstaat gemäß Art. 87 (1) im Zeitpunkt der Zeichnung oder der Ratifizierung oder des Beitritts erklären, ob und auf welche Teilgebiete die Anwendung der Konvention beschränkt wird. Diese Erklärung ist jederzeit änderbar und nach Art. 87 (2) dem General-Sekretär bekanntzugeben. Im Zweifel ist gemäß Art. 87 (3) die Konvention auf alle Rechtsgebiete anwendbar.

Die Konvention sieht im Gegensatz zum Genfer Wechselgesetz lediglich einen einzigen Vorbehalt vor. Dieser ist in Art. 88 (1) enthalten und gewährt den Vertragsstaaten die Möglichkeit, sich im Zeitpunkt der Zeichnung, Ratifizierung, Annahme, Zustimmung oder des Beitritts vorzubehalten, die Durchsetzbarkeit Internationaler Wechsel vor ihren Gerichten auf solche Internationalen Wechsel zu beschränken, bei denen sowohl der Ausstellungsort als auch der Zahlungsort in einem Vertragsstaat liegen.[80] Mit Ausnahme des Art. 88 (1) sind im Gegensatz zum Genfer Wechselgesetz keine weiteren Vorbehalte für zulässig erklärt worden, nachdem sich die vielfältigen Vorbehaltsmöglichkeiten bei dem Genfer Wechselgesetz als nachteilig für die Rechtsvereinheitlichung erwiesen haben.[81]

Der Wortlaut der arabischen, chinesischen, englischen, französischen, russischen und spanischen Fassung der Konvention ist gemäß Art. 90 (2) gleichermaßen maßgebend. Die Konvention tritt laut Art. 89 (1) ein Jahr nach Ablauf des Monats in Kraft, an dem die zehnte Ratifizierungs-, Zustimmungs- oder Beitrittsurkunde bei dem General-Sekretär der Vereinten Nationen hinterlegt worden ist. Die gleiche Frist gilt nach Inkrafttreten der Konvention für den Beitritt weiterer Staaten gemäß Art. 89 (2). Die Konvention kann gemäß Art. 90 mit sechs-monatiger Frist durch formelle Benachrichtigung des Generalsekretärs der Vereinten Nationen gekündigt werden.

---

80 Siehe Art. 88 (1); UNCITRAL Yb. 1987 Vol.18 A/CN.9/WG IV/WP.32 S.67f; UNCITRAL Yb. 1987 Vol.18 A/CN.9/SR.381 S.172 Anm.17ff. Näher dazu unten Kapitel 2.1.4, S. 20.

81 Vgl. *Ganten/Jahn*, Die Bank 1987,394(397); *Schinnerer*, ÖBankA 1986,259(261); *Pleyer-Stecher* WM 1977 Sonderbeilage 4 S.5ff.

§ 2 Der Anwendungsbereich der Konvention

Von Anbeginn der Entwurfsarbeiten war vorgesehen, daß die Konvention nur nach Wahl der Parteien auf internationale Rechtsgeschäfte Anwendung finden,[1] nicht aber das nationale Wechselrecht bei innerstaatlichen Rechtsgeschäften verdrängen soll.[2] Da die meisten Staaten vermutlich nicht bereit sein werden, ihr bestehendes nationales Wechselrecht aufzugeben, beschränkt sich die Konvention darauf, den internationalen Handels- und Finanzkreisen ein einheitliches, fakultativ anwendbares Wertpapierrecht zur Verfügung zu stellen. Die Voraussetzungen, unter denen die Konvention anwendbar ist, werden im Kapitel 1 der Konvention behandelt. Liegt der Wechselbegebung ein "internationales" Rechtsgeschäft zugrunde, so können die Parteien, d.h. regelmäßig der Aussteller und der Begünstigte, nunmehr bei Ausstellung des Papieres entscheiden, ob die Konvention oder das nationale Wechselrecht auf den Wechsel Anwendung findet. Alle weiteren Parteien stimmen der Anwendung der Konvention dadurch zu, daß sie den Wechsel unterzeichnen oder, im Falle des Begünstigten, nicht unverzüglich zurückweisen.[3]

Aus diesem beabsichtigten Nebeneinander von Konvention und nationalen Wechselrechten ergibt sich die Notwendigkeit, den Anwendungsbereich der Konvention vom Anwendungsbereich der nationalen Wechselrechte abzugrenzen. Dies ist eine Aufgabe der Wechselkollisionsnormen. Anders als das Genfer Wechselrecht[4] und der BEA[5] enthält die Konvention aber keine eigenständigen Kollisionsnormen. Die Kollisionsnormen, welche den Anwendungsbereich der Konvention regeln, sind vielmehr in die materielle Vorschrift des Art. 2 integriert. Dieser Ansatz unterwirft grundsätzlich alle dem Wechsel entspringenden Rechtsbeziehungen einem einheitlichen rechtlichen

---

1 UNCITRAL Yb. 1972 Vol.3 A/CN.9/67 S.146 Anm.4, S.147 Art.1 Anm.1.

2 UNCITRAL Yb. 1976 Vol.7 A/CN.9/117 S.149 Anm.59; vgl. auch *Vis* Unification 6-10.

3 *Schinnerer* FS Schwind S.237(240); UNCITRAL Yb. 1982 Vol.13 A/CN.9/213 S.125 Art.1 Anm.1; A/CN.9/SR.297 Anm.10. Kritisch dazu *Blomquist*, 9 Cal. West. I.L.J. 30,64 (1979).

4 Ausführlich zu den Konfliktsregeln des Genfer Wechselrechtes *Raiser*, Wechselerklärungen S.43ff; *Schnitzer* S.375ff.

5 Ausführlich dazu *Dicey/Morris* S.1308ff.

Regime.[6] Eine Ausnahme gilt lediglich insoweit, als einige mit der Wechselbegebung im Zusammenhang stehende Fragen, wie beispielsweise die Wechselfähigkeit, die Zession des Wechsels, der Übergang der Grundforderung, nicht in der Konvention geregelt worden sind, sondern nach Aussage der Arbeitsgruppe dem nationalen Recht zur Lösung überlassen sind.[7]

2.1 Anwendungsvoraussetzungen

Die Konvention soll für internationale Rechtsgeschäfte den Wechselparteien als alternatives Wechselrecht zur Wahl stehen. Daraus folgen mehrere Anforderungen an die Wechselkollisionsnorm der Konvention. Zum ersten ist der Begriff des "internationalen Rechtsgeschäftes" zu definieren. Ferner sind die Voraussetzungen für die Ausübung der Rechtswahl durch die Parteien zu bestimmen. Um Verwechslungen zu vermeiden, müssen schließlich äußerliche Unterscheidungsmerkmale für den Verkehr erkennen lassen, welchem Rechtssystem der vorliegende Wechsel unterfällt.

Die Kriterien für die Anwendbarkeit der Konvention werden in der Konvention in den Artt. 1 und 2 geregelt. Diese Anwendungsvoraussetzungen sind von den Formerfordernissen in Art. 3 sowie den Voraussetzungen für die Gültigkeit eines unvollständigen Wechsels in Art. 12 zu unterscheiden, welche die Voraussetzungen für die Wirksamkeit eines der Konvention unterliegenden Internationalen Wechsels enthalten.[8]

Die Konvention stellt in den Artt. 1 und 2 drei Voraussetzungen für die Anwendbarkeit der Konvention auf, die kumulativ erfüllt sein müssen. Art. 1 (1), (2) setzt für die Anwendbarkeit der Konvention erstens voraus, daß der Wechsel bzw. Eigen-Wechsel sowohl in der Überschrift als auch im Wechseltext die Worte[9] "Internationaler Wechsel (UNCITRAL Konvention)" bzw. "Internationaler Eigen-Wechsel (UNCITRAL Konvention)" enthält. Dieses Erfordernis stellt ein neues, vertragliches Wechselelement dar.[10] Schecks, also auf eine Bank gezogene Anweisungen, die bei Sicht zahlbar

---

6 Vgl. auch *Bloch*, J.Dr.Int.1979,770(777).

7 Zum Übergang der Grundforderung vgl. UNCITRAL Yb. 1987 Vol.18 A/42/17 S.30 Anm.267; UNCITRAL Yb. 1987 Vol.18 A/CN.9/SR.383 S.179 Anm.19, 23, *Roblot*, Mélanges Vincent S.361(362); zur Zession des Wechsels UNCITRAL Yb. 1982 Vol.13 A/CN.9/213 S.136f Art.12 Anm.4.

8 Vgl. UNCITRAL Yb. 1984 Vol.15 A/CN.9/SR.291 S.356 Anm.27; näher dazu sogleich Kapitel 4 S.45.

9 Der sogenannte "magische Wortlaut", vgl. *Schinnerer* Konventionsentwürfe S.16.

10 *Volken*, SZW 1990,100(104).

sind, sind gemäß Art. 1 (3) ausdrücklich vom Anwendungsbereich der Konvention ausgenommen.[11]

Die beiden weiteren Voraussetzungen folgen aus der Definition der Begriffe "Internationaler Wechsel" bzw. "Internationaler Eigen-Wechsel" in Art. 2 (1), (2). "Internationale Wechsel" bzw. "Internationaler Eigen-Wechsel" sind nur solche Wechsel bzw. Eigen-Wechsel, in denen mindestens zwei Orte genannt sind, die in verschiedenen Staaten liegen. Bei gezogenen Wechseln müssen mindestens der Zahlungsort oder der Ausstellungsort sowie ein weiterer Ort bei der Unterschrift des Ausstellers oder des Bezogenen oder des Begünstigten angegeben sein. Bei Eigen-Wechseln müssen mindesten der Zahlungsort sowie ein Ort bei der Unterschrift des Ausstellers oder des Begünstigten angegeben sein.

Als dritte Voraussetzung ist bei gezogenen Wechseln gemäß Art. 2 (1) erforderlich, daß mindestens der Zahlungsort oder der Ausstellungsort in einem Vertragsstaat der Konvention liegt. Bei Eigen-Wechseln muß gemäß Art. 2 (2) der Zahlungsort in einem Vertragsstaat der Konvention liegen. Diese dritte Voraussetzung kann noch durch den Vorbehalt in Art. 88 (1) verschärft werden. Danach können sich die Vertragsstaaten beim Beitritt zur Konvention vorbehalten, daß ihre Gerichte die Konvention nur auf solche Wechsel anwenden werden, bei denen sowohl der angegebene Zahlungsort als auch der angegebene Ausstellungsort in einem Vertragsstaat liegt.

Diese drei Anwendbarkeitsvoraussetzungen werden regelmäßig bei Ausstellung des Wechsels erfüllt sein. Es sind jedoch Internationale Wechsel denkbar, bei denen noch nicht alle der drei Voraussetzungen für die Anwendung ausgefüllt sind. Bei einem derartigen unvollständig ausgefüllten Wechsel ist es möglich, daß erst die spätere Vervollständigung des Wechsels im Rahmen des Art. 12 durch eine Partei die Anwendung der Konvention bewirkt.[12]

2.1.1 Äußerliche Unterscheidungsmerkmale des Internationalen Wechsels.

Für den Rechtsverkehr ist die äußerliche Unterscheidbarkeit des Internationalen Wechsels von Wechseln, die dem nationalen Wechselrecht unterliegen, wesentlich. Der Wechselverkehr muß, um seine Rechte und Pflichten zutreffend beurteilen zu können, sofort erkennen können, welchem Rechtssystem der vorliegende Wechsel unterfällt. Die äußerliche Unterscheidbarkeit des

---

11 Kritisch zur fehlenden Definition des Begriffs "Scheck", *Crawford* Remarks S.5.

12 *Schinnerer* FS Schwind S.237(240); näher dazu unten Kapitel 6 S.64.

Internationalen Wechsels wird durch die zwingend vorgeschriebene Verwendung der Formel "Internationaler Wechsel (UNCITRAL Konvention)", bzw. "Internationaler Eigen-Wechsel (UNCITRAL Konvention)" in Text und Überschrift der Wechsel garantiert. Die doppelte Verwendung dieser Formel in Überschrift und Text soll eine nachträgliche Veränderung dieser Anwendungsvoraussetzung erschweren.[13]

Im Laufe der Verhandlungen wurden weitere Unterscheidungsmerkmale vorgeschlagen, um die Bearbeitung der Wechsel für die Banken zu erleichtern.[14] So wurde angeregt, dem Internationalen Wechsel eine eigene, unverwechselbare Form oder Farbe oder ein besonderes Symbol zu verleihen. Diese Vorschläge wurden jedoch alle aus Praktikabilitätsgründen abgelehnt.[15] Es ist aber beabsichtigt, der Konvention unverbindliche Vorschläge für ein einheitliches äußeres Erscheinungsbild der UNCITRAL Wechsel in einem Annex beizufügen.[16]

Bezüglich der äußerlichen Unterscheidungsmerkmale kann die Lösung der Konvention als gelungen gelten. Die zweifache Verwendung der "magischen Formel" in Überschrift und Text des Internationalen Wechsels ist auffällig genug, den Rechtsverkehr darauf aufmerksam zu machen, daß dieser Wechsel der UNCITRAL Konvention unterliegt.

2.1.2 Internationale Rechtsgeschäfte im Sinne der Konvention.

Schwieriger als die äußerliche Unterscheidung gestaltete sich bei der Abgrenzung des Anwendungsbereiches gegenüber den nationalen Wechselrechten die Definition derjenigen Rechtsgeschäfte, aufgrund derer ein "Internationaler Wechsel" begeben werden kann. Die UNCITRAL Wechsel sollen ausschließlich für "internationale" Rechtsgeschäfte Verwendung finden, nicht aber auch für rein innerstaatliche Rechtsgeschäfte verwendet werden. Abgrenzungskriterium sollte somit die "Internationalität" des der Wechselbegebung zugrundeliegenden Rechtsgeschäftes sein.

Die Bestimmung der Internationalität des zugrundeliegenden Rechtsgeschäftes erwies sich jedoch als schwierig.[17] Umstritten war insbesondere, an

---

13 *Dohm*, 21 Am.J.Comp.L. 474,481 (1973); *Herrmann*, 10 U. Pa.J. Int'l Bus.L. 517(523) (1988); vgl.auch *Schinnerer* FS Kastner S.383(391); *Crawford* Remarks S.3.

14 UNCITRAL Yb. 1986 Vol.17 A/CN.9/273 S.49 Anm.65f.

15 UNCITRAL Yb. 1986 Vol.17 A/41/17 S.13 Anm.77; vgl. *Herrmann*, 10 U. Pa. J.Int'l Bus.L. 517(523) (1988) und *Crawford* Remarks S.4.

16 Vgl. bereits den Entwurf in UNCITRAL Yb. 1986 Vol.17 A/CN.9/285 S.80.

17 UNCITRAL Yb. 1986 Vol.17 A/CN.9/SR.338 S.333f Anm.49f, A/CN.9/SR.339 S.335 Anm.7.

welche Elemente des Wechsels zur Bestimmung der Internationalität angeknüpft werden sollte.[18] Ursprünglich war vorgesehen, die Verwendung des Internationalen Wechsels an den Beweis der Internationalität des zugrundeliegenden Rechtsgeschäftes zu knüpfen oder einen Test durchzuführen, ob die Anwendung der Konvention kollisionsrechtlich zulässig sei. Beide Vorschläge hätten zur Anknüpfung ein objektives, nicht der Parteiautonomie unterliegendes Merkmal zum Gegenstand gehabt. Beide Lösungen wurden jedoch als unpraktisch und unsicher abgelehnt.[19]

Die Lösung der Konvention hat für die Bestimmung der "Internationalität" den Rückgriff auf das tatsächlich zugrundeliegende Rechtsgeschäft vollständig aufgegeben. Stattdessen bestimmt sich die "Internationalität" ausschließlich nach den auf dem Wechsel enthaltenen Ortsangaben.[20] Laut Art. 2 kommen hierfür die Angabe des Ausstellungsortes, eine Ortsangabe bei der Unterschrift des Ausstellers, bei dem Namen des Bezogenen oder des Begünstigten oder der Zahlungsort in Betracht. Ein "internationales" Rechtsgeschäft im Sinne der Konvention liegt danach dann vor, wenn mindestens zwei dieser Orte auf dem Wechsel angegeben sind und in verschiedenen Staaten liegen. Für diese Ortsangaben genügt die Angabe des Staates; eine Präzisierung durch Angabe einer spezifischen Stadt oder Adresse ist für Art. 2 grundsätzlich nicht erforderlich.[21] Im Hinblick auf das in den Artt. 51 und 55 enthaltene Erfordernis der Vorlage zum Akzept oder zur Zahlung ist jedoch die Angabe der genauen Adresse des Bezogenen zu empfehlen. Zwingend ist diese Angabe jedoch ebensowenig wie die Angabe des Zahlungsortes. Voraussetzung für das Vorliegen eines internationalen Rechtsgeschäftes ist nur, daß überhaupt zwei Ortsangaben im Sinne des Art. 2 aus dem Wechsel zu entnehmen sind, unabhängig davon, um welche es sich dabei handelt.[22] Somit würde ein Wechsel, ausgestellt von A. Müller, Deutschland, zahlbar an P. Brown, Australien, bereits den Anforderungen des Art. 2 genügen. Auch die Angabe einer Stadt wird man für Art. 2 genügen lassen müssen, vorausgesetzt, diese ist hinreichend bekannt, oder der zugehö-

---

18 Dieselben Schwierigkeiten haben bei der Haager Wechselkonferenz zu der Entscheidung geführt, ein einheitliches Wechselrecht für nationale und internationale Wechsel zu schaffen. Vgl. *Denkschrift* S.117.

19 UNCITRAL Yb. 1982 Vol.13 A/CN.9/213 S.126 Art.1 Anm.13.

20 *Blomquist*, 9 Cal.West.I.L.J. 30,39 (1979) bezeichnet diese Anknüpfung als "Multinationalität".

21 UNCITRAL Yb. 1982 Vol.13 A/CN.9/213 S.127 Art.1 Anm.14.

22 Zweifelnd *Blomquist*, 9 Cal.West.I.L.J. 30,43 (1979), der Art. 2 iVm Art. 55 (g) dahingehend auslegt, daß sich lediglich eine Ortsangabe aus dem Wechsel ergeben müßte, wenn sich der Zahlungsort aus außerhalb des Wechsels gelegenen Umständen ermitteln lasse.

rige Staat läßt sich aus sonstigen Umständen, wie beispielsweise der Postleitzahl, eindeutig entnehmen.[23]

Das Erscheinungsbild des Wechsels ersetzt somit die Internationalität des zugrundeliegenden Rechtsgeschäfts. Diese Lösung hat den Vorteil, daß sich die Anwendbarkeit der Konvention allein aus dem Inhalt des Wechsels ergibt. Der Verkehr und die Gerichte können dem Wechsel direkt entnehmen, ob die Konvention Anwendung findet.[24] Diese Lösung entspricht damit dem Wechselrechtsgrundsatz, daß sich alle wesentlichen Merkmale des Wechsels aus diesem selbst erkennen lassen müssen.[25]

2.1.3 Anknüpfung der Anwendungsvoraussetzungen an den Parteiwillen.

Mit der Bestimmung der Internationalität aus dem Erscheinungsbild des Wechsels ist aber noch nichts darüber gesagt, ob die Anwendungsvoraussetzung "Internationalität" an objektive Umstände oder an den Parteiwillen anknüpft.

Wie gezeigt, ermöglicht die erste Voraussetzung, die Verwendung der "magischen Formel", den Parteien die Rechtswahl. Dazu stellt die Konvention auf den Parteiwillen ab. Für die Bestimmung der Internationalität in Art. 2 ist diese Anknüpfung jedoch nicht zwingend. So knüpft beispielsweise das Genfer "Abkommen über Bestimmungen auf dem Gebiete des internationalen Wechselprivatrechts" (Wechselkonfliktsabkommen) für die Bestimmung des anwendbaren Rechtes an den tatsächlichen, objektiv zutreffenden Ort der Abgabe einer Wechselerklärung an.[26] Hier hat die Konvention einen entgegengesetzten Standpunkt gewählt, der bereits auf der Genfer Wechselkonferenz von der deutschen Delegation vorgeschlagen wurde.[27] Die Konvention stellt in Art. 2 (3) ausdrücklich klar, daß nicht der tatsächliche Ort, sondern der von den Parteien angegebene Ort für die Bestimmung der Internationalität maßgebend ist. Dies gilt selbst dann, wenn diese Ortsangaben nachweislich falsch sind.[28] In Verbindung mit der ersten Voraussetzung in Art. 1 führt

---

23 Kritisch *Blomquist*, 9 Cal.West.I.L.J. 30,45 (1979).

24 *Blomquist*, 9 Cal.West.I.L.J. 30,63 (1979).

25 Zum Grundsatz der Wechselstrenge siehe *Hueck/Canaris* § 6 VI; *Baumbach/Hefermehl* Einl. WG Rn.14f; *Stranz* Einl. Anm.15.

26 Zum Genfer Wechselrecht siehe *Ulmer* § 35 S.285; *Stranz* WG Art.91 Anm.4, Art. 92 Anm.2; *Raiser*, Wechselerklärungen S.56f; *Hupka* S.251-253. Zur Konvention vgl. UNCITRAL Yb. 1988 Vol.19 A/43/405 S.191f Anm.10-12; UNCITRAL Yb. 1982 Vol.13 A/CN.9/213 S.127 Art.1 Anm.19.

27 Zur Genfer Wechselkonferenz vgl. *Raiser*, Wechselerklärungen S.56f, *Ulmer* § 35 S.285.

28 Vgl. UNCITRAL Yb. 1982 Vol.13 A/CN.9/213 S.127 Art.1 Anm.19.

Art. 2 (3) daher im Ergebnis zu einer ausschließlichen Anknüpfung des Anwendungsbereiches der Konvention an den Parteiwillen, da auch das Vorliegen eines "Internationalen" Rechtsgeschäftes letztlich von der von den Wechselparteien bestimmten Angabe zweier in verschiedenen Staaten liegender Orte abhängig ist.

Diese Lösung birgt nun allerdings die Möglichkeit in sich, daß die Parteien durch falsche Ortsangaben die Internationalität des Wechsels vortäuschen, um so das nationale Recht zu umgehen und sich die Anwendung der Konvention zu erschleichen.[29] Diese Gefahr ist in der Arbeitsgruppe erkannt worden. Zur Abhilfe wurde vorgeschlagen, zur Lösung des Genfer Konfliktsabkommens zurückzukehren. So wurde einmal gefordert, daß die in Art. 2 angegebenen Orte tatsächlich in zwei verschiedenen Staaten liegen müßten.[30] Der Vertreter Frankreichs trat zum anderen dafür ein, daß der Ausstellungs- oder Zahlungsort objektiv in einem Vertragsstaat liegen müsse.[31] Diese Vorschläge wurden jedoch zurückgewiesen. Dies wurde einmal mit einem Hinweis auf das allgemeine Prinzip der Wechselstrenge begründet, welches verletzt wäre, wenn der tatsächliche Ausstellungs- oder Zahlungsort maßgeblich wäre.[32] Von einer Objektivierung der Anwendungsvoraussetzungen wurde aber auch abgesehen, um den Rechtsverkehr nicht mit einer aufwendigen Prüfungspflicht zu belasten und zu verunsichern.[33]

Die UNCITRAL Arbeitsgruppe hat daher im Gegenteil in Art. 2 (3) S. 2 unmißverständlich klargestellt, daß falsche Ortsangaben nicht die Internationalität des Wechsels und damit die Anwendung der Konvention beeinflussen.[34] Als Kompromiß bleibt es allerdings laut Art. 2 (3) dem nationalen Recht ausdrücklich überlassen, falsche Ortsangaben zu sanktionieren. Die Anwendung der Konvention und die Wirksamkeit des Wechsels bleiben aber von etwaigen Sanktionen unberührt. Derartige Bestimmungen werden also

---

29 UNCITRAL Yb. 1986 Vol.17 A/CN.9/SR.339 S.335 Anm.7; UNCITRAL Yb. 1988 Vol.19 A/43/405 S.191f Anm.10f; A/43/405/Add.1 S.206 Anm.6ff. Sowohl *Blomquist*, 9 Cal.West.I.L.J. 30,64 (1979) als auch *Dohm*, 21 Am.J.Comp.L. 474,478f (1973) halten aber eine Wahl der Konvention wegen ihrer neutralen Herkunft für grundsätzlich mit dem nationalen Recht vereinbar.

30 UNCITRAL Yb. 1988 Vol.19 A/43/405 S.191f; A/43/405/Add.1 S.206 Anm.6ff.

31 Vgl. UNCITRAL Yb. 1987 Vol.18 A/CN.9/SR.385 S.106 Anm.4,7,8; UNCITRAL Yb. 1987 Vol.18 A/42/17 S.32 Anm.293f.

32 UNCITRAL Yb. 1987 Vol.18 A/CN.9/SR.385 S.106f Anm.2-22; UNCITRAL Yb. 1987 Vol.18 A/42/17 S.32 Anm.293f.

33 Siehe den Alternativvorschlag in UNCITRAL Yb. 1987 Vol.18 A/CN.9/288 S.49 Anm.12f. Zustimmend aus der Sicht der Praxis *Crawford* Remarks S.4.

34 Vgl. die früher bestehenden Interpretationsprobleme bei dem früheren Art. 1 (4); UNCITRAL Yb. 1987 Vol.18 A/CN.9/WG IV/WP.32 S.67f.

keinen unmittelbaren Schutz gegen einen Mißbrauch der Ortsangaben durch die Parteien bieten.

Das Prinzip der formellen Richtigkeit gilt auch für die Feststellung des "Ausstellungsortes". In Art. 2 (1)(a) wird der Ausstellungsort von dem angegebenen Ort bei der Unterschrift des Ausstellers in Art. 2 (1)(b) unterschieden. Anders als bei Art. 2 IV WG besteht somit keine Vermutung dafür, daß der Ausstellungsort der angegebene Ort bei der Unterschrift des Ausstellers ist. Diese Unterscheidung ließe nun die Auslegung zu, daß mit "Ausstellungsort" der Ort der tatsächlichen Unterschriftsleistung gemeint ist. Der Ort der tatsächlichen Unterschriftsleistung läßt sich aber nicht aus dem Wechsel entnehmen. Aus dem Bekenntnis der Arbeitsgruppe zu dem Grundsatz der Wechselstrenge[35] ist zu entnehmen, daß als Ausstellungsort der auf dem Wechsel als solcher angegebene Ort gilt. Die Unterscheidung in Art. 2 (1)(a) und (b) bezieht sich daher auf den seltenen Fall, daß der Internationale Wechsel an einem Ort ausgestellt und dann an einem anderen Ort vom Aussteller unterschrieben wird.

2.1.4 *Beschränkung des Anwendungsbereiches gegenüber Nichtvertragsstaaten durch den Vorbehalt des Art. 88 (1).*

Die Anwendbarkeit der Konvention hängt infolge der Möglichkeit der Parteien, durch Angabe des Ausstellungs- oder Zahlungsortes die Konvention zur Anwendung zu bringen, ausschließlich vom Willen der Parteien ab. An diesem Ergebnis ändert auch die dritte Voraussetzung in Art. 2 nichts, nach der von den beiden Orten, die gemäß Art. 2 in unterschiedlichen Staaten liegen müssen, mindestens der Ausstellungs- oder Zahlungsort in einem Vertragsstaat der Konvention liegen muß. Auch hier gilt nach Art. 2 (3) der Grundsatz, daß eine falsche Ortsangabe die Anwendung der Konvention nicht hindert. Der Sinn des Vertragsstaatserfordernisses liegt deshalb auch vielmehr darin, die Anwendung der Konvention für Rechtsgeschäfte zwischen Nichtvertragsstaaten zu beschränken.

Für diese Voraussetzung enthält die Konvention in Art.88 (1) den einzigen Vorbehalt der Konvention. Gemäß Art. 88 (1) können die Vertragsstaaten durch einen entsprechenden Vorbehalt bei der Ratifizierung der Konvention die Durchsetzbarkeit Internationaler Wechsel vor ihren Gerichten auf solche

---

35 Siehe oben Kapitel 2.1.2 S.18

Internationalen Wechsel beschränken, bei denen sowohl der Ausstellungsort als auch der Zahlungsort in Vertragsstaaten liegen.[36]

Der Vorbehalt des Art. 88 (1) ist als Kompromiß in die Konvention aufgenommen wurde, um die Vorbehalte einiger Staaten gegen den als extrem weit empfundenen Anwendungsbereich der Konvention auszuräumen.[37] Ursprünglich sollte die Konvention auch dann anwendbar sein, wenn keiner der gemäß Art. 2 anzugebenden Orte in einem Vertragsstaat lag.[38] In den abschließenden Beratungen der Konvention ist diese Bestimmung, der ehemalige Art. 4, in der Arbeitsgruppe des 6. Ausschusses gestrichen worden.

Die Kritik an der ursprünglichen Definition des Anwendungsbereiches richtete sich gegen zwei unterschiedliche Punkte. Einmal wurde die ausschließliche Anknüpfung an den Parteiwillen als ein unerträglicher Eingriff in das nationale Kollisionsrecht kritisiert. Nach einer mehrfach geäußerten Ansicht[39] kollidiert diese Anknüpfung mit bestehenden Regelungen unter dem Genfer Wechselkonfliktsabkommen und dem Inner-Amerikanischen Konfliktsabkommen für Wechsel und Eigen-Wechsel von Panama.[40]

Weitergehend wurde bemängelt, daß die Regelung des ehemaligen Art. 4 nach ihrem Wortlaut auch zu einer Anwendung der Konvention auf Staats-

---

36 Siehe Art. 88 (1); UNCITRAL Yb. 1987 Vol.18 A/CN.9/WG IV/WP.32 S.68; UNCITRAL Yb. 1987 Vol.18 A/CN.9/SR.381 S.172f Anm.5ff.

37 Vgl. *Herrmann*, 10 U. Pa.J. Int'l Bus.L. 517(523f) (1988).

38 Art. 4 in A/42/17 Annex I lautete: "This Convention applies without regard to whether the places indicated on an international bill of exchange or on an international promissory note pursuant to paragraph (1) or (2) of article 2 are situated in Contracting States." Für Erläuterungen zu diesem Artikel siehe Art. 2 in UNCITRAL Yb. 1982 Vol.13 A/CN.9/213 S.127.

39 Dieser Widerspruch wurde als so schwerwiegend angesehen, daß verschiedentlich die Ansicht vertreten wurde, die Vertragsstaaten dieser Abkommen seien am Beitritt zur Konvention gehindert. UNCITRAL Yb. 1988 Vol.19 A/43/405 S.190 Anm.4, S.191 Anm.1; UNCITRAL Yb. 1987 Vol.18 A/42/17 S.25f Anm.219ff; UNCITRAL Yb. 1987 Vol.18 A/CN.9/SR.378 S.165ff Anm.4-37; A/CN.9/SR.379 S.168f Anm.1-9; UNCITRAL Yb. 1987 Vol.18 A/CN.9/288 S.50 Anm.17; UNCITRAL Yb. 1986 Vol.17 A/41/17 S.14 Anm.89; UNCITRAL Yb. 1986 Vol.17 A/CN.9/SR.339 S.336 Anm.36f; UNCITRAL Yb. 1976 Vol.7 A/CN.9/117 S.150 Art.1 Anm.64f; UNCITRAL Yb. 1987 Vol.18 A/CN.9/WG IV/WP.32 S.67f; A/CN.9/WG IV/WP.32/Add.5 S.89f Anm.4; *Herber*, RIW/AWD 1977,314(319); *Liesecke*, WM 1973,442(443); *Schinnerer*, FS Wagner S.315(319f); *Note* der Haager Konferenz für Internationales Privatrecht in Actes et documents de la 15ième session, 8 au 20 Octobre 1984, S.178. A.A. dagegen *Dohm*, 21 Am.J.Comp.L. 474,479 (1973). Zur Frage, ob die Vertragsstaaten der Genfer Abkommen gehindert sind, die Konvention zu zeichnen, siehe sogleich Kapitel 2.2 S.25.

40 Zu diesen Abkommen siehe: *Baumbach/Hefermehl* WG Anh. 9b, *Hupka* S.229ff; zu dem Abkommen von Panama *Samtleben*, RabelsZ 1980,257, *Frisch Philipp* RIW/AWD 1979,520.

angehörige eines Nichtvertragsstaates führen könnte.[41] Nach dem Wortlaut des ehemaligen Art. 4 hätte ein Aussteller in einem Nichtvertragsstaat einen Internationalen Wechsel auf einen Bezogenen in einem Nichtvertragsstaat ziehen können und ein Gericht in einem Vertragsstaat oder ein Gericht in einem Nichtvertragsstaat, dessen Kollisionsregeln eine freie Rechtswahl der Parteien anerkennen, hätte auf diesen Wechsel die Konvention anwenden müssen.

Um diese Kritik gegen den ursprünglichen Anwendungsbereich zu überwinden, wurde auf Initiative der Vertreter der Haager Konferenz für Internationales Privatrecht und Frankreichs zuerst beschlossen, in die Konvention den Vorbehalt des Art. 88 (1) aufzunehmen. Dies stellte jedoch wohl eher einen verhandlungstaktischen Schachzug der Arbeitsgruppe dar, da dieser Vorbehalt nichts am Anwendungsbereich der Konvention ändert. An diesem Kompromiß wurde dann auch bemängelt, daß ein Vorbehalt die Rechtsvereinheitlichung und die Konvention schwächen würde.[42] Der wirkliche Mangel dieser Kompromißlösung liegt jedoch im Inhaltlichen. Die Vorbehaltslösung hat den Nachteil, daß ihre Wirkung zum einen auf Vertragsstaaten beschränkt ist. Nichtvertragsstaaten sind durch den Vorbehalt gar nicht geschützt.[43] Zur Einschränkung des Anwendungsbereiches der Konvention ist der Vorbehalt aber auch deshalb ungeeignet, weil er den Hauptmangel, die ausschließliche Anknüpfung der Anwendungsvoraussetzungen an den Parteiwillen, nicht beseitigt. Damit ist der eigentliche Sinn des Vorbehaltes, den Anwendungsbereich der Konvention einzuschränken, verfehlt worden. Eine weitere gravierende Schwäche des Vorbehaltes liegt darin, daß der Vorbehalt nicht die Anwendbarkeit der Konvention als solche beschränkt, sondern lediglich die gerichtliche Durchsetzbarkeit des Wechselanspruchs unter der Konvention. Dies kann zur Anwendung unterschiedlicher Rechtssysteme auf ein und denselben Fall führen, abhängig davon, ob ein Fall rechtshängig wird oder nicht.[44] Dies stellt eine starke Rechtsunsicherheit dar, welche die Attraktivität der Konvention einschränkt.

Die anhaltende Kritik hat dann in den Beratungen der Arbeitsgruppe des 6. Ausschusses zur Streichung des ehemaligen Art. 4 sowie zur Einführung der Voraussetzung geführt, daß zumindest der Ausstellungs- oder Zahlungsort

---

41 Siehe den Kommentar Ägyptens in UNCITRAL Yb. 1988 Vol.19 A/43/405/Add.1 S.206 Anm.6ff; den Kommentar Spaniens in A/43/405 S.198 Anm.5ff; UNCITRAL Yb. 1986 Vol.17 A/CN.9/SR.355 S.392 Anm.27 und *Herrmann*, 10 U. Pa.J. Int'l Bus. L. 517(524) (1988).

42 UNCITRAL Yb. 1987 Vol.18 A/CN.9/SR.381 S.173 Anm.13.

43 UNCITRAL Yb. 1987 Vol.18 A/CN.9/SR.381 S.172 Anm.8.

44 So auch *Herrmann*, 10 U. Pa.J. Int'l Bus.L. 517(525) (1988), ebenso in *Horn-Herrmann* S.259 (261) Fn 4.

formal in einem Vertragsstaat liegen muß.[45] Diese Lösung garantiert zwar eine formale Mindestanknüpfung der Verwendung eines Internationalen Wechsels an einen Vertragsstaat. Allerdings ändert diese Lösung nichts an der ausschließlichen Anknüpfung an den Parteiwillen und hindert auch nicht die Anwendung der Konvention auf Angehörige eines Nichtvertragsstaates. Damit ist das Problem der Begrenzung des Anwendungsbereiches ungelöst geblieben.

Somit ergibt sich für den Anwendungsbereich der Konvention folgende Situation:

— Liegt entweder der angegebene Ausstellungsort oder der angegebene Zahlungsort in einem Vertragsstaat, so muß ein Gericht eines Vertragsstaates die Konvention auf diesen Wechsel anwenden, vorausgesetzt, er enthält die "magische Formel" im Sinne des Art. 1 und der zweite angegebene Ort liegt in einem anderen Staat.

— Hat der Vertragsstaat beim Beitritt den Vorbehalt des Art. 88 (1) in Anspruch genommen, so muß das Gericht die Konvention nur dann anwenden, wenn sowohl der Ausstellungsort als auch der Zahlungsort in einem Vertragsstaat liegt. Ein Problem ergibt sich, wenn beispielsweise der Zahlungsort nicht in einem Vertragsstaat liegt. Der Wechsel unterliegt dann trotz des Vorbehaltes der Konvention, da der Vorbehalt nicht den Anwendungsbereich der Konvention, sondern lediglich die gerichtliche Durchsetzbarkeit des Wechselanspruchs beschränkt. Wegen des Vorbehaltes darf das Gericht die Konvention aber nicht anwenden, sondern muß den Wechsel dem nationalen Wechselrecht unterwerfen, welches nach dem nationalen Kollisionsrecht anwendbar ist. Dies führt nun zu zwei sehr unglücklichen Konsequenzen. Erstens können auf ein und denselben Wechsel zwei unterschiedliche Rechtsordnungen Anwendung finden, je nachdem, ob aus dem Wechsel geklagt wird oder nicht.[46] Zweitens ist der Wechsel möglicherweise nach nationalem Recht unwirksam.

— Erfüllt der Wechsel eine der drei Anwendungsvoraussetzungen der Artt. 1 und 2 nicht, so ist die Konvention unanwendbar und das Gericht eines Vertragsstaates muß anhand seines nationalen Kollisionsrechtes das anwendbare Wechselrecht feststellen.

— Wird der Wechsel dagegen in einem Nicht-Vertragsstaat geltend gemacht, so muß das Gericht ebenfalls anhand seines nationalen Kollisions-

---

45 Vgl. UNCITRAL Yb. 1988 Vol.19 A/C.6/43/SR.10 S.212f Anm.35-57; vgl. ferner die Kritik in A/43/405 S.191f, S.194 Anm.7-9, S.198 Anm.5f; A/43/405/Add.1 S.206 Anm.6ff, S.210 Anm.17.

46 So auch *Herrmann*, 10 U. Pa.J. Int'l Bus.L. 517(525) (1988), ebenso in *Horn-Herrmann* S.259 (261) Fn 4.

rechtes feststellen, ob die Konvention oder ein nationales Wechselrecht Anwendung findet. Verweist dieses auf das Recht eines Vertragsstaates, so muß das Gericht die Konvention anwenden. Allerdings kann es zu Problemen kommen, wenn das nationale Wechselkollisionsrecht den Parteien nicht das Recht zugesteht, das anwendbare Recht frei zu wählen. Eine derartige Privatautonomie wird den Parteien im internationalen Wechselprivatrecht unter bestimmten Voraussetzungen nach überwiegender Ansicht zugestanden.[47] Teilweise wird aber auch bestritten, daß das Wechselkollisionsrecht den Parteien die Freiheit zugestehe, das anwendbare Recht zu wählen.[48] Nach letzterer Ansicht müßten die Gerichte die Rechtswahl unbeachtet lassen und nationales Wechselrecht auf einen Wechsel anwenden, welcher nach dem erkennbaren Willen der Parteien der UNCITRAL-Konvention unterliegen sollte.[49] Dabei ist es dann möglich, daß der Internationale Wechsel nach dem nationalen Recht ungültig ist,[50] weil er beispielsweise eine nach nationalem Recht unzulässige Ratenklausel nach Art. 7 (b) oder (c) enthält.

Diese Konsequenz stellt eine starke Rechtsunsicherheit für die Verwendung des UNCITRAL Wechsels dar, die weder mit der Streichung des ehemaligen Art. 4 noch durch die Einführung des Vorbehaltes in Art. 88 (1) beseitigt worden ist. Da ein Umlauf des Internationalen Wechsels auch in Nichtvertragsstaaten schwer auszuschließen sein dürfte, muß vor der Verwendung eines Internationalen Wechsels geprüft werden, ob das nationale Kollisionsrecht der auf dem Wechsel genannten Staaten eine Rechtswahl der Parteien zuläßt. In der Arbeitsgruppe ist man davon ausgegangen, daß die

---

47 So auch *Blomquist*, 9 Cal.West.I.L.J. 30,64 (1979); *Dohm*, 21 Am.J.Comp.L. 474,478 (1973); *Rabel*, Conflict of Laws Vol.IV S.147f; speziell zum Genfer Konfliktsabkommen *Baumbach/Hefermehl* Übers.v. WG Art.91 Rn.2; *Jacobi* S.989; *Raiser*, Wechselerklärungen S.43ff; siehe auch BGH WM 1988,816; *Schefold*, IPRax 1987, 150(151) zum Scheckrecht; speziell zum Interamerikanischen Konfliktsabkommen von Panama, *Frisch Philipp*, RIW/AWD 1979,520(525); zum BEA vgl. *Dicey/Morris* S.1308.

48 Aus dem älteren Schrifttum *Hupka* S.253; *Stranz* WG Art.92 Anm.2, Art. 93 Anm.3; *Keßler*, Vorbem. Art. 91 Anm.2; *Arminjon/Carry* Nr.430; neuerdings *Soergel-Kegel* v. Art.7 EGBGB Rz.339; *Ferid* IPR Rz.6-59; *Note* der Haager Konferenz für Internationales Privatrecht in Actes et documents de la 15ième session, 8 au 20 Octobre 1984, S.178.

49 Vgl. *Blomquist*, 9 Cal.West.I.L.J. 30,63 (1979).

50 So auch *Bloch*, J.Dr.Int.1979,770(778); zu diesem Problem vgl. UNCITRAL Yb. 1982 Vol.13 A/CN.9/213 S.128 Art.2 Anm.4.

Parteien dieses Risiko abschätzen können und notfalls auf die Anwendung der Konvention verzichten werden.[51] Naheliegender ist jedoch die Annahme, daß diese Rechtsunsicherheit die Anwendung der Konvention generell hemmen wird.[52]

2.2 Zulässigkeit des Beitritts zur UNCITRAL-Konvention für Vertragsstaaten des Genfer Wechselgesetzes.

Während der Entwurfsarbeiten ist immer wieder die Ansicht vertreten worden, die Vertragsstaaten der Genfer Wechselabkommen seien an einem Beitritt zur UNCITRAL-Konvention gehindert.[53] Als Begründung wurden zwei Argumente angeführt. Einmal wurde behauptet, daß einige Bestimmungen der UNCITRAL-Konvention inhaltlich dem Genfer Wechselkonfliktsabkommen widersprächen. Zum anderen wurde die generelle Verpflichtung der Vertragsstaaten der Genfer Abkommen, keinem inhaltlich konkurrierenden Abkommen beizutreten, als Hinderungsgrund genannt.

2.2.1 Vereinbarkeit der UNCITRAL-Konvention mit dem Genfer Wechselkonfliktsabkommen.

Nach einer mehrfach geäußerten Ansicht soll die den Anwendungsbereich bestimmende Wechselkollisionsregelung der UNCITRAL-Konvention, insbesondere die ausschließliche Anknüpfung an den Parteiwillen, mit bestehenden Regelungen unter dem Genfer Wechselkonfliktsabkommen und dem Inner-Amerikanischen Konfliktsabkommen für Wechsel und Eigen-Wechsel

---

51 UNCITRAL Yb. 1982 Vol.13 A/CN.9/213 S.128 Art.2 Anm.5.

52 UNCITRAL Yb. 1986 Vol.17 A/41/17 S.13f Anm.85f.

53 Siehe *Herber*, RIW/AWD 1977,314(319); *Liesecke*, WM 1973,442(443); *Bloch*, J.Dr.Int.1979,770(777f); *Roblot*, Mélanges Vincent S.361(370); *Schinnerer*, FS Wagner S.315(319f); vgl. *Ganten/Jahn*, Die Bank 1987,394 (398); Kommentar der Regierung Chiles UNCITRAL Yb. 1988 Vol.19 A/43/405 S.190 Anm.4; Kommentar der Regierung Frankreichs A/43/405 S.191 Anm.1; Kommentar der Haager Konferenz für Internationales Privatrecht, UNCITRAL Yb. 1987 Vol.18 A/CN.9/WG IV/WP.32 S.67ff; Kommentar der Regierung Brasiliens A/CN.9/WG IV/WP.32/Add.5 S.89f Anm.4; UNCITRAL Yb. 1987 Vol.18 A/42/17 S.25f Anm.219ff; UNCITRAL Yb. 1987 Vol.18 A/CN.9/SR.378 S.165ff Anm.4-37; A/CN.9/SR.379 S.168f Anm.1-9; UNCITRAL Yb. 1987 Vol.18 A/CN.9/288 S.50 Anm.17; UNCITRAL Yb. 1986 Vol.17 A/41/17 S.14 Anm.89; UNCITRAL Yb. 1986 Vol.17 A/CN.9/SR.339 S.336 Anm.36f; UNCITRAL Yb. 1976 Vol.7 A/CN.9/117 S.150 Art.1 Anm.64f; zusammenfassend die *Note* der Haager Konferenz für Internationales Privatrecht in Actes et documents de la 15ième session, 8 au 20 Octobre 1984, S.178.

von Panama kollidieren.[54] Das vorgetragene Argument, eine Kollision zwischen den Bestimmungen des Genfer Konfliktsabkommens und der UNCITRAL-Konvention würde den Genfer Vertragsstaaten die Zeichnung der UNCITRAL-Konvention unmöglich machen, kann allerdings nur unter zwei Voraussetzungen durchgreifen.[55] Erstens müßte die UNCITRAL-Konvention tatsächlich Bestimmungen enthalten, die inhaltlich dem Genfer Konfliktsabkommen widersprechen. Zweitens müßte das Genfer Konfliktsabkommen Abweichungen, sei es durch Parteivereinbarungen über das anzuwendende materielle Wechselrecht, sei es durch neue internationale Vereinbarungen, unter allen Umständen ausschließen.[56]

Bei näherer Betrachtung scheint aber lediglich die erste der beiden Voraussetzungen erfüllt zu sein. Die Wechselkollisionsregeln des Genfer Konfliktsabkommen und der Konvention unterscheiden sich bei einem inhaltlichen Vergleich tatsächlich in mehreren Punkten.

So wählt das Genfer Konfliktsabkommen (KonflkAbk) als Anknüpfungspunkte für die Bestimmung des anzuwendenden Rechtes grundsätzlich objektive, nicht dem Parteiwillen unterliegende Merkmale.[57] So richtet sich beispielsweise nach Art. 3 KonflkAbk[58] die Form einer Wechselerklärung nach dem Recht des Landes, in dessen Gebiet die Erklärung tatsächlich unterschrieben worden ist; der auf dem Wechsel angegebene Ort ist dagegen unerheblich.[59] Die passive Wechselfähigkeit bestimmt sich gemäß Art. 2 KonflkAbk nach dem Recht des Heimatstaates der betreffenden Person,[60] wobei auch hier eine abweichende Vereinbarung der Parteien unwirksam sein soll.[61] Dagegen bestimmen sich die Wirkungen der Verpflichtungserklärungen des primären Wechselverpflichteten gemäß Art. 4 I KonflkAbk nach

---

54 *Bloch*, J.Dr.Int.1979,770(777f); *Roblot*, Mélanges Vincent S.361(370); UNCITRAL Yb. 1987 Vol.18 A/42/17 S.25 Anm.219; UNCITRAL Yb. 1987 Vol.18 A/CN.9/SR.378 S.167f Anm.32f; UNCITRAL Yb. 1986 Vol.17 A/41/17 S.14 Anm.89; UNCITRAL Yb. 1986 Vol.17 A/CN.9/SR.339 S.336 Anm.36f; UNCITRAL Yb. 1987 Vol.18 A/CN.9/288 S.50 Anm.17; UNCITRAL Yb. 1987 Vol.18 A/CN.9/WG IV/WP.32 S.67f; A/43/405 S.191 Anm.1; *Note* der Haager Konferenz für Internationales Privatrecht in Actes et documents de la 15ième session, 8 au 20 Octobre 1984, S.178.

55 Generell zum Problem von Vertragskollisionen *Klein* WV III S.558.

56 Vgl. auch die Analyse des Vertreters Österreichs in UNCITRAL Yb. 1987 Vol.18 A/CN.9/SR.378 S.167 Anm.21.

57 Vgl. die *Note* der Haager Konferenz für Internationales Privatrecht in Actes et documents de la 15ième session, 8 au 20 Octobre 1984, S.178.

58 Art. 3 entspricht Art. 92 WG.

59 Vgl. Art. 92 I WG; *Stranz* WG Art.92 Anm.2; *Hupka* S.253.

60 Entspricht Art. 91 WG, vgl. *Baumbach/Hefermehl* WG Art.91 Rn.1.

61 *Baumbach/Hefermehl* WG Art.91 Rn.1; *Stranz* WG Art.91 Anm.4; *Hupka* S.245.

Art. 4 I KonflkAbk nach dem Recht des Zahlungsortes,[62] während sich die Wirkungen der Verpflichtungserklärungen der sekundären Wechselverpflichteten gemäß Art. 4 II KonflkAbk nach dem Recht des Staates richten, in dem die haftungsbegründende Erklärung unterschrieben wurde.[63] Ob hier eine Bestimmung des anwendbaren Rechtes durch die Parteien zulässig ist, ist umstritten.[64] Das Recht des Ausstellungsortes bestimmt nach Art. 6 KonflkAbk die Frage, ob der Inhaber eines gezogenen Wechsels auch die der Wechselbegebung zugrundeliegende Forderung erwirbt.[65] Dagegen bestimmen sich laut Art. 9 KonflkAbk die Maßnahmen, die nach Verlust oder Diebstahls eines Wechsels zu ergreifen sind, nach dem Recht des Ausstellungsortes.[66] Das die Form und Fristen der Protesterhebung bestimmende Recht richtet sich nach Art. 8 KonflkAbk nach dem Recht des Landes, in welchem der Protest zu erheben ist.[67] Andere Bestimmungen des Genfer Konfliktsabkommens, wie beispielsweise Art. 7 KonflkAbk,[68] nach welchem das Recht des Zahlungsortes die Frage regelt, ob Teilakzepte zulässig sind und ob der Inhaber verpflichtet ist, eine Teilzahlung anzunehmen, oder Art. 5 KonflkAbk, nach welchem sich die Fristen für die Ausübung der Rückgriffsrechte nach dem Recht des Ausstellungsortes bestimmen,[69] sind nur für Staaten von Bedeutung, die dem Genfer Einheitlichen Wechselgesetz nicht beigetreten sind.

Das Genfer Konfliktsabkommen führt den in Art. 7 WG ausgedrückten Grundsatz der Unabhängigkeit der Wechselerklärungen auch im Wechselkollisionsrecht fort.[70] Damit ist nach dem Genfer Konfliktsabkommen das anwendbare Recht grundsätzlich für jede Wechselerklärung getrennt und unabhängig voneinander zu ermitteln.[71]

Ein Widerspruch zwischen den Kollisionsnormen der Konvention und dem Genfer Konfliktsabkommen kann nur insoweit bestehen, soweit die Konvention eigene Kollisionsnormen enthält. Im Gegensatz zum Genfer

---

62 Entspricht Art. 93 WG, vgl. *Baumbach/Hefermehl* WG Art.93 Rn.1; *Raiser*, Wechselerklärungen S.88.

63 *Baumbach/Hefermehl* WG Art.91 Rn.3; *Raiser*, Wechselerklärungen S.89.

64 Bejahend BGH WM 1988, 816; *Baumbach/Hefermehl* WG Art.93 Rn.1; *Quassowski/Albrecht* Art.93 Anm.9; *Raiser*, Wechselerklärungen S.56f. Ablehnend *Stranz* WG Art.93 Anm.3; *Hupka* S.253; *Schnitzer* S.397.

65 Entspricht Art. 95 WG, vgl. *Baumbach/Hefermehl* WG Art.95 Rn.1.

66 Entspricht Art. 98 WG, vgl. *Baumbach/Hefermehl* WG Art.98 Rn.1.

67 Vgl. Art. 97 WG, *Baumbach/Hefermehl* WG Art.97 Rn.1.

68 Entspricht Art. 96 WG, vgl. *Baumbach/Hefermehl* WG Art.96 Rn.1.

69 Entspricht Art. 94 WG, vgl. *Baumbach/Hefermehl* WG Art.94 Rn.1.

70 Vgl. näher *Raiser*, Wechselerklärungen S.58ff.

71 Zu den Ausnahmen siehe *Raiser*, Wechselerklärungen S.59f,66ff; vgl. auch *Baumbach/Hefermehl* WG Art.94 Rn.1.

Wechselrecht sind die Kollisionsnormen der Konvention aber nicht separat geregelt, sondern sind in das materielle Wechselrecht integriert.

Allerdings sind die Wechselkollisionsnormen der Konvention unvollständig. Die Konvention hat eine Reihe von Problemen im Zusammenhang mit der Wechselbegebung nicht eigenständig geregelt. Dazu gehören zum Beispiel die Wechselfähigkeit, der Übergang der Grundforderung, die Abtretung des Wechsels.[72] Aus den Materialien ist zu entnehmen, daß in diesen Fällen das nationale materielle Recht Anwendung finden soll.[73] Nicht zu entnehmen ist aber, nach welchen Kollisionsnormen in diesen Fällen das anwendbare materielle Recht zu bestimmen ist. Der Vertreter der Haager Privatrechtskonferenz hatte zwar eine Vorschrift vorgeschlagen, wonach sich das anwendbare materielle Recht in Übereinstimmung mit den Regeln des Internationalen Privatrechts bestimmen sollte. Damit wäre im Ergebnis auch das Genfer Konfliktsabkommen in seinem Geltungsbereich als Teil des Internationalen Privatrechts auf die Konvention anwendbar geworden.[74] Die Arbeitsgruppe hat diesen Vorschlag aber abgelehnt.[75] Grund hierfür war die Besorgnis, eine derartige Bestimmung könnte die eigenständige Auslegung der Konvention beeinträchtigen, indem sie die Gerichte dazu verleiten könnte, vorzeitig bei der Auslegung auf das nationale Recht zurückzugreifen, anstatt vorrangig eine Auslegung der Konvention aus sich selbst heraus zu versuchen.[76]

In dieser Ablehnung ist aber keine Zurückweisung des in dem vorgeschlagenen Artikel enthaltenen Gedankens zu sehen, daß bestehendes, nationales Wechselkollisionsrecht auch auf die Konvention Anwendung findet, soweit die Konvention keine eigenen Regelungen enthält. Da die Konvention beispielsweise die Wechselfähigkeit und den Übergang der Grundforderung nicht regelt, sind die Artt. 2 und 6 des Genfer Konfliktsabkommen auf die Konvention anwendbar. Insoweit kann also kein Widerspruch zwischen der Konvention und dem Genfer Konfliktsabkommen entstehen.

---

72 Vgl. UNCITRAL Yb. 1987 Vol.18 A/CN.9/SR.383 S.182 Anm.19, 23, zur Zession des Wechsels UNCITRAL Yb. 1982 Vol.13 A/CN.9/213 S.136 Art.12 Anm.4.

73 Vgl. UNCITRAL Yb. 1982 Vol.13 A/CN.9/WG.IV/WP.23 S.80.

74 UNCITRAL Yb. 1982 Vol.13 A/CN.9/WG.IV/WP.23 S.80f zu B. Dieser Entwurf lautete: "If the State, the law of which is found to be applicable under the rules of private international law, has, independently of its general rules of law, provisions which are specific to bills of exchange and promissory notes for the settlement of the questions referred to in the preceding paragraph, *[i.e. die Bestimmung des anwendbaren nationalen Rechts]* these provisions will be applied with priority over those general rules."

75 UNCITRAL Yb. 1982 Vol.13 A/CN.9/210 S.70ff Anm.230-233.

76 UNCITRAL Yb. 1982 Vol.13 A/CN.9/210 S.71 Anm.232.

Ein Unterschied zum Genfer Konfliktsabkommen ergibt sich jedoch hinsichtlich der Form und Wirkung der Wechselerklärungen. Hier enthält die Konvention in Art. 2 eine Kollisionsnorm, welche die Form und Wirkung aller Wechselerklärungen eines Internationalen Wechsels in Abhängigkeit von dem Parteiwillen einheitlich den Bestimmungen der Konvention unterwirft.[77]

Diese Regel steht im Gegensatz zu Art. 3 des Genfer Konfliktsabkommen. Dieser verweist hinsichtlich der Formalien der Wechselerklärung auf das Recht des Staates, in dessen Gebiet die jeweilige Wechselerklärung unterzeichnet wurde, wobei jede Unterschrift gesondert beurteilt wird.[78] Die Konvention beurteilt dagegen alle Wechselerklärungen nach einem einheitlichen Recht. Ferner ist bei Art. 3 KonflkAbk der tatsächliche Ort der Unterschrift maßgebend, nicht der auf dem Wechsel angegebene.[79] Im Gegensatz dazu betrachtet die Konvention den auf dem Wechsel als Ort der Unterschrift angegebenen Ort als maßgeblich.

Ein ähnlicher Unterschied ergibt sich zum Verpflichtungsstatut in Art. 4 KonflkAbk. Sieht man hier einmal von der umstrittenen Frage ab, ob eine Bestimmung des anwendbaren Rechtes durch die Parteien bei Art. 4 zu respektieren ist,[80] so bestimmen sich jedenfalls die Wirkungen der Verpflichtungserklärungen der primären Schuldner nach dem Rechte des Zahlungsortes, diejenigen der sekundär Haftenden nach dem Recht des Staates, in dessen Gebiet die Erklärungen unterschrieben wurden. Auch hier differenziert das Genfer Konfliktsabkommen im Gegensatz zur Konvention bezüglich des anwendbaren Rechtes zwischen den einzelnen Wechselerklärungen.

Hinsichtlich des Form- und Wirkungsstatutes steht die Regelung der Konvention damit im Widerspruch zum Genfer Konfliktsabkommen. Während die Konvention das anwendbare Recht für alle Wechselerklärungen einheitlich nach dem Parteiwillen bestimmt, verweist das Genfer Konfliktsabkommen für jede Wechselerklärung getrennt auf das Recht des Zahlungs- oder Erklärungsortes. Während die Konvention den auf dem Wechsel angegeben Ort der Erklärungsabgabe für maßgeblich hält, läßt das Genfer Konfliktsabkommen in Art. 3 KonflkAbk nur den tatsächlichen Erklärungsort gelten. Somit widerspricht Art. 2 der Konvention inhaltlich den Artt. 3 und 4 KonflkAbk.

Die Regelung der Konvention wäre aber nur dann mit dem Genfer Konfliktsabkommen unvereinbar, wenn letzteres Abweichungen durch Parteiver-

---

77 Vgl. auch *Bloch*, J.Dr.Int.1979,770(777f).

78 *Schnitzer* S.382.

79 *Baumbach/Hefermehl* WG Art.92 Rn. 1; *Stranz* WG Art.92 Anm.2; *Hupka* S.253; vgl. *Raiser*, Wechselerklärungen S.56f.

80 Vgl. *Baumbach/Hefermehl* WG Art.93 Rn.1 und oben Fußnote 64.

einbarungen oder gesetzliche Bestimmungen ausnahmslos verbieten würde. Dies erscheint jedoch zweifelhaft.

Erstens ist umstritten, ob das Genfer Konfliktsabkommen ausdrückliche Parteivereinbarungen im Wechsel über das anwendbare Wechselrecht anerkennt. Mit ausdrücklicher Parteivereinbarung sind Erklärungen im Wechsel gemeint, aus denen unmißverständlich der Wille der Parteien zu entnehmen ist, den Wechsel in seiner Gänze einem ganz bestimmten Wechselrecht zu unterstellen, wie zum Beispiel: "Zahlen Sie gegen diesen Wechsel nach englischem Recht".[81]

Teilweise wird bestritten, daß den Parteien unter dem Genfer Konfliktsabkommen das Recht zustehe, eine von den Bestimmungen des Genfer Konfliktsabkommen abweichende Rechtswahl zu treffen.[82] Dies wird teils ohne Begründung,[83] teils mit dem Hinweis auf die Entstehungsgeschichte des Genfer Konfliktsabkommen verneint. Danach soll aus der Tatsache, daß während der Beratungen ein Antrag Deutschlands abgelehnt wurde, nach welchem der angegebene Ort statt des tatsächlichen Ortes maßgeblich sein sollte, folgen, daß die Parteiautonomie völlig ausgeschaltet worden sei.[84] Andere Autoren melden dagegen generelle Bedenken gegen die Zulassung der Parteiautonomie an. So führe die Parteiautonomie im Wechselrecht zu einer Gefährdung der Rechtssicherheit und des ungehemmten Wechselumlaufs. Im Interesse einer klaren und eindeutigen Bestimmung des anwendbaren Rechtes müsse es daher ausschließlich bei den Bestimmungen des Genfer Konfliktsabkommen bleiben.[85] Zumindest letzteres Argument ist jedenfalls dann nicht stichhaltig, wenn man die Zulässigkeit von Parteivereinbarungen auf ausdrückliche Erklärungen im Wechsel beschränkt. Hier ist das von den Parteien gewählte Recht eindeutig aus dem Wechsel zu entnehmen, und die Berücksichtigung des Parteiwillens kann zu keiner Rechtsunsicherheit oder Umlaufhemmung führen.

---

81 Vgl. *Raiser*, Wechselerklärungen S.44; *Rabel*, Conflict of Laws Vol.IV S.148.

82 *Arminjon/Carry* Nr.430; *Arminjon* Nr.150; *Bloch*, J.Dr.Int.1979,770(777f); *Ferid* IPR Rz 6-59; *Hupka* S.253; *Keßler*, Vorbem. Art. 91 Anm.2 b); *Loussouarn/Bredin* Nr.497; *Percerou/Bouteron* II Nr. 210; *Roblot*, Mélanges Vincent S.361(370); *Schnitzer* S.383,397; *Soergel-Kegel* v. Art.7 EGBGB Rz.339; *Stranz* WG Art.92 Anm.2, Art.93 Anm.3; *Wolf* IPR S.146.

83 So *Bloch*, J.Dr.Int.1979,770(777f); *Ferid* IPR Rz 6-59; *Loussouarn/Bredin* Nr.497; *Percerou/Bouteron* II Nr.210; *Roblot*, Mélanges Vincent S.361(370); *Soergel-Kegel* v. Art.7 EGBGB Rz.339; *Wolf* IPR S.146.

84 So *Keßler*, Vorbem. Art. 91 Anm.2 b); *Hupka* S.252f; vgl. *Stranz* WG Art.93 Anm.3.

85 *Arminjon* Nr.150; *Arminjon/Carry* Nr.430.

Nach der wohl herrschenden Gegenansicht[86] und ständiger Rechtsprechung[87] haben die Parteien sehr wohl das Recht, zumindest durch eine derartig ausdrückliche Parteivereinbarung im Wechsel, wie es die UNCITRAL-Konvention in Art. 1 vorsieht, das anwendbare Wechselrecht zu wählen. Einige Autoren weisen zutreffend darauf hin, daß ein Ausschluß auch ausdrücklicher Parteivereinbarungen über das anwendbare Recht aus der Entstehungsgeschichte nicht zu entnehmen sei.[88] Hiernach hatte die Ablehnung des deutschen Antrags, bei Art. 4 KonflkAbk den im Wechsel angegebenen Ort als maßgeblich anzusehen, lediglich fiskalische Gründe. Die Vertreter auf der Genfer Konferenz fürchteten eine Umgehung der nationalen Stempelgesetze durch falsche Datierungen der Wechsel.[89] Aus diesem Grunde wurde als Anknüpfungsmerkmal der tatsächliche Erklärungsort anstelle des im Wechsel angegebenen Ortes gewählt. Daraus ließe sich aber noch nicht entnehmen, daß auch eine ausdrückliche Parteivereinbarung über das anwendbare Recht, die keinerlei Umgehungsgefahr beinhalte, ausgeschlossen werden sollte.[90] Vielmehr sei dem Wortlaut der Artikel des Genfer Konfliktsabkommen keine Stellungnahme in die eine oder andere Richtung zu entnehmen.[91] Wenn das Genfer Konfliktsabkommen tatsächlich mit dem bis dahin allgemein anerkannten Prinzip der Parteiautonomie im Wechselrecht[92] hätte brechen wollen, hätte dies ausdrücklich im Text des Abkommens zum Ausdruck kommen müssen. Da dies nicht geschehen sei, könne davon ausgegangen werden, daß die Artikel 3 und 4 KonflkAbk nur gelten sollten, wenn die Parteien keine ausdrückliche Rechtswahl im Wechsel getroffen haben.[93]

Läßt jedoch das Genfer Konfliktsabkommen den Parteien die Möglichkeit, das anwendbare materielle Wechselrecht durch eine ausdrückliche Erklärung im Wechsel zu wählen, so kann auch die Wahl der Konvention nicht gegen das Genfer Konfliktsabkommen verstoßen. Die Anforderung des Art. 1, die Formel "Internationaler Wechsel (UNCITRAL-Konvention)" in Über-

---

86 *Dohm*, 21 Am.J.Comp.L. 474,479 (1973); *Firsching*, IPRax 1982,174(175); *Rabel*, Conflict of Laws Vol.IV S.148; *Raiser*, Wechselerklärungen S.44; *Baumbach/Hefermehl* WG Art.93 Rn.1; *Quassowski/Albrecht* Art.93 Anm.9; *Knur/Hammerschlag* Art.93 Anm.3; *Schefold*, IPRax 1987, 150(151); *Staudinger-Firsching* v. Art.12 EGBGB Rn.593; *Müko-Martiny* Art.37 EGBGB Rn.21.

87 Vgl. BGH WM 1974,558; BGH WM 1988,816.

88 *Jacobi* S.989 Fn.5; *Raiser*, Wechselerklärungen S.57; *Quassowski/Albrecht* Art.93 Anm.9; so auch BGH WM 1988,816(817).

89 Vgl. *Raiser*, Wechselerklärungen S.56f; *Quassowski/Albrecht* Art.93 Anm.2; *Hupka* S.252.

90 So zutreffend *Raiser*, Wechselerklärungen S.57; BGH WM 1988,816(817).

91 So *Jacobi* S.989.

92 Dazu *Rabel*, Conflict of Laws Vol.IV S.147f; *Raiser*, Wechselerklärungen S.43ff.

93 *Jacobi* S.989.

schrift und Wechseltext zu verwenden, ist eine Rechtswahlklausel, wie sie auffälliger und eindeutiger kaum denkbar ist. Sobald die Parteien diese "magische Formel" des Art. 1 in den Wechsel aufgenommen haben, haben sie ausdrücklich erklärt, die Konvention als materielles Recht wählen zu wollen. Alle weiteren Anwendungsvoraussetzungen bestimmen sich damit nach der Konvention als gewähltem Recht. Dazu zählen dann allerdings auch die Kollisionsregeln der Konvention.[94] Dies ist eine Konsequenz der Entscheidung der Konvention, materielle Bestimmungen und Kollisionsregeln miteinander zu verbinden. Die Wahl der Konfliktsregeln ist gemäß Art. 35 EGBGB nach deutschem Kollisionsrecht ebenfalls zulässig.[95]

Da sich mit der Wahl der Konvention als materiellem Recht auch die anwendbaren Kollisionsnormen nach der Konvention richten, stellt es ebenfalls keinen Verstoß gegen das Genfer Konfliktsabkommen dar, wenn in der Konvention der auf dem Wechsel von den Parteien angegebene Ort und nicht der tatsächliche Erklärungsort für maßgeblich erachtet wird. Damit sind die Kollisionsnormen der Konvention mit dem Genfer Konfliktsabkommen vereinbar. Das Genfer Konfliktsabkommen steht einer Zeichnung der Konvention durch die Vertragsstaaten nicht im Wege.[96]

2.2.2 *Vertragsförderungspflicht der Mitgliedsstaaten des Genfer Wechselgesetzes als Hinderungsgrund des Beitritts zur UNCITRAL-Konvention.*

Ein Hinderungsgrund für die Mitgliedsstaaten des Genfer Wechselgesetzes der Konvention beizutreten könnte sich aus ihrer Vertragsförderungspflicht im Rahmen des Genfer Wechselgesetzes ergeben. Alle Vertragsstaaten der Genfer Abkommen haben die Pflicht, die Rechtsvereinheitlichung auch nach der Unterzeichnung und Ratifizierung der Abkommen zu fördern.[97] Hier könnte nun argumentiert werden, daß der Beitritt zur Konvention für die Mitgliedsstaaten der Genfer Abkommen gerade wegen ihres optionalen Charakters unzulässig sei. Ein Beitritt zur Konvention würde gerade nicht zu einer Rechtsvereinheitlichung, sondern vielmehr zu einer Rechtszersplitterung führen, da die Konvention als zusätzliches Wechselrecht in Kraft träte. Eine der-

---

94 A.A. offenbar UNCITRAL Yb. 1987 Vol.18 A/CN.9/SR.378 S.167 Anm.32f.

95 Vgl. *Kropholler*, IPR S.154.

96 Zu einem entsprechenden Ergebnis kommt der Vertreter Uruguays in UNCITRAL Yb. 1988 Vol.19 A/C.6/43/SR.10 S.212 Anm.38ff hinsichtlich der Vereinbarkeit der Konvention mit dem Inner-Amerikanischen Konfliktsabkommen für Wechsel und Eigen-Wechsel von Panama.

97 *Denkschrift* S.117; *Quassowski/Albrecht* Einl. XIIIf; vgl. *Huber* FS Flume II S.87.

artige Rechtszersplitterung sollte aber mit dem Genfer Wechselabkommen gerade verhindert werden.

Während der Entwurfsarbeiten und im Rahmen der Haager Konferenz für internationales Privatrecht ist die Frage diskutiert worden, ob die Zeichnung oder Ratifizierung der Konvention den Mitgliedsstaaten des Genfer Wechselgesetzes aufgrund ihrer Vertragsförderungspflicht verwehrt sei.[98] Leider hat die Diskussion zu keinem greifbaren Ergebnis geführt.[99] Ein Versuch, das Problem durch Aufnahme einer Klausel zu regeln, welche der Konvention Vorrang vor allen anderen bestehenden oder zukünftigen Internationalen Abkommen konkurrierenden Inhalts eingeräumt hätte,[100] ist von den Vertretern aus Mitgliedsstaaten der Genfer Abkommen und des Inneramerikanischen Konfliktabkommens von Panama als unbefriedigend abgelehnt worden,[101] da diese Klausel den bestehenden Konflikt nicht gelöst, sondern im Gegenteil nur noch verschärft hätte. Damit ist das Problem eines Zeichnungsverbotes für die Vertragsstaaten der Genfer Abkommen letztlich ungelöst geblieben.

Zu diesem Problem lassen sich drei Ansichten vertreten, von denen aber nur eine zu einem Zeichnungsverbot führt.

Rein formal ließe sich argumentieren, daß es sich bei dem Internationalen Wechsel der Konvention im Verhältnis zu den bestehenden nationalen Wechseln um ein Aliud handelt und deshalb die Ratifizierung der Konvention für die Mitgliedsstaaten möglich sei.

Der UNCITRAL-Wechsel und die Wechsel nach dem Genfer Wechselgesetz wären zwar bei gleicher wirtschaftlicher Funktion auf internationale Rechtsgeschäfte alternativ anwendbar. Obwohl beide Wechsel auch eine vergleichbare rechtliche Konstruktion aufweisen, wäre aber der UNCITRAL-Wechsel nach dieser Ansicht ein neues, andersartiges Wertpapier, das einen eigenständigen, neuartigen Wertpapiertypus bilden würde. Dies könnte sich aus der Tatsache ergeben, daß die UNCITRAL-Wechsel rechtlich anderen Normen unterliegen als die nationalen Wechsel. Der Typus "Wechsel" wäre dann für die Genfer Vertragsstaaten im Genfer Wechselgesetz abschließend umschrieben. Dagegen wäre der "Internationale Wechsel" als eigenständiger Typus in der Konvention definiert. Eine Überschneidung der Konvention mit

---

98 Vgl. *Bloch*, J.Dr.Int.1979,770(778).

99 Vgl. *Schinnerer*, ÖBankA 1986,259(267) und *Schinnerer*, FS Wagner S.315(319f).

100 Dieser vormalige Art. 82 lautete: "This Convention prevails over any international agreement which has already been or may be entered into and which contains provisions concerning the matters governed by this Convention, including issues of conflict of laws." Vgl. UNCITRAL Yb. 1987 Vol.18 A/CN.9/WG IV/WP.33 S.99f.

101 Vgl. UNCITRAL Yb. 1987 Vol.18 A/42/17 S.25f Anm.219ff; UNCITRAL Yb. 1987 Vol.18 A/CN.9/SR.378 S.165ff Anm.4-37; A/CN.9/SR.379 S.168 Anm.1-7.

dem nationalen Wechselrecht wäre daher ebenso ausgeschlossen wie z.B. eine Überschneidung des Scheckrechts mit dem Wechselrecht.

Der numerus clausus der Wertpapiere würde durch eine Ratifizierung der Konvention um den Typus des Internationalen Wechsels und Internationalen Eigenwechsels erweitert, ohne daß es zu einer inhaltlichen Berührung mit dem Wechseltypus des Genfer Wechselgesetzes käme.[102] Diese Aliud-Theorie geht also im Ergebnis davon aus, daß die Vertragsförderungspflicht der Genfer Vertragsstaaten auf den Wechseltypus des Genfer Wechselgesetzes beschränkt ist und diese Pflicht daher von einer Zeichnung der Konvention gar nicht berührt wird, da dadurch nur ein neuer Wertpapiertypus geschaffen würde.

Der Schwachpunkt dieser Ansicht liegt in seiner übermäßigen Betonung der formalen Unterschiede zwischen dem Genfer Wechsel und dem Internationalen Wechsel. Derartige formale Unterschiede bestehen auch zwischen den Wechseln nach dem anglo-amerikanischen Recht und dem Genfer Wechsel, ohne daß, soweit ersichtlich, bisher die Ansicht vertreten worden wäre, die "bills of exchange" und "promissory notes" des anglo-amerikanischen Rechtes würden keine dem Genfer Wechseln vergleichbaren Wechsel darstellen. Es steht wohl außer Frage, daß eine Übernahme des Artikel 3 UCC oder des BEA durch einen Genfer Vertragsstaat einen Verstoß gegen die oben erwähnte Vertragsförderungspflicht darstellen würde. Entsprechendes muß dann auch für den Internationalen Wechsel gelten. Auch spricht die Tatsache, daß das Genfer Konfliktsabkommen auf die Internationalen Wechsel Anwendung finden soll, gegen die Annahme eines neuartigen Wertpapiertypus für die UNCITRAL-Wechsel. Würden diese tatsächlich einen neuen, eigenen Wertpapiertypus darstellen, so wäre nicht einsichtig, warum gerade das Genfer Konfliktsabkommen auf dieses Wertpapier Anwendung finden sollte. Insofern wirkt die Aliud-Theorie konstruiert und kann nicht völlig überzeugen.

Geht man im Gegensatz dazu davon aus, daß die UNCITRAL-Wechsel dem Wechseltypus des Genfer Wechselgesetzes entsprechen, so muß ein Beitritt zur Konvention noch nicht zwingend zu einem Verstoß gegen die Vertragsförderungspflicht aus dem Genfer Wechselgesetz führen. Vielmehr spricht gegen einen Verstoß, daß sich die Hoffnung, bereits die Genfer Wechselabkommen würden zu einer weltweiten Rechtsvereinheitlichung führen, mit der Ablehnung des Beitritts durch das Britische Königreich und die Vereinigten Staaten von Amerika zerschlagen haben.[103] Da auch ein späterer

---

102 In diese Richtung zielt auch die Anmerkung von *Pleyer/Stecher* WM 1977, Sonderbeilage 4 S.9 Fn.54.

103 Vgl. *Hupka* S.7, *v.Caemmerer*, Scheck- und Wechselrecht S.168.

Beitritt dieser Staaten zum Genfer Wechselabkommen in seiner ursprünglichen oder modifizierten Form ausgeschlossen werden kann,[104] bleibt zur weiteren Rechtsvereinheitlichung nur die Schaffung eines neuen Wechselrechtes, welches erneut allen Staaten den Beitritt ermöglicht. Da realistischerweise aber nicht davon ausgegangen werden kann, daß alle Staaten ihre bestehenden und bewährten nationalen Wechselrechte zugunsten der Konvention aufgeben werden, kann das neue Wechselrecht nur als fakultatives Recht ausgestaltet werden.[105] Der Beitritt zur Konvention unter Beibehaltung des Genfer Wechselgesetzes wäre demzufolge eine Möglichkeit, die auch von dem Genfer Abkommen angestrebte Rechtsvereinheitlichung im Wechselrecht zu verwirklichen.

Die Schwäche dieser Argumentation liegt darin, daß sie im wesentlichen auf Unterstellungen aufbaut, die keine Stütze im Genfer Wechselgesetz finden. Die Vertragsväter der Genfer Abkommen sind, wie Art. IX des Abkommens über das Genfer Wechselgesetz und Art. 18 des Genfer Konfliktsabkommen[106] zeigen, davon ausgegangen, daß einer späteren Änderung der Umstände durch eine erneute Konferenz der Vertragsstaaten der Genfer Abkommen Rechnung getragen werden solle. Diese Artikel bestimmen, daß auf Antrag von sechs Vertragsstaaten eine Konferenz zum Zwecke der Nachprüfung der Vorschriften der Abkommen einberufen werden soll. Damit sollen die Genfer Wechselgesetze offenbar im Wege einer neuen Wechselkonferenz aller Vertragsstaaten an veränderte Umstände angepaßt werden, nicht aber im Alleingang einzelner Vertragsstaaten durch Zeichnung eines konkurrierenden Abkommens.

Gegen die Vereinbarkeit der Zeichnung eines zusätzlichen, fakultativen Wechselgesetzes für internationale Rechtsgeschäfte mit den Genfer Wechselabkommen spricht auch der Umstand, daß diese Rechtsvereinheitlichungsmethode bereits auf der Genfer Wechselkonferenz diskutiert worden ist.[107] Dort ist dieser Vorschlag von den Delegierten der Genfer Wechselrechtskonferenz aber ausdrücklich zurückgewiesen worden, weil dadurch nach ihrer Ansicht die Rechtszersplitterung nur vergrößert, aber nicht verringert worden wäre.[108] Die vorstehende Argumentation setzt sich über diesen klar geäußerten Willen der Vertragsparteien hinweg und unterstellt damit

---

104 *Herber*, AWD/RIW 1974,577(580); *Volken*, SZW 1990,100(103f); *Herrmann*, 10 U. Pa.J. Int'l Bus.L. 517(521) (1988); vgl. UNCITRAL Yb. 1970 Vol.1 A/7618 S.104 Anm.70ff.

105 Vgl. UNCITRAL Yb. 1970 Vol.1 A/7618 S.104 Anm.73,75 und *Herrmann*, 10 U. Pa.J. Int'l Bus.L. 517(522) (1988), derselbe in *Horn-Herrmann* S.259(261).

106 Vgl. *Baumbach/Hefermehl* WG Anh. 9a und 9b.

107 Vgl. *Denkschrift* S.117.

108 So ausdrücklich *Denkschrift* S.117.

einen tatsächlich nie vorhanden gewesenen Willen der Vertragsparteien der Genfer Abkommen, um ein an sich wünschenswertes Ergebnis zu erzielen. So praktisch diese Ansicht auch ist, so kann sie jedoch aus rechtlicher Sicht keine Lösung bieten.

Dies spricht für den dritten und strengsten möglichen Standpunkt, nachdem ein Beitritt zur UNCITRAL-Konvention nur unter der Voraussetzung der Kündigung oder Revision der Genfer Wechselabkommen möglich wäre.[109] Danach sind die Genfer Vertragsstaaten durch ihre Vertragsförderungspflicht gehindert, der inhaltlich mit dem Genfer Wechselgesetz konkurrierenden Konvention beizutreten. Die Genfer Vertragsstaaten müßten danach vor einem Beitritt zumindest das Genfer Wechselgesetz revidieren, wenn nicht gar kündigen. Fraglich ist jedoch, ob eine derartige Revision des Genfer Wechselgesetzes überhaupt möglich und wünschenswert ist.

2.2.3 *Opportunitätserwägungen.*

Gegen eine derartige Revision des Genfer Wechselgesetzes zum Zwecke des Beitritts zur UNCITRAL-Konvention spricht vor allem, daß die Schaffung eines neuen Wechselrechtes, welches in seiner Funktion und Anwendung mit dem Genfer Wechselgesetz konkurriert, vorerst nicht zur Rechtsvereinheitlichung, sondern zur Rechtszersplitterung führt.[110] So sind die Folgen einer Revision für das innerstaatliche Wechselrecht unklar. Es ist denkbar, daß nur ein Teil der Genfer Vertragsstaaten bereit sein wird, einer Änderung der Genfer Wechselabkommen zuzustimmen.[111] Dadurch wären die zeichnungswilligen Staaten gezwungen, das Genfer Wechselgesetz zu kündigen. Dies würde dann zu einer erneuten Rechtszersplitterung zwischen den heutigen Vertragsstaaten des Genfer Wechselgesetzes führen. Dies wäre ein Rückschritt in den bisherigen Rechtsvereinheitlichungsbemühungen. Dieses Risiko scheint unangemessen hoch, wenn man berücksichtigt, daß es noch höchst unsicher ist, ob der Rechtsverkehr Wechsel nach einer neuen, ihm unbekannten Rechtsordnung ausstellen wird, zumal die bisherigen Wechselsysteme

---

109 Für eine Revision *Herber*, RIW/AWD 1977,314(319); *Roblot*, Mélanges Vincent S.361(370); für Kündigung *Liesecke*, WM 1973,442(443); *Schinnerer*, FS Wagner S.315(328); vgl. auch den Vertreter der Bundesrepublik in UNCITRAL Yb. 1987 Vol.18 A/CN.9/SR.378 S.166 Anm.9ff, der in den Beratungen eine Revision des Genfer Abkommens gegenüber einer Kündigung für vorzugswürdig hielt.

110 In diese Richtung gehen auch die Stellungnahmen der Bundesrepublik in UNCITRAL Yb. 1984 Vol.15 A/CN.9/248 S.31 und UNCITRAL Yb. 1987 Vol.18 A/CN.9/WG IV/WP.32/Add.2 S.79f.

111 Vgl. auch UNCITRAL Yb. 1987 Vol.18 A/CN.9/SR.378 S.166 Anm.11.

offenbar den Belangen des Verkehrs genügen.[112] Selbst wenn alle Vertragsstaaten bereit wären, die Ausstellung von UNCITRAL-Wechseln für internationale Rechtsgeschäfte zu akzeptieren, wäre eine wirkliche Rechtsvereinheitlichung nur zu erreichen, wenn die UNCITRAL-Konvention auch innerstaatlich angewandt werden könnte. Dies ist jedoch nach der eindeutigen Definition des Anwendungsbereiches in Art. 2 nicht vorgesehen und wäre nur um den Preis falscher Ortsangaben zu erreichen. Hinzu kommt ein weiteres Problem. Die Vereinten Nationen haben sich nicht bereit erklärt, die Aufgaben des Völkerbundes für eine Einberufung einer Konferenz der Genfer Vertragsstaaten zu übernehmen.[113] Dies bedeutet, daß einer notwendigen Revision der Genfer Abkommen auch erhebliche praktische Widerstände im Wege stehen.

Ein Beitritt Deutschlands zur UNCITRAL Konvention wäre somit erst dann zu empfehlen, wenn damit nicht nur überzeugende Erleichterungen und Verbesserungen im internationalen Wechselverkehr verbunden wären, sondern auch die Mehrheit der wichtigen Handelsnationen der Konvention beitreten würde und diese dadurch auf breiter Front Zustimmung fände. Letzteres liegt im Ermessen der einzelnen Staaten. In der vorliegenden Arbeit soll der Frage nachgegangen werden, ob die Konvention inhaltlich überzeugende Verbesserungen gegenüber den bestehenden Wechselrechten bietet, so daß aus diesem Grund ein Beitritt zu erwägen wäre.

---

112 Skeptisch über den Erfolg der Konvention hat sich auch die Haager Konferenz über Internationales Privatrecht in ihrer Note in Actes et documents 15ième session, 8 au 20 Octobre 1984, S.179 geäußert. Vgl. ebenfalls *Crawford* Remarks S.19.

113 So *Schinnerer*, FS Wagner S.315(328); derselbe in FS Schwind S.237(238).

§ 3 Auslegung und Lückenfüllung in der Konvention

3.1 Die Auslegung der Konvention.

Die Konvention enthält in Art. 4 eine spezielle Vorschrift für die Auslegung. Diese lautet: "*[B]ei der Auslegung dieser Konvention sind ihr internationaler Charakter und die Notwendigkeit zu berücksichtigen, ihre einheitliche Auslegung und die Wahrung des guten Glaubens im internationalen Handel zu fördern*".[1] Diese Vorschrift stellt somit drei Grundsätze für die Auslegung der Konvention auf: Es ist auf den Ursprung der Normen im internationalen Einheitsrecht, auf den mit der Konvention angestrebten Vereinheitlichungszweck sowie auf die Förderung des "Guten Glauben" im Handelsverkehr Rücksicht zu nehmen.[2]

Art. 4 richtet sich in erster Linie an die Gerichte. Ihnen sollen Grundsätze für die Auslegung der Konvention an die Hand gegeben werden.[3] Durch die Betonung des internationalen Ursprungs der Normen der Konvention will Art. 4 einen Rückgriff auf nationales Recht bei der Auslegung des Konventionstextes verhindern. Die Konvention soll vielmehr als eigenständiges Gesetzeswerk aus sich heraus ausgelegt werden.[4] Allerdings ist Art. 4 in einem entscheidenden Punkt unvollständig: Art. 4 nennt nur die Ziele der Auslegung, nicht aber auch die anzuwendenden Auslegungsmethoden.[5] Zur Bestimmung der Methode der Auslegung muß daher auf allgemeine methodische Grundsätze zur Auslegung von Einheitsrecht zurückgegriffen werden.

---

1 Diese Vorschrift stimmt mit Art. 7 (1) der United Nations Convention on Contracts for the International Sale of Goods (CISG) überein, vgl. UNCITRAL Yb. 1980 Vol.11 A/Conf.97/18 Annex 1 S.151.

2 Vgl. zu Art. 7 (1) CISG, *v.Caemmerer/Schlechtriem-Herber* Art.7 Rn.6.

3 Vgl. *Dohm*, 21 Am.J.Comp.L. 474,488 (1973) und *Blomquist*, 9 Cal.West. I.L.J. 30, 65ff (1979), der diesen Artikel jedoch als viel zu freizügig kritisiert.

4 UNCITRAL Yb. 1972 Vol.3 A/CN.9/67 S.150 Art.4; UNCITRAL Yb. 1982 Vol.13 A/CN.9/213 S.128 Art.3 Anm.1; *Dohm*, 21 Am.J.Comp.L. 474,488 (1973); *Volken*, SZW 1990,100(105); zur analogen Vorschrift im CISG *Bianca/Bonell*-Bonell Art.7 Anm.2.2.1, 2.2.2; *Huber*, RabelsZ 1979,413(432).

5 Vgl. zu Art. 7 CISG *v.Caemmerer/Schlechtriem-Herber* Art.7 Rn.10.

Bei der Auslegung von Einheitsrecht bleiben die allgemeinen Auslegungsgrundsätze der wörtlichen, systematischen, historischen und teleologischen Auslegung anwendbar, jedoch ist den Besonderheiten des Einheitsrechtes Rechnung zu tragen.[6] Ausgangspunkt der Auslegung ist der Wortlaut des Textes des Einheitsrechts, da die wörtliche Auslegung am ehesten eine international gleichmäßige Auslegung verspricht.[7] Ausgangspunkt ist dabei eine der sechs Originalsprachen. Eine deutsche Übersetzung kann lediglich als unverbindliches Hilfsmittel herangezogen werden.[8] Bei der Auslegung in der Konvention verwendeter Begriffe des nationalen Rechtes ist zu beachten, daß diese in ihrer inhaltlichen Bedeutung vom Heimatrecht abweichen können.[9] Läßt der Text keine abschließende Auslegung zu, so können die Materialien zum Einheitsgesetz ergänzend herangezogen werden.[10] Rückschlüsse aus der Systematik eines anderen Einheitsgesetzes sind jedoch nur zulässig, wenn die Gesetze in bewußter Bezugnahme geschaffen worden sind.[11] Dies ist beispielsweise bei dem vorliegenden Artikel 4 der Fall, der in bewußter Anlehnung an bestehende Vorschriften in anderen UNCITRAL-Konventionen geschaffen wurde.[12]

Als zusätzliche Auslegungsmethode ist bei der Auslegung internationalen Einheitsrechtes die rechtsvergleichende Auslegung zu berücksichtigen.[13] Dies gilt besonders bei denjenigen Vorschriften, die ausdrücklich einer nationalen Regelung den Vorzug gegeben haben.[14] Bei Vorschriften, die einen Konsens der nationalen Rechtsordnungen wiedergeben, kann auf diese zurückgegriffen werden, um die Grenze dieses Konsenses festzustellen.[15] Allerdings ist zu prüfen, inwieweit abweichende Handelsbräuche eine andere Auslegung erforderlich machen.[16]

---

6 *Kropholler* S.258ff; zur Auslegung des WG vgl. *Stranz* Einl. Anm.5, *Baumbach/Hefermehl* Einl. WG Rn.55,55a; *Canaris* JZ 1987,543(544). Kritisch zu diesem Ansatz in der Konvention *Blomquist*, 9 Cal.West.I.L.J. 30,66 (1979).

7 *Kropholler* S.264ff; zu Art. 7 CISG vgl. *v.Caemmerer/Schlechtriem-Herber* Art.7 Rn.20.

8 Vgl. *v.Caemmerer/Schlechtriem-Herber* Art.7 Rn.21 zu Art. 7 CISG.

9 Vgl. *v.Caemmerer/Schlechtriem-Herber* Art.7 Rn.13,23 zu Art. 7 CISG.

10 *Kropholler* S.274ff; zu Art. 7 CISG *v.Caemmerer/Schlechtriem-Herber* Art.7 Rn.24.

11 Vgl. *Kropholler* S.273, der aber einige Ausnahmen nennt.

12 Vgl. zum Ursprung des Art. 4 UNCITRAL Yb. 1982 Vol.13 A/CN.9/213 S.128 Art.3 Anm.2.

13 *Kropholler* S.278, zurückhaltender *v.Caemmerer/Schlechtriem-Herber* Art.7 Rn.26.

14 Vgl. generell *Kropholler* S.278f.

15 *Kropholler* S.279.

16 Diese Methodik entspricht im übrigen auch der Arbeitstechnik der Arbeitsgruppe, vgl. UNCITRAL Yb. 1982 Vol.13 A/CN.9/213 S.124 Anm.8.

Für die rechtsvergleichende Auslegung kommen somit neben anderen UNCITRAL-Konventionen auch nationale Wechselrechtsvorschriften in Betracht, soweit sie für die Schaffung der UNCITRAL-Konvention von Bedeutung waren. Ein direkter Rückgriff auf das nationale Wechselrecht zur Auslegung von Rechtsbegriffen ist aber unzulässig.[17]

Die einheitliche Anwendung und Auslegung der Konvention zu fördern ist ein Ziel, welches notwendig aus dem Zweck der Rechtsvereinheitlichung folgt. Voraussetzung ist die Beachtung ausländischer Entscheidungen durch die nationalen Gerichte, um eine gemeinsame Interpretation herauszubilden.[18] Dies setzt neben der Bereitschaft der Gerichte, ausländische Entscheidungen als Richtschnur zu akzeptieren,[19] vor allem einen kontinuierlichen Austausch internationaler Entscheidungen zur Konvention voraus.[20] Ein derartiges Verfahren ist jetzt von UNCITRAL beschlossen worden. Nationale Berichterstatter sollen alle Entscheidungen zu einer bestimmten Konvention sammeln, von diesen Kurzfassungen erstellen und diese zusammen mit der Originalentscheidung an das UNCITRAL-Sekretariat in Wien übermitteln, wo die Kurzfassungen in die Arbeitssprachen der Vereinten Nationen übersetzt werden, um dann den Vertragsstaaten zur Veröffentlichung zugesandt zu werden.[21]

Während die Rücksichtnahme auf die einheitsrechtliche Herkunft der Normen und den Vereinheitlichungszweck allgemeine Grundsätze der Auslegung internationalen Einheitsrechtes sind,[22] ist die "Wahrung des guten Glaubens im internationalen Handel" eine Besonderheit, die sich nur noch in Art. 7 (1) CISG findet.[23]

Obwohl die in der Konvention verwandten Redlichkeitsmaßstäbe noch genau besprochen werden,[24] sei an dieser Stelle kurz auf die Bedeutung des "good faith" für die Auslegung hingewiesen.

Hervorzuheben ist, daß der Begriff des "good faith" sich nicht auf den "Guten Glauben" beim gutgläubigen Erwerb bezieht,[25] sondern im Sinne von

---

17 Dies verkennt *Blomquist*, 9 Cal.West.I.L.J. 30,66 (1979) in seiner Kritik an Art. 4.

18 Vgl. *v.Caemmerer/Schlechtriem-Herber* Art.7 Rn. 14.

19 Daran scheint es jedoch noch zu mangeln, wie *Blomquist*, 9 Cal.West.I.L.J. 30,67f (1979) feststellt.

20 Vgl. *v.Caemmerer/Schlechtriem-Herber* Art.7 Rn.14.

21 Vgl. UNCITRAL Yb. 1988 Vol.19 A/43/17 S.15 Anm.98ff; A/CN.9/312 S.136ff.

22 Vgl. *Kropholler* Einheitsrecht S.258; *v.Caemmerer/Schlechtriem-Herber* Art.7 Rn.6.

23 Vgl. *v.Caemmerer/Schlechtriem-Herber* Art.7 Rn.6.

24 Siehe Kapitel 8.3 S.87.

25 Hier verwendet die Konvention ausschließlich den Redlichkeitsmaßstab "Kenntnis" des Art. 6.

"Treu und Glauben" zu verstehen ist.[26] Aus den Materialien ergibt sich, daß der Begriff "good faith" in Art. 4 eingeführt wurde, weil der "good faith" der Parteien die Basis für das Funktionieren vieler Vorschriften der Konvention sei.[27] Darüber hinaus ist der Sinn dieses Begriffes jedoch nicht erläutert worden. Die Verwendung des Begriffs "good faith" im Rahmen des Art.4 ist dann auch mehrfach kritisiert worden. Insbesondere wurde bemängelt, daß "Treu und Glauben" nur Bedeutung für das Verhalten der Parteien haben könne, nicht aber für die Auslegung des Textes durch den Richter.[28] Zum anderen wurde kritisiert, die Rechtsvereinheitlichung würde durch den Rückgriff auf ein derartig unbestimmtes Konzept erschwert.[29] Der Begriff "good faith" ist gegen diese Kritik wohl letztlich nur beibehalten worden, um Art. 4 im Einklang mit der gleichlautenden Vorschrift des Art. 7 (1) des UN Kaufrechtsabkommens (CISG) zu halten.[30]

In Art. 7 (1) CISG wird der Begriff des "good faith" sowohl für die Auslegung der Normen des Abkommens herangezogen als auch für die Auslegung der Pflichten der Parteien. Teilweise wird der Begriff des "good faith" als Generalklausel verstanden, welche unter Bezugnahme auf die international anerkannten guten kaufmännischen Sitten auch für die Auslegung der vertraglichen Pflichten der Parteien Anwendung finden soll.[31] Andere Autoren beschränken dagegen die Funktion des Begriffs des "good faith" auf die Auslegung der Vorschriften des CISG durch den Richter.[32] Der Richter habe bei der Auslegung des Abkommens immer zu berücksichtigen, wie die Parteien selbst das Problem fairerweise geregelt hätten, wenn sie es vorausgesehen hätten.[33] Die Verwendung des Begriffes in Art. 7 (1) CISG wird auch als Ermutigung für den Richter verstanden, besonders für die Richter aus der Common Law Tradition, die Konvention nicht nur streng wörtlich, sondern im

---

26 So auch *v.Caemmerer/Schlechtriem-Herber* Art.7 Rn.17 und *Huber*, RabelsZ 1979, 413(432) zu Art. 7 (1) CISG. Zur mangelnden Differenzierung dieser beiden Begriffe im anglo-amerikanischen Rechtskreis siehe *Farnsworth* 30 U.Chi.L.R. 666 (1963).

27 UNCITRAL Yb. 1986 Vol.17 A/CN.9/273 S.50 Anm.73.

28 UNCITRAL Yb. 1987 Vol.18 A/CN.9/288 S.50 Anm.20; UNCITRAL Yb. 1987 Vol.18 A/CN.9/WG IV/WP.32/Add.3 S.84.

29 UNCITRAL Yb. 1987 Vol.18 A/CN.9/288 S.50 Anm.20; vgl. auch die Kritik Malaysia's in UNCITRAL Yb. 1988 Vol.19 A/43/405 S.196 Anm.6 (d).

30 Vgl. UNCITRAL Yb. 1987 Vol.18 A/CN.9/288 S.50 Anm.20.

31 Vgl. *v.Caemmerer/Schlechtriem-Herber* Art.7 Rn.15ff.

32 So *Huber*, RabelsZ 1979,413(432) und *Honnold*, Uniform Sales Convention Anm. 94, die beide "good faith" lediglich für die Auslegung von Vorschriften durch den Richter eine Bedeutung zumessen.

33 *Huber*, RabelsZ 1979,413(432).

Rückgriff auf immanente Rechtsprinzipien der Konvention flexibel und ohne Rückgriff auf das nationale Recht auszulegen.[34]

Für die UNCITRAL Wechselkonvention ist die Annahme einer Generalklausel in Art. 4 im Sinne von "Treu und Glauben" für die Beurteilung der wechselrechtlichen Verpflichtungen der Parteien auf alle Fälle abzulehnen. Anders als im Kaufrecht bietet das streng formalistische Wechselrecht keinen Ansatzpunkt für die Bezugnahme auf "Treu und Glauben" bei der Beurteilung des Verhaltens der Wechselparteien. Auch die Frage, wie wohl die Parteien ein Problem fairerweise geregelt hätten, wenn sie es erkannt hätten, ist dem Wechselrecht fremd. Im Wechselrecht gilt der Grundsatz der Wechselstrenge, nach welchem sich die Wechselverpflichtungen der Parteien allein aus dem Wechselinhalt ergeben.[35] Dieser ist bei der Auslegung der Wechselverpflichtungen der Parteien von Vorrang.

Für die Auslegung des Konventionstextes durch den Richter kann dagegen der Rückgriff auf "good faith" im Sinne von "Treu und Glaube" nur weiterhelfen, wenn er als Aufforderung verstanden wird, die Konvention entsprechend den Interessen des internationalen Handels auszulegen. Ein Richter hat dann bei der Auslegung vorrangig die Erfordernisse der internationalen Handels- und Bankkreise zu berücksichtigen und muß bestrebt sein, die Konventionsbestimmungen im Einklang mit diesen Anforderungen auszulegen. Dabei wird allerdings eine gewisse Vorsicht an den Tag zu legen sein. Die Konvention ist zwar für den internationalen Handelsverkehr entworfen worden. Dies darf aber nicht dazu führen, daß sich die Auslegung der Konvention allein an den Interessen einiger weniger, mächtiger Handelsgruppierungen oder der Banken orientiert.

3.2 Die Ausfüllung von Lücken in der Konvention.

Anders als Art. 7 CISG nimmt die UNCITRAL-Wechselkonvention nicht ausdrücklich Stellung zur Lückenausfüllung. Eine diesbezügliche Vorschrift ist zwar von dem Vertreter der Haager Konferenz für internationales Privatrecht während der Entwurfsarbeiten vorgeschlagen worden.[36] Darin war vorgesehen, daß zur Ausfüllung von Lücken in der Konvention das nach dem nationalen Wechselkollisionsrecht berufene materielle nationale Wechselrecht

---

34 *Bianca/Bonell*-Bonell Art.7 Anm.2.2.1.

35 Vgl. *Baumbach/Hefermehl* Einl. WG Rn.12ff; *Hueck/Canaris* § 6 VI.

36 UNCITRAL Yb. 1982 Vol.13 A/CN.9/WG IV/WP.23 S.80f.

herangezogen werden sollte.[37] Dieser Artikel ist aber nicht in die Konvention übernommen worden.[38] Teilweise wurde argumentiert, diese Regelung sei überflüssig, weil selbstverständlich. Teilweise wurde an dieser Regel kritisiert, daß sie zu einem vorschnellen Rückgriff auf das nationale Recht führen könne, da erst im Einzelfall geprüft werden müsse, ob eine Lücke in der Konvention planwidrig und damit ausfüllungsfähig sei.[39]

Dieser Einwand weist auf ein generelles Problem bei der Lückenausfüllung in Einheitsgesetzen hin. Wie im nationalen Recht setzt eine Lücke eine planwidrige Unvollständigkeit des Gesetzes voraus. Planwidrig lückenhaft ist das Einheitsgesetz jedoch nur da, wo ein Gegenstand im Einheitsgesetz grundsätzlich geregelt ist und sich lediglich auf eine bestimmte Frage keine Antwort aus den Normen des Einheitsgesetzes entnehmen läßt.[40] Eine Lükkenausfüllung in der Konvention setzt somit voraus, daß die Konvention diesen Gegenstand überhaupt regeln wollte. Ausgenommen sind damit also alle Probleme, die von der Arbeitsgruppe bewußt nicht in der Konvention geregelt wurden, sondern dem nationalen Recht überlassen worden sind. In diesem Fall liegt keine Lücke, sondern eine nicht geregelte Frage vor.[41] Hierzu zählen beispielsweise die Bestimmung der Wechselfähigkeit, die Sanktionen für falsche Ortsangaben im Wechsel, Regeln für die Übertragung des Wechsels durch Abtretung, die Bestimmung der zulässigen Einwendungen aus dem zugrundeliegenden Vertrag, Vorschriften für den Schadensersatzanspruch für Währungsverluste wegen verspäteter Zahlung des Wechsels. In all diesen Fällen ist ohne weiteres das anwendbare nationale Recht zu konsultieren.

Ist dagegen ein in der Konvention geregelter Gegenstand lückenhaft geregelt, so ist diese Lücke, wie im Falle der Auslegung, aus der Konvention selbst heraus zu schließen. Ein voreiliger Rückgriff auf das nationale Wechselrecht ist zu vermeiden.[42] Läßt sich eine Lücke nicht durch Rückgriff auf die Konvention ausfüllen, so kann der Richter aber nicht eine Entscheidung verweigern. Dies würde einen Verstoß gegen das Rechtsverweigerungsverbot darstellen.[43] In diesem Fall muß eine Rechtsfortbildung erfolgen. Bei der Ermittlung des heranzuziehenden Rechts ist wiederum der internationale Cha-

---

37 Art. X lautete: "Questions concerning matters governed by this Convention which are not expressly settled in it are to be settled in conformity with the Law applicable by virtue of the rules of private international law."; vgl. UNCITRAL Yb. 1982 Vol.13 A/CN.9/WG IV/WP.23 S.81.

38 UNCITRAL Yb. 1982 Vol.13 A/CN.9/210 S.70ff Anm.230-233.

39 UNCITRAL Yb. 1982 Vol.13 A/CN.9/210 S.70ff Anm.230-233.

40 Vgl. zu Art. 7 (2) CISG *v.Caemmerer/Schlechtriem-Herber* Art.7 Rn.28.

41 Vgl. zu Art. 7 (2) CISG *v.Caemmerer/Schlechtriem-Herber* Art.7 Rn.28.

42 Vgl. UNCITRAL Yb. 1982 Vol.13 A/CN.9/210 S.71 Anm.231f.

43 Generell zu diesem Problem *Canaris* Lücke § 47.

rakter des Einheitsrechtes zu berücksichtigen. Daher ist ein Rückgriff auf nationales Wechsel- oder Zivilrecht die allerletzte Stufe.[44] Vorrangig sind international anerkannte Grundsätze des Wechselrechts festzustellen und anzuwenden. Erst wenn alle diese Ergänzungsversuche fehlschlagen, sollte zur Lückenausfüllung auf das nationale Wechselrecht zurückgegriffen werden, vorrangig auf jenes, welches dem zu ergänzenden Konventionsartikel als Vorbild gedient hat.[45]

---

44 Vgl. zu Art. 7 CISG *v.Caemmerer/Schlechtriem-Herber* Art.7 Rn.31.

45 Die als Vorbild benutzten Wechselvorschriften sind jeweils in UNCITRAL Yb. 1982 Vol.13 A/CN.9/213 angegeben.

§ 4 Die Formerfordernisse des Internationalen Wechsels und des Internationalen Eigen-Wechsels

Den Formvoraussetzungen des Wechsels kommt im Wechselrecht eine besondere Bedeutung zu. Dies hängt mit der wirtschaftlichen Funktion des Wechsels als umlauffähiges Zahlungs- und Kreditmittel zusammen. Um eine schnelle und sichere Verwirklichung der verbrieften Forderung zu ermöglichen, unterliegen die Wechselparteien ab der Zeichnung des Wechsels einer scharfen Haftung. Auf diese besonderen Haftungsfolgen müssen die am Wechselverkehr beteiligten Personen aufmerksam gemacht werden. Deshalb muß der Wechsel eindeutig und schnell von anderen Wertpapieren zu unterscheiden sein. In der kontinentaleuropäischen Wertpapierlehre haben sich daher strenge Formvorschriften ausgebildet, die den Wechsel nicht nur von anderen Wertpapieren eindeutig unterscheiden, sondern deren Beachtung die beteiligten Parteien auch an die strenge Wechselhaftung erinnern soll.[1] Im anglo-amerikanischen Rechtskreis sind die formalen Anforderungen geringer, weil es an anderen umlauffähigen Wertpapieren fehlt, gegenüber denen der Wechsel abgegrenzt werden müßte.[2]

Die Konvention hat versucht, hinsichtlich der Formerfordernisse einen Kompromiß zwischen den strengen Voraussetzungen des Genfer Wechselgesetzes und der größeren Freiheit des anglo-amerikanischen Rechtes zu finden.[3] Da die UNCITRAL Wechsel neben die bestehenden nationalen Wechsel treten sollen, enthalten die UNCITRAL Wechsel noch zusätzliche Merkmale, anhand derer die Internationalen Wechsel von den nationalen Wechseln unterschieden werden können. Die Konvention stellt in Art. 3 (1) insgesamt acht Formerfordernisse für den Internationalen Wechsel auf, die aber nicht alle vorliegen müssen, damit ein Internationaler Wechsel auch wirksam ist. Von den Formerfordernissen sind die bereits dargestellten Voraussetzungen für die Anwendbarkeit der Konvention zu unterscheiden. Die Voraussetzungen für

---

1 Zur Formenstrenge im Wechselrecht vgl. *Ulmer* § 19 I S.188f; *Baumbach/Hefermehl* Einl.WG Rn.12-16.

2 *Ulmer*, ZAIP 1929,242(254,258).

3 Vgl. *Bloch*, J.Dr.Int.1979,770(779).

die Wirksamkeit der UNCITRAL Wechsel ergeben sich aus Art. 12 und stellen eine Kombination von Formerfordernissen und Anwendbarkeitsvoraussetzungen dar.

Die Konvention folgt in ihrer Systematik dem anglo-amerikanischen Recht[4] insoweit, als sie in ihrem Aufbau streng zwischen gezogenen Wechseln und Eigen-Wechseln unterscheidet. Anders als im Genfer Wechselgesetz, wo nur die Besonderheiten des Eigen-Wechsels in den Art. 75-78 WG geregelt sind und im übrigen die Vorschriften für gezogene Wechsel für entsprechend anwendbar erklärt werden, unterscheidet die Konvention durchgehend zwischen dem gezogenen Wechsel und dem Eigen-Wechsel.[5] Schecks, d.h. auf Sicht gestellte Zahlungsanweisungen, die auf eine Bank gezogen ist, sind nach Art. 1 (3) vom Anwendungsbereich der Konvention ausgenommen.[6]

Gemäß Art. 3 (1) ist der Internationale Gezogene Wechsel:

1) eine schriftliche Urkunde,
2) die eine unbedingte Zahlungsanweisung des Ausstellers an den Bezogenen enthält,
3) an den Begünstigten oder an dessen Order
4) eine bestimmte Summe
5) Geld zu zahlen
und
6) der nach Sicht oder zu einem bestimmten Zeitpunkt zahlbar ist,
7) datiert ist,
und
8) vom Aussteller unterschrieben wurde.

Der Internationale Eigen-Wechsel ist in Art. 3 (2) entsprechend definiert. Die Begriffe in diesen beiden Vorschriften werden ihrerseits teilweise in den Artt. 5, 7, 8 und 9 näher definiert, so daß diese Artikel mit herangezogen werden müssen. Dabei entsprechen die Formerfordernisse der UNCITRAL Wechsel weitgehend den Voraussetzungen des Genfer Wechselgesetzes und des anglo-amerikanischen Rechtskreises,[7] so daß im folgenden nur auf die wesentlichen Unterschiede eingegangen werden muß.

---

4 Zum anglo-amerikanischen Wechselrecht vgl. *Britton* sec.4, 10.

5 *Volken*, SZW 1990,100(104).

6 Die UNCITRAL Konvention über Internationale Schecks wurde zunächst zurückgestellt, UNCITRAL Yb. 1984 Vol.15 A/39/17 S.6,14 Anm. 20,88; *Volken*, SZW 1990,100(104). Zu einem Vorentwurf *Schinnerer* Konventionsentwürfe S.45ff.

7 Vgl. *Bloch*, J.Dr.Int.1979,770(779).

4.1 Schriftliche Urkunde

Beide UNCITRAL Wechsel setzen voraus, daß der Wechsel schriftlich fixiert wurde. Der Begriff "schriftlich" ist in der Konvention nicht definiert worden, weil man befürchtete, daß eine Definition die Weiterentwicklung des Zahlungsverkehrs und die Einführung neuer Technologien hemmen würde, ohne ihrerseits alle Auslegungsschwierigkeiten zu beseitigen.[8] Es herrscht aber offensichtlich Einverständnis darüber, daß unter "schriftlich" jede Wiedergabe und Darstellung von Worten in sichtbarer Form gemeint ist.[9] Die Konvention schreibt auch keine Sprache als verbindlich vor. Ein Internationaler Wechsel kann somit in jeder Sprache, sogar in unterschiedlichen Sprachen, ausgestellt werden.[10]

4.2 Unterschrift des Ausstellers

Art. 5 (k) definiert den Begriff "Unterschrift" als handschriftliche Unterschrift, ihr Faksimile oder ein durch andere Mittel bewirkter gleichwertiger Echtheitsbeweis. Diese Definition entspannt die Anforderungen an die Unterschrift gegenüber den Anforderungen des Genfer Einheitlichen Wechselgesetzes erheblich.[11] Sie hat sich nach längerer Diskussion[12] gegen die Befürchtung durchgesetzt, daß weniger strikte Anforderungen die Gefahr der Unterschriftsfälschung erhöhen würden.[13] Diese flexible Lösung ist aus zweierlei Gründen zu begrüßen. Zum ersten vermag sie sich dem technologischen Fortschritt anzupassen,[14] und zweitens entspricht sie den

---

8 UNCITRAL Yb. 1986 Vol.17 A/CN.9/273 S.49 Anm.64; UNCITRAL Yb. 1986 Vol.17 A/41/17 S.13 Anm.78; UNCITRAL Yb. 1986 Vol.17 A/CN.9/SR.339 S.335f Anm.21-31.

9 Siehe UNCITRAL Yb. 1982 Vol.13 A/CN.9/213 S.126 Art.1 Anm.4; *Penney*, 27 Am.J.Comp.L. 515,517 (1979); UNCITRAL Yb. 1986 Vol.17 A/CN.9/SR.339 S.336 Anm.30.

10 Vgl. UNCITRAL Yb. 1976 Vol.7 A/CN.9/117 S.151 Anm.69; *Dohm*, 21 Am.J.Comp.L. 474,480 (1973).

11 Vgl. *Baumbach/Hefermehl* WG Art.1 Rn.13 für das Genfer Wechselgesetz.

12 UNCITRAL Yb. 1986 Vol.17 A/CN.9/SR.340 S.340f Anm.31ff und A/CN.9/SR.347 S.367f Anm.1-21.

13 Vgl. z.B. den Kommentar der Bundesrepublik in UNCITRAL Yb. 1984 Vol.15 A/CN.9/248 S.42; dagegen UNCITRAL Yb. 1984 Vol.15 A/39/17 S.9 Anm.43ff; UNCITRAL Yb. 1986 Vol.17 A/CN.9/SR.355 S.392f Anm.36.

14 Vgl. die Diskussion in der Arbeitsgruppe in UNCITRAL Yb. 1986 Vol.17 A/CN.9/SR.347 S.367f Anm.1-21 und *Cheng*, 3 M.L.J. 1988 S. Liii(lvi).

Anforderungen der Praxis, wo zuweilen Wechsel in großen Stückzahlen ausgestelt werden müssen.[15]

4.3 Unbedingte Anweisung an den Bezogenen

Die Voraussetzung, daß der Internationale Wechsel eine unbedingte Zahlungsanweisung oder ein unbedingtes Zahlungsversprechen enthalten müsse, birgt wenig Neues. Allerdings enthält die Konvention zwei Bestimmungen, die in den Beratungen der Arbeitsgruppe Zweifel aufkommen ließen, ob diese Bestimmungen nicht doch zu einer Bedingtheit der Zahlungsanweisung führen.[16]

Art. 50 (1) sieht vor, daß der Aussteller einen Zeitpunkt oder ein Ereignis bestimmen kann, vor dessen Eintritt die Vorlage zum Akzept unzulässig ist. Art. 7 (c) erlaubt die Benutzung von Verfallsklauseln, die im Falle des Zahlungsverzuges die gesamte Wechselsumme fällig stellen. Diese Klauseln sollen aber nicht als Bedingung der Zahlungsanweisung betrachtet werden.[17] Vielmehr führt der Nichteintritt eines nach Art. 50 (1) für die Vorlage zum Akzept erforderlichen Ereignisses nur zum Wegfall der Vorlageverpflichtung, läßt aber die Zahlungsanweisung im übrigen unberührt.[18] Trotzdem ist von Nachteil, daß die Konvention den Begriff "unbedingt" nicht näher definiert hat. Dies ist mehrfach moniert worden.[19] Die Arbeitsgruppe ist aber davon ausgegangen, daß dieser Begriff keiner Definition bedarf. Als Beispiel für unzulässige Bedingungen der Zahlungsanweisung wurden in einer Anmerkung der Vereinigten Staaten von Amerika Regelungen genannt, welche die Haftung auf einen bestimmten Fonds beschränken oder die Wirksamkeit des Wechsels von anderen Urkunden abhängig machen.[20]

---

15 Vgl. *Volken*, SZW 1990,100(108).

16 UNCITRAL Yb. 1987 Vol.18 A/CN.9/288 S.49 Anm.10.

17 UNCITRAL Yb. 1987 Vol.18 A/CN.9/288 S.49 Anm.10; UNCITRAL Yb. 1986 Vol.17 A/41/17 S.21 Anm.156f; UNCITRAL Yb. 1982 Vol.13 A/CN.9/213 S.163 Art.46 Anm.3; *Schinnerer* Konventionsentwürfe S.34.

18 Vgl. UNCITRAL Yb. 1986 Vol.17 A/41/17 S.21 Anm.156f; UNCITRAL Yb. 1982 Vol.13 A/CN.9/213 S.163 Art.46 Anm.3; *Schinnerer* Konventionsentwürfe S.34.

19 *Dohm*, 21 Am.J.Comp.L. 474,482 (1973); *Blomquist*, 9 Cal.West.I.L.J. 30,47 (1979); UNCITRAL Yb. 1984 Vol.15 A/CN.9/248 S.41 Anm.der U.S.A.

20 UNCITRAL Yb. 1984 Vol.15 A/CN.9/248 S.41.

4.4 Keine Abtretung der Deckung

Entsprechend sec. 53 BEA und sec. 3-409 UCC bestimmt die Konvention in Art. 37, daß die Zahlungsanweisung des Ausstellers an den Bezogenen allein noch keine Abtretung von Rechten aus der Grundforderung, insbesondere der Deckung, bewirkt.[21] Im Genfer Wechselgesetz ist diese Frage laut Art. 16 der Anlage II des Abkommen über das Einheitliche Wechselgesetz[22] ausdrücklich nicht geregelt und dem nationalen Recht überlassen worden.[23]

Allerdings läßt die Konvention eine gesonderte Abtretung der Grundforderung durch Parteivereinbarung zu.[24] Diese Abtretung ist in der Konvention nicht geregelt und bestimmt sich nach nationalem Recht.[25] Das anwendbare Recht bestimmt sich im Geltungsbereich des Genfer Konfliktsabkommen aber nicht nach Art. 95 WG, sondern nach Art. 33 II EGBGB. Art. 95 WG regelt, nach welchem Recht sich die Frage beantwortet, ob die Grundforderung automatisch mitabgetreten wird. Diese Frage hat die Konvention jedoch in Art. 37 eindeutig dahingehend beantwortet, daß die Grundforderung nicht automatisch mit abgetreten wird. Art. 33 II EGBGB bestimmt dagegen, daß eine von den Parteien vereinbarte Abtretung der Grundforderung nach dem Recht erfolgt, welches die Grundforderung beherrscht.[26]

4.5 Datierung des Wechsels

Der Internationale Wechsel ist ebenso wie der Wechsel nach dem Genfer Wechselgesetz zu datieren.[27] Dies stellt eine Abkehr vom anglo-amerikani-

---

21 Vgl. *Schinnerer*, FS Wagner S.315(326).

22 Abgedruckt bei *Baumbach/Hefermehl* WG Anh. 9a.

23 Offenbar führt in den Genfer Vertragsstaaten nur in Frankreich die Übertragung des Wechsels zu einem automatischen Übergang der Kausalforderung, vgl. *Schinnerer*, FS Wagner S.315(326). Zum deutschen Recht, welches einen automatischen Übergang der Grundforderung nicht anerkennt, *Baumbach/Hefermehl* Einl. WG Rn.51; *Zöllner* § 19 I 3.

24 UNCITRAL Yb. 1987 Vol.18 A/42/17 S.6 Anm.17,18; *Roblot*, Mélanges Vincent S.361(362).

25 UNCITRAL Yb. 1987 Vol.18 A/42/17 S.30 Anm.267; UNCITRAL Yb. 1987 Vol.18 A/CN.9/SR.383 S.179 Anm.19, 23; *Roblot*, Mélanges Vincent S.361(362).

26 Vgl. *Kegel* IPR § 18 VII 1.

27 UNCITRAL Yb. 1976 Vol.7 A/CN.9/117 S.151 Anm.72; gegen die frühere, entgegengesetzte Lösung siehe *Dohm*, 21 Am.J.Comp.L. 474,487 (1973); zustimmend zur Änderung *Blomquist*, 9 Cal.West.I.L.J. 30,62 (1979).

schen Recht dar.[28] Die Einführung der Voraussetzung der Angabe des Ausstellungsdatums war erforderlich, da andere Vorschriften, wie z.B. Art. 9 (4),(8) für die Bestimmung der Verfallszeiten oder Artt. 51 (d), 55 (f) für die Bestimmung der Vorlagefristen, auf das Ausstellungsdatum Bezug nehmen.[29]

4.6 An den Begünstigten oder seine Order zahlbar

Die Konvention sieht vor, daß der Internationale Wechsel an den Begünstigten oder an dessen Order zahlbar gestellt wird. Der Internationale Wechsel ist also Orderpapier. Die Aufnahme der Orderklausel in den Wechseltext ist aber nicht zwingend erforderlich.[30] Fehlt die Orderklausel, so bleibt der Wechsel trotzdem an die Order des Begünstigten zahlbar.[31] Nur ein ausdrückliches Orderverbot des Ausstellers oder Indossanten gemäß Art. 17 nimmt dem Wechsel den Charakter des Orderpapieres. Damit wird der Internationale Wechsel zum Rektapapier. Jede weitere Indossierung des Wechsels hat dann laut Art. 17 nur die Wirkungen eines Inkassoindossamentes.[32]

Art. 10 (1) stellt klar, daß ein Wechsel auch an zwei oder mehr Begünstigte zahlbar gestellt werden kann. Aus einem an "A und/oder B" zahlbaren Wechsel sind gemäß Art. 10 (2) beide Begünstigte auch allein berechtigt, bei allen anderen Formulierungen hingegen nur gemeinsam. Art. 11 läßt die Ausstellung trassiert-eigener Wechsel zu. Der Aussteller eines trassiert-eigenen Wechsels hat aber nicht die Wahl, das Papier als gezogenen oder als eigenen Wechsel zu behandeln.[33]

Nicht vorgesehen ist die Ausstellung als Inhaberpapier.[34] Auch hier folgt die Konvention dem Genfer Wechselgesetz, obwohl einige Vertragsstaaten

---

28 Gemäß sec. 3-114 (1) UCC und sec. 12 und 13 BEA ist die Angabe des Ausstellungsdatums für die Wirksamkeit des Wechsels nicht nötig. Vgl. zum UCC *Willier & Hart* § 2.13[4].

29 UNCITRAL Yb. 1982 Vol.13 A/CN.9/213 S.126 Art.1 Anm.12.

30 Vgl. UNCITRAL Yb. 1972 Vol.3 A/CN.9/67 S.156 Art.16 Anm.2; *Blomquist*, 9 Cal.West.I.L.J. 30,55f (1979).

31 UNCITRAL Yb. 1982 Vol.13 A/CN.9/213 S.140 Art.16 Anm.3; UNCITRAL Yb. 1972 Vol.3 A/CN.9/67 S.156 Art.16 Anm.2.

32 Dies entspricht in den Rechtsfolgen Art. 18 WG, näher zum Inkassoindossament Kapitel 9.3.1 S.104.

33 UNCITRAL Yb. 1984 Vol.15 A/39/17 S.10 Anm.54.

34 *Penney*, 27 Am.J.Comp.L. 515,521 (1979); *White*, 5 Ga.J.Int'l & Comp.L. 216,223 (1975); *Bloch*, J.Dr.Int.1979,770(780); *Blomquist*, 9 Cal.West.I.L.J. 30,56 (1979); UNCITRAL Yb. 1982 Vol.13 A/CN.9/213 S.126 Art.1 Anm.8; UNCITRAL Yb. 1976 Vol.7 A/CN.9/117 S.151 Anm.70.

den Wunsch geäußert hatten, ein Inhaberpapier in die Konvention zu übernehmen.[35] Der Unterschied zum anglo-amerikanischen Rechtskreis, der Inhaberpapiere anerkennt, ist allerdings vernachlässigbar, da die Konvention blankoindossierte Wechsel an eigene Order zuläßt, welche in ihrer Wirkung einem Inhaberpapier gleichstehen.[36]

4.7 Geld

Wichtige Neuerungen gegenüber dem bestehenden Recht enthält die nicht abschließende Definition der Begriffe "Geld" und "Währung" in Art. 5 (l).[37]

Neben den nationalen, gesetzlichen Zahlungsmitteln umfaßt der Geldbegriff in Art. 5 (l) auch monetäre Verrechnungseinheiten, die von zwischenstaatlichen Organisationen und durch Staatsverträge als Zahlungsmittel geschaffen wurden. Ein Internationaler Wechsel kann somit auch in ECU, Transfer-Rubel oder auf Sonderziehungsrechte des Internationalen Währungsfonds ausgestellt werden.[38] Dabei ist wichtig, daß ein Wechsel, der beispielsweise in Sonderziehungsrechten denominiert ist, auch den Regeln des Internationalen Währungsfonds für die Benutzung der Sonderziehungsrechte unterliegt.[39] Die Ausweitung der Definition auf derartige Verrechnungseinheiten soll privaten Parteien die Möglichkeit eröffnen, den Wechsel gegen Wechselkursschwankungen zu sichern.[40] Die Arbeitsgruppe versprach sich davon eine vermehrte Nützlichkeit und breitere Akzeptanz der Konvention.[41]

---

35 *Penney*, 27 Am.J.Comp.L. 515,521 (1979); UNCITRAL Yb. 1968-1970 Vol.1 A/CN.9/48 S.119 Anm.21ff.

36 Vgl. *Penney*, 27 Am.J.Comp.L. 515,521 (1979); *White*, 5 Ga.J.Int'l & Comp.L. 216,223 (1975).

37 Die Definition des Art. 5 (l) ist nicht abschließend, sondern soll nur mögliche Zweifelsfälle klarstellen, vgl. UNCITRAL Yb. 1986 Vol.17 A/CN.9/273 S.51f Anm.87, 92.

38 UNCITRAL Yb. 1982 Vol.13 A/CN.9/213 S.131 Art.4 (11) Anm.24ff, *Ganten/Jahn*, Die Bank 1987,394 (396); *Volken*, SZW 1990,100(108); *Horn-Herrmann* S.259 (270); *Herrmann*, 10 U. Pa. J.Int'l Bus.L. 517,535 (1988). Nicht in dieser Definition enthalten sind offenbar Verrechnungseinheiten, deren Wert in einem bestimmten Verhältnis zum Gold steht, vgl. UNCITRAL Yb. 1986 Vol.17 A/CN.9/285 S.79 Anm.4; UNCITRAL Yb. 1986 Vol.17 A/41/17 S.16 Anm.106.

39 UNCITRAL Yb. 1986 Vol.17 A/41/17 S.15f Anm.104ff.

40 UNCITRAL Yb. 1982 Vol.13 A/CN.9/210 S.70 Anm.224; siehe auch *Guest*, 27 Am.J.Comp.L. 533ff (1979).

41 UNCITRAL Yb. 1984 Vol.15 A/39/17 S.9 Anm.47; UNCITRAL Yb. 1982 Vol.13 A/CN.9/210 S.70 Anm.226.

Nicht geregelt ist die Frage, ob der Wechselgläubiger einen Anspruch auf Erfüllung in Bargeld hat.[42] Weder Art. 5 (l) noch die Art. 72ff., welche die Erfüllung der Wechselverbindlichkeit betreffen, enthalten eine entsprechende Klarstellung. Nach Ansicht der Arbeitsgruppe war eine Lösung vor dem Hintergrund unterschiedlicher nationaler Währungsgesetze nicht zu finden.[43] Aus der ausdrücklichen Zulässigkeit der Zahlung in einer Verrechnungseinheit in Art. 75 (2), kann jedoch geschlossen werden, daß die Konvention dem Schuldner keinen allgemeinen Anspruch auf Barzahlung einräumt.

4.8 Bestimmte Summe

Eine wesentliche Abweichung der Konvention von den Formerfordernissen des Genfer Wechselgesetzes findet sich bei dem Erfordernis, daß die Anweisung auf Zahlung einer bestimmten Summe lauten muß. Der Begriff "bestimmte Summe" wird in Art. 7 definiert. Danach sind sowohl verzinsliche Wechsel als auch Ratenwechsel mit und ohne Verfallsklausel zulässig. Spezielle Auslegungsregeln zur Bestimmung der Wechselsumme sind in Art. 8 (1)-(3) enthalten. So geht bei einer Abweichung zwischen der Wechselsummenangabe in Zahlen und der Wechselsummenangabe in Worten gemäß Art. 8 (1) die Angabe in Worten vor. Ist die Wechselsumme mehrmals in Worten oder in Zahlen angegeben, so gilt nach Art. 8 (2) bei einer Abweichung die kleinere Summe. Ist der Wechsel in einer Währungsbezeichnung ausgestellt, welche außer am Zahlungsort noch in mindestens einem anderen Staat verwandt wird, und läßt sich dem Wechsel nicht entnehmen, in welcher Landeswährung der Wechsel ausgestellt ist, so gilt gemäß Art. 8 (3) die Währung am Zahlungsort als die geschuldete. Ist beispielsweise ein in Frankreich zahlbarer Wechsel lediglich in "Franc" ausgestellt, so ist die Wechselsumme in Französischen Franc zahlbar.

4.8.1 Verzinsliche Wechsel

Entgegen Art. 5 WG, der einen Zinsvermerk nur bei Sicht- und Nachsichtwechseln zuläßt,[44] ist es nach Art. 7 (a) der Konvention generell zulässig, Wechsel mit Zinsregelungen auszustellen. Gemäß Art. 8 (6) können Wechsel

---

42 Siehe den Kommentar der U.S.A. UNCITRAL Yb. 1984 Vol.15 A/CN.9/248 S.43f Art.4 (11); vgl. UNCITRAL Yb. 1986 Vol.17 A/CN.9/273 S.52 Anm.92.

43 UNCITRAL Yb. 1986 Vol.17 A/CN.9/273 S.52 Anm.92.

44 *Baumbach/Hefermehl* WG Art.5 Rn.1.

entweder mit einem Festzinssatz oder, wiederum in Abweichung von Art. 5 WG, mit einem variablen Zinssatz (floating rate) ausgestellt werden.

Diese Vorschrift folgt weitgehend dem anglo-amerikanischen Recht der sec. 3-106 UCC und sec. 9 BEA.[45] Die Übernahme erfolgte auf Wunsch der Vertreter des anglo-amerikanischen Rechtskreises und der Banken.[46] Die Arbeitsgruppe strebt mit dieser Regelung eine breitere Akzeptanz der Konvention in Finanzkreisen an.[47] Besonders im internationalen Kreditgeschäft werden variabel verzinsliche Wechsel zur Anpassung an sich verändernd Marktbedingungen genutzt.[48]

Die Ausstellung eines verzinslichen Wechsels ist nur möglich, wenn der Zinssatz in dem Wechsel angegeben ist. Ist der Zinssatz nicht angegeben, so gilt der Wechsel gemäß Art. 8 (5) als zinslos.

Für Wechsel mit variablen Zinssatz sind in Art. 8 (6), (7) und (8) besondere, weitergehende Regeln aufgestellt worden, um den Einwänden zu begegnen, die anfangs von Vertretern der Dritten Welt und des Genfer Wechselgesetzes gegen die Einführung von variablen Zinssätzen vorgebracht worden waren.[49] Eine Hauptsorge war dabei die Benachteiligung des Schuldners durch steigende Zinsverpflichtungen sowie die Befürchtung, daß eine Unbestimmtheit der Zahlungsverpflichtung durch variable Zinssätze die Umlauffähigkeit des Wechsels beeinträchtigen könnte.[50]

Art. 8 (6) stellt drei zusätzliche Erfordernisse für die Verwendung von variablen Zinssätzen auf, um der Benachteiligung des Schuldners vorzubeugen.[51] Ein variabler Zinssatz ist gemäß Art. 8 (6) nur dann zulässig, wenn in dem Wechsel erstens ein veröffentlichter oder allgemein zugänglicher Zinssatz als Referenz für die Berechnung des Wechselzinssatzes dient. Als Referenz ist dabei an den Diskontsatz, die "London Interbank Offered Rate" (LIBOR) oder die Prime Rate gedacht worden.[52] Eine frühere Fassung, welche als Referenz auch Rohstoffpreisindizes zuließ, ist in den späteren Bera-

---

45 Vgl. *Bloch*, J.Dr.Int.1979,770(781).

46 Vgl. UNCITRAL Yb. 1984 Vol.15 A/CN.9/SR.293 S.361 Anm.10,12.

47 UNCITRAL Yb. 1986 Vol.17 A/41/17 S.17 Anm.116. Zustimmend aus der Sicht der Banken *Crawford* Remarks S.6.

48 Vgl. *Horn-Herrmann* S.259 (270); *Schinnerer*, FS Wagner S.315(325).

49 UNCITRAL Yb. 1984 Vol.15 A/CN.9/SR.293 S.361ff Anm.8,19,30ff; A/CN.9/SR.292 S.360 Anm.5,53f.

50 UNCITRAL Yb. 1986 Vol.17 A/CN.9/273 S.52 Anm.94; *Schinnerer*, FS Wagner S.315(325).

51 Vgl. *Horn-Herrmann* S.259 (270); *Herrmann*, 10 U. Pa. J.Int'l Bus.L. 517,535 (1988).

52 Vgl. *Volken*, SZW 1990,100(107f). Unter dem LIBOR ist der Zinssatz zu verstehen, den Banken am Londoner Eurogeldmarkt für kurzfristige Einlagen anderer Banken bieten. Die "Prime Rate" ist jener Zinssatz, den amerikanische Großbanken für kurzfristige Kredite an allererste Industriekunden berechnen.

tungen in der Formulierung verändert worden.[53] Obwohl dies in der Arbeitsgruppe nicht eindeutig ausgesprochen wurde, ist davon auszugehen, daß Güterindizes nach der Veränderung des Textes nicht mehr als Referenz benutzt werden können.[54] Der Hintergrund für diese Beschränkung mag darin zu sehen sein, daß Zinssätze, die an Rohstoffindizes als Referenzen gekoppelt sind, umfängliche und komplizierte Berechnungen erfordern.[55] Das Erfordernis der allgemeinen Zugänglichkeit des Referenzzinses soll die Verwendung solcher Referenzzinssätze verhindern, die ausschließlich zwischen Banken benutzt und nicht der Öffentlichkeit bekanntgegeben werden. Die Veröffentlichung oder Zugänglichkeit des Referenzzinses muß bei Ausstellung des Papieres gegeben sein, eine nachträgliche Veröffentlichung ist ungenügend.[56] Zulässig ist dagegen eine mehrfache Veröffentlichung des Referenzzinses während der Laufzeit des Papieres, wie sie z.B. bei der Prime Rate oder dem LIBOR der Fall ist.[57] Ausschlaggebend ist dann der Referenzzins zur Zeit der Zahlung. Das Öffentlichkeitserfordernis soll auch gewährleisten, daß der Schuldner, d.h. der Bezogene oder der Aussteller, die Höhe seiner Verbindlichkeit aus dem Wechsel entnehmen kann.

Zweitens müssen im Wechsel die Kriterien angegeben werden, nach welchen der Wechselzinssatz im Verhältnis zu dem Referenzzinssatz variieren soll.[58]

Drittens sieht Art. 8 (6) zum Schutz des Schuldners weiter vor, daß der Referenzzins nicht einseitig von einer im Wechsel genannten Person beeinflußt werden darf.[59] Damit soll verhindert werden, daß der Begünstigte den ausgewählten Referenzzins zu seinen Gunsten manipulieren kann.[60] Dies schränkt die Verwendung von eigenen Prime Rates durch Großbanken als Begünstigte ein. Diese Beschränkung gilt gemäß Art. 8 (6) aber nur für den Zeitpunkt der Ausstellung des Wechsels, so daß die Diskontierung eines Wechsels an die Deutsche Bank, dessen Zins z.B. 2 % über der Prime Rate der Deutschen Bank liegt, zulässig wäre.

Gegen den Einwand der Benachteiligung des Schuldners durch variable Zinsen wurde außerdem vorgebracht, daß die Ausstellung eines Internationalen Wechsels mit variablen Zinsen der Parteivereinbarung unterliege, Der

---

53 Siehe UNCITRAL Yb. 1986 Vol.17 A/CN.9/SR.342 S.348 Anm.17.

54 Siehe auch die Anmerkung in der Zusammenfassung der Arbeitsgruppenergebnisse in UNCITRAL Yb. 1986 Vol.17 A/41/17 S.17 Anm.117.

55 Vgl. UNCITRAL Yb. 1986 Vol.17 A/CN.9/SR.342 S.349 Anm.21.

56 UNCITRAL Yb. 1986 Vol.17 A/CN.9/SR.350 S.378 Anm.8.

57 UNCITRAL Yb. 1986 Vol.17 A/41/17 S.17 Anm.122.

58 Vgl. *Schinnerer*, FS Wagner S.315(325).

59 Vgl. *Volken*, SZW 1990,100(107f); *Horn-Herrmann* S.259 (270).

60 Vgl. UNCITRAL Yb. 1986 Vol.17 A/CN.9/SR.355 S.393 Anm.43.

Schuldner könne seine Interessen bei Ausstellung des Papieres wahren. Dieses Argument paßt natürlich nur auf den Schuldner, der auch bei Ausstellung des Papieres anwesend ist. Im anderen Falle bleibt ihm nur die Möglichkeit, die Annahme zu verweigern. In der Praxis dürfte der Bezogene diesen Schritt wegen der damit verbundenen nachteiligen wirtschaftlichen Konsequenzen aber scheuen. Damit steht zu befürchten, daß wirtschaftlich einflußreiche Parteien diese Regelung zu ihrem Vorteil auszunutzen versuchen werden. Allerdings kann sich der Zinssatz bei längeren Verfallszeiten durchaus auch zum Vorteil des Schuldners entwickeln.

Einen weiteren Schutz des Schuldners sieht Art. 8 (7) vor. Danach können sich die Parteien ausdrücklich auf einen Mindest- oder Höchstzinssatz einigen oder die Zinsvariation mit anderen Mitteln beschränken. Diese Regelung stellt den Parteien frei, ob sie die Schwankungsbreite des Zinses beschränken wollen. Diese Regelung hat sich in den Beratungen gegen einen restriktiveren Alternativvorschlag durchgesetzt, der eine Beschränkung der Schwankungsbreite zur Voraussetzung für die Wirksamkeit der variablen Zinsvereinbarung machen wollte.[61] Das Augenmerk der Arbeitsgruppe lag auch bei dieser Entscheidung auf der Umlauffähigkeit des Internationalen Wechsels. Die Arbeitsgruppe lehnte den Alternativvorschlag mit der Begründung ab, daß eine vorgeschriebene Beschränkung der Schwankungsbreite die Akzeptanz des Internationalen Wechsels und seine Zirkulation beeinträchtigen könnte.[62]

Für den Fall der Ungültigkeit einer variablen Zinsvereinbarung oder einer anderweitigen Unmöglichkeit, den vereinbarten Wechselzins zu berechnen, sieht Art. 8 (8) eine Berechnung der Zinsen entsprechend Art. 70 (2) vor. Danach können die im Rahmen eines Prozesses am Zahlungsort erlangbaren Zinsen verlangt werden.[63] Diese Regelung entspricht mehr dem vermutlichen Parteiwillen als der alternative Vorschlag, in diesem Fall die ganze Zinsregelung für ungültig zu erklären.[64]

Die Zulassung von verzinslichen Wechseln stellt einen doppelten Bruch mit den Prinzipien des Wechselrechts dar.

Zum ersten ist das Prinzip der formellen Wechselstrenge verletzt, nach welchem sich alle Angaben aus dem Wechsel selbst ergeben müssen und kein Rückgriff auf außerhalb des Wechsels liegende Umstände zulässig ist. Die

---

61 Siehe UNCITRAL Yb. 1986 Vol.17 A/41/17 S.18 Anm.126ff; sowie die Diskussion in UNCITRAL Yb. 1986 Vol.17 A/CN.9/SR.350 S.378ff Anm.16-45.

62 Vgl. UNCITRAL Yb. 1986 Vol.17 A/CN.9/SR.350 S.378ff Anm.16-45.

63 *Volken*, SZW 1990,100(108); *Schinnerer*, FS Wagner S.315(327).

64 Vgl. UNCITRAL Yb. 1986 Vol.17 A/CN.9/285 S.79 Anm.7-9; UNCITRAL Yb. 1986 Vol.17 A/41/17 S.18 Anm.132f.

Benutzung von Referenzzinssätzen als Basis für Berechnung des Wechselzinses greift dagegen auf Angaben zurück, die außerhalb des Wechsels liegen und sich daher nicht aus dem Wechsel entnehmen lassen.

Zweitens ist die Wechselsumme bei einem Wechsel mit variablen Zinsen nicht eindeutig bestimmt, sondern verändert sich unter Umständen täglich. Dies stellt eine Abkehr von dem Prinzip dar, daß ein Wechsel auf eine bestimmte Summe ausgestellt sein müsse.[65]

Die Abhängigkeit der Wechselsumme von einem Referenzzinssatz verletzt aber nicht das Prinzip der Unbedingtheit der Wechselforderung.[66] Zwar ist die Wechselsumme nicht eindeutig fixiert, sondern in ihrer Höhe von der Entwicklung der Referenzzinsen abhängig, aber die Zahlungsverpflichtung des Wechselschuldners ist insgesamt nicht von der Entwicklung der Referenzzinsen abhängig.

Diese Abweichungen von allgemein anerkannten Grundsätzen des Wertpapierrechtes machen den undogmatischen, praxisorientierten Charakter der Konvention deutlich. Bei der Schaffung der einzelnen Regelungen wurde weniger auf dogmatische Vereinbarkeit geachtet und stattdessen Wert auf eine praxisnahe Problemlösung gelegt.

4.8.2 Ratenwechsel

Nach Art. 33 II WG des Genfer Einheitlichen Wechselgesetzes sind Ratenwechsel, d.h. Wechsel mit mehreren aufeinanderfolgenden Verfallszeiten, nichtig. Die Konvention hat den entgegengesetzten Standpunkt gewählt und behandelt Ratenwechsel mit und ohne Verfallsklausel für den Verzugsfall als zulässig.[67] Diese Wechsel gelten gemäß Art. 7 (b) und (c) als auf eine bestimmte Summe im Sinne des Art. 2 ausgestellt. Damit folgt die Konvention auch in diesem Punkt auf Wunsch der Bank- und Finanzkreise der Praxis des anglo-amerikanischen Rechts.[68]

Diese Regelung ist verschiedentlich kritisiert worden, wobei Ratenwechsel mit Beschleunigungs- oder Verfallsklauseln im Mittelpunkt der Kritik

---

65 Vgl. auch *Herrmann*, 10 U. Pa. J.Int'l Bus.L. 517,535 (1988).

66 Vgl. aber UNCITRAL Yb. 1986 Vol.17 A/CN.9/SR.350 S.378 Anm.18.

67 *Bloch*, J.Dr.Int.1979,770(781f); *Horn-Herrmann* S.259 (271).

68 *Bloch*, J.Dr.Int.1979,770(781), UNCITRAL Yb. 1982 Vol.13 A/CN.9/213 S.132 Art.6 Anm.2.

standen.[69] Diese Klauseln stellen die gesamte mit Ratenwechseln gesicherte Kreditsumme sofort fällig, wenn der Schuldner mit einer Wechselrate in Verzug gerät. Hauptbefürchtung der Kritiker war, daß diese Klauseln vom Wechselgläubiger zum Nachteil des Schuldners ausgenutzt werden könnten und ihre Folgen zu hart wären.[70] Dabei wurde besonders auf die Interessen der Länder der Dritten Welt mit ihren hohen Schulden hingewiesen.

Diese Kritik hat sich in der Arbeitsgruppe nicht durchsetzen können. Die überwiegende Zahl der Teilnehmer vertrat die Ansicht, daß Art. 7 (c) nicht notwendigerweise zu einer Benachteiligung des Schuldners führen müsse. Zum einen könne gerade die Vereinbarung einer Verfallsklausel dem Schuldner erst einen Kreditrahmen eröffnen, wenn ohne diese der Gläubiger nicht zur Kreditgewährung bereit sei. Im übrigen könne der Schuldner der Vereinbarung einer Verfallsklausel jederzeit widersprechen.[71]

Beide Argumente vermögen nicht zu überzeugen. Jeder Kreditgeber strebt nach der größtmöglichen Sicherung seines Kredites. Es ist daher davon auszugehen, daß wirtschaftlich starke Kreditgeber ihre Position künftig dazu benutzen werden, grundsätzlich die zusätzliche Sicherung des Art. 7 (c) auszunutzen. So werden nur finanzstarke Schuldner in der Lage sein, sich dieser Forderung zu widersetzen. Hingegen werden gerade diejenigen Schuldner, zu deren Lasten sich eine Verfallsklausel auswirken würde, sich dieser Klausel nicht widersetzen können. Hinzu kommt, daß der Schuldner eines Internationalen Wechsels häufig überhaupt keine Möglichkeit haben wird, den Inhalt des Wechsels zu beeinflussen. Ihm bleibt nur die Möglichkeit, das Akzept zu verweigern.

Ausschlaggebend für die Beibehaltung der Bestimmung über Ratenwechsel dürfte eher die Ansicht gewesen sein, daß sich die Konvention nicht der gegenwärtig geübten Handelspraxis in vielen Ländern widersetzen dürfe, wenn nicht die Akzeptanz der Konvention gefährdet werden solle.[72] Wie bereits erwähnt, wurde bei der Schaffung der Konvention großer Wert auf die

---

69 UNCITRAL Yb. 1988 Vol.19 A/43/405 S.200 Anm.9; UNCITRAL Yb. 1987 Vol.18 A/CN.9/WG IV/WP.32/Add.3 S.85; A/CN.9/WG IV/WP.32/Add.7 S.95; UNCITRAL Yb. 1986 Vol.17 A/41/17 S.16 Anm.112; UNCITRAL Yb. 1987 Vol.18 A/CN.9/288 S.51 Anm.30f.

70 UNCITRAL Yb. 1987 Vol.18 A/CN.9/288 S.51 Anm.31; UNCITRAL Yb. 1986 Vol.17 A/41/17 S.16 Anm.112; UNCITRAL Yb. 1987 Vol.18 A/CN.9/WG IV/WP.32/ Add.3 S.85.

71 UNCITRAL Yb. 1986 Vol.17 A/41/17 S.16 Anm.113; UNCITRAL Yb. 1987 Vol.18 A/CN.9/288 S.51 Anm.32.

72 Vgl. UNCITRAL Yb. 1986 Vol.17 A/41/17 S.16 Anm.113; UNCITRAL Yb. 1987 Vol.18 A/CN.9/288 S.51 Anm.32.

Berücksichtigung der Interessen der Finanzkreise gelegt, welche die Einführung von Ratenwechseln vehement befürwortet haben.

Ein Ratenwechsel setzt voraus, daß sich die Höhe der einzelnen Rate sowie der Fälligkeitstag einer jeden Rate aus dem Wechsel ergibt.[73] Insoweit folgt auch der Ratenwechsel dem Grundsatz der formellen Wechselstrenge. Allerdings wurde kritisiert, daß sich der Fälligkeitszeitpunkt eines Ratenwechsels nicht exakt bestimmen ließe,[74] insbesondere wenn im Wechsel eine Beschleunigungsklausel enthalten sei. Diesem Einwand wird durch die Sonderregelung des Art. 9 (3)(c) und (d) begegnet, der bestimmt, daß auch ein Ratenwechsel mit Beschleunigungsklausel als ein Wechsel mit einem bestimmten Fälligkeitszeitpunkt gilt.

4.9 Sonstige zulässige Wechselsummenbezeichnungen

Die Konvention sieht in Art. 7 (e) ferner vor, daß auch eine Wechselsumme, die in einer Fremdwährung ausgestellt ist, als bestimmte Wechselsumme gilt. Art. 7 (d) erstreckt diesen Grundsatz auf Wechsel, die zwar in der Währung des Zahlungsortes ausgestellt sind, die aber in einer anderen Währung gezahlt werden sollen, vorausgesetzt, diese Papiere geben einen Wechselkurs an. Damit ist auch eine Wechselsumme bestimmt, die auf "$ 1000.- , zahlbar in DM zum Tageskurs" lautet.[75] Auch hier stellt sich wiederum das Problem, daß sich die exakte Wechselsumme unter Umständen nicht allein aus dem Wechsel entnehmen läßt.[76] Wie aber bereits mehrfach betont, wurde bei der Entstehung der Konvention weniger Wert auf Einhaltung dogmatischer Prinzipien des Wechselrechtes gelegt als auf eine größtmögliche Praxisnähe und Akzeptanz durch die beteiligten Handels- und Finanzkreise.

4.10 Die Fälligkeitsbestimmungen

Der Internationale Wechsel kann gemäß Art. 9 entweder als Sicht- oder als Wechsel mit einem bestimmten Fälligkeitszeitpunkt ausgestellt werden. Die Bestimmung der Verfallszeit ist keine Wirksamkeitsvoraussetzung, da ein Wechsel, der keine Verfallszeit enthält, nicht ungültig ist, sondern gemäß Art. 9 (1)(b) als Sichtwechsel gilt. Als Sichtwechsel gilt laut Art. 9 (1)(a)

---

73 UNCITRAL Yb. 1982 Vol.13 A/CN.9/213 S.132 Art.6 Anm.3.

74 UNCITRAL Yb. 1987 Vol.18 A/CN.9/WG IV/WP.32/Add.7 S.95.

75 Vgl. UNCITRAL Yb. 1982 Vol.13 A/CN.9/213 S.133. Art.6 Anm.5.

76 So auch *Penney*, 27 Am.J.Comp.L. 515,524 (1979); UNCITRAL Yb. 1987 Vol.18 A/CN.9/WG IV/WP.32/Add.7 S.96.

jeder Wechsel, der in seinem Text Klauseln wie "zahlbar bei Sicht", "auf Verlangen", oder Worte ähnlichen Inhaltes enthält. Insoweit entspricht die Konvention den Artt. 2 II, 33 I WG.[77] Die Fälligkeit eines Sichtwechsels tritt gemäß Art. 9 (6) mit der Vorlage zur Zahlung ein. Die Frist für die Vorlage zur Zahlung in Art. 55 (f) entspricht mit einem Jahr der Frist in Art. 34 WG.

Eine für das Genfer System neue Regelung enthält dagegen Art. 9 (2). Ein Wechsel, der zu einem bestimmten Zeitpunkt fällig gestellt wurde und der nach Verfall angenommen, indossiert oder garantiert wurde, gilt gegenüber dem Akzeptanten, Indossanten und Garanten als Sichtwechsel.

Teilweise neue Regelungen finden sich auch in Art. 9 (3). Daß ein Papier als zu einem bestimmten Zeitpunkt zahlbar gilt, wenn es als Nachsichtwechsel, Art. 9 (3)(b), Tagwechsel[78] oder Datowechsel,[79] Art. 9 (3)(a) ausgestellt wurde, entspricht im wesentlichen Art. 33 WG. Neu ist dagegen die Bestimmung in Art. 9 (3)(c), daß auch Wechsel, die in Raten zahlbar sind, als Wechsel mit einem bestimmten Fälligkeitszeitpunkt gelten. Dies gilt gemäß Art. 9 (3)(d) auch für Ratenwechsel, die eine Beschleunigungsklausel für den Verzugsfall enthalten. Diese Bestimmungen wurden im Zuge der Einführung von Ratenwechseln notwendig. Die Wechsel müssen neben der Höhe der Raten auch den Zeitpunkt der Ratenzahlungen angeben.[80] Fälligkeitszeitpunkt für einen Ratenwechsel ist der Tag der Ratenzahlung. Bei einem Ratenwechsel mit Verfallsklausel für den Verzugsfall ist die Gesamtsumme bei Eintritt des Verzuges fällig.

Der Fälligkeitszeitpunkt für einen Nachsichtwechsel bestimmt sich gemäß Art. 9 (5) nach dem Datum des Akzeptes, wird dieses verweigert, nach dem Datum des Protestes. Ist ein Protest entbehrlich,[81] so richtet sich der Fälligkeitszeitpunkt nach dem Datum der Vorlage zum Akzept. Entsprechend Art. 35, 77 WG bestimmt sich gemäß Art. 9 (7) der Fälligkeitszeitpunkt eines Internationalen Eigen-Wechsels mit Nachsichtklausel nach dem Datum des Visavermerkes des Ausstellers oder, im Verweigerungsfalle, nach dem Datum der Vorlage. Letztlich enthält Art. 9 (8) eine Art. 36 WG entsprechende Vorschrift zur Berechnung der Verfallszeit.

---

77 Vgl. *Baumbach/Hefermehl* WG Art.33 Rn.2.

78 Dazu zählt wohl auch ein Wechsel, der auf einen bestimmten Zeitraum nach einem Datum fällig gestellt wurde.

79 Zur Fälligkeit dieses Wechsels siehe Art. 9 (4).

80 UNCITRAL Yb. 1982 Vol.13 A/CN.9/213 S.132 Art.6 Anm.3.

81 Die Fallgruppen, in denen ein Protest entbehrlich ist, sind in Art. 62 (2) geregelt. Besonders relevant dürfte der Erlaß durch den Aussteller, Indossanten oder Garanten sein, Art. 62 (2)(a).

§ 5 Die Voraussetzungen für die Wirksamkeit eines Internationalen Wechsels

Unabhängig von der Anwendbarkeit der Konvention und den Formerfordernissen ist der Frage nachzugehen, welche Voraussetzungen erfüllt sein müssen, damit ein UNCITRAL Wechsel wirksam wird.

Diese Wirksamkeitsvoraussetzungen sind in der Konvention nicht ausdrücklich aufgezählt. Die Konvention regelt in Art. 12 die Voraussetzungen für die Vervollständigung unvollständiger Wechsel. Aus Art. 12 lassen sich die Mindestvoraussetzungen entnehmen, welche erfüllt sein müssen, damit ein Internationaler Wechsel unter der Konvention bis zur Wirksamkeit vervollständigt werden kann.

Eine Vervollständigung eines unvollständigen Wechsels kommt gemäß Art. 12 (1) nur in Frage, wenn zumindest die Formel "Internationaler Wechsel (UNCITRAL Konvention)" bzw. die Formel "Internationaler Eigen-Wechsel (UNCITRAL Konvention)" und die Unterschrift des Ausstellers vorhanden sind. Bei einem "Internationalen Gezogenen Wechsel" genügt statt der Unterschrift des Ausstellers das Akzept des Bezogenen. Fehlt die "magische Formel" oder die Unterschrift des Ausstellers, bzw. beim gezogenen Wechsel die Unterschrift des Ausstellers und das Akzept des Bezogenen, so ist die Konvention auf das Papier nicht anwendbar. Das Papier ist nach der Konvention unheilbar unwirksam.[1]

Sind die magische Formel und die Unterschrift des Ausstellers bzw. das Akzept des Bezogenen dagegen vorhanden, fehlt es aber an sonstigen Voraussetzungen, so ist das Papier im Rahmen der Konvention zwar formungültig und vorläufig unwirksam, jedoch kann das Papier gemäß Art. 12 (1) vervollständigt werden und wird dann voll wirksam.[2]

Somit ist zwischen den absoluten Wirksamkeitsvoraussetzungen, deren Fehlen zur endgültigen Unwirksamkeit des Papieres unter der Konvention führt und den relativen Wirksamkeitsvoraussetzungen zu unterscheiden, bei deren Fehlen das Papier nur vorläufig, durch Vervollständigung heilbar, unwirksam ist.

---

1 UNCITRAL Yb. 1982 Vol.13 A/CN.9/213 S.135f Art.11 Anm.1.

2 UNCITRAL Yb. 1982 Vol.13 A/CN.9/213 S.136 Art.11 Anm.2; dazu siehe unten Kapitel 6.1 S.65ff.

5.1 Absolute Wirksamkeitsvoraussetzungen.

Die Konvention stellt in Art. 12 zwei absolute Wirksamkeitsvoraussetzungen auf. Auf alle Fälle muß das Papier die "magische Formel" des Art. 1 (1) bzw. (2) enthalten. Außerdem ist die Unterschrift des Ausstellers, oder, beim gezogenen Wechsel, das Akzept des Bezogenen erforderlich. Ein Fehlen dieser beiden Voraussetzungen ist unheilbar. In einem derartigen Fall bleibt nur noch die Möglichkeit, das Papier in einen dem nationalen Wechselrecht unterliegenden Wechsel umzudeuten.[3]

Das Erfordernis der "magischen Formel" des Art. 1 (1) und (2) sowie der Unterschrift des Ausstellers als absolute Wirksamkeitsvoraussetzung geht auf die Grundentscheidung der Konvention zurück, daß nur der Aussteller über die Anwendung der Konvention bestimmen soll.[4] Später hinzutretende Parteien sollen nicht nachträglich die Konvention zur Anwendung bringen können. Dies gilt gemäß Art. 42 (1) auch für den Akzeptanten, der einen unvollständigen Wechsel annimmt.[5] Die Arbeitsgruppe hat in langer Diskussion klargestellt, daß Art. 42 (1) dem Akzeptanten nicht das Recht einräumt, die "magische Formel" in den Wechsel aufzunehmen. Enthält dieser jedoch bereits die "magische Formel", so bringt sein Akzept die Konvention auch dann zur Anwendung, wenn der Aussteller den Wechsel noch nicht unterzeichnet hat.[6]

Hiervon ist der Fall zu unterscheiden, daß ein Papier bereits die "magische Formel" und die Unterschrift des Ausstellers trägt, die Anwendbarkeit der Konvention aber am Fehlen der Angabe des Ausstellungs- oder Zahlungsortes scheitert. In diesem Fall hat auch eine später hinzutretende Partei die Möglichkeit, die Konvention durch eine Art. 2 (1) und (2) entsprechende Angabe des Ausstellungs- oder Zahlungsortes zur Anwendung zu bringen. In diesem Fall hat aber der Aussteller bereits durch Verwendung der "magischen Formel" zum Ausdruck gebracht, daß er mit der Anwendung der Konvention einverstanden ist. Insofern ist auch in diesem Fall sein Recht auf Bestimmung des anzuwendenden Rechtes gewahrt.

Hingegen ist das Akzept des Bezogenen von der Konvention als absolute Wirksamkeitsvoraussetzung aufgenommen worden, um Art. 12 (1) mit Art. 42 (1) in Einklang zu bringen.[7] Nach letzterer Vorschrift ist der Bezogene

---

3 Dazu siehe unten Kapitel 6.3 S.70.

4 UNCITRAL Yb. 1982 Vol.13 A/CN.9/213 S.135f Art.11 Anm.1.

5 A. A. *Schinnerer* Konventionsentwürfe S.17, der auch dem Blanko-Akzeptanten das Recht einräumt, die "magische Formel" bei der Blanko-Annahme aufzunehmen.

6 Vgl. UNCITRAL Yb. 1986 Vol.17 A/41/17 S.24 Anm.184-188 und unten Kapitel 13.1 S.200.

7 UNCITRAL Yb. 1987 Vol.18 A/CN.9/288 S.54 Anm.58f.

berechtigt, einen Internationalen Wechsel bereits vor der Unterschrift des Ausstellers anzunehmen. In diesem Fall ist es erforderlich, daß ein Papier, welches die "magische Formel" sowie das Akzept des Bezogenen enthält, auch ohne Unterschrift des Ausstellers vervollständigt werden kann.

5.2 Relative Wirksamkeitsvoraussetzungen.

Ein UNCITRAL Wechsel, der gemäß Art. 12 (1) vervollständigt werden kann, wird formgültig, wenn die relativen Wirksamkeitsvoraussetzungen nachgetragen worden sind.

Nachträglich ausgefüllt werden können :

— die Angabe des Ausstellungsortes und eines weiteren Ortes gemäß Art. 2 (1) und (2);
— das Ausstellungsdatum, Art. 3 (1)(c), (2)(c);
— die Angabe des Begünstigten, Art. 3 (1)(a), (2)(a);
— beim gezogenen Wechsel die unbedingte Zahlungsanweisung an den Bezogenen;
  beim Eigenwechsel das unbedingte Zahlungsversprechen des Ausstellers, Art. 3 (1)(a),(2)(a); auf eine bestimmte Summe Geld lautend;
— der Name des Bezogenen.

Entbehrlich ist im Gegensatz zum Genfer Wechselrecht die Angabe des Zahlungsortes.[8] Ist der Zahlungsort nicht angegeben, so ist der Internationale Wechsel gemäß Art. 55 (g)(ii) ähnlich Art. 2 III WG an dem bei der Unterschrift des Bezogenen angegebenen Ort zahlbar. Fehlt auch diese Ortsangabe, so ist ein Internationaler Wechsel laut Art. 55 (g)(iii) am Hauptgeschäftssitz oder am gewöhnlichen Aufenthaltsort[9] des Bezogenen, Akzeptanten oder Ausstellers zur Zahlung vorzulegen.[10] Dagegen ist ein Wechsel nach dem Genfer Recht gemäß der Artt. 1 Ziff. 5, 2 III WG nichtig, wenn er keinen Zahlungsort enthält und sich auch keine Ortsangabe beim Namen des Bezogenen befindet.[11]

---

8 Vgl. *Bloch*, J.Dr.Int.1979,770(780).

9 "Gewöhnlicher Aufenthaltsort" meint den regelmäßigen Wohnsitz des Wechselschuldners wenn dieser eine natürliche Person ist, nicht aber den Wohnsitz der Organe einer juristischen Person; UNCITRAL Yb. 1974 Vol.5 A/CN.9/86 S.105 Anm.78.

10 So auch *Dohm*, 21 Am.J.Comp.L. 474,482 (1973). Siehe auch unten Kapitel 14.1 S.210.

11 Zum Genfer Recht vgl. *Baumbach/Hefermehl* WG Art.1 Rn.10; *Hueck/Canaris* § 6 IV 7. a).

Keine Voraussetzung der Wirksamkeit ist ferner die Aufnahme der Orderklausel, da der Internationale Wechsel wie im Genfer Recht ein geborenes Orderpapier ist.[12] Ebenso entbehrlich ist die Angabe der Verfallszeit, da gemäß Art. 9 (1)(b) bei Fehlen einer Verfallsbestimmung eine Fälligkeit bei Sicht vermutet wird.

Werden die absoluten Wirksamkeitsvoraussetzungen der "magischen Formel" und der Unterschrift des Ausstellers, bzw. das Akzept des Bezogenen zu den relativen Wirksamkeitsvoraussetzungen hinzugezählt, so weisen die UNCITRAL Wechsel insgesamt folgende sieben Wirksamkeitsvoraussetzungen[13] auf:

1) Die Formel "Internationaler Wechsel UNCITRAL-Konvention" in Überschrift und Text;
2) Die Unterschrift des Ausstellers oder das Akzept des Bezogenen;
3) Die Angabe des Ausstellungsortes und eines weiteren Ortes;
4) Das Ausstellungsdatum;
5) Die Angabe des Begünstigten;
6) Beim gezogenen Wechsel die unbedingte Anweisung an den Bezogenen;
   beim Eigenwechsel das unbedingte Versprechen des Ausstellers, eine bestimmte Summe Geld zu zahlen;
7) Den Namen des Bezogenen.

Dies sind ebensoviele Voraussetzungen, wie für den Wechsel nach dem Genfer Wechselgesetz gefordert werden.[14] Dieses Ergebnis ist nicht weiter überraschend, da die Konvention dem Genfer Wechselgesetz in seinen Formerfordernissen im wesentlichen gefolgt ist. So weisen die Voraussetzungen für die Wirksamkeit gegenüber dem Genfer Wechselgesetz nur Besonderheiten in der Ausgestaltung der einzelnen Formerfordernisse auf.

---

12 Dazu näher oben Kapitel 4.6 S.50; zum Genfer Recht *Baumbach/Hefermehl* WG Art.1 Rn.11.

13 Überholt *Schinnerer*, ZfRV 1971,261(266f).

14 Für die Wirksamkeitsvoraussetzungen nach dem Genfer Wechselgesetz vgl. *Zöllner* § 12 IV.

§ 6 Die Vervollständigung unvollständiger Wechsel

Die Konvention enthält in Art. 12 eine Vorschrift über die Vervollständigung unvollständiger Internationaler Wechsel. Ein Internationaler Wechsel, dem eine oder mehrere Wirksamkeitsvoraussetzungen fehlen, ist bis zur Vervollständigung unwirksam.[1] Art. 12 erfüllt nun eine doppelte Funktion. Einmal bestimmt er die Folgen einer abredewidrigen Vervollständigung, zum anderen legt er die absoluten Mindestvoraussetzungen fest, die für eine Anwendung der Konvention auf einen unvollständigen Wechsel erfüllt sein müssen. So setzt Art. 12 (1) voraus, daß mindestens die "magische Formel" und die Unterschrift des Ausstellers oder das Akzept des Bezogenen vorhanden sein müssen, damit der Wechsel überhaupt bis zur Wirksamkeit vervollständigt werden kann. Art. 12 (2) schützt die Parteien, die vor der Vervollständigung den Wechsel gezeichnet haben, wenn der unvollständige Wechsel abredewidrig vervollständigt worden ist. In diesem Fall können die Parteien die abredewidrige Vervollständigung als Einwendung erheben, es sei denn, der Erwerber hat den Wechsel ohne Kenntnis der abredewidrigen Ausfüllung erlangt.

Art. 12 weicht in mehreren Punkten von der entsprechenden Regelung des Art. 10 WG ab. So unterscheidet das Genfer Wechselgesetz zwischen sogenannten "Blankowechseln", die bewußt unvollständig ausgefüllt, mit Erlaubnis des Ausstellers vom Nehmer vervollständigt werden dürfen, und "fehlerhaften" Wechseln, die nur versehentlich unvollständig begeben worden sind.[2] Im Gegensatz zu einem Blankowechsel ist ein fehlerhafter Wechsel nicht ausfüllungsfähig.[3]

Dagegen unterscheidet die Konvention in Art. 12 (1) nicht danach, ob der Wechsel bewußt oder unbewußt unvollständig ausgestellt worden ist. Der Unterschied zwischen Blankowechseln und fehlerhaften Wechseln spielt also für die Ausfüllungsfähigkeit eines unvollständigen Internationalen Wechsels keine Rolle.

---

1 Vgl. UNCITRAL Yb. 1982 Vol.13 A/CN.9/213 S.136 Art.11 Anm.2.

2 Zum Genfer Wechselgesetz vgl. *Baumbach/Hefermehl* WG Art.10 Rn.1.

3 *Baumbach/Hefermehl* WG Art.10 Rn.1.

6.1 Voraussetzungen für die Vervollständigung eines Internationalen Wechsels

Trotzdem unterscheidet die Konvention wie das Genfer Wechselgesetz zwischen ausfüllungsfähigen und nicht ausfüllungsfähigen Wechseln. Maßgebend ist bei Art. 12 (1) nicht die Frage der bewußt oder unbewußt unvollständigen Begebung, sondern das Vorliegen der absoluten Wirksamkeitsvoraussetzungen. Ein Internationaler Wechsel, dem entweder die "magische Formel" oder die Unterschrift des Ausstellers oder das Akzept des Bezogenen fehlt, ist nicht gemäß Art. 12 (1) zu vervollständigen. Auf einen diesbezüglich unvollständigen Internationalen Wechsel findet die Konvention überhaupt keine Anwendung.[4] Art. 12 (1) wird durch die Sonderregel des Art. 42 (1) für den Akzeptanten ergänzt. Dieser kann gemäß Art. 42 (1) einen Internationalen Wechsel akzeptieren, der nur die "magische Formel" enthält. Durch sein Akzept wird Art. 12 auf den Wechsel anwendbar und ermöglicht somit eine weitere Vervollständigung des Wechsels vor Unterzeichnung des Ausstellers. Durch diese Bestimmung soll die in der Praxis nicht seltene Blanko-Annahme auch für den Internationalen Wechsel möglich werden. Voraussetzung ist aber auch hier, daß der Wechsel bereits die "magische Formel" enthält.[5] Zulässig dürfte auch die Aufnahme der "magischen Formel" durch den Blankoakzeptanten im Einverständnis mit dem Aussteller sein. Unzulässig ist dagegen die eigenmächtige Aufnahme der Formel durch den Blankoakzeptanten.[6] In diesem Fall liegt kein Internationaler Wechsel vor, der gemäß Art. 12 (1) vervollständigt werden könnte. Durch die Bestimmung des Art. 42 (1) genießt der Akzeptant bereits vor Unterzeichnung des Wechsels durch den Aussteller den Schutz des Art. 12 (2).[7]

Ist ein Internationaler Wechsel nicht entsprechend Art. 12 (1) vervollständigt worden und daher formunwirksam, so bleibt der Wechsel auch gegenüber einem redlichen Erwerber unheilbar formunwirksam. Dies führt zu dem Ergebnis, daß die Zeichner eines Internationalen Wechsels, bei dem die absoluten Wirksamkeitsvoraussetzungen erst nachträglich vervollständigt worden sind, aus der Konvention überhaupt nicht haften.

Dieses Ergebnis widerspricht der Lösung des Genfer Wechselgesetzes bezüglich der Haftung der Zeichner eines formnichtigen Wechsels. Dort ist

---

4 UNCITRAL Yb. 1982 Vol.13 A/CN.9/213 S.135f Art.11 Anm.1.

5 Vgl. UNCITRAL Yb. 1986 Vol.17 A/41/17 S.24 Anm.184-188; UNCITRAL Yb. 1986 Vol.17 A/CN.9/SR.347 S.369 Anm.57-69; A/CN.9/SR.348 S.370f Anm.1-15; A/CN.9/SR.356 S.398 Anm.56-62.

6 A.A. *Schinnerer* Konventionsentwürfe S.17.

7 Vgl. UNCITRAL Yb. 1986 Vol.17 A/41/17 S.24 Anm.184-188 und unten Kapitel 13.1 S.200.

die Haftung der Zeichner eines fehlerhaften, mittlerweile vervollständigten Wechsels nicht ausdrücklich geregelt. So betrifft Art. 69 WG die Verfälschung eines vollständigen Wechsels, Art. 10 WG den Ausschluß der Einwendung der abredewidrigen Ausfüllung eines Blankowechsels gegenüber dem redlichen Erwerber. Zum Schutz des redlichen Erwerbers eines fehlerhaften, mittlerweile vervollständigten Wechsels wird aber überwiegend Art. 10 WG analog angewendet, da die Interessenlage des Erwerbers eines vervollständigten fehlerhaften Wechsels der Interessenlage bei abredewidriger Vervollständigung eines Blankowechsels gleichzustellen sei.[8] Dem redlichen Erwerber im Genfer Wechselgesetz haftet auch der Zeichner eines formnichtigen, fehlerhaften Wechsels.

Nach Art. 12 haften dagegen die Zeichner eines Wechsels, bei dem die absoluten Wirksamkeitsvoraussetzungen erst nachträglich vervollständigt worden sind, nicht aus der Konvention, sondern allenfalls nach nationalem Recht.[9] Diese Regelung stellt eine nicht unbeachtliche Unsicherheit für den Umlauf des Internationalen Wechsels dar. Es erscheint daher fraglich, ob das Interesse des Ausstellers an der Bestimmung des anwendbaren Rechts dem Interesse des Verkehrs an der Wirksamkeit der umlaufenden Papiere vorgeht. Entgegen der eindeutigen Entscheidung der Arbeitsgruppe bleibt zu erwägen, ob nicht doch bei Fehlen der "magischen Formel" entgegen Art. 12 (1) zugunsten des redlichen Erwerbers eine Haftung der Wechselzeichner analog Art. 12 (2) in Betracht kommt, wenn der Wechsel vom Aussteller unterschrieben worden ist. Für diesen Fall erscheint der Verkehr schutzwürdiger, da der Aussteller durch seine Unterschrift Anlaß zur unbefugten Ausstellung eines Internationalen Wechsels gegeben hat.

Entsprechend Art. 10 WG und entgegen der Regelung der sec. 20 (2) BEA, 3-115 (2) UCC im anglo-amerikanischen Rechtskreis fordert Art. 12 (1) für die Wirksamkeit des Wechsels nicht, daß der Internationale Wechsel abredegemäß vervollständigt worden ist.[10] Art. 12 (1) regelt nur die Voraussetzungen für eine Vervollständigung des Wechsels, die Frage der Haftung aus einer unbefugten Vervollständigung richtet sich dagegen nach Art. 12 (2).[11]

Mit dieser Regelung will die Konvention die Umlauffähigkeit des Internationalen Wechsels erhöhen. Der Berechtigte braucht nicht zu prüfen, ob der Wechsel bewußt unvollständig ausgegeben und gemäß der Befugnis vervoll-

---

8 Vgl. *Hueck/Canaris* § 10 V; *Baumbach/Hefermehl* WG Art.10 Rn.12; *Zöllner* § 12 VIII 2.

9 UNCITRAL Yb. 1982 Vol.13 A/CN.9/213 S.135f Art.11 Anm.1f.

10 UNCITRAL Yb. 1987 Vol.18 A/CN.9/288 S.54 Anm.60.

11 Vgl. UNCITRAL Yb. 1986 Vol.17 A/CN.9/273 S.53 Anm.101.

ständigt worden ist.[12] Dazu wäre er auch gar nicht in der Lage. Diese Erleichterung wird allerdings durch die eben geschilderte Unsicherheit bezüglich der Haftung bei Vervollständigung der absoluten Wirksamkeitsvoraussetzungen wieder zunichte gemacht.

Leider läßt sich der Konvention nicht entnehmen, ob ein vervollständigter Wechsel rückwirkend, ex tunc, oder erst ab Vervollständigung, ex nunc, wirksam wird.[13] Sowohl im Genfer Wechselgesetz als auch im anglo-amerikanischen Rechtskreis hat die Vervollständigung ex tunc Wirkung.[14] Die Konvention will aber von übereinstimmenden Rechtsprinzipien nur im begründeten Ausnahmefall abweichen.[15] Somit kann davon ausgegangen werden, daß auch die Vervollständigung gemäß Art. 12 (1) ex tunc Wirkung hat und ein Internationaler Wechsel, der nachträglich vervollständigt wird, als von Anfang an wirksam zu behandeln ist.

Eine Vervollständigung kann auch nach Verfall des Wechsels noch vorgenommen werden. Ein gegenteiliger Vorschlag, eine Vervollständigung nur vor Verfall zuzulassen, wurde mit dem Argument abgelehnt, daß eine Vervollständigung auch noch nach Verfall des Wechsels möglich sein müsse, da die Konvention auch die Übertragung des Wechsels nach Verfall billige.[16] Dies entspricht auch der Rechtslage in Art. 10 WG.[17]

Nicht möglich ist dagegen eine Vervollständigung nach Verlust des Papieres. Verliert ein Inhaber einen unvollständigen Internationalen Wechsel, so stehen ihm zwar die Rechte aus den Artt. 78-83 zu, eine Vervollständigung des Wechsels ist aber ausgeschlossen.[18]

Ebenfalls nicht unter Art. 12 fällt die nachträgliche Verfälschung (material alteration) einer bereits abgegebenen Wechselerklärung in einem vollständigen oder unvollständigen Wechsel sowie die Fälschung des Indossamentes. Im Unterschied zum anglo-amerikanischen Rechtskreis, der nicht zwischen der unbefugten Vervollständigung und der Verfälschung eines voll-

---

12 UNCITRAL Yb. 1987 Vol.18 A/CN.9/288 S.54 Anm.60.

13 Vgl. die Kritik der Tschechoslowakei in UNCITRAL Yb. 1984 Vol.15 A/CN.9/248 S.48.

14 Zum Genfer Wechselgesetz *Baumbach/Hefermehl* WG Art.10 Rn.1; *Hueck/Canaris* § 10 I; RGZ 99,7(9); BGHZ 54,1(3); zum anglo-amerikanischen Rechtskreis vgl. *Halsbury's Laws of England* Vol.4 Nr.350; *Hawkland* § 3-115:04.

15 UNCITRAL Yb. 1982 Vol.13 A/CN.9/213 S.124 Anm.8.

16 UNCITRAL Yb. 1987 Vol.18 A/CN.9/288 S.54 Anm.61; vgl. A/CN.9/WG IV/ WP.32/Add.1 S.73.

17 *Baumbach/Hefermehl* WG Art.10 Rn.3; sogar noch im Prozeß vgl. RGZ 108, 389(390); München OLGZ 66,34(36).

18 UNCITRAL Yb. 1982 Vol.13 A/CN.9/213 S.183 Art.74 Anm.9.

ständigen Wechsels unterscheidet,[19] differenziert die Konvention wie das Genfer Wechselgesetz zwischen der abredewidrigen Vervollständigung und der Verfälschung eines Wechsels. Die Folgen der Verfälschung eines Wechsels sind in Art. 35 geregelt,[20] die Fälschung des Indossamentes in Art. 25.

Nicht in der Konvention geregelt worden sind alle weitergehenden Fragen wie Form, Umfang und Übertragbarkeit der Ausfüllungsermächtigung. Diese Fragen richten sich auch weiterhin nach nationalem Wechsel- und Zivilrecht.

6.2 Haftung der Parteien bei einem abredewidrig ausgefüllten Wechsel.

Art. 12 (2) regelt die Folgen einer unbefugten Vervollständigung des Wechsels. Diese Vorschrift enthält in Anlehnung an die Systematik des Genfer Wechselgesetzes eine Sonderregelung für die Einwendung der abredewidrigen Ausfüllung. Art. 12 (2)(a) entspricht dabei in seinem Grundkonzept Art. 10 WG. Die unbefugte Vervollständigung des Wechsels kann gemäß Art. 12 (2)(a) nur demjenigen Inhaber als Einrede entgegengehalten werden, der bei Erwerb des Wechsels "Kenntnis" (knowledge) von dem Mangel der Vervollständigungsbefugnis hatte. Wie im folgenden zu zeigen sein wird,[21] schließt dieser Redlichkeitsmaßstab den Einwand der abredewidrigen Ausfüllung nur bei positiver Kenntnis des Einwandes oder bei positiver Kenntnis von anderen Umständen aus, aus denen ein Dritter auf den Mangel der Ausfüllungsbefugnis geschlossen hätte. So hat beispielsweise der Erwerber von der Einwendung des Art. 12 (2) Kenntnis, wenn er wußte, daß der Wechsel nach einem Diebstahl oder nach Erlöschen der Vollmacht des Vertreters vervollständigt worden ist. Dagegen haften Parteien, die erst nach der abredewidrigen Vervollständigung den Wechsel unterzeichnen, gemäß Art. 12 (2)(b) nach dem vervollständigten Wechseltext.

Nicht ausdrücklich geregelt ist die Frage, ob der Erwerber eines unvollständigen Wechsels, der diesen im Vertrauen auf eine vermeintliche Ausfüllungsermächtigung selbst ausfüllt, von Art. 12 (2)(a) geschützt wird. Im Genfer Wechselgesetz wird überwiegend der gutgläubige Erwerb der Ausfül-

---

19 Vgl. sec. 3-115 (2) UCC, sec. 20 (2) BEA.

20 UNCITRAL Yb. 1982 Vol.13 A/CN.9/213 S.153 Art.31 Anm.8. Näher dazu unter Kapitel 10.6 S.132.

21 Zum Redlichkeitsmaßstab "knowledge" der Konvention in Art. 6 siehe unten Kapitel 8 S.75.

lungsermächtigung für zulässig gehalten.[22] Der Wortlaut von Art. 12 (2) ist diesbezüglich nicht eindeutig. Art. 12 (2) spricht wie Art. 10 WG lediglich davon, daß die abredewidrige Ausfüllung eines Wechsels dem Inhaber nicht entgegengehalten werden kann, wenn dieser bei Erwerb des Wechsels keine Kenntnis von der abredewidrigen Ausfüllung hatte. Für die Zulässigkeit eines gutgläubigen Erwerbs der Ausfüllungsermächtigung in der Konvention spricht dagegen die Tatsache, daß es wertungsmäßig keinen Unterschied machen darf, ob der Veräußerer den Wechsel vor den Augen des redlichen Erwerbers abredewidrig ausfüllt oder ob der Erwerber nach Übertragung des Wechsels diesen in Übereinstimmung mit der vermeintlichen Ausfüllungsbefugnis selbst ausfüllt. Hinzukommt die Erwägung, daß ein Ausschluß des gutgläubigen Erwerbs der Ausfüllungsermächtigung den Umlauf von Wechselblanketten behindern würde. Damit ist entsprechend der Rechtslage bei Art. 10 WG davon auszugehen, daß Art. 12 (2) die Einwendung der abredewidrigen Ausfüllung auch gegenüber dem redlichen Erwerber ausschließt, der im Vertrauen auf die vermeintliche Ausfüllungsbefugnis den Wechsel selbst ausgefüllt hat.

Insgesamt scheint die Regelung des Art. 12 gelungen. An dieser Vorschrift zeigt sich einmal mehr der undogmatische, problemorientierte Ansatz der Konvention.[23] Die unterschiedslose Anwendung der Vorschrift auf Blankowechsel und fehlerhafte Wechsel vereinfacht die Handhabung dieser Vorschrift. Der Verzicht auf die Ausfüllungsbefugnis als Erfordernis für die Wirksamkeit des Internationalen Wechsels fördert die Umlauffähigkeit des Papieres. Beide Lösungen führen aber im Vergleich mit der entsprechenden Vorschrift des Art. 10 WG zu einer Ausdehnung des Anwendungsbereiches des Art. 12 (2). Zweifelhaft ist allerdings die Entscheidung, Mängel bei den absoluten Wirksamkeitsvoraussetzungen vom Anwendungsbereich des Art. 12 auszunehmen. Diese Lösung schützt den Aussteller auf Kosten der Rechtssicherheit, ohne daß hierfür ein überwiegendes Schutzinteresse seitens des Ausstellers zu erkennen wäre, was im Ergebnis die Anwendbarkeit der Konvention behindern könnte.

---

22 Vgl. *Baumbach/Hefermehl* WG Art.10 Rn.8; *Hueck/Canaris* § 10 IV 2b); *Zöllner* § 12 VII 4b); *Stranz* WG Art.10 Anm.10; *Quassowski/Albrecht* Art.10 Anm.15; a.A. *Ulmer* § 19 S.198; *Hupka* S.38 Fn.3.

23 Zustimmend *Crawford* Remarks S.6.

6.3 Die Umdeutung formunwirksamer Internationaler Wechsel.

Nicht geregelt ist die Behandlung formunwirksamer Wechsel, welche die absoluten Wirksamkeitsvoraussetzungen des Art. 12 (1), die "magische Formel" und die Unterschrift des Ausstellers oder Akzeptanten, nicht enthalten und auf die daher die Konvention keine Anwendung findet. Eine Lösungsmöglichkeit wäre die Umdeutung des formunwirksamen Papieres in einen gültigen Wechsel nach dem dann berufenen nationalen Recht.[24] Die Umdeutung einer Wechselerklärung setzt nach deutschem Recht voraus, daß der umzudeutende Wechsel objektiv den Erfordernissen eines anderen Rechtsgeschäftes entspricht, welches die Parteien gewollt haben müssen, wenn sie die Unwirksamkeit des Wechsels gekannt hätten.[25] Die Zulässigkeit einer Umdeutung hängt somit von der Beurteilung des Einzelfalles ab. Eine Umdeutung ist nur dann zulässig, wenn es den Parteien wesentlich darauf angekommen ist, als Zahlungsmittel einen Wechsel zu begeben und es nicht ausdrücklich darauf angekommen ist, den Wechsel der UNCITRAL Konvention zu unterstellen. Entscheidend dürfte dabei sein, ob die Parteien die "magische Formel" in den Wechsel aufgenommen haben. Fehlt diese, so wäre eine Umdeutung nach den oben genannten Grundsätzen möglich. Haben aber die Parteien die "magische Formel" in den Wechsel aufgenommen und scheitert die Anwendung der Konvention nur am Fehlen der Internationalität des Wechsels, so haben sich die Parteien durch die Verwendung der "magischen Formel" ausdrücklich für die Anwendung der UNCITRAL Konvention und damit gegen die Anwendung eines nationalen Rechts entschieden. Müßte in dieser Situation der formunwirksame Internationale Wechsel in einen Wechsel nach nationalen Recht umgedeutet werden, so würde eine Umdeutung dem Parteiwillen Gewalt antun.

Eine Umdeutung in einen Wechsel nach dem Genfer Wechselgesetz erscheint damit nach deutschem Recht nur dann möglich, wenn sich aus dem Fehlen der "magischen Formel" entnehmen läßt, daß es den Parteien bei der Begebung vorrangig auf die Kredit- oder Zahlungsfunktion des Wechsels und nur in zweiter Linie auf die Anwendung der UNCITRAL Konvention angekommen ist.

---

24 Vgl. *Schinnerer* Konventionsentwürfe S.17.

25 *Baumbach/Hefermehl* WG Art.2 Rn.9; vgl. auch *Weimar*, WM 1967,862f; a.A. *Raiser*, Wechselerklärungen S.44f, der auf die typische Interessenlage abstellen will. Dies begründet er damit, daß im Wechselrecht der Vorausbestimmbarkeit der Vorzug vor der Einzelfallgerechtigkeit gegeben werden muß.

§ 7 Die Haftung des Ausstellers eines Internationalen Wechsels

Die Konvention regelt die Haftung des Ausstellers eines gezogenen Wechsels[1] in Art. 38 und die Haftung des Ausstellers eines Eigenwechsels[2] in Art. 39. Dabei enthält Art. 38 eine Neuerung gegenüber dem Genfer Wechselrecht.

7.1 Haftung des Ausstellers eines gezogenen Wechsels

Der Aussteller eines gezogenen Wechsels haftet nach Art. 38 (1) nur als sekundärer Schuldner. Er haftet dem Inhaber des Wechsels erst bei Notleiden des Wechsels wegen Nicht-Annahme oder Nicht-Zahlung und, soweit erforderlich, nach Protest auf Zahlung. Vom Umfang her ist seine Haftung durch die Artt. 70 und 71 beschränkt.[3] Ebenso haftet er einem Indossanten oder dem Garanten des Indossanten, wenn dieser den Wechsel gezahlt hat. Die materiellen und formellen Haftungsvoraussetzungen entsprechen also denen des Art. 9 I WG.

Der Trassant kann seine Haftung jedoch gemäß Art. 38 (2) sowohl für Nicht-Annahme als auch für Nicht-Zahlung ausschließen oder beschränken.[4] Dieser Ausschluß des Rückgriffs gegen den Aussteller geht über die entsprechende Regelung des Art. 9 II WG hinaus, der keinen Haftungsausschluß für Nicht-Zahlung anerkennt.[5] Art. 38 (2) entspricht insoweit sec. 16 BEA und sec. 3-413 (2) UCC, die einen unbeschränkten Haftungsausschluß anerkennen. Die Haftungsbeschränkung für Nicht-Zahlung wird allerdings nur

---

1 Engl.: "drawer".

2 Engl.: "maker".

3 Ein ausdrücklicher Verweis auf die Artt. 70, 71 ist von der Arbeitsgruppe wieder gestrichen worden, um die Lesbarkeit des Textes zu verbessern und die Zahl der Querverweise zu reduzieren. UNCITRAL Yb. 1987 Vol.18 A/CN.9/SR.383 S.179 Anm.26.

4 *Roblot*, Mélanges Vincent S.361(362f).

5 *Roblot*, Mélanges Vincent S.361(362f), zu Art. 9 WG vgl. *Baumbach/Hefermehl* WG Art.9 Rn.3; *Zöllner* § 12 IX 2; *Stranz* WG Art.9 Anm.7.

wirksam, wenn mindestens eine andere Partei aus dem Wechsel wechselmäßig haftet.

Während die Haftungsbeschränkung für Nicht-Annahme breite Zustimmung fand, war der Ausschluß des Rückgriffs bei Nicht-Zahlung heftig umstritten.[6] So wurde vertreten, daß der Aussteller sich vor Annahme des Wechsels durch den Bezogenen nicht der Haftung für die Zahlung entziehen dürfe, da er bis dahin Primärschuldner des Wechsels sei.[7] Anderenfalls wäre ein gezogener Wechsel denkbar, aus dem niemand verpflichtet sei. Ein derartiger Wechsel sei aber wertlos.[8] Diese Kritik konnte sich jedoch nicht durchsetzen.

Der vollständige Ausschluß des Rückgriffs gegen den Aussteller ist im internationalen Handelsgeschäft, insbesondere im sogenannten "*Forfait*"-Geschäft,[9] eine mittlerweile häufig geübte Praxis.[10] Im Geltungsbereich des Genfer Wechselgesetzes wird dabei der Haftungsausschluß durch eine außerwechselrechtliche Vereinbarung zwischen dem Aussteller und dem Begünstigten vereinbart.[11] Diese Lösung hat jedoch den Nachteil, daß sie gegenüber späteren gutgläubigen Erwerbern wirkungslos ist. In der Diskussion wurde dann auch auf die Notwendigkeit verwiesen, diese Handelspraktiken in der Konvention zuzulassen.[12] Als Kompromiß wurde schließlich das Erfordernis eingeführt, wonach eine Haftungsbeschränkung bei Nicht-Zahlung erst dann

---

6 UNCITRAL Yb. 1987 Vol.18 A/42/17 S.6 Anm.20f; UNCITRAL Yb. 1986 Vol.17 A/41/17 S.20 Anm.152; UNCITRAL Yb. 1984 Vol.15 A/CN.9/SR.295 S.365ff Anm.1ff; A/39/17 S.10 Anm.59; UNCITRAL Yb. 1986 Vol.17 A/CN.9/273 S.53f Anm.108f.

7 UNCITRAL Yb. 1984 Vol.15 A/CN.9/SR.295 S.365ff Anm.2,4,10,16,17,20,25; UNCITRAL Yb. 1986 Vol.17 A/CN.9/SR.345 S.360 Anm.1.

8 UNCITRAL Yb. 1984 Vol.15 A/39/17 S.10 Anm.59; UNCITRAL Yb. 1986 Vol.17 A/CN.9/273 S.53 Anm.108.

9 Vgl. *Herrmann*, 10 U. Pa. J.Int'l Bus.L. 517,538 (1988); *Ganten/Jahn*, Die Bank 1987,394(396). Unter einem "*Forfait*"-Geschäft (à forfait, frz., in Bausch und Bogen) ist die Diskontierung eines Wechsels unter Verzicht auf jeden Rückgriff gegen den Diskontkreditgeber gegen Stellung einer Garantie, z.B. einer Wechselbürgschaft, zu verstehen. Vgl. zu diesem Begriff *Baumbach/Duden/Hopt* (7) BankGesch VI Anm. 3 A und *Vis* Unification 6-19.

10 Vgl. *Herrmann*, 10 U. Pa. J.Int'l Bus.L. 517,537f (1988), vgl. bereits *Schinnerer* FS Kastner S.383(398f).

11 *Herrmann*, 10 U. Pa. J.Int'l Bus.L. 517,538 (1988); vgl. *Ganten/Jahn*, Die Bank 1987,394(396).

12 UNCITRAL Yb. 1987 Vol.18 A/42/17 S.6 Anm.22; UNCITRAL Yb. 1986 Vol.17 A/CN.9/273 S.53 Anm.108; UNCITRAL Yb. 1984 Vol.15 A/39/17 S.10 Anm.59.

wirksam wird, wenn eine andere Partei aus dem Wechsel verpflichtet ist.[13] Eine anfänglich unwirksame Haftungsbeschränkung bei Nicht-Zahlung wird somit rückwirkend wirksam, sobald eine weitere Partei aus dem Wechsel haftet.[14]

Die Haftungsbeschränkung gemäß Art. 38 (2) gilt nur für den Aussteller. Andere Parteien können sich nicht auf diese Haftungsbeschränkung berufen.[15] Dies steht im Gegensatz zu der teilweise im deutschen Recht vertretenen Auffassung, daß sich auch der Indossant auf die Haftungsbeschränkung des Ausstellers berufen könne.[16] Diese Beschränkung ist zu begrüßen, zumal der Indossant seine Haftung gemäß Art. 44 (2) selbst beschränken kann.

Nicht eindeutig geregelt ist die Frage, ob der Aussteller eines gezogenen Wechsels seine Haftung für Nicht-Annahme auch dann beschränken kann, wenn er die Vorlage zum Akzept gemäß Art. 49 (2)(a) zwingend vorgeschrieben hat. Dies wird teilweise im deutschen Recht für unzulässig gehalten.[17] Dagegen ist einzuwenden, daß kein überzeugender Grund für den Verlust des Rechts zur Haftungsbeschränkung ersichtlich ist.[18] Der Aussteller mag seine Gründe haben, die Vorlage zum Akzept vorzuschreiben, ohne bei Nicht-Annahme haften zu wollen. Eine Benachteiligung des Begünstigten ist nicht zu befürchten, da dieser selbst entscheiden kann, ob er einen derartigen Wechsel nehmen will. Im Hinblick auf die Entscheidung der Arbeitsgruppe, die Akzeptanz der Konvention durch flexible Regelungen zu fördern, ist daher davon auszugehen, daß eine Haftungsbeschränkung bei Nicht-Annahme auch dann zulässig bleibt, wenn der Aussteller die Vorlage zum Akzept vorgeschrieben hat.

---

13 UNCITRAL Yb. 1984 Vol.15 A/CN.9/SR.295 S.366f Anm.10,34; UNCITRAL Yb. 1986 Vol.17 A/CN.9/273 S.54 Anm.109; UNCITRAL Yb. 1984 Vol.15 A/39/17 S.11 Anm.60; UNCITRAL Yb. 1986 Vol.17 A/41/17 S.20 Anm.152. Vgl. aber die Kritik in UNCITRAL Yb. 1988 Vol.19 A/43/405/Add.1 S.207 Anm.14. Als Beispiel ist an die Begebung eines bereits akzeptierten, indossierten oder garantierten Wechsels zu denken.

14 Vgl. Beispiel d) in UNCITRAL Yb. 1984 Vol.15 A/39/17 S.10 Anm.59.

15 UNCITRAL Yb. 1972 Vol.3 A/CN.9/67 S.165 Art.31 Anm.4; UNCITRAL Yb. 1973 Vol.4 A/CN.9/77 S.112 Anm.102.

16 Vgl. *Baumbach/Hefermehl* WG Art.9 Rn.3; a.A. *Stranz* WG Art.9 Anm.6; *Hupka* S.34.

17 *Baumbach/Hefermehl* WG Art.22 Rn.2; *Quassowski/Albrecht* Art.22 Anm.4.

18 *Hupka* S.33 Fn.1.

7.2 Haftung des Ausstellers eines Eigen-Wechsels.

Der Aussteller eines Eigen-Wechsels ist wie im Genfer Wechselgesetz Primärschuldner. Anders als in Art. 78 I WG stellt die Konvention aber nicht den Aussteller einem Akzeptanten gleich, sondern regelt seine Wechselverpflichtung in Art. 39 eigenständig. Danach ist der Aussteller eines Eigen-Wechsels dem Inhaber oder jeder Partei des Wechsels, die den Wechsel bezahlt hat, zur Zahlung verpflichtet, ohne daß ihm gegenüber eine fristgerechte Vorlage zur Zahlung oder ein Protest notwendig wäre.[19] Jedoch kann dem Aussteller ein Schadensersatzanspruch nach nationalem Recht zustehen, wenn er infolge einer verspäteten Vorlage zur Zahlung einen Verlust erlitten hat.[20]

Da der Aussteller als primärer Schuldner aus dem Wechsel verpflichtet ist, ist gemäß Art. 39 (2) jede Haftungsbeschränkung unwirksam. Entgegen der Rechtslage im Genfer Wechselgesetz[21] führt jedoch eine Art. 39 (2) widersprechende Haftungsausschlußklausel des Ausstellers eines Eigen-Wechsels nicht zur Nichtigkeit des Wechsels, sondern ist schlicht wirkungslos.[22]

Die Verpflichtung des Ausstellers entsteht laut Art. 33 (1) mit der Unterzeichnung. Nach dieser generellen Vorschrift haften alle Wechselparteien gegenüber dem Inhaber allein durch ihre Unterschriftsleistung, ohne daß dieser Vorschrift zu entnehmen wäre, ob für die Haftungsbegründung ein zusätzlicher Begebungsvertrag erforderlich ist. Die Formulierung spricht vordergründig gegen die Erforderlichkeit eines Begebungsvertrages. Damit ist allerdings noch nicht gesagt, daß die Konvention bei der Haftungsbegründung der Wechselparteien der Kreationstheorie folgt.[23] Eine Durchsicht der Materialien zeigt, daß sich die Arbeitsgruppe mit dogmatischen Fragen nicht beschäftigt hat. Offenbar kann vielmehr davon ausgegangen werden, daß die Konvention, wie bereits das Genfer Wechselabkommen, Fragen der Wechselrechtsdogmatik nicht geregelt hat und diese der nationalen Wertpapierlehre überlassen bleiben.

---

19 UNCITRAL Yb. 1982 Vol.13 A/CN.9/213 S.156 Art.35 Anm.1.

20 Vgl. UNCITRAL Yb. 1982 Vol.13 A/CN.9/210 S.67 Anm.200.

21 Vgl. zum Genfer Wechselgesetz *Jacobi* S.384.

22 UNCITRAL Yb. 1982 Vol.13 A/CN.9/213 S.156 Art.35 Anm.3.

23 *Schinnerer*, ZfRV 1972,277(290) vertritt allerdings ohne eingehende Begründung die Ansicht, die Konvention würde der Emissionstheorie folgen.

§ 8 Die Redlichkeits- und Sorgfaltsmaßstäbe der UNCITRAL-Konvention

Merkmal des Wechsels ist seine gegenüber der einfachen Forderungsverbriefung gesteigerte Umlauffähigkeit. Diese wird zum einen durch die vereinfachte Übertragbarkeit des Wechsels durch Indossamente gewährleistet, zum anderen durch den gesteigerten Schutz des Verkehrs vor Mängeln des Wechsels durch die Lehre vom gutgläubigen Erwerb des Papieres und die Lehre vom Einwendungsausschluß. Der Schutz des Verkehrs wird ergänzt durch eine vereinfachte Durchsetzung des Wechselanspruchs durch Rückgriffsmöglichkeit gegen die anderen Wechselverpflichteten sowie eine erleichterte prozessuale Geltendmachung der Wechselforderung in einem beschleunigten Verfahren.[1] Dieser Schutz des Verkehrs vor Mängeln des Wechsels ist beiden bestehenden Wechselsystemen gemein.[2] Anknüpfungspunkt des Verkehrsschutzes ist in beiden Systemen die Übertragung des Wechsels. Dabei wird der Erwerber grundsätzlich nur geschützt, wenn er folgende zwei Voraussetzungen erfüllt.

Erstens wird nur derjenige Erwerber geschützt, der den Wechsel durch eine besondere, wechselrechtliche Übertragung mittels Indossament erwirbt. Aber auch dieser Erwerber ist nur dann schutzwürdig, wenn er auf die Durchsetzbarkeit des Wechsels und damit auf dessen Mängelfreiheit vertraut hat. Deshalb wird zweitens nur derjenige Erwerber geschützt, der bei Erwerb bezüglich der Mängel des Wechsels redlich war.

Wesentliches Kriterium für die Beurteilung des Verkehrsschutzes sind die jeweiligen Redlichkeits- und Sorgfaltsmaßstäbe, die der Erwerber in dem betreffenden Wechselsystem erfüllen muß, um vor Mängeln des Papieres geschützt zu sein.

Die Konvention hat mit dem Maßstab der "Kenntnis" (knowledge) in Art. 6 einen eigenen, selbständigen Redlichkeitsmaßstab geschaffen. Die

---

1 Vgl. *Ulmer* § 14 S.151f; ders. ZAIP 1929,242(253); *White*, 5 Ga.J.Int'l & Comp.L. 216,230 (1975).

2 Vgl. zum anglo-amerikanischen Recht *Britton* sec.5; *Megrah* S.5f; *Ulmer* ZAIP 1929,242(253).

Konvention bezieht sich in einer ganzen Reihe von Artikeln darauf, ob eine Person "Kenntnis" von bestimmten Umständen hatte.[3]

Kenntnis einer Person von einer Tatsache liegt gemäß Art. 6 dann vor, wenn diese "positive Kenntnis dieser Tatsache hat oder von ihrem Vorhandensein nicht ohne Kenntnis sein konnte".[4] Die Konvention qualifiziert diesen Redlichkeitsmaßstab in Art. 25 (2),(3); 26 (2),(3) durch Bezug auf "guten Glauben und angemessene Sorgfalt" und in Art. 30 (1)(c) durch Bezug auf "Fahrlässigkeit".

Der Redlichkeitsmaßstab der Konvention unterscheidet sich von allen bisher verwendeten Maßstäben in den verschiedenen nationalen Rechtsordnungen.[5] Da aber naturgemäß die im anglo-amerikanischen Rechtskreis als auch im Genfer Recht verwandten Redlichkeitsmaßstäbe sehr ähnlich sind, sollen diese zum Vergleich kurz dargestellt werden.

Dabei sollen die Redlichkeitsmaßstäbe in dreierlei Hinsicht beschrieben werden. Erstens ist zu prüfen, auf welche Umstände sich der jeweilige Redlichkeitsmaßstab inhaltlich bezieht.[6] Sodann ist zu untersuchen, welcher Bewußtseinszustand zum Erhalt bzw. Verlust der Redlichkeit erforderlich ist,[7] und letztlich, welcher Vergleichsmaßstab für die Beurteilung der Redlichkeit herangezogen wird.[8]

8.1 Die Redlichkeitsmaßstäbe im anglo-amerikanischen Rechtskreis.

Der UCC und der BEA enthalten jeweils die beiden Redlichkeitsmaßstäbe "Guter Glaube" (good faith) in sec. 1-201 (19) UCC und sec. 90 BEA sowie "Kenntnis" (notice) in sec. 3-304 UCC und sec. 29 (1) BEA. Neben diesen beiden Redlichkeitsmaßstäben verwendet das anglo-amerikanische

---

3 Siehe Art. 12 (2)(a); 25(2),(3); 26(2),(3); 28 (1)(b),(c),(2); 29; 30(1)(c); 45(1)(c),(2); 72(3); 77(2).

4 Übersetzung nach *Schinnerer* Konventionsentwürfe S.57 Art.5.

5 "Kenntnis" iSv Art. 6 darf nicht mit dem gleichlautenden Maßstab in sec. 1-201(25) UCC verwechselt werden. Die Unterschiede zu den bestehenden nationalen Redlichkeitsmaßstäben werden im folgenden erläutert.

6 Z.B. auf das Eigentum, die Verfügungsmacht des Veräußerers, auf alle Umstände des Rechtsgeschäfts.

7 Z.B. positive Kenntnis des Umstandes, zurechenbare oder vermutete Kenntnis, fahrlässige Unkenntnis.

8 Subjektiv, d.h. konkret die betreffende Person oder objektiv, d.h. ein durchschnittlicher Dritter in vergleichbarer Situation.

Wechselrecht auch den Begriff der "Fahrlässigkeit" (negligence).[9] "Negligence" kann dabei jedoch drei unterschiedliche Bedeutungen haben.

Einerseits wird "negligence" im Gegensatz zum Vorsatz (intent) als ein Bewußtseinszustand (state of mind) verstanden, in welchem ein bestimmter Erfolg durch Unachtsamkeit herbeigeführt wird.[10] Andererseits wird mit "negligence" auch ein sorgfaltswidriges Verhalten bezeichnet. Dieses sorgfaltswidrige Verhalten muß jedoch nicht in einer Sorgfaltspflichtverletzung bestehen. Es genügt, wenn die betreffende Person nicht die Sorgfalt aufgebracht hat, die ein vernünftiger Dritter aufgebracht hätte.[11] Ein derartig sorgfaltswidriges Verhalten ohne Verletzung einer Sorgfaltspflicht gibt einem eventuell Geschädigten allerdings noch keinen Anspruch.[12] Ein derartiger Anspruch entsteht erst bei Verletzung einer dem Geschädigten gegenüber bestehenden Sorgfaltspflicht. Hier liegt die dritte Bedeutung des Begriffes "negligence", als besondere Unterart der "torts" (unerlaubte Handlungen).[13]

8.1.1 Der Redlichkeitsmaßstab "guter Glaube" im anglo-amerikanischen Rechtskreis.

Der Redlichkeitsmaßstab "Guter Glaube" ist in den meisten Rechtssystemen bekannt. Dahinter verbergen sich jedoch häufig unterschiedliche Konzepte. Gemäß sec. 90 BEA gilt eine Handlung als in gutem Glauben vorgenommen, "wenn sie tatsächlich ehrenhaft erfolgte, gleichviel ob dabei fahrlässig gehandelt wurde oder nicht".[14] Im UCC verlangt sec. 1-201(19) für guten Glauben "Ehrenhaftigkeit des betreffenden Verhaltens oder Rechtsgeschäftes" (honesty in fact in the conduct or transaction concerned).

Diese Definitionen verdecken einen wichtigen Unterschied des Konzeptes des guten Glaubens zwischen dem anglo-amerikanischen Rechtskreis und den kontinentaleuropäischen Rechtsordnungen. Im anglo-amerikanischen Rechtskreis umfaßt das Konzept des "good faith" nicht nur den guten Glauben im Zusammenhang mit dem redlichen Erwerb vom Nichtberechtigten, sondern auch das Konzept von "Treu und Glauben", wie es in § 242 BGB ausgedrückt ist.[15] Im folgenden wird der Redlichkeitsmaßstab "good faith" ausschließlich

9 Vgl. sec. 90 BEA, sec. 3-406 UCC.

10 *Percy*, 1-02.

11 *Percy*, 1-04, 1-05.

12 *Percy*, 1-05.

13 *Percy*, 1-13, 1-14.

14 Übersetzung nach *Schettler & Büeler* Großbritannien u. Nordirland. "Fahrlässigkeit ist hier im Sinne von bloßer Unachtsamkeit zu verstehen, vgl. *Percy*, 1-03.

15 Siehe dazu *Farnsworth*, 30 U.Chi.L.Rev. 666,667-671 (1963).

im Sinn des "guten Glaubens" beim redlichen Erwerb vom Nichtberechtigten verwandt.

Der Redlichkeitsmaßstab "good faith" ist eng mit dem Redlichkeitsmaßstab der "Kenntnis" verbunden und wird sogar manchmal damit vermischt.[16] Trotzdem beschreibt der Begriff "good faith" einen eigenständigen Maßstab.[17] Beide Redlichkeitsmaßstäbe überschneiden sich nur insofern, als tatsächliche Kenntnis eines Mangels des Papieres auch zum Verlust des guten Glaubens führt.[18] Es ist aber möglich, daß ein Erwerber zwar subjektiv in "good faith" handelt, ihm aber trotzdem "Kenntnis" eines Mangels zugerechnet wird.[19]

Inhaltlich umfaßt der gute Glaube nicht nur spezifische Tatsachen, sondern bezieht den gesamten Bewußtseinszustand (state of mind) des Erwerbers über die "Ehrenhaftigkeit des betreffenden Verhaltens oder Rechtsgeschäftes" mit ein.[20] Diese "Ehrenhaftigkeit" (honesty) muß sich auch auf Umstände beziehen, die nicht direkt mit dem Wertpapier in Beziehung stehen.[21] So sind zur Feststellung des guten Glaubens alle Beweismittel heranzuziehen sowie die Rechtsbeziehung zwischen den Parteien und die den Erwerb des Papieres umgebenden Umstände zu überprüfen.[22]

Nur positive Kenntnis von Fakten und Umständen ist dem guten Glauben schädlich,[23] die zu einem Mangel der "Ehrenhaftigkeit der Absicht" (honesty

---

16 Vgl. z.B. *Falconbridge-Crawford* § 5102:3, der auf die Unterschiede hinweist, beide Begriffe dann aber doch einheitlich behandelt.

17 *Blum*, 22 B.C.L.Rev. 203,207 (1981); *White/Summers* § 14-6 S.627; *Kaw Valley State Bank & Trust Co. v. Riddle* 219 Kan.550; 549 P2d 927 (Sup.Ct.Kan.1976); a.A. für das englische Recht *Thomsen*, S.45 mwN.

18 *Note*, 51 Va.L.Rev. 1342,1357 (1965).

19 *Falconbridge-Crawford* § 4803.1 führt als Beispiel den Fall *Raphael v. Bank of England* (1855), 17 C.B. 161, 104 R.R. 638 an, in dem einem Devisenhändler zwar zugestanden wurde, in "good faith" gehandelt zu haben, der gestohlene Wechsel in seinem gewöhnlichen Geschäftsgang ankaufte, ihm aber trotzdem Kenntnis des Diebstahls zugerechnet wurde, da er die Wechsel angekauft hatte, ohne vorher eine Liste mit gestohlenen Wechseln zu konsultieren, die er kurz zuvor erhalten hatte.

20 Vgl. *General Inv.Corp. v. Angelini* 58 N.J..396, 278 A2d 193,196 (Sup.Ct.N.J.1971); *Bowling Green, Inc. v. State St. Bank & Trust Co.* 307 FSupp. 648, 6 U.C.C. Rep. Serv. 1151 (D.Mass.); aff'd. 425 F2d 81,83, 7 U.C.C. Rep. Serv. 635 (1st Cir. Mass. 170); *Breslin v. New Jersey Investors, Inc.* 70 N.J. 466, 361 A2d 1,3 (Sup.Ct.N.J.1976); *Lawton v. Walker* 343 SE2d 335,337 (Sup.Ct.Va.1986).

21 Siehe das Beispiel bei *White/Summers* § 14-6 S.628; vgl. *Banco Mercantil de Sao Paulo S.A. v. Nava* 120 Misc.2d 517, 466 NYS 2d 198 (N.Y.Sup.Ct.1983).

22 Vgl. *Funding Consultants, Inc. v. Aetna Casualty & Surety Co.* 187 Conn. 637, 447 A2d 1163,1166 (Sup.Ct.Conn.1982).

23 *Dallas Bank & Trust Co. v. Frigiking, Inc., A Division of Smith Jones, Inc.*, 692 SW 2d 163,166 (Ct.App.Tex.1985); *Barnett Bank of Palm Beach County, N.A. v. Regency Highland Condominium Ass'n, Inc.* 452 So 2d 587,590 (Ct.App.Fla.1984).

of intent)[24] des Erwerbers führt. Eine generelle Erkundigungspflicht des Erwerbers besteht nicht.[25] Daher ist im Wechselrecht bloß fahrlässige Unkenntnis unschädlich,[26] solange diese nicht auf eine willentliche Unterlassung der Nachfrage zurückgeht.[27] Ebensowenig ist die Beachtung von Sorgfaltsmaßstäben[28] oder Handelsbräuchen[29] für die Erhaltung des guten Glaubens von Bedeutung.

Lange umstritten[30] war die Frage, ob für die Beurteilung des guten Glaubens des Wechselerwerbers ein subjektiver[31] oder ein objektiver Vergleichsmaßstab herangezogen werden sollte.[32] Seit der Übernahme des UCC in den Vereinigten Staaten[33] und seit der Entscheidung Goodman v. Harvey in Großbritannien[34] ist dieser Streit zugunsten eines subjektiven Vergleichsmaßstabes entschieden.[35]

---

24 *Taves v. Griebel* 363 NW 2d 73,74 (Ct.App.Minn.1985).

25 *Bailey* § 8.5.

26 *Lawton v. Walker* 343 SE 2d 335,337 (Sup.Ct.Va.1986); *Taves v. Griebel* 363 NW 2d 73,74 (Ct.App.Minn.1985); *Republic of Texas Sav. Ass'n v. First Republic Life Ins.* 417 So 2d 1251 (Ct.App.La.1982); *Bailey* § 8.5.

27 *Byles* S.221f; *Chalmers* S.284, 96; *Community Bank v. Ell* 278 Or. 417, 564 P2d 685,691 (Ore.1977).

28 Vgl. *Funding Consultants, Inc. v. Aetna Casualty & Surety Co.* 187 Conn. 637, 447 A2d 1163 (Sup.Ct.Conn.1982).

29 Nach den Entwürfen zum UCC sollten diese ursprünglich Teil des Redlichkeitsmaßstabes "good faith" werden. So noch *Fagan*, 17 U.Pittsb. L.R. 176,182 (1955-56). Dieser Vorschlag wurde dann später aufgegeben. Vgl. *Blum*, 22 B.C.L.Rev. 203,232 in Fn.119 (1981). Vgl. ferner *Barnett Bank of Palm Beach County, N.A. v. Regency Highland Condominium Ass'n, Inc.* 452 So 2d 587,589 (Ct.App.Fla.1984).

30 Vgl. *White/Summers* § 14-6 S.628; *Britton* sec.100.

31 So *Lawton v. Walker* 343 SE2d 335,338 (Sup.Ct.Va.1986); *Community Bank v. Ell* 278 Or. 417, 564 P2d 685,691 (Ore.1977); Lord Blackburn in *Jones v. Gordon* (1877) 2 App.Cas. 616 at 629 (H.L.); vgl. auch *Blum*, 22 B.C.L.Rev. 203,228-234 (1981); *White/Summers* § 14-6 S.628.

32 So für das Englische Recht *Gill v. Cubitt* 3 B & C 466; 107 E.R. 806 (K.B. 1824); für das amerikanische Recht *Husseyni v. Rappaport* 127 FSupp 144,150 (D.Minn); vgl. für einen geschichtlichen Überblick auch *Blum*, 22 B.C.L.Rev. 203,228-234 (1981) und *Howard Nat. Bank v. Wilson* 120 A.889 (1923).

33 Vgl. *Bailey* § 8.5; *Corporacion Venezolano de Fomento v. Vintero Sales Corp.* 452 FSupp 1108, 24 U.C.C. Rep. Serv. 1199 (S.D.N.Y.1978); *Farnsworth*, 30 U.Chi. L.Rev. 666,670f (1963).

34 *Goodman v. Harvey* 4 A. & E. 870 (1836).

35 *Jones v. Gordon* (1877) 2 App.Cas. 616 at 629 (H.L.); *Bowling Green, Inc. v. State St. Bank & Trust Co.* 307 FSupp. 648, 6 U.C.C. Rep. Serv. 1151 (D.Mass.); aff'd. 425 F2d 81,83, 7 U.C.C. Rep. Serv. 635 (1st Cir. Mass. 170); vgl. auch *Blum*, 22 B.C.L. Rev. 203,232 (1981); *note*, 51 Va.L.Rev. 1342,1357 (1965); *Bailey* § 8.5.

8.1.2 Der Redlichkeitsmaßstab "Kenntnis" im anglo-amerikanischen Rechtskreis.

Der Redlichkeitsmaßstab "Kenntnis" ist der zweite Redlichkeitsmaßstab im anglo-amerikanischen Wechselrecht.[36] Im Gegensatz zum BEA enthält der UCC in sec. 1-201 (25) und 3-304 eine detaillierte Definition dieses Begriffes. Der Redlichkeitsmaßstab "Kenntnis" besteht im UCC aus den beiden eng miteinander verbundenen Begriffen "Notice" und "knowledge". Während "knowledge" das aktuelle Bewußtsein des Umstandes erfordert, schließt "notice" als Oberbegriff auch Situationen ein, in denen kein aktuelles Bewußtsein der fraglichen Tatsache vorhanden war.[37] Dieses Konzept der "constructive notice" ist in sec. 1-201 (25) und 3-304(1)(a) UCC zum Ausdruck gebracht.

8.1.2.1 Der Redlichkeitsmaßstab "Kenntnis" im UCC.

Sec. 1-201 (25) UCC enthält eine allgemeine, für alle Artikel des UCC geltende Definition des Begriffs "Kenntnis einer Tatsache". "Kenntnis" umfaßt danach (a) positive Kenntnis der Tatsache; (b) den Empfang der Kenntnis oder die Benachrichtigung von einer Tatsache sowie (c) das "kennen müssen" der Tatsache aufgrund sämtlicher Umstände und Tatsachen, die zu dem in Frage kommenden Zeitpunkt bekannt waren. Sec. 1-201 (26), (27) bestimmen, wann eine Person Kenntnis "gibt" oder "empfängt" und wann eine Gesellschaft Kenntnis erlangt.

Für das Wertpapierrecht enthält sec. 3-304 UCC spezielle Auslegungsregeln. Die "Kenntnis" begründenden Fakten sind in sec. 3-304 (1)-(3) beispielhaft, aber nicht abschließend umschrieben.[38] Sec. 3-304 (4) und (5) zählen Tatsachen auf, deren Kenntnis noch nicht zur "Kenntnis" einer Einrede oder eines Gegenanspruchs führt. Sec. 3-304 (6) bestimmt den Zeitpunkt, ab welchem der Empfang einer "Kenntnis" wirksam wird.

Der Inhalt der "Kenntnis" bezieht sich im Gegensatz zum "guten Glauben" auf konkrete Tatsachen, die Gegenstand eines Gegenanspruchs oder einer Einrede sein können oder zeigen, daß das Papier verfallen ist.[39] Dagegen wird "Kenntnis" noch nicht durch die Existenz verdächtiger Umstände

---

36 Vgl. *Blum*, 22 B.C.L.Rev. 203,207 (1981); *note*, 51 Va.L.Rev. 1342,1357 (1965); *Chalmers* S.96.

37 *Blum*, 22 B.C.L.Rev. 203,208 (1981).

38 Vgl. *White/Summers* § 14-6 S.633ff.

39 Vgl. *Suit & Wells Equipment Co. Inc., v. Citizens Nat. Bank of Southern Maryland* 263 Md. 133, 282 A2d 109,112 (Ct.App.Md.1971).

erlangt.[40] Entscheidend ist vielmehr, ob von diesen Umständen auf das Bestehen eines Mangels des Papieres geschlossen werden kann.

Der Redlichkeitsmaßstab "Kenntnis" umfaßt einerseits positive Kenntnis[41] in sec. 1-201 (25)(a), 3-304 (2). Die "Kenntnis" wird im Hinblick auf den Bewußtseinszustand der betreffenden Person bestimmt und erfordert das aktuelle Bewußtsein der relevanten Tatsache.[42] Andererseits genügt gemäß sec. 1-201 (25)(b),(26); 3-304 (1)(a) UCC auch vorwerfbare Unkenntnis im Sinne der "constructive notice" Doktrin.[43] Der Übergang von positiver Kenntnis zu vorwerfbarer Unkenntnis ist dabei fließend.[44]

Nach dieser Doktrin wird bei einem Erwerber, der Kenntnis von bestimmten Umständen hat, auch die Kenntnis von Tatsachen vermutet, die ihm zwar tatsächlich unbekannt waren, welche er aber aufgrund seiner Kenntnis der anderen Umstände hätte erkennen können.[45] Eine derartige Vermutungswirkung kann auch ohne tatsächliche Kenntnis irgendwelcher Umstände als rechtliche Folge bestimmter Formalakte eintreten.[46] Hierbei wird ohne Rücksicht auf den tatsächlichen Bewußtseinszustand einer Person die Kenntnis dieser Person von einer Tatsache vermutet.[47]

Für die Vermutung greifen die Gerichte häufig darauf zurück, ob ein "vernünftiger Dritter", der ebenfalls Kenntnis der sekundären Umstände gehabt hat, Kenntnis der relevanten Tatsache gehabt hätte.[48] Dieser Rückgriff der Gerichte auf den "vernünftigen Dritten" enthält jedoch noch keinen Vorwurf der Sorgfaltswidrigkeit. Vielmehr begründet "negligence" allein, ohne

---

40 *Indyk v. Habib Bank Ltd.* 694 F2d 54,56, 35 U.C.C Rep. Serv. 158 (2d Cir.1982); *Travelers Indemnity Co. v. American Exp. Co.* 559 FSupp 452,453, 36 U.C.C Rep. Serv. 211 (S.D.N.Y.1983).

41 *Republic of Texas Sav. Ass'n v. First Republic Life Ins.* 417 So 2d 1251,1255 (Ct. App.La.1982); *Indyk v. Habib Bank Ltd.* 694 F2d 54,56, 35 U.C.C Rep. Serv. 158 (2d Cir.1982); *Blum*, 22 B.C.L.Rev. 203,208 (1981); vgl. auch *note*, 51 Va.L.Rev. 1342,1347 (1965).

42 *Blum*, 22 B.C.L.Rev. 203,208 (1981).

43 Vgl. *Barbour v. Handlos Real Estate & Build.Corp.* 152 Mich.App. 174, 393 NW 2d 581,586 (Ct.App.Mich.1986); *Blum*, 22 B.C.L.Rev. 203,213 (1981); *note*, 51 Va. L.Rev. 1342,1353 (1965); *Fagan*, 17 U.Pittsb. L.R. 176,178 (1955-56); a.A. *Britton* sec.112 für das NIL.

44 Vgl. *Blum*, 22 B.C.L.Rev. 203,216ff (1981).

45 *Britton* sec.112.

46 Dazu zählen z.B. Eintragungen in öffentlichen Registern, vgl. *Blum*, 22 B.C.L.Rev. 203,210f (1981).

47 *Blum*, 22 B.C.L.Rev. 203,210ff (1981).

48 *Blum*, 22 B.C.L.Rev. 203,220,235 (1981).

daß besondere, verdächtige Umstände vorliegen, noch keine "Kenntnis",[49] da es keine generelle Pflicht zur Erkundigung über Einreden oder Gegenansprüche gibt.[50]

Der Maßstab für die Beurteilung des Vorliegens von "Kenntnis" ist unterschiedlich.[51] Während in sec. 1-201 (a),(b) und 3-304(1) ein subjektiver Maßstab gilt,[52] wird in sec. 1-201 (25)(c) und 3-304 (3) bezüglich der Feststellung, welche Tatsachen der betreffenden Person positiv bekannt, bzw. bewußt waren, ein subjektiver Maßstab und bezüglich der Feststellung, wie ein "vernünftiger, vorsichtiger Mann" auf diese Tatsachen reagiert hätte, ein objektiver Maßstab angewendet.[53]

8.1.2.2 Der Redlichkeitsmaßstab "Kenntnis" im BEA.

Der Umfang des Redlichkeitsmaßstabs "Kenntnis" im BEA unterscheidet sich von demjenigen des UCC. Anders als im UCC führt bereits die "allgemeine" (general) Kenntnis, "daß da mit dem Papier etwas nicht stimmt"[54] zur "Kenntnis" des Erwerbers.[55] Diese allgemeine Kenntnis wird in sec. 29 (1) BEA für den Erwerb der "holder in due course" Stellung auf "Kenntnis" von Mängeln der Berechtigung (defects of title) konkretisiert.[56]

Anders als im UCC findet die Doktrin der "constructive notice" im englischen Wechselrecht jedoch keine Anwendung.[57] Das englische Wechselrecht kennt jedoch die "implied notice".[58] Diese unterscheidet sich von der "constructive notice" darin, daß zwar ebenfalls von der Kenntnis bestimmter

---

49 *Eldon's Super Fresh Stores, Inc. v. Meryill Lynch, Pierce, Fenner, & Smith, Inc., v. Drexler* 207 NW 2d 282, 288 (Sup.Ct.Minn.1973); bezüglich sec. 3-304 (a) siehe auch *Lawton v. Walker* 343 SE2d 335,338 (Sup.Ct.Va. 1986).

50 *Frantz v. First Nat. Bank of Anchorage* 584 P2d 1125, 1127 (Sup.Ct.Alaska 1978); *Third Nat. Bank in Nashville v. Hardi Gardens Supply of Illinois, Inc.*, 380 FSupp 930,941; 15 U.C.C Rep. Serv. 853 (M.D.Tenn.1974); *Chicago Title & Trust Co. v. Walsh* 34 Ill.App.3d 458, 340 NE 2d106,113 (Ct.App.Ill.1975).

51 Vgl. *note*, 51 Va.L.Rev. 1342,1347 (1965).

52 *Republic of Texas Sav. Ass'n v. First Republic Life Ins.* 417 So2d 1251 (Ct.App.La.1982); *Indyk v. Habib Bank Ltd.* 694 F2d 54,56, 35 U.C.C Rep. Serv. 158 (2d Cir.1982); vgl. *note*, 51 Va.L.Rev. 1342,1347,1351 (1965).

53 So *Blum*, 22 B.C.L.Rev. 203,220 (1981); ähnlich *note*, 51 Va.L.Rev. 1342,1348f (1965).

54 *Byles* S.221.

55 *Chalmers* S.96; *Byles* S.221; *Thomsen*, S.46.

56 *Thomsen*, S.48.

57 *Byles* S.221; *O'Callaghan*, XV. I.Tr.L.C. S.10; *Allan*, X. I.Tr.L.S. S.313(322); vgl. auch *Falconbridge-Crawford* § 4803.1; 5102.3.

58 *Byles* S.221.

Umstände auf die Kenntnis der relevanten Tatsache geschlossen wird, diese Kenntnis aber nicht gesetzlich vermutet wird.[59]

Fahrlässige Unkenntnis infolge sorgfaltswidrigen Verhaltens führt im BEA ebenfalls nicht zur "Kenntnis", solange sie nicht auf willentliche Unterlassung der Nachfrage zurückgeht.[60]

8.2 Die Redlichkeitsmaßstäbe im Genfer Recht.

Die Genfer Konvention enthält in fünf Artikeln drei separate Redlichkeitsmaßstäbe. Zwei Redlichkeitsmaßstäbe betreffen den Erwerber eines Wechsels, während drei den Wechselschuldner betreffen, der den Wechsel bezahlt.[61]

Gemäß Art. 10 WG und Art. 16 II WG schadet dem Erwerber, wenn er "in bösem Glauben erworben hat oder ihm beim Erwerb eine grobe Fahrlässigkeit zur Last fällt", während er gemäß Art. 17 WG und Art. 19 II WG Einreden nur dann ausschließen kann, wenn er bei Erwerb nicht "bewußt zum Nachteil des Schuldners gehandelt hat".

Im Gegensatz zum anglo-amerikanischen Recht muß der Erwerber jedoch nicht beide Redlichkeitsmaßstäbe kumulativ erfüllen, um Rechte aus dem Wechsel herleiten zu können. Der Erwerber vom Nichtberechtigten muß gutgläubig im Sinne des Art. 16 II WG sein, um den Wechsel und die darin verbriefte Wechselforderung zu erwerben. Unabhängig davon muß jeder Erwerber redlich im Sinne des Art. 17 WG sein, um Einwendungen Dritter gegen die Wechselforderung zu überwinden.

Gemäß Art. 40 III WG wird ein Wechselschuldner, welcher bei Verfall an einen Nichtberechtigten zahlt, nur dann von seiner Verpflichtung befreit, wenn ihm bei Zahlung "nicht Arglist oder grobe Fahrlässigkeit zur Last fällt".

8.2.1 Die Redlichkeitsmaßstäbe der Art. 10 WG und 16 II WG.

Art. 10 WG und 16 II WG weichen in ihrer Formulierung von dem deutschen Konzept des "guten Glaubens", wie es in § 932 ff BGB niedergelegt ist, ab. Art. 10 WG und Art. 16 II WG fordern die Abwesenheit von "bösem Glauben" und "grober Fahrlässigkeit" statt des einheitlichen Konzeptes des "Guten Glaubens", welches grobe Fahrlässigkeit beinhaltet.[62] Dieser Unterschied zum

---

59 Vgl. *Byles* S.221.

60 *Byles* S.221f; *Chalmers* S. 283f,96; *Thomsen*, S.45; *Allan*, X. I.Tr.L.S. S.313(322).

61 *Ostheim*, FS Kastner S.349(355).

62 Vgl. *Baumbach/Hefermehl* WG Art.16 Rn.10; *Quassowski/Albrecht* Art.16 Anm.22.

deutschen Zivilrecht erklärt sich aus dem internationalem Ursprung dieser Vorschrift.[63] "Böser Glaube" erfordert positive Kenntnis des Mangels der Berechtigung des Veräußerers.[64] Diese wird rein subjektiv beurteilt.[65]

"Grobe Fahrlässigkeit" liegt vor bei Nichtbeachtung der einfachsten im Verkehr nötigen Sorgfalt oder bei Unkenntnis des Mangels infolge von Gleichgültigkeit.[66] Wie im anglo-amerikanischen Recht besteht eine Erkundigungspflicht nur bei außergewöhnlichen, verdächtigen Umständen.[67] Welche Sorgfalt im Verkehr geboten war, wird anhand eines objektiven Standards beurteilt, während die "Gleichgültigkeit" subjektiv beurteilt wird.

Bei der Beurteilung des Umfanges des Redlichkeitsmaßstabes der Art. 10 WG und Art. 16 II WG ist zu unterscheiden zwischen den Mängeln, deren Kenntnis oder grobfahrlässige Unkenntnis zum Verlust der Redlichkeit führt, und solchen Mängeln, vor deren Existenz der redliche Erwerber in seinem guten Glauben geschützt wird. Der Umfang des Redlichkeitsmaßstabes ist hier unterschiedlich.

Jeder Mangel der Verfügungsmacht oder des Eigentums des Veräußerers schadet dem Erwerber, wenn er desbezüglich bösgläubig oder grob fahrlässig ist.

Enger ist hingegen der Umfang des Redlichkeitsmaßstabes bezüglich der Mängel, vor deren Bestehen der redliche Erwerber in seinem guten Glauben geschützt wird.

Bei Art. 10 WG wird der Gute Glaube an die Ausfüllungsberechtigung des Veräußerers geschützt. Strittig ist hingegen, ob der Gute Glaube auch dann geschützt wird, wenn der Erwerber einen noch unausgefüllten Wechsel erwirbt.[68]

Hinsichtlich der Mängel der Verfügungsmacht des Veräußerers wird der Erwerber von Art. 16 II WG unstreitig in seinem guten Glauben vor Mängeln des Eigentums des Veräußerers am Wechsel, der Verfügungsbefugnis sowie vor der mangelnden Identität mit dem auf dem Wechsel "formal legitimierten

---

63 *Hueck/Canaris* § 8 IV 2 b) aa); vgl. *Quassowski/Albrecht* Art.16 Anm.22.

64 *Baumbach/Hefermehl* WG Art.16 Rn.10; *Stranz* WG Art.16 Anm.21; vgl. auch *v.Caemmerer*, Int'l. Rechtsprechung 1.Folge S.101 Italien Nr.2; 2.Folge S.83 Frankreich Nr.4.

65 *v.Caemmerer*, Int'l. Rechtsprechung 1.Folge S.103 Italien Nr.11.

66 *Baumbach/Hefermehl* WG Art.16 Rn.10.

67 *Stranz* WG Art.16 Anm.21; *Jacobi* S.64f; *v.Caemmerer*, Int'l. Rechtsprechung 1.Folge S.101 Italien Nr.2, S.102 Nr. 4, S.104 Nr.13.

68 Vgl. *Baumbach/Hefermehl* WG Art.10 Rn.8; abl. *Ulmer* § 19 S.198; *Hupka* S.38 Anm.3.

Inhaber" geschützt.[69] Strittig ist hingegen, ob auch Gutgläubigkeit bezüglich der Geschäftsfähigkeit des Veräußerers von Art. 16 II WG geschützt wird,[70] so daß dieser Mangel von einem gutgläubigen Erwerber überwunden werden kann. Im Hinblick auf einen möglichst ungehemmten Umlauf des Papieres sollte dies bejaht werden.[71] Nicht geschützt wird hingegen der Gute Glaube an die Abwesenheit von konkursrechtlichen Verfügungsbeschränkungen.[72]

8.2.2 Die Redlichkeitsmaßstäbe der Art. 17 WG und Art.19 II WG.

Art. 17 WG und Art. 19 II WG sehen vor, daß bestimmte Einwendungen früherer Wechselparteien dem Erwerber nicht entgegengesetzt werden können, es sei denn, daß dieser "bei dem Erwerb des Wechsels bewußt zum Nachteil des Schuldners gehandelt hat."[73]

Die Auslegung dieses Maßstabes ist international umstritten.[74] Früher wurde ein arglistiges Zusammenwirken von Erwerber und Veräußerer zum Nachteil der Wechselverpflichteten verlangt.[75] Heute ist weitgehend anerkannt, daß Art. 17 WG lediglich das Bewußtsein des Erwerbers erfordert, durch den Erwerb den Wechselschuldner zu schädigen.[76] Da allerdings jeder Einwendungsausschluß den Wechselschuldner schädigen würde, wird überwiegend bedingter Vorsatz des Erwerbers verlangt.[77] Kenntnis vom Bestehen der Einwendung soll noch nicht zum bedingten Schädigungsvorsatz führen,

---

69 *Baumbach/Hefermehl* WG Art.16 Rn.10; *Hueck/Canaris* § 8 IV 2 b) cc); *Stranz* WG Art.16 Anm.19.

70 Bejahend *Baumbach/Hefermehl* WG Art.16 Rn.10; *Stranz* WG Art.16 Anm.19; *Ulmer* § 25 S.237; BGH NJW 1951,402 für Schecks, BGH WM 1968,4 für Wechsel; verneinend *Hueck/Canaris* § 8 IV 2 b) cc); *Zöllner* § 14 VI 1 c)(5).

71 So *Baumbach/Hefermehl* WG Art.16 Rn.10.

72 *Baumbach/Hefermehl* WG Art.16 Rn.10; *Hueck/Canaris* § 8 IV 2 b) cc); a.A. *Stranz* WG Art.16 Anm.20.

73 Der Redlichkeitsmaßstab des Art. 19 II WG entspricht dem des Art. 17 WG. *Hupka* S.56.

74 Vgl. *Ostheim*, FS Kastner S.349(350ff); *Greene*, 46 Marq. L.Rev. 281,287ff (1962-1963).

75 Vgl. *v.Caemmerer*, Int'l. Rechtsprechung 1.Folge S.132 Italien Nr.4; S.133 Nr.8. Dies dürfte auf eine Nachwirkung des Art. 82 der dt. Wechselordnung von 1908 zurückgehen, für den ein arglistiges Zusammenwirken verlangt wurde. *Staub-Stranz* WO Art.82 Anm.16; vgl. *Quassowski/Albrecht* Art.17 Anm.17.

76 *Baumbach/Hefermehl* WG Art.17 Rn.95; *Stranz* WG Art.17 Anm.17; *Kapfer*, Art.17 Anm.2; *v.Caemmerer*, Int'l. Rechtsprechung 1.Folge S.134 Nr.10.

77 *Baumbach/Hefermehl* WG Art.17 Rn.95; *Kapfer*, Art.17 Anm.6; vgl. *v.Caemmerer*, Int'l. Rechtsprechung 1.Folge S.137 Oesterreich Nr.3,4, 2.Folge S.107 Frankreich Nr.1, S. 110 Nr.2, 3.Folge S.93 Oesterreich Nr.4; a.A. *Stranz* WG Art.17 Anm.17.

solange der Erwerber glaubt, daß der Wechselschuldner bei einer anderen Wechselpartei Regreß nehmen kann.[78]

Umstritten ist der Einwendungsausschluß, wenn der Erwerber infolge grober Fahrlässigkeit die schädigende Wirkung des Erwerbes verkennt.[79] Auch die Kenntnis von Umständen, die auf das Bestehen einer Einwendung schließen lassen, ist unschädlich, wenn der Erwerber nicht tatsächlich auf das Bestehen dieser Einwendung geschlossen hat.[80] Eine Erkundigungspflicht besteht nur in seltenen Ausnahmefällen.[81] Ein solcher Ausnahmefall soll in einer Situation bestehen, die jeden Inhaber veranlaßt hätte, Erkundigungen einzuholen.[82]

Im Vergleich zum anglo-amerikanischen Recht, ist der Redlichkeitsmaßstab des Art.17 WG für den Erwerber günstiger. Das Erfordernis eines bedingten Schädigungsvorsatzes in Verbindung mit dem Erfordernis des aktuellen Bewußtseins des Bestehens einer Einrede schützt ihn in stärkeren Maße als den Erwerber im anglo-amerikanischen Rechtskreis, dem bereits Kenntnis schadet.

8.2.3 Der Redlichkeitsmaßstab des Art. 40 III WG.

Gemäß Art. 40 III WG wird der Wechselschuldner, der an einen Nichtberechtigten zahlt, nur dann von seiner Verbindlichkeit befreit, "wenn ihm nicht Arglist oder grobe Fahrlässigkeit zur Last fällt". Damit stellt Art. 40 III WG geringere Anforderungen an die Redlichkeit als Art. 16 II WG.[83] Dies wird damit begründet, daß sich der Wechselschuldner des Art. 40 III WG im Gegensatz zum Erwerber des Art. 16 II WG in einer Zwangslage befinde, welcher durch die gegenüber Art. 16 II WG verminderten Anforderungen an die Redlichkeit Rechnung getragen werden solle.[84]

---

78 *Baumbach/Hefermehl* WG Art.17 Rn.95; ähnlich *Hupka* S.52; *Bloch*, J.Dr.Int.1979, 770(787); *v.Caemmerer*, Int'l. Rechtsprechung 1.Folge S.135 Italien Nr.12; a.A. *Stranz* WG Art.17 Anm.17; vgl. auch *Jäggi/Druey/Greyerz* § 31 Nr.V 2.

79 Für einen Einwendungsausschluß: BGH WM 1958,1104(1105); BGH WM 1974, 900(901); *v.Caemmerer*, Int'l. Rechtsprechung 3.Folge S.88 Frankreich Nr.1, S.93 Oesterreich Nr. 4; dagegen *Stanzl*, S.43; *Jäggi/Druey/Greyerz* § 31 Nr.V 3.

80 *v.Caemmerer*, Int'l. Rechtsprechung 1.Folge S.137 Oesterreich Nr.2, 3.Folge S.91 Frankreich Nr.11, S. 93 Schweiz Nr.1; vgl. OLG Düsseldorf BB 1964,331.

81 BGH WM 1969,1279,1280; *v.Caemmerer*, Int'l. Rechtsprechung 2.Folge S.111 Oesterreich Nr.1.

82 *v.Caemmerer*, Int'l. Rechtsprechung 1.Folge S.131 Frankreich Nr.3.

83 *Baumbach/Hefermehl* WG Art.40 Rn.5; *Ulmer* § 25 S.238; *Stranz* WG Art.40 Anm.14.

84 *Stranz* WG Art.40 Anm.14; *Baumbach/Hefermehl* WG Art.40 Rn.5.

Daher soll dem Erwerber nur Arglist schaden, nicht aber bereits böser Glaube. Arglist setzte aber nicht nur Kenntnis des Mangels voraus. Vielmehr müsse der Schuldner den Mangel auch leicht beweisen können. Nur in diesem Fall sei es ihm zuzumuten, die Zahlung zu verweigern und sich auf einen Prozeß einzulassen.[85]

Grobe Fahrlässigkeit des Wechselschuldners liegt vor, wenn diesem infolge einer besonders groben Nichtbeachtung der im Verkehr erforderlichen Sorgfalt Umstände unbekannt geblieben sind, bei deren Kenntnis die Zahlung aus obengenannten Gründen arglistig gewesen wäre.[86] Somit muß dem Schuldner nicht nur die Nichtberechtigung infolge Fahrlässigkeit unbekannt geblieben sein, sondern zusätzlich auch die leichte Beweisbarkeit der Nichtberechtigung.[87]

8.3 Der Redlichkeitsmaßstab "Kenntnis" der UNCITRAL-Konvention.

Die UNCITRAL-Konvention enthält in Artikel 6 einen eigenen, selbständigen Redlichkeitsmaßstab "Kenntnis". Artikel 6 bestimmt, daß jemand von einer Tatsache Kenntnis im Sinne des Abkommens hat, "der positive Kenntnis dieser Tatsache hat oder von ihrem Vorhandensein nicht ohne Kenntnis sein konnte."

Während der 1. Halbsatz der Definition von "Kenntnis" unstreitig positive Kenntnis der fraglichen Tatsache erfordert, ist die Bedeutung des 2. Halbsatzes von Art. 6, "oder von ihrem Vorhandensein nicht ohne Kenntnis sein konnte", umstritten geblieben.

8.3.1 Die Bedeutung von Art. 6 2. Halbsatz.

Ursprünglich umfaßte der Redlichkeitsmaßstab "Kenntnis" auch fahrlässige Unkenntnis.[88] Der ausdrückliche Bezug auf den Begriff der Fahrlässigkeit wurde jedoch schon bald ohne nähere Begründung durch die Formulierung "oder von ihrem Vorhandensein nicht ohne Kenntnis sein konnte" ersetzt.[89]

---

85 *Baumbach/Hefermehl* WG Art.40 Rn.6; *Stranz* WG Art.40 Anm.14,15.

86 *Stranz* WG Art.40 Anm.16; *Baumbach/Hefermehl* WG Art.40 Rn.6.

87 *Baumbach/Hefermehl* WG Art.40 Rn.6.

88 Vgl. UNCITRAL Yb. 1972 Vol.3 A/CN.9/67 S.152 Art.6; *Mertens/Pflug*, AG 1978,219(223).

89 UNCITRAL Yb. 1978 Vol.9 A/CN.9/147 S.162 Anm.14.

Trotzdem ist die Beziehung zwischen "Kenntnis" und "fahrlässiger Unkenntnis" bis in die letzten Phasen des Entwurfes umstritten geblieben.[90] Umstritten war insbesondere, ob die Formulierung "oder von ihrem Vorhandensein nicht ohne Kenntnis sein konnte" in dem 2. Halbsatz von Art.6 immer noch fahrlässige Unkenntnis einschließen sollte.[91] Hintergrund dieses Streites war offenbar die Befürchtung, der Begriff der "Fahrlässigkeit" sei zu unbestimmt und eine ausdrückliche Bezugnahme auf diesen Begriff könne Anlaß zu unterschiedlicher Auslegung in den einzelnen Rechtsordnungen geben.[92]

In der Arbeitsgruppe ist man dagegen davon ausgegangen, daß der zweite Halbsatz von Art. 6 sich nicht auf Fahrlässigkeit beziehen sollte. So wurde mehrfach darauf hingewiesen, daß der Zweck des zweiten Halbsatzes darin besteht, Situationen abzudecken, in denen eine Person ihr bekannte Tatsachen absichtlich ignoriert, um positive Kenntnis einer anderen Tatsache zu vermeiden.[93] Den Gerichten soll in diesem Fall die Möglichkeit eröffnet werden, aus der positiven Kenntnis der Nebentatsache A in Verbindung mit dem Verhalten der betreffenden Person "Kenntnis" im Sinne des Art.6 von der relevanten Haupttatsache B anzunehmen.[94] Diese Ausdehnung des Begriffes der Kenntnis über das positive, aktuelle Bewußtsein einer Tatsache hinaus ist jedoch unabhängig von der Beachtung oder Verletzung irgendwelcher Sorgfaltspflichten oder Maßstäbe.

Für die Ansicht, Art. 6 zweiter Halbsatz umfasse auch grobe Fahrlässigkeit, ist vorgebracht worden, daß hier die Grenze des Wissens nicht subjektiv, sondern objektiv zu bestimmen sei.[95] Dies stellt für sich allein jedoch noch kein Argument dar.[96] Zwar wird auch im deutschen Zivilrecht zur Feststel-

---

90 UNCITRAL Yb. 1985 Vol.16 A/CN.9/261 S.151f Anm.64-67; UNCITRAL Yb. 1986 Vol.17 A/41/17 S.11f Anm.63-70; A/CN.9/SR.338 S.331ff Anm.8-48.

91 Vgl. UNCITRAL Yb. 1986 Vol.17 A/CN.9/SR.338 S.331 Anm.13; UNCITRAL Yb. 1987 Vol.18 A/CN.9/288 S.51 Anm.28. Bejahend *Mertens/Pflug*, AG 1978, 219(227); *Schinnerer* Konventionsentwürfe S.27; befürwortend *Dohm*, 21 Am.J.Comp.L. 474,496 (1973).

92 Vgl. UNCITRAL Yb. 1986 Vol.17 A/41/17 S.12 Anm.65; UNCITRAL Yb. 1987 Vol.18 A/CN.9/288 S.51 Anm.28.

93 UNCITRAL Yb. 1987 Vol.18 A/CN.9/288 S.51 Anm.29; UNCITRAL Yb. 1986 Vol.17 A/CN.9/SR.337 S.329 Anm.53,56; A/41/17 S.11f Anm.64; A/CN.9/WG.IV/WP 30 S.74 Anm.14; UNCITRAL Yb. 1985 Vol.16 A/CN.9/261 S.152 Anm.67; A/CN.9/273 S.45f Anm.29-34.

94 UNCITRAL Yb. 1985 Vol.16 A/CN.9/261 S.152 Anm.67; UNCITRAL Yb. 1986 Vol.17 A/CN.9/WG.IV/WP 30 S.74 Anm.14; A/CN.9/273 S.45 Anm.29; UNCITRAL Yb. 1987 Vol.18 A/CN.9/288 S.51 Anm.29.

95 *Schinnerer* Konventionsentwürfe S. 27; dies fordert auch *Dohm*, 21 Am.J.Comp.L. 474,496 (1973).

96 A.A. *Schinnerer* Konventionsentwürfe S.27.

lung von Fahrlässigkeit die Grenze des erforderlichen Könnens und Wissens nach objektiven Vergleichsmaßstäben bestimmt.[97] Die Bezugnahme auf objektive Vergleichsmaßstäbe allein ist jedoch kein zwingendes Indiz dafür, daß Fahrlässigkeit Bestandteil eines Maßstabes ist, solange nicht auch die Beachtung von Sorgfaltspflichten ein Bestandteil dieses Maßstabes ist, da erst eine Sorgfaltspflichtverletzung den Fahrlässigkeitsvorwurf begründet.

Die gegenteilige Ansicht, wonach Art. 6 zweiter Halbsatz nicht fahrlässige Unkenntnis umfaßt, bestätigt sich durch die Tatsache, daß die Konvention an mehreren Stellen unverändert ausdrücklich auf Fahrlässigkeit Bezug nimmt. So erwähnt die Konvention in Art. 30 (1)(c) explizit den Begriff "Fahrlässigkeit". In den Artt. 25 (2),(3); 26 (2),(3) ist der frühere, ausdrückliche Bezug auf Fahrlässigkeit durch die Formulierung ersetzt worden: "Es sei denn, seine Unkenntnis beruht auf seinem Mangel in Gutem Glauben zu handeln oder angemessene Sorgfalt auszuüben".[98] Diese Formulierung zeigt einmal, daß die Konvention den Begriff der Fahrlässigkeit ebenfalls im Sinne eines sorgfaltswidrigen Verhaltens versteht. Aus der ausdrücklichen Bezugnahme auf besondere Sorgfaltspflichten läßt sich aber auch schließen, daß der Redlichkeitsmaßstab "Kenntnis" nicht per se die Beachtung von Sorgfaltspflichten beinhaltet, da die ausdrückliche Bezugnahme in den Artt. 25, 26, 30 (1)(c) sonst überflüssig wäre.

Diese Annahme wird auch durch Sinn und Zweck der Bezugnahme auf Fahrlässigkeit bestätigt. Diese soll die Feststellung der Redlichkeit der betreffenden Person von deren tatsächlichen Bewußtseinszustand zu lösen und stattdessen an die Beachtung außerwechselrechtlicher Sorgfaltsstandards binden. So soll eine Person die mangelnde Kenntnis einer Tatsache nicht einwenden, obwohl ihr diese Tatsache tatsächlich verborgen geblieben ist, wenn diese Unkenntnis darauf zurückzuführen ist, daß sie die in ihrem Geschäftskreis übliche Sorgfalt außer Acht gelassen hat.[99]

Die Aufgabe des Art. 6 zweiter Halbsatz liegt demgegenüber darin, den Gerichten die Möglichkeit zu eröffnen, aus der positiven Kenntnis einer Person von Tatsache A, anhand eines objektiven Vergleichsmaßstabes, auf das Vorliegen der Kenntnis der relevanten Tatsache B zu schließen. Art. 6 zweiter Halbsatz rechnet nicht völlig unbekannte Umstände zu, die infolge sorgfaltswidrigen Verhaltens unbekannt geblieben sind, sondern erstreckt die bestehende Kenntnis von bestimmten Umständen auf die relevante Haupttatsache.

97 Vgl. statt aller *Palandt*-Heinrichs § 276 Anm.4 B) a).

98 Vgl. UNCITRAL Yb. 1987 Vol.18 A/CN.9/288 S.56 Anm.84.

99 Vgl. UNCITRAL Yb. 1986 Vol.17 A/CN.9/SR.338 S.332 Anm.32. Die Person hat Kenntnis, wenn ein typischer Vertreter ihres Geschäftskreises, der den Sorgfaltsmaßstab beachtet hätte, von der Tatsache Kenntnis erlangt hätte.

Dieses Konzept ist teilweise als "constructive knowledge" im anglo-amerikanischen Sinn bezeichnet worden;[100] teilweise ist diese Bezeichnung als unpassend zurückgewiesen worden.[101] Tatsächlich kommt der 2. Halbsatz des Art. 6 dem Konzept der "constructive knowledge" im anglo-amerikanischen Recht sehr nahe, ohne ihm jedoch völlig zu entsprechen.

"Constructive knowledge" im anglo-amerikanischen Sinn ist einerseits die Vermutung der Kenntnis einer Tatsache aufgrund der Kenntnis anderer Umstände.[102] Andererseits umfaßt dieser Begriff auch die gesetzliche Fiktion der Kenntnis einer Tatsache. Diese Fiktion erfolgt bei Erfüllung gesetzlich bestimmter Voraussetzungen unabhängig vom tatsächlichen Bewußtseinszustand der betreffenden Person.[103]

Art. 6 stellt dagegen in beiden Fällen auf den tatsächlichen Bewußtseinszustand der betreffenden Person ab. Im ersten Halbsatz des Art. 6 wird zur Feststellung von "Kenntnis" ausschließlich der Bewußtseinszustand der Person daraufhin beurteilt, ob diese positive Kenntnis der betreffenden Tatsache hatte. Der zweite Halbsatz von Art. 6 eröffnet darüber hinaus den Gerichten die Möglichkeit, aus der positiven Kenntnis der betreffenden Person von anderen Umständen die "Kenntnis" der relevanten Tatsache zu folgern. Diese Folgerung beinhaltet die Frage, ob ein Dritter aus der Kenntnis der Umstände den Schluß auf das Vorliegen der relevanten Tatsache gezogen hätte. Dieser Rückgriff auf das Verhalten eines Dritten führt einen objektiven Maßstab in die Feststellung der "Kenntnis" ein. Somit objektiviert der zweite Halbsatz von Art. 6 den Maßstab zur Feststellung der "Kenntnis" der betreffenden Person. Aus der subjektiven Kenntnis der betreffenden Person von einem Umstand kann das Gericht unter Zuhilfenahme objektiver Vergleichsmaßstäbe auf die "Kenntnis" der Person von der relevanten Tatsache zu schließen.

Insoweit entspricht der zweite Halbsatz des Art. 6 dem anglo-amerikanischen Konzept der "constructive notice" bzw. der "implied notice". Anders als das Konzept der "constructive notice" läßt der zweite Halbsatz von Art. 6 aber nicht die gesetzliche Fiktion der Kenntnis zu. Art. 6 zweiter Halbsatz eröffnet den Gerichten nicht die Möglichkeit, ohne Nachweis der positiven Kenntnis von bestimmten Umständen die "Kenntnis" der relevanten Tatsache zu unterstellen. Insofern entspricht der zweite Halbsatz von Art. 6 nicht dem Konzept der "constructive notice" des anglo-amerikanischen Rechts.

---

100 UNCITRAL Yb. 1984 Vol.15 A/CN.9/SR.289 S.350f Anm.18,33,35; UNCITRAL Yb. 1982 Vol.13 A/CN.9/213 S.132 Art.5.

101 UNCITRAL Yb. 1984 Vol.15 A/CN.9/SR.289 S.350f Anm.27,30.

102 *Blum*, 22 B.C.L.Rev. 203,210f (1981).

103 *Blum*, 22 B.C.L.Rev. 203,210f (1981).

Kenntnis im Sinn von Art. 6 kann somit einmal rein subjektiv festgestellt werden durch Erforschung des tatsächlichen Bewußtseinszustandes.[104] Kenntnis der relevanten Tatsache kann andererseits auch aus anderen positiv bekannten Tatsachen gefolgert werden, wenn ein "vernünftiger Dritter" von diesen Tatsachen auf die relevante Tatsache geschlossen hätte. Der Maßstab des "vernünftigen Dritten" bestimmt aber nicht einen Sorgfaltsmaßstab, sondern objektiviert den Vergleichsmaßstab zur Beurteilung des Bewußtseinszustandes der betreffenden Person. Ein wesentliches Indiz für die Feststellung von "Kenntnis" ist dabei das Bestreben der Person, in einer Situation, in der ein "vernünftiger Dritter" Erkundigungen eingeholt hätte, seine Unkenntnis durch Unterlassen von Erkundigungen zu erhalten, um positive Kenntnis zu vermeiden.[105]

8.3.2 Der Redlichkeitsmaßstab "Kenntnis" in Art. 6.

Art. 6 erfordert ebenso wie die Redlichkeitsmaßstäbe des Genfer Rechts Kenntnis bestimmter Tatsachen.[106] Generelle Kenntnis verdächtiger Umstände ist ungenügend. Dies wird durch die Artikel bestätigt, die auf die Kenntnis des Inhabers Bezug nehmen.

So bestimmt Art. 12 (2)(a), daß der Mangel der Ausfüllungsbefugnis nur dann als Einwendung dem Inhaber entgegengehalten werden kann, wenn dieser Kenntnis vom Mangel der Ausfüllungsbefugnis hatte. Art. 25 (2) und (3) bestimmen jeweils, daß der Inkassoindossant nur haftet, wenn er Kenntnis von der Fälschung des Indossamentes hatte. Ähnlich bestimmen Art. 28 (1)(b), (c), (2), daß der Inhaber sich eine Einrede oder einen Gegenanspruch nur dann entgegenhalten lassen muß, wenn er Kenntnis "dieser" Einrede oder "dieses" Gegenanspruches hatte. Art. 29 zählt ausdrücklich die Tatsachen auf, deren Kenntnis einem Erwerber die Erlangung des Status eines "Geschützten Inhabers" verwehrt. Entsprechend umschreibt Art. 72 (3) präzise die Tatsachen, deren Kenntnis einem Wechselschuldner die Enthaftung verwehrt.

Der genaue Inhalt der Kenntnis wird im folgenden bei den einzelnen Artikeln detailliert erörtert. Festzuhalten bleibt, daß der Redlichkeitsmaßstab

---

104 In diesem Fall hat die Person Kenntnis, wenn sie die relevante Tatsache positiv kannte.

105 Vgl. hierzu UNCITRAL Yb. 1985 Vol.16 A/CN.9/261 S.152 Anm.67.

106 Unter "Tatsache" sind nur Umstände im tatsächlichen Bereich gemeint, nicht aber rein rechtliche Umstände, da diese nicht nur schwer zu beweisen wären, sondern auch weil die Einbeziehung rechtlicher Umstände die Kenntnis fremden Rechts voraussetzen würde. Vgl. UNCITRAL Yb. 1986 Vol.17 A/CN.9/SR.337 S.334 Anm.59.

"Kenntnis" des Art. 6 wie die Redlichkeitsmaßstäbe der Genfer Konvention einen genau umrissenen Inhalt hat.

8.4 "Fahrlässigkeit" und "Guter Glaube" im Sinne der Konvention.

Wie bereits erwähnt, nimmt die Konvention an mehreren Stellen ausdrücklich Bezug auf Fahrlässigkeit. So erwähnt die Konvention in Art. 30 (1)(c) ausdrücklich den Begriff. In den Artt. 25 (2),(3); 26 (2),(3) ist die frühere Verwendung des Begriffs "Fahrlässigkeit" ersetzt worden durch die Formulierung "Es sei denn, seine Unkenntnis beruht auf seinem Mangel in Gutem Glauben zu handeln oder angemessene Sorgfalt auszuüben".[107]

Die Fahrlässigkeitsmaßstäbe der Konvention sollen hier kurz erläutert werden. Wie erwähnt, dient die Qualifizierung des Redlichkeitsmaßstabes "Kenntnis" durch das Konzept der "Fahrlässigkeit" in der Konvention dazu, die Feststellung der Redlichkeit der betreffenden Person von deren tatsächlichen Bewußtseinszustand zu lösen und stattdessen an die Beachtung außerwechselrechtlicher Sorgfaltsstandards zu binden. So kann gemäß Art. 30 (1)(c) eine Person die tatsächliche Unkenntnis einer Tatsache nicht einwenden, wenn diese Unkenntnis auf die Nichtbeachtung der in ihrem Geschäftskreis üblichen Sorgfalt zurückzuführen ist.[108] Hier nimmt die Konvention also Bezug auf die Sorgfaltsmaßstäbe des jeweiligen Verkehrskreises, dem die handelnde Person entstammt.

Etwas komplexer ist die Formulierung der Konvention in den Artt. 25 (2),(3) und 26 (2),(3). Hier hat die Konvention aus Art. 1 der "Einheitliche[n] Richtlinien für das Inkasso von Handelspapieren" der Internationalen Handelskammer[109] die Formulierung, "[e]s sei denn, seine Unkenntnis beruht auf seinem Mangel in Gutem Glauben zu handeln oder angemessene Sorgfalt auszuüben" übernommen. Diese Neuformulierung sollte die anwendbaren Sorgfaltsmaßstäbe klarstellen, ohne aber den Bezug auf das Konzept der Fahrlässigkeit zu beseitigen.[110]

---

107 Vgl. UNCITRAL Yb. 1987 Vol.18 A/CN.9/288 S.56 Anm.84.

108 Vgl. UNCITRAL Yb. 1986 Vol.17 A/CN.9/SR.338 S.332 Anm.32. Die Person hat Kenntnis, wenn ein typischer Vertreter ihres Geschäftskreises, der den Sorgfaltsmaßstab beachtet hätte, von der Tatsache Kenntnis erlangt hätte.

109 Vgl. International Chamber of Commerce Brochure Nr. 322, New York: U.S. Council of the International Chamber of Commerce; Übersetzung abgedruckt in *Baumbach/ Hefermehl* WG Bankbedingungen 16.

110 UNCITRAL Yb. 1987 Vol.18 A/CN.9/288 S.56 Anm.83.

Dies ist teilweise als Einbeziehung der Handelsbräuche und Sorgfaltspflichten der Banken in das Konzept des Redlichkeitsmaßstabes "Kenntnis" verstanden worden,[111] um die Haftung der Banken als Inkassoindossatar unter der Konvention in Einklang mit der Haftung unter nationalem Recht zu bringen.[112] Diese Formulierung solle die auf Banken anzuwendenden Sorgfaltsmaßstäbe durch Einbeziehung internationaler Bankstandards für den Umgang mit Wertpapieren konkretisieren. Eine Verletzung dieser Standards würde dann zur Fahrlässigkeit der als Inkassoindossatar tätigen Bank führen.

Diese Auslegung scheint auf den ersten Blick plausibel. Bedenken ergeben sich jedoch im Hinblick darauf, daß durch die Einbeziehung konkreter Standards einer bestimmten Berufsgruppe Angehörige anderer Berufsgruppen überfordert werden könnten. So kann von einem Privaten nicht ohne weiteres erwartet werden, die für Banken üblichen Sorgfaltsstandards zu kennen und zu beachten. Daher spricht vieles dafür, die Übernahme der Formulierung aus Art. 1 der "Einheitliche[n] Richtlinien für das Inkasso von Handelspapieren" als bloße Alternativformulierung für den Begriff "Fahrlässigkeit" zu werten. Dadurch bliebe als Sorgfaltsmaßstab wie bei Art. 30 (1)(c) die in dem jeweiligen Verkehrskreis übliche Sorgfalt bestehen. Diese Auslegung hat den Vorteil, daß die anwendbaren Sorgfaltsmaßstäbe individuell den jeweiligen Wechselparteien angepaßt werden können. Für Banken wären dann tatsächlich die im Inkassoverkehr üblichen Sorgfaltsmaßstäbe anwendbar, während für andere Wechselparteien die in ihrem Verkehrskreis übliche Sorgfalt Ausschlag gebend ist.

Neben den Begriffen der "Kenntnis" und der "Fahrlässigkeit" verwendet die Konvention in den Artt. Art. 25 (2), (3) und Art. 26 (2), (3) sowie in Art. 4 den Begriff "good faith".

Diese Erwähnung stellt aber zumindest in den Artt. 25 und 26 keine Bezugnahme auf einen weiteren Redlichkeitsmaßstab im Sinne des "guten Glaubens" des Genfer Wechselgesetzes dar.[113] Eine derartige Bezugnahme ist zwar mehrfach vorgeschlagen, in der Arbeitsgruppe aber ausdrücklich abgelehnt worden,[114] weil man befürchtete, eine Bezugnahme auf den Begriff des "guten Glauben" könne zu unerwünschten Rückgriffen auf nationale Konzepte und Auslegungen und damit zur Rechtsunsicherheit führen. Die Verwendung des Begriffes "good faith" resultiert lediglich aus der Übernahme

---

111 UNCITRAL Yb. 1987 Vol.18 A/CN.9/288 S.56 Anm.83; UNCITRAL Yb. 1986 Vol.17 A/CN.9/SR.338 S.332 Anm.32.

112 UNCITRAL Yb. 1986 Vol.17 A/CN.9/SR.338 S.332 Anm.33.

113 Die Übersetzung in *Baumbach/Hefermehl* WG Bankbedingungen 16 zeigt, daß "good faith" hier im Sinne von "Treu und Glauben" zu verstehen ist.

114 Vgl. UNCITRAL Yb. 1984 Vol.15 A/CN.9/SR.289 S.350 Anm. 20, 28, 30; UNCITRAL Yb. 1973 Vol.4 A/CN.9/77 S.108 Anm.70.

der Formulierung des Art. 1 der "Einheitliche[n] Richtlinien für das Inkasso von Handelspapieren" der Internationalen Handelskammer und bezieht sich auf die Beachtung der verkehrsüblichen Sorgfalt.

In Art. 4 soll die Verwendung des Begriffes "good faith" dagegen allgemein anerkannte Grundsätze bei der Auslegung vertraglicher Verpflichtungen für die Auslegung der Konvention fruchtbar machen. "good faith" ist daher im Sinne von "Treu und Glauben", nicht aber im Sinne von "guter Glaube" auszulegen.

8.5 Der Redlichkeitsmaßstab "Kenntnis" im Vergleich.

Der Redlichkeitsmaßstab "Kenntnis" des Art. 6 stellt im Ergebnis geringere Anforderungen an die Redlichkeit der betreffenden Person als der Redlichkeitsmaßstab der Artt. 10 und 16 WG. Anders als Artt. 10 und 16 WG verlangt Art. 6 für die Redlichkeit einer Person nicht die Beachtung von Sorgfaltspflichten. Fahrlässige Unkenntnis einer Tatsache führt bei Art. 6 noch nicht zur "Kenntnis". Die Grenze der zulässigen, noch unschädlichen Unwissenheit wird nicht durch einen rein objektiven Standard bestimmt, sondern bestimmt sich vorrangig nach der tatsächlichen Kenntnis der betreffenden Person von Drittatsachen. Erst wenn die Kenntnis dieser Tatsachen positiv festgestellt ist, kann das Gericht aus dieser Kenntnis anhand eines objektiven Maßstabs auf die Kenntnis der relevanten Tatsache schließen. Dabei kann Kenntnis der relevanten Tatsache dann angenommen werden, wenn ein "vernünftiger Dritter" unter denselben Umständen Kenntnis gehabt hätte, so daß die Unkenntnis nur durch willentliches Unterlassen von Erkundigungen oder mit Gleichgültigkeit zu erklären ist.

Im Vergleich mit Art. 17 WG stellt Art. 6 dagegen strengere Anforderungen an die Redlichkeit.[115] So ist in beiden Redlichkeitsmaßstäben zwar grob fahrlässige Unkenntnis allein noch unschädlich.[116] Im Gegensatz zu Art. 17 WG verlangt Art. 6 hingegen kein Schädigungsbewußtsein des Inhabers, sondern läßt laut seinem 2. Halbsatz bereits die Kenntnis von Drittatsachen für den Verlust der Redlichkeit genügen, wenn ein "vernünftiger Dritter" durch diese Drittatsachen Kenntnis der Einwendung gehabt hätte.

Im Vergleich mit den Redlichkeitsmaßstäben des anglo-amerikanischen Rechtskreises stellt Art. 6 ebenfalls geringere Anforderungen an die Redlichkeit des Erwerbers. Im Vergleich mit dem Redlichkeitsmaßstab "notice" im

---

115 Vgl. oben Seite 85.

116 Zu Art. 17 WG: BGH WM 1958,1104; BGH WM 1974,900; *v.Caemmerer*, Int'l. Rechtsprechung 3.Folge S.88 Frankreich Nr.1, S.93 Oesterreich Nr. 4; vgl. aber *Jäggi/Druey/Greyerz* § 31 Nr.V 3.

Sinne von sec. 3-304, 1-201 (25) UCC ist Art. 6 dem Erwerber insofern günstiger, als keine gesetzliche Fiktion der Kenntnis über die Lehre der "constructive notice" stattfindet.[117] Im Vergleich mit dem Redlichkeitsmaßstab "good faith" stellt Art. 6 insofern geringere Anforderungen, als nur Kenntnis bestimmter Drittatsachen, nicht aber das generelle Mißtrauen, "daß da etwas mit dem Papier nicht stimmt", zum Verlust der Redlichkeit führt. Die inhaltlichen Redlichkeitsanforderungen des Art. 6 sind somit enger als im anglo-amerikanischen Recht und entsprechen in diesem Punkt den Redlichkeitsmaßstäben des Genfer Wechselrechts.

Die Ausgestaltung des Redlichkeitsmaßstabes der Konvention schützt den Erwerber in einem hohen Maße. Art. 6 erscheint somit geeignet, den Umlauf der Internationalen Wechsel zu fördern. Andererseits verschärft die Konvention an mehreren Stellen die Redlichkeitsanforderungen durch gezielte Einbeziehung von fahrlässiger Unkenntnis. In den Artt. 25 (2),(3), 26 (2),(3) schadet dem Erwerber auch völlige Unkenntnis, wenn diese Unkenntnis auf ein sorgfaltswidriges Verhalten beim Erwerb des Wechsels zurückgeht. Hier nimmt die Konvention auf etablierte Sorgfaltsmaßstäbe des jeweiligen Verkehrskreises des Erwerbers Bezug. In Art. 30 (1)(c) nimmt Fahrlässigkeit bei der Zeichnung des Wechsels dem Wechselzeichner den Einwand der fehlenden Kenntnis von den rechtlichen Folgen der Wechselzeichnung. Diese gezielte Einbeziehung von außerwechselrechtlichen Sorgfaltsmaßstäben ist zu begrüßen. Sie hält den Wechselverkehr zu sorgfältigem Verhalten bei Erwerb und Zeichnung von Internationalen Wechseln an und sollte genügen, um Bedenken der Wechselschuldner gegen die Verwendung des Internationalen Wechsels zu zerstreuen.

---

117 A.A. *O'Callaghan*, XV. I.Tr.L.C. S.10.

§ 9 Die Übertragung des Internationalen Wechsels

Wie bereits erwähnt, ist ein Merkmal des Wechsels seine gegenüber der einfachen Forderungsverbriefung gesteigerte Umlauffähigkeit. Diese wird hauptsächlich durch den gesteigerten Schutz des Verkehrs vor Mängeln des Wechsels bewirkt. Anknüpfungspunkt des Verkehrsschutzes ist in beiden Wechselsystemen die Übertragung des Wechsels. Geschützt wird der redliche Erwerber, welcher den Wechsel durch eine wechselrechtliche Übertragung mittels Indossament erwirbt. Da der Verkehrsschutz den Umlauf des Wechsels fördern soll, wird auch ein redlicher Erwerber nur dann vor Mängeln geschützt, wenn ein Umlauf des Wechsels stattgefunden hat. Dies bedeutet, daß der Erwerber nicht vor Mängeln geschützt wird, die aus dem eigenen Rechtsgeschäft mit dem Veräußerer entspringen.[1]

Neben der wechselrechtlichen Übertragung durch Indossament kennen beide Wechselsysteme auch die Abtretung des Wechsels ohne Indossierung.[2]

9.1 Die Übertragungsmöglichkeiten in der Konvention.

Obwohl beide Wechselsysteme den Verkehrsschutz an die Übertragung des Wechsels knüpfen, wird bei der dogmatischen Konstruktion des Verkehrsschutzes ein grundsätzlicher Unterschied zwischen dem Genfer Wechselsystem einerseits, und der Konvention und dem anglo-amerikanischen Recht andererseits deutlich.

Im Genfer Recht führen die wechselrechtliche Übertragung des Wechsels durch Indossierung wie die einfache Übertragung durch Abtretung zu

---

1 Vgl. *Hueck/Canaris* § 9 I 2; *Baumbach/Hefermehl* WG Art.17 Rn.15; zum anglo-amerikanischen Recht *Weber/Speidel* S.283f; *White/Summers* § 14-9 S.639f; vgl. sec. 3-305 (2) UCC.

2 Zum Genfer Recht *Baumbach/Hefermehl* WG Art.11 Rn.5; *Zöllner* § 14 I 2, VI; *Ulmer* § 7 S.76; zum anglo-amerikanischen Rechtskreis *Hawkland* § 3-201:02; 3-202:01; *Halsbury's Laws of England* Vol.4 Nr.392f; *Megrah* S.4f.

derselben Rechtsfolge.[3] Der Erwerber erlangt die Rechte an und aus dem Wechsel vom Veräußerer und wird zum Inhaber des Wechsels. An die Indossierung knüpft das Genfer Wechselgesetz als zusätzliche Rechtsfolge den Verkehrsschutz. Anders als der Zedent kann der redliche Indossant mehr Rechte erwerben, als seinem Veräußerer zustanden. So kann er gemäß Art. 16 II WG gutgläubig das Eigentum am Wechsel erlangen und gemäß Art. 17 WG die Wechselforderung frei von Einreden und Ansprüchen früherer Parteien erwerben.

Das anglo-amerikanische Recht differenziert bei der Rechtsfolge zwischen der einfachen Übertragung (transfer) und der wechselrechtlichen Übertragung (negotiation). Während der Erwerber durch einfache Übertragung die Rechtsposition eines "transferee" erlangt, erwirbt der Wechselerwerber durch Negoziierung den Status eines Wechselinhabers (holder). Die Erlangung dieses Status ist Voraussetzung für den Verkehrsschutz. Ansprüche und Einreden können einem holder gegenüber nur insoweit geltend gemacht werden, als sie ausdrücklich im Gesetz zugelassen sind. Dabei unterscheidet das Gesetz zwischen dem einfachen und dem redlichen Erwerber (holder in due course).[4] Letzterer wird durch die gesetzlichen Bestimmungen weitgehend vor Ansprüchen und Einreden Dritter geschützt.[5] Der Holder erwirbt originär die Rechte aus dem Wechsel und zusätzlich auch die Rechte, die seinem Veräußerer zustanden.[6] Das Eigentum am Wechsel ist im Unterschied zum Genfer Recht weder für die Erlangung der Stellung eines Holders, noch für die Ausübung der Rechte eines solchen wesentlich.[7]

Der Erwerber des Wechsels durch einfache Übertragung (transferee) erlangt dagegen nicht selbst die Rechtsstellung eines holders, sondern erwirbt nur die Rechte seines Veräußerers so, wie sie diesem zustanden.[8] War sein Veräußerer selbst holder oder holder in due course, so erlangt der einfache Erwerber nicht den Status selbst, sondern lediglich das Recht, die Rechte seines Vorgängers, die diesem Status zukommen, auszuüben.[9]

---

3 Dogmatisch besteht natürlich der Unterschied, daß der Indossant gemäß § 929 BGB iVm Art. 11 I WG das Eigentum an der Wechselurkunde und damit die darin verkörperte Wechselforderung erwirbt, *Baumbach/Hefermehl* WG Art.11 Rn.1, während der Zedent die Wechselforderung gemäß. § 398 BGB erwirbt und dieser Abtretung das Eigentum an der Urkunde gemäß. § 952 BGB folgt, *Baumbach/Hefermehl* WG Art.11 Rn.5 mwN.

4 Sec. 3-305; 3-306 UCC; sec. 38 BEA.

5 Vgl. Sec. 3-305 UCC; sec. 38 (2) BEA.

6 Vgl. *Hawkland* § 3-201:02; 3-301:03.

7 Vgl. *Hawkland* § 3-201:07; 3-301:01.

8 *Hawkland* § 3-201:02; *Megrah* S.4; *Hart & Willier* § 3.01[2].

9 Vgl. *Hawkland* § 3-201:03.

Die Unterscheidung des anglo-amerikanischen Wechselrechts zwischen zwei verschiedenen Inhabertypen, die gesetzlich mit unterschiedlichen Rechten ausgestattet sind, spiegelt sich auch in der Unterscheidung der UNCITRAL Konvention zwischen dem "Inhaber" und dem "geschützten Inhaber" wieder.[10] Die Konvention folgt dem anglo-amerikanischen Rechtskreis aber auch in der Unterscheidung der Rechtsfolgen einer wechselrechtlichen Übertragung, deren Folge der Erwerb der "holder"-Stellung ist, von denen einer außerwechselrechtlichen Übertragung, bei welcher der Erwerber nicht "holder" wird.

Geregelt ist in Art. 13 der Konvention nur die wechselrechtliche Übertragung des Internationalen Wechsels. Diese erfolgt durch Indossament und Übergabe, im Falle eines Blankoindossamentes auch durch Übergabe allein.

Dies entspricht dem anglo-amerikanischen Konzept der "Negoziierung"(negotiation).[11] Der Begriff der "Negoziierung" wird von der Konvention zwar nicht mehr verwandt, da die Arbeitsgruppe eine Verwendung dieses nationalrechtlich vorbestimmten Begriffes für untunlich hielt.[12] Stattdessen verwendet die Konvention einheitlich den Oberbegriff "Übertragung" (transfer). Das Konzept der "Negoziierung" in der Konvention ist aber durch diese sprachliche Änderung unverändert geblieben.[13] Als wichtigste Folge der Negoziierung erwirbt der Erwerber originär die Rechtsposition eines Inhabers (holder) gemäß Art. 15 (1)(b). Dieser erwirbt nicht nur abgeleitet die Rechte seines Veräußerers, sondern originär alle Rechte, welche die Konvention dem "holder" gewährt.[14]

Die "Negoziierung" steht im Gegensatz zur einfachen Übertragung. Diese ist in der Konvention nicht mehr ausdrücklich erwähnt.[15] Nach der ursprünglichen, dem anglo-amerikanischen Recht entlehnten Systematik erwirbt der Zedent nicht selbst den Status eines "holder", sondern erhält lediglich die Rechte des Übertragenden, so wie sie diesem zustanden.[16] Dieser Unterschied der Rechtsfolge ist von der Streichung des Begriffes "negotiation" unberührt

---

10 Dazu siehe unten Kapitel 11 S.137.

11 Vgl. den ersten Entwurf, UNCITRAL Yb. 1972 Vol.3 A/CN.9/67 S.155 Art.12 Anm.1, Art.13 Anm.1, der noch zwischen "Transfer" und "Negotiation" unterschied. Zum anglo-amerikanischen Recht vgl. *Hawkland* § 3-202:01.

12 Vgl. UNCITRAL Yb. 1973 Vol.4 A/CN.9/77 S.103 Anm.17.

13 Vgl. UNCITRAL Yb. 1982 Vol.13 A/CN.9/213 S.136 Art.12 Anm.1.

14 Vgl. UNCITRAL Yb. 1972 Vol.3 A/CN.9/67 S.155 Art.12 Anm.1.

15 Vgl. aber den ersten Entwurf UNCITRAL Yb. 1972 Vol.3 A/CN.9/67 S.155 Art.12 Anm.1.

16 Vgl. UNCITRAL Yb. 1972 Vol.3 A/CN.9/67 S.155 Art.12 Anm.1; vgl. *Dohm*, 21 Am.J.Comp.L. 474,489 (1973); *Liesecke*, WM 1973,442(447).

geblieben.[17] Dieser Unterschied ist wichtig für die Rechtsstellung und den Schutz des Erwerbers, da nur der "holder" gemäß Art.27 (1) eigene Rechte aus dem Papier geltend machen und gemäß Art. 29 den Status eines "geschützten Inhabers" erwerben kann.

Die Voraussetzungen der außerwechselrechtlichen Übertragung sind nicht in der Konvention geregelt worden, sondern sind ausdrücklich dem nationalem Recht überlassen worden.[18] Das anwendbare nationale Abtretungsrecht bestimmt sich im Geltungsbereich des Genfer Konfliktabkommens nicht nach Art.4 II (93 II WG) KonflkAbk,[19] sondern gemäß Art.33 EGBGB nach dem Recht, welchem die Grundforderung unterliegt.[20]

9.2 Die Übergabe als Voraussetzung für die wechselrechtliche Übertragung.

Die Konvention sieht in Art. 13 (a) die Übertragung durch Indossament und Übergabe, und, falls das letzte Indossament ein Blankoindossament war, gemäß Art. 13 (b) die Übertragung durch bloße Übergabe vor. Durch beide Übertragungsarten wird der Erwerber zum Inhaber im Sinne des Art. 15.

Der Begriff der Übergabe ist nicht in der Konvention definiert. Damit ist nicht eindeutig, ob für die Übergabe die bloße Besitzverschaffung ausreichend ist oder ob die Übergabe einen auf die Übertragung der Wechselrechte gerichteten Begebungsvertrag[21] voraussetzt.

Angesichts der starken Anlehnung der ursprünglichen Regelung an den anglo-amerikanischen Rechtskreis[22] ist die Definition der Übergabe in diesem Rechtskreis interessant. Im anglo-amerikanischen Recht wird der Begriff "Übergabe" (delivery) aber ebenfalls nicht dogmatisch exakt bestimmt.[23] Soweit dieses Problem diskutiert wird, herrscht Einigkeit darüber, daß die Übergabe auf Seiten des Übertragenen ein Willenselement enthält, welches

---

17 Vgl. UNCITRAL Yb. 1982 Vol.13 A/CN.9/213 S.136 Art.12 Anm.1.

18 UNCITRAL Yb. 1982 Vol.13 A/CN.9/213 S.136 Art.12 Anm.4.

19 *Stranz* WG Art.93 Anm.11; *Baumbach/Hefermehl* WG Art.93 Rn.3.

20 Vgl. *Stranz* WG Art.93 Anm.11; *Raiser*, Wechselerklärungen S.102.

21 Vgl. zum Genfer Recht *Zöllner* § 14 I 1.

22 Vgl. UNCITRAL Yb. 1972 Vol.3 A/CN.9/67 S.155 Art.12 Anm.1, Art.13 Anm.1; UNCITRAL Yb. 1982 Vol.13 A/CN.9/213 S.136 Art.12 Anm.1.

23 Die anglo-amerikanische Wechselrechtsdogmatik läßt sich bezüglich des Entstehens und der Übertragung der Wechselforderung nicht ohne weiteres in die existierenden kontinentaleuropäischen Wechseltheorien einpassen. Vgl. *Thomsen*, S.28; siehe auch *Ulmer* FG Heck S.178 (202), der letztlich einen Vergleich der Theorien für müßig hält.

auf die Übertragung des Wechsels gerichtet ist.[24] Im englischen Wechselrecht erfordert die "Übergabe" einen Vertrag, dessen Inhalt auf die Verschaffung des Eigentums an der Urkunde gerichtet ist.[25] Dieses Verständnis von der Übergabe als einer willentlichen Besitzübertragung könnte auch bei der Schaffung des Art.13 der UNCITRAL Konvention vorgeherrscht haben.[26]

Dagegen spricht jedoch die Bestimmung des Art. 15 (3). Danach wird der Erwerb der Rechtsstellung eines "holder" nicht dadurch verhindert, daß der "holder" das Papier unter Umständen wie "Geschäftsunfähigkeit oder Täuschung, Zwang oder Irrtum irgendeiner Art" erlangt hat. Somit erwirbt der Erwerber die Stellung eines "holder", selbst wenn das Indossament oder die Übergabe durch Täuschung oder andere illegale Methoden erlangt worden ist.[27]

Art. 15 (3) zeigt, daß es für den Erwerb der Stellung eines "holder" nicht notwendig auf eine willentliche Besitzübertragung ankommt.[28] Selbst ein Dieb kann zum "holder" des Papieres werden.[29] Der Sinn dieser Bestimmung besteht darin, entsprechend dem Genfer System, auch die Übertragung eines unfreiwillig verlorenen Orderpapieres bei gleichzeitiger Beibehaltung der anglo-amerikanischen Rechtssystematik und Anknüpfung der Rechte an die "holder" Stellung zu ermöglichen. Da gemäß Art. 15 (1) der Erwerb der Stellung eines "holder" immer auch eine "Übergabe" voraussetzt, ist dieses Ergebnis nur unter Verzicht auf das Vorliegen einer willentlichen Besitzübertragung bei dem Merkmal der "Übergabe" zu erreichen. Damit weicht die Konvention von beiden bestehenden Wechselsystemen ab. Im Gegensatz zum anglo-amerikanischen Wechselrecht verlangt die Konvention bei der Übertragung des Internationalen Wechsels neben dem Skripturakt nicht notwendig auch einen Übertragungswillen des Indossanten. Weitergehend als im Genfer Wechselrecht ist der Erwerber in diesem Fall aber nicht nur formal legitimiert, sondern erwirbt eigene Rechte aus dem Wechsel.

---

24 *Hawkland* § 3-201:07; *Cowen* S.177; *Ryder* S.47; vgl. *Megrah* S.4; *Weber/Speidel* S.85.

25 *Thomsen*, S.25 mwN; *Cowen* S.177; für das Amerikanische Recht vgl. *Hawkland* § 3-201:07, siehe auch *Rabel*, Conflict of Laws Vol.IV S.138.

26 Vgl. auch *Schinnerer* in ZfRV 1972,277(283,290).

27 UNCITRAL Yb. 1982 Vol.13 A/CN.9/213 S.138 Art.14 Anm.9.

28 Dieser Schluß wird durch Beispiel F in UNCITRAL Yb. 1982 Vol.13 A/CN.9/213 S.138 Art.14 bestätigt.

29 So Beispiel F in UNCITRAL Yb. 1982 Vol.13 A/CN.9/213 S.138 Art.14, Anm.5 und *Coing*, FS Barz S.443(449).

9.3 Die formalen Voraussetzungen des Indossamentes.

Die formalen Anforderungen an ein Indossament bieten für das Genfer Wechselsystem wenig Neues. Die Konvention sieht in Art. 13 (a) und (b) die Übertragung durch Spezial- und Blankoindossament vor. Eine Definition des Begriffs "Indossament", die in dem ersten Entwurf enthalten war, wurde später gestrichen.[30] Anlaß zu Mißverständnissen hat der zweite Halbsatz der Definition des Blankoindossamentes in Art. 14 (2)(a) gegeben, wonach ein Blankoindossament "auch eine Erklärung des Inhaltes sein kann, daß das Papier an eine Person zahlbar ist, die im Besitz desselben ist". Dies wurde als Ermächtigung zur Umwandlung eines Order- in ein Inhaberpapier mißverstanden.[31] Die Konvention untersagt jedoch in Art. 3 ausdrücklich die Ausstellung von Inhaberpapieren.[32] Es ist davon auszugehen, daß entsprechend Art. 12 III WG gemäß Art. 14 (2)(a) ein Indossament an den Inhaber als Blankoindossament gilt.

Entsprechend der Regelung in Art. 14 II WG sieht Art. 16 (a) der Konvention vor, daß der Inhaber (holder) den Wechsel entweder mit einem Spezial- oder einem Blankoindossament weiterindossieren kann. Der Inhaber kann ferner gemäß Art. 16 (b) ein Blankoindossament in ein Spezialindossament umwandeln oder nach Art. 16 (c) einen bereits blankoindossierten Wechsel durch bloße Übergabe gemäß Art. 13 (b) übertragen. In letzterem Fall haftet der Indossant nicht wechselmäßig, da er den Wechsel selbst nicht unterschrieben hat, was gemäß Art. 33 (1) für die Auslösung seiner wechselmäßigen Haftung erforderlich wird. Allerdings bleibt seine außerwechselmäßige Haftung aus Art. 45 davon unberührt.[33]

---

30 UNCITRAL Yb. 1972 Vol.3 A/CN.9/67 S.150 Art.5 (3) definierte "Indossament" wie folgt: "a signature, or a signature accompanied by a statement designating the person to whom the bill is payable, which is placed on the bill by the payee, by an endorsee from the payee or by any person who is designated under an uninterrupted series of such endorsements...." Inhaltlich wurde diese Regelung in Art. 14 (2) eingearbeitet. Sie soll klarstellen, daß jede Person im Besitz eines blankoindossierten Wechsels als Inhaber anzusehen ist.

31 UNCITRAL Yb. 1982 Vol.13 A/CN.9/213 S.137 Art.13 Anm.5; UNCITRAL Yb. 1984 Vol.15 A/CN.9/248 S.48 Art. 13 Anm.Spanien; UNCITRAL Yb. 1987 Vol.18 A/CN.9/WG IV/WP.32/Add.7 S.96.

32 *Penney*, 27 Am.J.Comp.L. 515,521 (1979); *White*, 5 Ga.J.Int'l & Comp.L. 216,223 (1975); *Bloch*, J.Dr.Int.1979,770(780); *Blomquist*, 9 Cal.West.I.L.J. 30,55 (1979); UNCITRAL Yb. 1982 Vol.13 A/CN.9/213 S.126 Art.1 Anm.8; UNCITRAL Yb. 1976 Vol.7 A/CN.9/117 S.151 Anm.70.

33 Vgl. UNCITRAL Yb. 1982 Vol.13 A/CN.9/213 S.139 Art.15 Beispiel A.

Die alleinige Unterschrift[34] des Indossanten ist für ein Indossament im Sinne des Art. 14 (1) ausreichend,[35] jedoch gilt entsprechend Art. 13 II 2 WG eine Solo-Unterschrift laut Art. 14 (3) nur dann als Indossament, wenn sie auf der Rückseite des Wechsels steht.

Artt. 18 und 19 übernehmen im wesentlichen die Regelung des Art. 12 I und II WG, wonach ein Indossament unbedingt sein muß und Teilindossamente unwirksam sind.[36] Als Bedingung gelten alle Zusätze, welche die Haftung vom Eintritt oder Nicht-Eintritt eines ungewissen zukünftigen Ereignisses abhängig machen.[37] Gemäß Art.12 I 2 WG gelten Bedingungen als nicht geschrieben; ein bedingtes Indossament hat normale Transportwirkung. Allerdings kann sich der Indossant auch im Genfer Wechselgesetz gegenüber seinem unmittelbaren Indossatar auf die Bedingung berufen.[38]

Art. 18 (2) sieht ebenfalls vor, daß ein bedingtes Indossament unabhängig vom Bedingungseintritt Transportwirkung hat.[39] Wie im Genfer Wechselgesetz kann der Indossant den Eintritt oder Nichteintritt der Bedingung des Indossamentes nur gegenüber seinem unmittelbaren Indossatar als Einwendung geltend machen. Im Ergebnis wird die Bedingung wie eine Einwendung aus dem Grundverhältnis oder eine außerwechselmäßige Absprache behandelt.[40] Trotzdem war diese Regelung in der Arbeitsgruppe umstritten und hat sich erst nach längerer Diskussion durchgesetzt.[41]

Art. 18 (2) steht in einem scheinbaren Widerspruch zu Art. 44 (2),[42] welcher den Haftungsausschluß eines Indossanten durch ausdrückliche Bestim-

---

34 Zum Begriff der Unterschrift vgl. Art. 5 (k) und oben Kapitel 4.2 S.47.

35 Vgl. UNCITRAL Yb. 1978 Vol.9 A/CN.9/141 S.154 Anm.70.

36 Ob derartige Teilindossamente als Abtretung gedeutet werden können, bleibt dem nationalen Recht überlassen, UNCITRAL Yb. 1978 Vol.9 A/CN.9/141 S.155 Anm.87; UNCITRAL Yb. 1982 Vol.13 A/CN.9/213 S.140 Art.18 Anm.2. Das unwirksame Teilindossament ist von dem Indossament über einen Teil der ursprünglichen Wechselsumme zu unterscheiden. Dieses ist ein wirksames Vollindossament, wenn der Betrag die gesamte geschuldete Restsumme umfaßt, UNCITRAL Yb. 1982 Vol.13 A/CN.9/213 S.140 Art.18 Anm.1.

37 UNCITRAL Yb. 1982 Vol.13 A/CN.9/213 S.140 Art.17 Anm.3.

38 *Stranz* WG Art.12 Anm.1.

39 *Roblot*, Mélanges Vincent S.361(363).

40 Vgl. UNCITRAL Yb. 1982 Vol.13 A/CN.9/213 S.140 Art.17 Anm.2; UNCITRAL Yb. 1986 Vol.17 A/CN.9/SR.343 S.355 Anm.49f.

41 Vgl. UNCITRAL Yb. 1986 Vol.17 A/CN.9/SR.343 S.354f Anm.39-58; A/CN.9/SR.344 S.356f Anm.11-31; A/CN.9/SR.355 S.393f Anm.51-55; A/41/17 S.22f Anm.174-181.

42 So z.B. UNCITRAL Yb. 1986 Vol.17 A/CN.9/SR.343 S.355 Anm.51,53; A/CN.9/SR.344 S.356 Anm.12.

mung im Wechsel regelt.[43] Dieser ausdrückliche Haftungsausschluß gilt nur zugunsten dieses Indossanten, der ihn jedoch allen späteren Wechselzeichnern entgegenhalten kann.[44] Der ausdrückliche, unbedingte Haftungsausschluß gemäß Art. 40 (2) ist von einer Bedingung im Sinne des Art. 18 (2) zweiter Halbsatz zu unterscheiden. Letztere entfaltet nur bei Eintritt oder Nicht-Eintritt des ungewissen Ereignisses gegenüber dem unmittelbaren Indossatar haftungsbeschränkende Wirkung. Diese Unterscheidung ist sachgerecht, da eine Bedingung ein Element der Ungewißheit beinhaltet, welches im Interesse der Umlauffähigkeit auf die Rechtsbeziehung zu dem unmittelbaren Indossatar beschränkt bleiben muß.

Eine gegenüber dem Genfer Recht neue Vermutung enthält Art. 20 bezüglich der zeitlichen Reihenfolge der Indossamente. Art. 20 stellt die widerlegliche Vermutung auf, daß die Indossamente in der Reihenfolge geleistet wurden, in der sie auf dem Wechsel erscheinen.[45] Ein Gegenbeweis kann auch mit außerhalb des Wechsels liegenden Beweisen geführt werden.[46]

Die Rückübertragung des Wechsels an einen früheren Wechselinhaber ist in Art. 23 geregelt. Danach kann ein Internationaler Wechsel ohne Indossament auf einen früheren Inhaber zurückübertragen werden. Dieser kann die Indossamente seiner Nachmänner streichen, ohne den Wechsel im Sinne des Art. 35 (3) zu verfälschen.[47] Art. 23 entspricht der Rechtslage im Genfer Wechselgesetz, obwohl dort eine ausdrückliche Regelung für die Streichung von Indossamenten nur für den Rücklauf des Wechsels besteht. Trotzdem ist im Genfer Wechselgesetz das Recht des Rückerwerbers zur Streichung der Indossamente seiner früheren Nachmänner im Vorlauf ebenso anerkannt,[48] wie die Möglichkeit der Rückübertragung des Wechsels ohne Indossament.[49]

---

43 Z.B. durch die Klausel: "Ohne Rückgriff" oder Worte ähnlichen Inhalts. Vgl. UNCITRAL Yb. 1982 Vol.13 A/CN.9/213 S.158 Art.40. Anm.7

44 UNCITRAL Yb. 1982 Vol.13 A/CN.9/213 S.158 Art.40 Anm.5.

45 UNCITRAL Yb. 1978 Vol.9 A/CN.9/141 S.155 Anm.89; UNCITRAL Yb. 1982 Vol.13 A/CN.9/213 S.140 Art. 19. Im Genfer Wechselgesetz gilt, daß vorrangig die räumliche Anordnung der Indossamente entscheidend ist. Eine entgegenstehende Datierung ist unschädlich. Erst wenn die räumliche Anordnung keine Auskunft über die Reihenfolge der Indossamente gibt, wird auf die Datierung zurückgegriffen. *Stranz* WG Art.16 Anm.10; *Baumbach/Hefermehl* WG Art.16 Rn.3 a.E.

46 UNCITRAL Yb. 1978 Vol.9 A/CN.9/141 S.155 Anm.90.

47 UNCITRAL Yb. 1982 Vol.13 A/CN.9/213 S.142 Art.21 Anm.2.

48 Vgl. *Baumbach/Hefermehl* WG Art.16 Rn.5; Art.50 Rn.6; *Ulmer* § 24 S.228, die ein Streichungsrecht im Vorlauf bejahen; a.A. *Stranz* WG Art.16 Anm.9.

49 *Ulmer* § 29 S.266f; *Baumbach/Hefermehl* WG Art.50 Rn.6.

9.3.1 Inkassoindossament.

Die Konvention sieht in Art. 21 und 22 auch die Verwendung von offenen Inkasso- und Pfandindossamenten vor. Das Inkassoindossament ist in Art. 21 mit mehreren beispielhaften Klauseln umschrieben, wie "zum Einzug", "zur Verrechnung", "Wert zum Einzug", "in Prokura" oder "zahlbar an jede Bank".

Der Inkassoindossatar erlangt im Außenverhältnis gemäß Art. 21 (1)(a) die Rechtsstellung eines Inhabers[50] und ist nicht nur ermächtigt, ein fremdes Recht einzuziehen.[51] Insoweit ist das Inkassoindossament nach Art. 21 der Konvention dem Treuhandindossament des Genfer Rechts ähnlich.[52] Diese Rechtsfolge hat sich erst nach längerer Diskussion herauskristallisiert, nachdem ursprünglich der Inkassoindossatar auch im Außenverhältnis als Vertreter des Inkassoindossanten betrachtet worden war.[53] Hinter dieser Entscheidung stehen weniger dogmatische Überlegungen[54] als vielmehr das Bestreben, die Regelung des Art. 21 in Einklang mit der des Art. 22 zu bringen.[55] Allerdings ist der Inkassoindossatar im Außenverhältnis gemäß Art. 21 (1)(b) in seinen Rechten beschränkt. Ein unbeschränktes Indossament seinerseits entfaltet nur die Wirkung eines Inkassoindossamentes.[56] Ein redlicher Erwerb von ihm ist dadurch nicht möglich.[57] Dies entspricht der Rechtslage beim offenen Inkassoindossament im Genfer Recht.[58]

Im Innenverhältnis ist der Inkassoindossatar gehalten, den Wechsel als Vertreter des Inkassoindossanten einzuziehen.[59] Auch dies entspricht der Rechtsstellung des Treuhandindossanten im Genfer Wechselgesetz.[60] Ein

---

50 UNCITRAL Yb. 1982 Vol.13 A/CN.9/213 S.141 Art.20 Anm.3, 4 b; UNCITRAL Yb. 1987 Vol. 18 A/42/17 S.29 Anm.255.

51 Zur Rechtsstellung des Inkassoindossatar unter Art. 18 WG *Zöllner* § 14 IX; *Baumbach/Hefermehl* WG Art.18 Rn.3.

52 Zum Treuhandindossament im Genfer Recht *Baumbach/Hefermehl* WG Art.18 Rn.9.

53 UNCITRAL Yb. 1972 Vol.3 A/CN.9/67 S.157 Art.20 Anm.1; UNCITRAL Yb. 1973 Vol.4 A/CN.9/77 S.105 Anm.41.

54 An einer Stelle hat die Arbeitsgruppe sogar ausdrücklich die Regelung der Rechtsstellung des Inkassoindossators als unnötig bezeichnet, vgl. UNCITRAL Yb. 1980 Vol.11 A/CN.9/181 S.57 Anm.32.

55 UNCITRAL Yb. 1987 Vol.18 A/CN.9/SR.382 S.176 Anm.24.

56 Die Formulierung "may..." ist, wie der Vergleich mit Art. 21 (1)(a) zeigt, als "kann" und nicht als "darf" zu übersetzen. Vgl. auch UNCITRAL Yb. 1982 Vol.13 A/CN.9/213 S.141 Art.20 Anm.2.

57 UNCITRAL Yb. 1982 Vol.13 A/CN.9/213 S.141 Art.20 Anm.2; vgl. UNCITRAL Yb. 1973 Vol.4 A/CN.9/77 S.105 Anm.42.

58 Siehe *Baumbach/Hefermehl* WG Art.18 Rn.3; *Stranz* WG Art.18 Anm.5.

59 UNCITRAL Yb. 1982 Vol.13 A/CN.9/213 S.141 Art.20 Anm.4 a.

60 Vgl. *Baumbach/Hefermehl* WG Art.18 Rn.9; *Hueck/Canaris* § 8 VIII 3.

Unterschied besteht aber darin, daß das Treuhandindossament ein verdecktes Indossament darstellt,[61] während Art. 21 von einer offenen Erteilung des Inkassoindossamentes ausgeht.

Wie in Art. 18 II WG können dem Inkassoindossatar gemäß Art.21 (1)(c) nur solche Einwendungen entgegen gehalten werden, die gegen den Inkassoindossanten gerichtet sind. Eine Ausnahme bildet die Einwendung des erloschenen Einziehungsauftrags. Wenn der Inkassoindossant den im Innenverhältnis bestehenden Einziehungsauftrag widerruft und sich öffentlich darauf beruft, kann auch ein Dritter diese Einwendung gegenüber dem Inkassoindossatar geltend machen.[62]

Wechselrechtliche Ansprüche und Einwendungen des Inkassoindossatars gegen den Inkassoindossanten bestehen nicht, da dies dem Sinn und Zweck des Inkassoindossamentes widerspräche.[63] Eine wechselmäßige Haftung des Inkassoindossatars ist gemäß Art.21 (2) ausgeschlossen.

Nicht geregelt ist die Zulässigkeit eines verdeckten Inkassoindossaments. In den Materialien zur Konvention läßt sich allerdings kein Anhaltspunkt dafür finden, daß ein derartiges Indossament unzulässig sein sollte. Da die Konvention im übrigen dem Parteiwillen den größtmöglichen Spielraum einräumen wollte, ist davon auszugehen, daß auch dieses Indossament zulässig ist. Allerdings wird im Interesse des Verkehrsschutzes ein gutgläubiger Erwerb von einem Inkassoindossatar zugelassen werden müssen, da die Beschränkungen des Art. 21 (1) im Außenverhältnis nicht mehr erkennbar sind.

9.3.2 Pfandindossament.

Art. 22 regelt das offene Pfandindossament. Art. 22 wurde erst 1986 auf Vorschlag Frankreichs und der Bundesrepublik in die Konvention aufgenommen.[64] Diese Vorschrift ist unter Verwendung der Terminologie der Konvention Art. 19 WG nachgebildet.[65] Wie im Genfer System,[66] beschränkt sich die Regelung des Art. 22 auf die wechselrechtlichen Folgen einer Pfandbestel-

---

61 *Hueck/Canaris* § 8 VIII 3.

62 UNCITRAL Yb. 1982 Vol.13 A/CN.9/213 S.141 Art.20 Anm.5.

63 UNCITRAL Yb. 1982 Vol.13 A/CN.9/213 S.141 Art.20 Anm.4 b.

64 Vgl. UNCITRAL Yb. 1987 Vol.18 A/CN.9/WG IV/WP.32/Add.2 S.76,80; UNCITRAL Yb. 1987 Vol.18 A/CN.9/288 S.55 Anm.73-75; UNCITRAL Yb. 1986 Vol.17 A/CN.9/SR.350 S.380 Anm.46ff. Kritisch zum Nutzen des Pfandindossamentes *Crawford* Remarks S.8.

65 UNCITRAL Yb. 1986 Vol.17 A/CN.9/SR.350 S.380 Anm.47.

66 Zum Genfer System *Zöllner* § 14 X.

lung, regelt aber nicht die Pfandbestellung selbst. Diese erfolgt nach nationalem Recht. Abweichungen zum Genfer System ergeben sich aus der abweichenden Dogmatik des Rechtserwerbs unter der Konvention gegenüber dem Genfer System. Anders als im Genfer System erwirbt der Pfandindossatar die Rechtsposition eines Inhabers (holders).[67] Somit erwirbt der Pfandindossatar eigene Rechte am verpfändeten Wechsel, die auch ein eigenes Recht auf Zahlung beinhalten.[68] Anders als beim Inkassoindossament betrachtet die Konvention den Pfandindossatar jedoch im Innenverhältnis nicht als Vertreter des Indossanten, sondern als Inhaber im eigenen Interesse.[69] Im Gegensatz zum Inkassoindossatar kann der Pfandindossatar auch selbst den Status eines geschützten Inhabers erwerben.[70] Der Pfandindossatar unterliegt, anders als der Inkassoindossatar, nicht den Ansprüchen und Einreden, die gegen den Indossanten bestehen, sondern ist nur den Ansprüchen und Einwendungen ausgesetzt, die ihm gegenüber gemäß Art. 28 als Inhaber und gemäß Art. 30 als geschütztem Inhaber zulässig sind, Art. 22 (1)(c).[71]

Ebenso wie beim Inkassoindossatar beschränkt sich die Rechtsmacht des Pfandindossatars aber laut Art. 22 (1)(b) bei der Weiterindossierung auf die Indossierung durch Inkassoindossament. Der Pfandindossant wird mit Zahlung der gesicherten Forderung an den Pfandindossatar wieder zum Inhaber des Wechsels. Diese Zahlung muß auf dem Wechsel vermerkt werden, damit der Pfandindossant seine Rechte als Vollinhaber ausüben kann.[72]

9.3.3 Indossament nach Verfall.

Ein Wechsel kann laut Art. 24 auch nach Verfall[73] mit der vollen Wirkung des Art. 13 übertragen werden. Eine Ausnahme gilt für den Bezogenen, den

---

67 Unter dem Genfer System erwirbt der Pfandindossatar weder das Eigentum am Wechsel noch die Wechselforderung selbst. Er kann jedoch die Wechselforderung in eigenem Namen geltend machen. *Baumbach/Hefermehl* WG Art.19 Rn.9; *Zöllner* § 14 X; zur Konvention UNCITRAL Yb. 1986 Vol.17 A/CN.9/SR.350 S.380 Anm.48; UNCITRAL Yb. 1987 Vol.18 A/CN.9/288 S.55 Anm.73f.

68 UNCITRAL Yb. 1986 Vol.17 A/CN.9/SR.350 S.380f Anm.58,59; UNCITRAL Yb. 1987 Vol.18 A/CN.9/288 S.55 Anm.74.

69 UNCITRAL Yb. 1986 Vol.17 A/CN.9/SR.350 S.381 Anm.62; UNCITRAL Yb. 1987 Vol.18 A/CN.9/288 S.55 Anm.74.

70 Der Inkassoindossatar kann diese Rechtsstellung nur abgeleitet aus der Rechtsstellung des Inkassoindossanten im Rahmen des Art. 21 (1)(c) erlangen.

71 UNCITRAL Yb. 1986 Vol.17 A/CN.9/SR.350 S.381 Anm.62; UNCITRAL Yb. 1987 Vol.18 A/CN.9/288 S.55 Anm.74.

72 UNCITRAL Yb. 1986 Vol.17 A/CN.9/SR.350 S.381 Anm.62.

73 Definiert in Art. 5 (j) als Zeitpunkt der Fälligkeit unter Bezug auf Art. 9 (4),(5),(6),(7).

Akzeptanten und den Aussteller eines Eigenwechsels, deren Indossament nur die Wirkung einer gewöhnlichen Abtretung zukommt.[74] Diese Regelung weicht von der Bestimmung über Nachindossamente in Art. 20 WG insoweit ab, als die wechselrechtlichen Wirkungen der Indossierung durch den Bezogenen, Akzeptanten und Aussteller grundsätzlich unabhängig von Protest und Ablauf der Frist zur Vorlage zur Zahlung entfallen.[75]

Eine weitere von Art. 20 WG abweichende Regelung für Nachindossamente enthält Art. 9 (2). Danach verwandelt ein Nachindossament einen Wechsel, der zu einem bestimmten Zeitpunkt fällig gestellt wurde, in einen Sichtwechsel. Eine ähnliche Regelung findet sich in Art. 10 (2) BEA.[76] Der Zweck dieser Bestimmung ist nicht völlig klar. Es wurde mehrfach kritisiert, daß die Vorschrift nur einen seltenen Sonderfall regeln würde und obendrein ihre Rechtsfolgen unklar seien.[77] Der Vorschrift sei beispielsweise nicht zu entnehmen, ob für die Haftungsauslösung des nach Verfall indossierenden Indossanten Vorlage und Protest notwendig sind. Weiter sei unklar, in welchem Umfang der Indossant seinen Nachmännern hafte, und ab wann die Frist für die Vorlage zur Zahlung und für die Verjährung zu laufen beginne.[78] Ein Antrag auf Streichung dieser Vorschrift wurde mit der Begründung abgelehnt, daß die Konvention auch die Rechtsfolgen von Indossament, Garantie und Akzept nach Fälligkeit des Wechsels regeln müsse.[79] Art. 9 (2) solle weder von dem generellen Erfordernis der Vorlage zur Zahlung und des Protestes abweichen, noch das Instrument in ein echtes Sichtpapier verwandeln.[80] Lediglich der Indossant, Garant oder Akzeptant sollten aus dem Papier auf Sicht haften, wenn sie das Papier nach Fälligkeit zeichneten.[81]

Daraus ergibt sich, daß für die Haftungsauslösung dieser Parteien die Vorschriften für Sichtwechsel gelten. Maßgebend sind dabei die Artt. 47 (2)(b), 49, 51 (d), 54 (3), 55 (f) und 56 (2)(c).

Wird ein Wechsel nach Fälligkeit indossiert oder garantiert, so entfällt im Verhältnis zum Garanten oder Indossanten die zwingende Vorlage zur

---

74 So ist wohl die Anmerkung in UNCITRAL Yb. 1982 Vol.13 A/CN.9/213 S.142 Art.22 zu deuten.

75 Eine Ausnahme gilt für Sicht- und Nachsichtwechsel. Gemäß Art. 9 (5) verfällt ein durch Nichtannahme notleidender Nachsichtwechsel mit Protesterhebung. Sichtwechsel verfallen gemäß Art. 9 (6) mit der Vorlage zur Zahlung.

76 Vgl. *Halsbury's Laws of England* Vol.4 Nr.334.

77 UNCITRAL Yb. 1986 Vol.17 A/41/17 S.19 Anm.137; UNCITRAL Yb. 1987 Vol.18 A/CN.9/WG IV/WP.32/Add.1 S.69.

78 UNCITRAL Yb. 1987 Vol.18 A/CN.9/288 S.52 Anm.41; UNCITRAL Yb. 1987 Vol.18 A/CN.9/WG IV/WP.32/Add.1 S.69.

79 UNCITRAL Yb. 1987 Vol.18 A/CN.9/288 S.52 Anm.41ff.

80 UNCITRAL Yb. 1987 Vol.18 A/CN.9/288 S.53 Anm.43.

81 UNCITRAL Yb. 1987 Vol.18 A/CN.9/288 S.53 Anm.43.

Annahme gemäß Art. 49. Diese Parteien können sich somit nicht mehr nach Art. 53 (1) auf eine nicht-ordnungsgemäß Vorlage zur Annahme als Einwendung berufen. Andererseits wird der Wechsel gemäß Art 54 (3) durch die Verweigerung des Akzeptes nicht notleidend wegen Nichtannahme. Damit entfällt die Möglichkeit des Inhabers eines Wechsels, der ihm erst nach Verfall indossiert oder garantiert wurde, gegen den Garanten gemäß Art. 47 (2)(b) oder den Indossanten gemäß Art. 44 (1) wegen Nichtannahme Rückgriff zu nehmen.

Die Haftung des Indossanten für Nichtzahlung gemäß Art. 44 (1) bleibt dagegen bestehen. Ihm gegenüber bleibt auch ein Protest erforderlich. Die Haftung des Indossanten entfällt jedoch gemäß Art. 57, wenn das Papier nicht ordnungsgemäß zur Zahlung vorgelegt worden ist. Gemäß Art. 55 (f) ist ein Sichtwechsel binnen eines Jahres ab Ausstellung zur Zahlung vorzulegen. Ein Sichtwechsel, der später als 1 Jahr nach Ausstellung indossiert wurde, kann somit keine Haftung des Indossanten mehr auslösen.

Problematisch ist die Haftung des Garanten des Bezogenen. Dieser haftet wohl nicht nach Art. 47 (2)(a) für die Zahlung bei Fälligkeit, da er erst nach diesem Zeitpunkt den Wechsel garantiert. Da ihm gegenüber der Wechsel aber als Sichtwechsel gilt, ist entsprechend Art. 47 (2) kein Protest oder Vorlage zum Akzept oder zur Zahlung für eine Inanspruchnahme nötig. Er haftet daher mit seiner Unterschrift sofort und unmittelbar dem Inhaber. Für ihn stellt die Regelung des Art. 9 (2) daher eine unerwartete, erhebliche Haftungsverschärfung da.

Für den Bezogenen, der erst nach Verfall den Wechsel annimmt, ergibt sich keine Haftungsverschärfung, da ihm gegenüber als Primärschuldner gemäß den Artt. 57 (2), 63 (2) weder Vorlage zur Zahlung noch Protest erforderlich ist.

Alles in allem muß die Vorschrift des Art. 9 (2) als wenig gelungen gelten, da sie in ihren Rechtsfolgen wenig durchsichtig ist und kein dringendes Regelungsbedürfnis zu erkennen ist.

9.4 Ausschluß der Übertragung durch Indossament.

Art.17 (1) sieht einen Ausschluß der wechselrechtlichen Übertragung seitens des Ausstellers durch Aufnahme einer negativen Orderklausel vor. Anders als in Art. 11 II WG hat ein verbotswidrig erteiltes Indossament aber nicht die Wirkung einer Abtretung, sondern gilt als Inkassoindossament mit der soeben geschilderten Folge, daß der Indossatar zwar Inhaber des Papieres wird, im Innenverhältnis aber als Vertreter des Indossanten gilt und im Außenverhältnis das Papier nur mit der Wirkung eines weiteren Inkassoindossamentes übertragen kann. Nach den Vorstellungen der Arbeitsgruppe soll diese Beschränkung der Wirkung des Indossamentes unabhängig davon gelten, ob das Indossament als Inkassoindossament gekennzeichnet war oder nicht, da der Indossatar auf keinen Fall mehr Rechte erwerben soll, als aus dem als nicht-indossabel gekennzeichneten Wechsel ersichtlich sind.[82]

Art. 17 (2) betrifft den Ausschluß der Indossierung durch Verwendung einer negativen Orderklausel seitens eines Indossanten. Entsprechend Art. 17 (1) gilt jedes weitere Indossament unabhängig von seinem Wortlaut als Inkassoindossament. Diese Rechtsfolge steht im Gegensatz zu Art. 15 II WG, der die Wirkung einer negativen Orderklausel auf den Ausschluß der Haftung gegenüber späteren Erwerbern beschränkt.[83] Die Berechtigung des Indossanten, durch Verwendung einer negativen Orderklausel den Internationalen Wechsel zum Rektapapier zu machen, ist in den Besprechungen der Arbeitsgruppe angezweifelt worden. Es wurde befürchtet, der Ausschluß der Indossierbarkeit durch jeden Indossanten könne die Umlauffähigkeit des Wechsels beeinträchtigen.[84] Die Arbeitsgruppe hat sich dennoch für dieses Recht des Indossanten entschieden, um einem Bedarf der Banken zu entsprechen und um die Möglichkeiten der Parteien zu vergrößern, ihren Willen hinsichtlich der Rechtswirkungen des Papieres zum Ausdruck zu bringen.[85]

9.5 Die Haftung des Indossanten.

Neben der soeben dargestellten Transportfunktion des Indossamentes und der noch zu behandelnden Verkehrsschutzfunktion kommt dem Indossament eine Garantiefunktion zu, die in der Haftung des Indossanten gegenüber dem Inhaber des Papieres liegt.

Art. 44 (1) bestimmt Umfang und Voraussetzungen der wechselrechtlichen Haftung des Indossanten. Der Indossant haftet dem Inhaber und allen nachfolgenden Indossataren und deren Garanten auf Zahlung der Wechselsumme, sofern diese den Wechsel eingelöst[86] haben. Aus Artt. 70 und 71 ergibt sich, daß der Indossant auch für später aufgelaufene Zinsen und Kosten

---

82 UNCITRAL Yb. 1986 Vol.17 A/CN.9/SR.343 S.353 Anm.25; vgl. UNCITRAL Yb. 1986 Vol.17 A/41/17 S.19 Anm.142.

83 Vgl. *Baumbach/Hefermehl* WG Art.15 Rn.8; *Stranz* WG Art.15 Anm.6.

84 Vgl. UNCITRAL Yb. 1984 Vol.15 A/39/17 S.12 Anm.74.

85 UNCITRAL Yb. 1984 Vol.15 A/CN.9/SR.297 S.374 Anm.47; UNCITRAL Yb. 1984 Vol.15 A/39/17 S.12 Anm.74.

86 Zum Begriff des "take up" vgl. UNCITRAL Yb. 1987 Vol.18 A/CN.9/SR.383 S.180 Anm.31.

haftet. Die Haftung des Indossanten ist gegenüber dem Inhaber und seinen Nachmännern entsprechend Art. 15 II WG als sekundäre Haftung ausgestaltet.[87] Der Indossant haftet also erst bei Notleiden des Wechsel infolge Nicht-Annahme oder Nicht-Zahlung und Protesterhebung, soweit diese erforderlich ist.[88]

Art. 44 (2) gibt dem Indossanten die Möglichkeit, seine Haftung für Annahme und Zahlung durch eine Angstklausel im Indossament auszuschliessen. Der Haftungsausschluß des Art. 44 (2) ist von dem des Inkassoindossatars gemäß Art. 21 (2) zu unterscheiden.[89] Während Art. 21 (2) sich auf Klauseln wie "zum Einzug" oder "zum Inkasso" o.ä. beschränkt, betrifft Art. 44 (2) alle anderen haftungsbeschränkenden Formulierungen.[90] Die Haftungsbeschränkung ist keine Bedingung des Indossamentes im Sinne von Art. 18 (1)[91] und wirkt nach Art. 44 (2) S.2 nur zu Gunsten des Indossanten, der die Klausel selbst verwandt hat.[92] Sie ist auch einem geschützten Inhaber gegenüber wirksam.[93] Nicht geregelt ist eine außerhalb des Wechsels erfolgte Haftungsbeschränkung. Diese ist zulässig, kann aber einem redlichen, späteren Inhaber nicht entgegengehalten werden.[94]

9.6 Gewährleistungshaftung des Übertragenden.

Neben der wechselrechtlichen Haftung aus Art. 44 (1) haftet der Indossant als Übertragender des Wechsels ebenso wie der Zedent außerwechselrechtlich gemäß Art. 45 (1) dem unmittelbaren Indossatar oder Zessionar gegen Rückgabe des Wechsels für bestimmte Mängel des Wechsels.[95] Diese Haftung ist laut Art. 45 (3) in der Höhe auf die als Gegenleistung für die Übertragung

---

87 UNCITRAL Yb. 1982 Vol.13 A/CN.9/213 S.158 Art.40 Anm.1,2; UNCITRAL Yb. 1972 Vol.3 A/CN.9/67 S.168 Art.41 Anm.1; zum Genfer Recht *Stranz* WG Art.15 Anm.3f; *Baumbach/Hefermehl* WG Art.15 Rn.1.

88 Vgl. *Roblot*, Mélanges Vincent S.361(363).

89 UNCITRAL Yb. 1982 Vol.13 A/CN.9/213 S.158 Art.40 Anm.4.

90 Eine besondere Klausel ist nicht vorgeschrieben, so daß alle Klauseln zulässig sein dürften, die unmißverständlich den Haftungsbeschränkungswillen des Indossatars zum Ausdruck bringen. Vgl. UNCITRAL Yb. 1982 Vol.13 A/CN.9/213 S.158 Art.40 Anm.7.

91 UNCITRAL Yb. 1987 Vol.18 A/42/17 S.8 Anm.40.

92 UNCITRAL Yb. 1982 Vol.13 A/CN.9/213 S.158 Art.40 Anm.5; UNCITRAL Yb. 1974 Vol.5 A/CN.9/86 S.98 Anm.10.

93 UNCITRAL Yb. 1982 Vol.13 A/CN.9/213 S.158 Art.40 Anm.5.

94 Vgl. UNCITRAL Yb. 1982 Vol.13 A/CN.9/213 S.158 Art.40 Anm.6.

95 *Herrmann*, 10 U. Pa. J.Int'l Bus.L. 517,529 (1988); derselbe in *Horn-Herrmann* S.259(265).

erhaltene Summe plus Zinsen beschränkt, kann dagegen aber bereits vor Verfall, vor Notleiden und Protest geltend gemacht werden.[96]

Diese "Garantiehaftung"[97] des Übertragenden ist keine wechselrechtliche Haftung, da es entgegen Art. 33 (1) für die Haftungsbegründung nicht darauf ankommt, daß der Übertragende den Wechsel unterzeichnet hat.[98]

Die Bestimmung des Art. 45 ist sec. 58 (3) BEA und sec. 3-417 (2) UCC nachgebildet worden.[99] Allerdings kennen auch die kontinentaleuropäischen Rechtsordnungen eine Rechtsmängelhaftung des Veräußerers einer Forderung.[100]

Diese Bestimmung ist eine der am heftigsten umstrittenen Regelungen in der Konvention. Verschiedentlich wurde sie von Vertretern des Genfer Wechselgesetzes als überflüssig bezeichnet.[101] Frühere Fassungen, in denen der durch bloße Übergabe Übertragende für alle Schäden seiner Nachmänner haften sollte,[102] sind als einseitig, kompliziert, zu weitgehend und mit anderen Vorschriften unvereinbar kritisiert worden, und es wurde die Streichung dieser Vorschrift verlangt.[103]

Trotz dieser Kritik entschloß sich die Arbeitsgruppe nicht nur, Art. 45 beizubehalten, um die Haftung des Übertragenden, die nationalrechtlich sehr unterschiedlich ausgestaltet ist,[104] zu vereinheitlichen.[105] Die Rechtsfolgen der Haftung des Übertragenden sind daher abschließend geregelt worden, um so die Klarheit und Bestimmtheit der Konvention zu erhöhen.[106]

---

96 *Herrmann*, 10 U. Pa. J.Int'l Bus.L. 517,529 (1988); derselbe in *Horn-Herrmann* S.259(265).

97 Der Begriff "warranty" (Garantie) ist allerdings bewußt nicht verwandt worden, weil dieser Begriff nicht in allen Rechtssystemen die gleiche Bedeutung hat. UNCITRAL Yb. 1972 Vol.3 A/CN.9/67 S.169 Art.42 Anm.1.

98 UNCITRAL Yb. 1988 Vol.19 A/43/405 S.204 Anm.23; *Vis* Unification 6-17.

99 Vgl. UNCITRAL Yb. 1982 Vol.13 A/CN.9/213 S.159 Art.41; *v.Marshall*, 1987 Ariz.J.Int'l. & Comp.L. S.6,16; *Mertens/Pflug*, AG 1978,219(284); *Herrmann*, 10 U. Pa. J.Int'l Bus.L. 517,530 (1988).

100 Vgl. die Nachweise in A/CN.9/WG.IV/WP.30 S.75 Anm.26. Der Verkäufer haftet in diesen Fällen aus dem der Wechselübertragung zugrundeliegenden Geschäft. Vgl. *Palandt-Putzo* § 437 3) c) cc) für das deutsche Recht.

101 *Bloch*, J.Dr.Int.1979,770(786); vgl. *Liesecke*, WM 1973,442(454).

102 Vgl. UNCITRAL Yb. 1982 Vol.13 A/CN.9/213 S.154 Art. 41.

103 UNCITRAL Yb. 1984 Vol.15 A/CN.9/248 S.67ff; A/CN.9/249 S.110 Anm.17; A/CN.9/SR.290 S.352ff Anm.9-40; vgl. auch die Kritik bei *Mertens/Pflug*, AG 1978,219(284f).

104 Vgl. die rechtsvergleichende Zusammenstellung in A/CN.9/WG.IV/WP.30 S.74f Anm.19-28.

105 A/CN.9/WG.IV/WP.30 S.75,77 Anm.28,42; UNCITRAL Yb. 1985 Vol.16 A/CN.9/261 S.149 Anm.49-51.

106 A/CN.9/WG.IV/WP.30 S.77 Anm.42.

9.6.1 *Anspruchsverpflichtete und Anspruchsberechtigte.*

Im Zuge der Entwurfsarbeiten betreffend Art.45 wurde der persönliche Haftungsbereich auf der Schuldnerseite auf alle Übertragenden ausgedehnt, unabhängig von der Art der Übertragung. Somit haften nunmehr neben dem Zedenten sowohl der Blankoindossant als auch der Indossant. Als Grund für die Haftungsausweitung wurde zum einen angeführt, daß anderenfalls der Übertragende, der den Wechsel nicht indossiert, unmittelbar und unabhängig vom Notleiden des Wechsels und einer Protesterhebung haften würde und somit strenger als ein Indossant. Zum anderen träfe der Sinn der Vorschrift, die haftungsrechtliche Erfassung konkludenter Zusicherungen und Garantien des Übertragenden, auf den Indossanten noch mehr zu als auf den durch bloße Übergabe Übertragenden.[107]

Damit aber die Haftungsbeschränkungsmöglichkeit des Indossanten in Art. 44 (2) nicht durch die Regelung des Art. 45 (1) unterlaufen wird, sieht Art. 45 (1) die Möglichkeit des Haftungsausschlusses durch "anderweitige Vereinbarung" vor. Eine Haftungsbeschränkungsklausel im Sinne des Art. 44 (2) gilt als "anderweitige Vereinbarung" im Sinne des Art. 45 (1).[108] Nicht in die Konvention aufgenommen wurde ein Vorschlag, der eine Haftungsfreizeichnung auf eine derartige ausdrückliche Klausel im Indossament beschränkt hätte.[109] Daraus ist zu entnehmen, daß eine "anderweitige Vereinbarung" auch außerhalb des Wechsels wirksam getroffen werden kann.[110]

Andererseits wurde der Schutzbereich auf der Gläubigerseite von der Arbeitsgruppe im Laufe der Entwurfsarbeiten auf den unmittelbaren Erwerber beschränkt.[111] Der Grund für diese Beschränkung scheint rein pragmatischer Natur gewesen zu sein, um die Akzeptanz der Vorschrift zu erhöhen.[112]

---

107 A/CN.9/WG.IV/WP.30 S.76 Anm.33; UNCITRAL Yb. 1986 Vol.17 A/CN.9/273 S.47 Anm.55. Nach sec. 58 (3) BEA haftet dagegen lediglich der durch bloße Übergabe Übertragende, der Indossant haftet nur in dieser Eigenschaft nach sec. 55 (2)(a) BEA.

108 Vgl. UNCITRAL Yb. 1986 Vol.17 A/CN.9/273 S.48 Anm.57f.

109 Siehe den Vorschlag in UNCITRAL Yb. 1988 Vol.19 A/43/405 S.205 Anm.24.

110 Kritisch zur Wirksamkeit einer solchen Vereinbarung aber *Schinnerer* Konventionsentwürfe S.31.

111 UNCITRAL Yb. 1985 Vol.16 A/CN.9/261 S.150 Anm.53.

112 Vgl. UNCITRAL Yb. 1987 Vol.18 A/42/17 S.8f Anm.44; UNCITRAL Yb. 1984 Vol.15 A/CN.9/SR.290 S.353 Anm.20.

9.6.2 *Die von der Haftung erfaßten Mängel.*

Der Übertragende haftet dem Erwerber nur für bestimmte Mängel des Wechsels. Diese sind abschließend in der Konvention geregelt und schließen eine weitergehende Haftung nach nationalen Recht aus.[113]

Der Übertragende haftet nach Art. 45 (1)(a) zum einen dafür, daß der Wechsel keine gefälschten oder unbevollmächtigten Unterschriften trägt.[114] Diese Vorschrift umfaßt alle Unterschriften auf dem Wechsel, da nur eine umfassende Haftung den berechtigten Erwartungen des Erwerbers Rechnung trägt, der unter Umständen einer bestimmten Unterschrift besonderes Vertrauen zumißt.[115] Gemäß Art. 45 (1)(b) haftet der Übertragende auch für jede wesentliche Veränderung des Wechsels im Sinne des Art. 35 (3), da diese ebenso wie eine Fälschung den Wert des Wechsels beeinträchtigen kann und der Inhaber in seinem Vertrauen ebenso schutzwürdig ist.[116]

Im Gegensatz zu Art. 45 (1)(c), der für die Haftungsauslösung "Kenntnis"[117] des Übertragenden von dem Mangel verlangt, stellen Art. 45 (1)(a) und (b) keine subjektiven Voraussetzungen für die Haftungsauslösung des Übertragenden auf. Es handelt sich somit in Art. 45 (1)(a) und (b) um eine verschuldensunabhängige Haftung des Übertragenden.[118] Diese soll den Erwerber besser in seinem Vertrauen auf die Echtheit der Unterschriften auf dem Wechsel schützen.[119]

Nach Art. 45 (1)(c) haftet der Übertragende dem Erwerber für "*jede Tatsache, welche den Anspruch des Erwerbers auf Zahlung des Papieres gegen den Akzeptanten, oder... den Aussteller eines gezogenen Wechsels, oder gegen den Aussteller eines Eigen-Wechsels beeinträchtigt*", aber nur, wenn der Übertragende von dieser Tatsache "Kenntnis" hatte.[120] Diese Vorschrift soll die Erwartungen des Erwerbers schützen, daß er einen Zahlungsanspruch gegen den Primärschuldner, oder im Fall des Aussteller gegen einen haftenden Sekundärschuldner, so erwirbt, wie er sich aus dem Wechsel ergibt.[121]

---

113 UNCITRAL Yb. 1986 Vol.17 A/CN.9/273 S.47 Anm.45.

114 *Herrmann*, 10 U. Pa. J.Int'l Bus.L. 517,529 (1988); derselbe in *Horn-Herrmann* S.259(265).

115 UNCITRAL Yb. 1986 Vol.17 A/CN.9/273 S.46 Anm.38.

116 UNCITRAL Yb. 1986 Vol.17 A/CN.9/273 S.46 Anm.39; UNCITRAL Yb. 1985 Vol.16 A/CN.9/261 S.150 Anm.52; *Herrmann*, 10 U. Pa. J.Int'l Bus.L. 517,529 (1988); derselbe in *Horn-Herrmann* S.259(265).

117 Zu diesem Redlichkeitsmaßstab der Konvention siehe Kapitel 8.3 S.87.

118 Vgl. UNCITRAL Yb. 1985 Vol.16 A/CN.9/261 S.150 Anm.52. So auch *Schinnerer* Konventionsentwürfe S.31 zu einer früheren Fassung des Art.45.

119 UNCITRAL Yb. 1985 Vol.16 A/CN.9/261 S.150 Anm.52.

120 Vgl. *Herrmann*, 10 U. Pa. J.Int'l Bus.L. 517,529 (1988).

121 UNCITRAL Yb. 1986 Vol.17 A/CN.9/273 S.47 Anm.49.

Die "Tatsachen", für die der Übertragende einzustehen hat, sind in der Konvention nicht näher umschrieben. Allerdings hat die Arbeitsgruppe ihre Vorstellungen einigermaßen deutlich umrissen. Der Übertragende haftet nach Art. 45 (1)(c) beispielsweise nicht für das Fehlen der Kausalforderung. Diese Haftung wurde von der Arbeitsgruppe als zu weit und vage angesehen.[122] Ebenfalls als zu weitgehend abgelehnt wurde ein Vorschlag, die Haftung auf Fälle der Insolvenz auszudehnen.[123] Im Gegensatz zu sec. 3-417 UCC schützt Art.45 (1)(c) nur gegen eine Beeinträchtigung der Durchsetzbarkeit des Wechselanspruchs, nicht aber vor einer Wertminderung des Wechsels infolge Insolvenz oder anderer, die Zahlungsfähigkeit beeinträchtigender Umstände.[124] Der Übertragende hat auch nicht für einen Mangel des Eigentums am Wechsel oder seiner Übertragungsmacht einzustehen, da der Erwerb des Eigentums am Wechsel oder ein Recht zur Übertragung zum Erwerb der für die Ausübung der Rechte aus dem Wechsel wichtigen Inhaberstellung nicht notwendig ist.[125]

Diese Entscheidung der Arbeitsgruppe scheint bedenklich, da der Mangel des Eigentums dem Erwerber als Einrede entgegengehalten werden kann. Selbst wenn diese Einrede gegenüber dem redlichen Erwerber nicht durchgreift, mindert das Bestehen der Einrede durch das daraus folgende Prozeßrisiko die praktische Durchsetzbarkeit und Verwertbarkeit des Wechsels. Da die Haftung gemäß Art. 45 (1) abschließend ist und dem Erwerber kein Anspruch gegen den Übertragenden nach nationalem Recht zusteht, erscheint es gerade im Fall des mangelnden Rechts zur Übertragung im Hinblick auf die internationale Umlauffähigkeit des Wechsels geboten, dem Erwerber einen Anspruch gegen seinen unmittelbaren Vertragspartner zu geben. Dies gilt insbesondere dann, wenn der Übertragende vom Bestehen des Mangels Kenntnis hatte. Nach Meinung der Arbeitsgruppe besteht ein derartiger Anspruch allerdings nicht.

9.6.3 Kenntnis des Übertragenden.

Wie bereits erwähnt, erfordert nur Art. 45 (1)(c) Kenntnis des Übertragenden vom Mangel. Insofern stellt Art.45 (1) keinen reinen Schadensersatzanspruch

---

122 UNCITRAL Yb. 1986 Vol.17 A/CN.9/273 S.47 Anm.47.

123 UNCITRAL Yb. 1986 Vol.17 A/CN.9/273 S.47 Anm.48.

124 Vgl. UNCITRAL Yb. 1986 Vol.17 A/CN.9/273 S.47 Anm.48. Unter sec. 3-417 UCC haftet der Übertragende auch für die Insolvenz des Hauptschuldners.

125 UNCITRAL Yb. 1986 Vol.17 A/CN.9/273 S.47 Anm.46. Zur Erläuterung vgl. die Darstellung zu sec. 3-201 (3) UCC bei *Hawkland* § 3-201:07.

im Sinne unserer Dogmatik dar,[126] sondern eine Art qualifizierten Gewährleistungsanspruch.

Kenntnis des Übertragenden bedeutet: Positive Kenntnis von dem Mangel oder Kenntnis von einer anderen Tatsache, aus der ein Dritter auf das Bestehen des Mangels geschlossen hätte, so daß sich die Unkenntnis des Mangels nur durch willentliches Unterlassen von Erkundigungen erklären läßt. Inhaltlich muß sich die Kenntnis auf einen Mangel des Zahlungsanspruches aus dem Wechsel beziehen. Kenntnis vom Mangel schadet dem Übertragenden laut Art. 45 (1)(c) bis zum Zeitpunkt der Übertragung (at the time of transfer). Da die Übertragung gemäß Art. 13 (a) ein zweiaktiger Vorgang ist, muß im Interesse des Erwerbers angenommen werden, daß Kenntnis des Übertragenden vom Mangel bis zum Abschluß des letzten Übertragungsaktes schädlich ist.

9.6.4 Kenntnis des Erwerbers.

Die Haftung des Veräußerers aus Art. 45 (1) entsteht laut Art. 45 (2) nur, wenn der Erwerber bei Entgegennahme des Papieres seinerseits keine Kenntnis vom Bestehen des Mangels hatte. Dieses Erfordernis entschärft die "Garantiehaftung" des Art. 45 (1) vorallem in Fällen, in denen der Mangel sich aus dem Papier entnehmen läßt. Das Gericht muß dann sowohl Kenntnis des Veräußerers als auch des Erwerbers annehmen. Für die Kenntnis des Erwerbers geltend die Ausführungen über die Kenntnis des Veräußerers entsprechend. Als maßgeblichen Zeitpunkt hat Art. 45 (2) im Gegensatz zu Art. 45 (1)(c) den "Erwerb" (took the instrument) des Wechsels gewählt. Dies ist nicht als bewußter Unterschied zur Formulierung des Art. 45 (1)(c) zu werten, sondern stellt nur eine sprachlich andere Umschreibung des Abschlusses des Übertragungsvorganges dar. Sinn und Zweck des Art. 45 (2) rechtfertigen keine andere Auslegung. Der Erwerber kann bis zum Abschluß des Übertragungsvorganges die Übertragung des Wechsels verweigern, wenn er von einem der in Art. 45 (1) bezeichneten Mängel Kenntnis erhält.

9.6.5 Zeitpunkt der Ausübung des Haftungsanspruchs.

Anders als der Indossant nach Art. 44 (2) haftet der Übertragende aus Art. 45 (1) sofort und unmittelbar, also bereits vor Fälligkeit und Protesterhe-

---

126 So auch *Schinnerer* Konventionsentwürfe S.31.

bung.[127] Der Zeitpunkt der Entstehung des Haftungsanspruchs war umstritten. Eine Ansicht befürwortete eine Haftung erst ab Fälligkeit des Wechsels, da sich erst dann ein Mangel auswirken könne.[128] Die Mehrheit der Arbeitsgruppe befürwortete jedoch eine sofortige Haftung. Zur Begründung wurde angeführt, daß diese Lösung praktischer wäre und der Wert des Papieres ebenfalls sofort beeinträchtigt wäre.[129]

9.6.6 Haftungsumfang.

Diese Lösung machte jedoch eine Veränderung des Haftungsumfanges in Art. 45 (3) erforderlich. Während in den früheren Formulierungen der Übertragende für "jeden Schaden" haften sollte,[130] hätte die Beibehaltung dieser Formulierung zu Schwierigkeiten bei der Anspruchsbestimmung geführt, wenn der Erwerber seinen Anspruch vor Fälligkeit des Papieres geltend gemacht hätte.[131] Der Erwerber hätte nicht nur den spezifischen Schaden zu diesem Zeitpunkt beziffern müssen,[132] sondern auch in einigen Rechtsordnungen eine Schadensherabsetzung in Kauf nehmen müssen.[133] Aus diesem Grund wurde eine Beschränkung des Haftungsumfanges in Art. 45 (3) auf den vom Erwerber gezahlten Gegenwert bevorzugt.[134] Darüber hinaus kann der Erwerber für den gezahlten Gegenwert Zinsen verlangen, für deren Berechnung Art. 70 entsprechend heranzuziehen ist. Gemäß Art. 70 (2) können die Zinsen verlangt werden, die in einem Gerichtsverfahren am Zahlungsort verlangt werden können.

Insgesamt stellt Art. 45 eine für das Genfer System ungewöhnliche Regelung eines außerwechselrechtlichen Anspruchs dar, die im Interesse einer möglichst weitgehenden Rechtsvereinheitlichung aller mit dem

---

127 Vgl. *Schinnerer* Konventionsentwürfe S.31; *Herrmann*, 10 U. Pa. J.Int'l Bus.L. 517,529 (1988); derselbe in *Horn-Herrmann* S.259(265).

128 UNCITRAL Yb. 1986 Vol.17 A/CN.9/273 S.47 Anm.51.

129 UNCITRAL Yb. 1986 Vol.17 A/CN.9/273 S.47 Anm.52.

130 UNCITRAL Yb. 1982 Vol.13 A/CN.9/213 S.159 Art.41.

131 Vgl. UNCITRAL Yb. 1986 Vol.17 A/CN.9/273 S.47 Anm.53; UNCITRAL Yb. 1985 Vol.16 A/CN.9/261 S.150 Anm.54.

132 UNCITRAL Yb. 1986 Vol.17 A/CN.9/273 S.47 Anm.52.

133 UNCITRAL Yb. 1985 Vol.16 A/CN.9/261 S.150 Anm.54.

134 UNCITRAL Yb. 1986 Vol.17 A/CN.9/273 S.47 Anm.53; UNCITRAL Yb. 1985 Vol.16 A/CN.9/261 S.151 Anm.57.

Wechselrecht zusammenhängenden Probleme zu begrüßen ist.[135] Inhaltlich ist zu kritisieren, daß Schadensersatz für Mängel des Eigentums oder der Verfügungsbefugnis nicht von Art. 45 erfaßt wird und durch den abschließenden Charakter der Vorschrift auch nach nationalen Recht ausgeschlossen ist.

135 Zu diesem Ergebnis kommt auch der Vertreter der Schweiz in UNCITRAL Yb. 1988 Vol.19 A/43/405 S.200 Anm.15 sowie *Horn-Herrmann* S.259(266).

§ 10 Gefälschte Wechselerklärungen und Indossamente von Vertretern ohne Vertretungsmacht

Der Umlauf des Wechsels birgt das Risiko in sich, daß einzelne Unterschriften auf dem Wechsel fehlerhaft sind. Hauptfehlerquellen sind gefälschte und vollmachtslose Unterschriften. Obwohl diese Problematik bei den Unterschriften aller Wechselparteien auftauchen kann, kommt dem Mangel der Unterschrift bei einem Indossament erhöhte Bedeutung zu.

Der Grund hierfür liegt in der besonderen Wirkung des Indossamentes bei der Übertragung des Wechsels und der darin verbrieften Rechte. Die Indossierung ist Voraussetzung sowohl für die Übertragung bestehender Rechte und für den gutgläubigen Erwerb von nicht oder nicht so bestehenden Rechten an und aus dem Wechsel. Mängel des Indossamentes werfen daher die Frage auf, ob auch einem mangelbehafteten Indossament diese Wirkung zukommt oder ob ein mangelbehaftetes Indossament wirkungslos bleibt. Wirtschaftlich verbirgt sich dahinter die Frage, ob der vor der mangelbehafteten Indossierung Berechtigte oder der Erwerber das Risiko eines mangelbehafteten Indossamentes tragen muß.

Rechtlich sind bei der Lösung dieses Problems drei Punkte zu berücksichtigen. Erstens darf der Umlauf des Wechsels nicht behindert werden, um seine Funktion als Zahlungsmittel nicht zu gefährden. Zweitens soll eine Zahlung des Wechsels die Wechselforderung endgültig zum Erlöschen bringen, um die Rechtsbeziehungen zwischen den einzelnen Wechselparteien rasch und eindeutig zu klären. Drittens soll eine Regreßkette und die daraus resultierende Vielzahl von Folgeprozessen der Wechselparteien untereinander vermieden werden. Diese Probleme haben zur Schaffung von wechselrechtlichen Spezialvorschriften für gefälschte und vollmachtslose Unterschriften in den nationalen Wechselrechten geführt.

10.1 Die Rechtslage in den bestehenden Wechselrechten.

Die Behandlung von Mängeln des Indossamentes ist einer der Hauptunterscheidungspunkte zwischen dem Genfer Wechselrecht und dem anglo-amerikanischen Wechselsystem.[1] Übereinstimmung herrscht in beiden Systemen bezüglich der Verpflichtungswirkung des gefälschten Indossamentes: Der wahre Namensinhaber wird nicht durch die Fälschung seiner Unterschrift aus dem Wechsel verpflichtet.[2] Unterschiede bestehen jedoch hinsichtlich der Transportfunktion und der damit verbundenen Risikoverteilung.

Im Genfer System wird ein gefälschtes Indossament als vollwirksam betrachtet, wenn der Indossatar bezüglich der Fälschung gutgläubig im Sinne des Art. 16 II WG war. Der Indossatar erlangt in diesem Fall das Eigentum am Wechsel und damit die Wechselforderung. Entsprechendes gilt für den Wechselschuldner, der weder arglistig noch grob fahrlässig den Wechsel gemäß Art. 40 III WG bei Verfall bezahlt. Dieser wird durch seine Zahlung von der Wechselverbindlichkeit befreit. Der vormalige Eigentümer verliert seine Rechte an und aus dem Wechsel und ist auf einen außerwechselrechtlichen Schadensersatzanspruch gegen den Fälscher beschränkt. Die Haftung aller anderen Wechselzeichner, die vor oder nach der Fälschung des Indossamentes den Wechsel unterzeichnet haben, bleibt durch die Fälschung unberührt. Das wirtschaftliche Risiko einer Fälschung des Indossamentes liegt im Genfer System somit bei dem letzten Wechselberechtigten vor der Fälschung.[3]

Im anglo-amerikanischen Rechtskreis gilt ein gefälschtes Indossament dagegen im Regelfall als völlig unwirksam. Ein gefälschtes Indossament entfaltet keine Transportfunktion. Gutgläubigkeit bezüglich der Fälschung wird nicht geschützt. Der frühere Berechtigte behält seine Rechte an und aus dem Wechsel und kann diesen von dem jeweiligen Besitzer herausverlangen, selbst wenn dieser im übrigen die Voraussetzungen eines "holder in due course" erfüllen sollte. Zahlung durch einen Wechselschuldner führt nicht zur Enthaftung. Alle Rechtsgeschäfte seit der Fälschung entbehren somit ihrer Rechtsgrundlage und müssen unter Umständen in mehreren Prozessen rückabgewickelt werden.[4] Eine Ausnahme gilt lediglich für Wechsel, die auf

---

1 Vgl. *Herrmann*, 10 U. Pa. J.Int'l Bus.L. 517,527 (1988); relativierend *Schinnerer*, FS Wagner S.315(323).

2 Vgl. *Mertens/Pflug*, AG 1978,219(279). Diese Regelung wird von der Konvention übernommen und ist in Art. 34 verankert.

3 Für eine Zusammenfassung vgl. UNCITRAL Yb. 1982 Vol.13 A/CN.9/213 S.143 Art.23 Anm.8-10; *UNIDROIT* in UNCITRAL Yb. 1970 Vol.1 A/CN.9/19 S.242; *Vis*, 27 Am.J.Comp.L. 547,550ff (1979); *Dohm*, 21 Am.J.Comp.L. 474,491ff (1973); *Herrmann*, 10 U. Pa. J.Int'l Bus.L. 517,528 (1988).

4 Zusammenfassend UNCITRAL Yb. 1982 Vol.13 A/CN.9/213 S.143 Art.23 Anm.3-7; *UNIDROIT* in UNCITRAL Yb. 1970 Vol.1 A/CN.9/19 S.242; *Vis*, 27 Am.J.Comp.L. 547,548 (1979); *Liesecke*, WM 1973,442(448); vgl. auch *Herrmann*, 10 U. Pa. J.Int'l Bus.L. 517,527 (1988).

einen Bankier gezogen sind. Hier wählt sec. 60 BEA die entgegengesetzte Lösung, die im Ergebnis dem Genfer System entspricht.[5] Ein gefälschtes Indossament auf einem solchen Wechsel ist unschädlich, wenn der Bankier bei Einlösung des Wechsels redlich war.[6]

Ferner gesteht das anglo-amerikanische Recht den nach der Fälschung zeichnenden Parteien einen besonderen Ausgleichsanpruch gegen den Fälscher und dem von dem Fälscher unmittelbar erwerbenden Indossatar zu.[7] Das wirtschaftliche Risiko einer Fälschung liegt somit bei dem direkt von dem Fälscher erwerbenden Indossatar. Dieser Regelung liegt der Grundsatz zugrunde, der Indossatar müsse seinen Veräußerer kennen und solle von Fremden keine Wechsel erwerben.[8] Diese Lösung entspricht einem Rechtsgrundsatz, der bis in die Mitte des 18. Jahrhunderts auch in den kontinentaleuropäischen Rechtsordnungen galt.[9]

Beiden Systemen werden Vorteile und Nachteile zugeschrieben. Das Genfer System soll den Umlauf des Wechsels erleichtern, da der Wechsel wirksam übertragen wird.[10] Da der redliche Wechselschuldner von seiner Verpflichtung befreit wird, ist seine Zahlung endgültig, eine Rückabwicklung der seit der Fälschung getätigten Rechtsgeschäfte findet nicht statt. Der geschädigte Eigentümer kann in einem Prozeß gegen den Fälscher vorgehen. Eine Regreßkette mit einer Vielzahl von Prozessen wird somit vermieden. Dagegen soll das Genfer System die Verwendung des Wechsels seitens der Aussteller behindern und zur Nachlässigkeit des Verkehrs im Umgang mit Wechseln führen.[11]

Im anglo-amerikanischen System soll der Schutz des Ausstellers die Verwendung des Wechsels als Zahlungsmittel sowie die Verwendung der Post als Transportmittel fördern.[12] Als Nachteil wird angeführt, daß der Schutz des Berechtigten vor der Fälschung den Umlauf des Wechsels behindere. Außerdem erfordere die Unwirksamkeit der nach der Fälschung erfolgten Übertragungen oder Zahlungen die Rückabwicklung aller damit verbun-

---

5 Vgl. *Dohm*, 21 Am.J.Comp.L. 474,491 (1973); *UNIDROIT* in UNCITRAL Yb. 1970 Vol.1 A/CN.9/19 S.242.

6 Vgl. *Thomsen*, S.79 mwN.

7 Sec. 3-417 UCC, sec. 55 (2) BEA.

8 Vgl. *Herrmann*, 10 U. Pa. J.Int'l Bus.L. 517,528 (1988).

9 *Herrmann*, 10 U. Pa. J.Int'l Bus.L. 517,528 (1988); *Vis*, 27 Am.J.Comp.L. 547,550 (1979).

10 *Schinnerer*, ÖBankA 1971,370(384).

11 Vgl. UNCITRAL Yb. 1972 Vol.3 A/CN.9/67 S.159 Art.22 Anm. 6; UNCITRAL Yb. 1982 Vol.13 A/CN.9/213 S.144 Art.23 Anm.13,14; *Dohm*, 21 Am.J.Comp.L. 474,495 (1973).

12 *Schinnerer*, ÖBankA 1971,370(385).

denen, seither abgeschlossenen Rechtsgeschäfte. Dies führe zu einer Regreßkette mit einer Vielzahl von Prozessen.[13] In der Praxis haben sich diese angeblichen Vor- und Nachteile allerdings nicht eindeutig feststellen lassen.[14]

Die Konvention hat in Art. 25 eine spezielle Regelung für gefälschte Indossamente und in Art. 26 eine entsprechende Regelung für vollmachtlose Indossamente geschaffen, welche die Vorteile der jeweiligen Systeme verbinden soll, ohne deren Nachteile zu übernehmen. Neben diesen beiden Spezialnormen enthält die Konvention in Art. 34 eine Haftungsregelung für gefälschte Unterschriften und in Art. 35 eine generelle Vorschrift betreffend die Verfälschung von Wechseln. Außerdem enthält Art. 36 eine generelle Vorschrift für die Haftung von Vertretern.

10.2 Die Kompromißlösung der UNCITRAL-Konvention für vollmachtslose und gefälschte Indossamente.

Knapp zusammengefaßt läuft die Regelung darauf hinaus, daß auch einem gefälschten oder vollmachtslosen Indossament eine Transportwirkung zukommt. Der Erwerber erlangt die Rechte an und aus dem Wechsel zu Lasten des wahren Berechtigten.[15] Eine Zahlung des Wechsels bringt die Wechselschuld unter den Voraussetzungen des Art. 72 (3) auch dann zum Erlöschen, wenn ein oder mehrere Indossamente gefälscht waren.[16] Eine Rückabwicklung ist somit nicht erforderlich. Soweit folgt die Lösung der Konvention also dem Genfer System.[17]

Der wahre Berechtigte hat jedoch einen speziellen, außerwechselrechtlichen Anspruch auf Ersatz seines durch die Fälschung erlittenen Schadens gegen den Fälscher, den direkt vom Fälscher erwerbenden Indossatar, sowie gegen alle Personen, die den Wechsel direkt oder durch einen Inkassoindos-

---

13 UNCITRAL Yb. 1972 Vol.3 A/CN.9/67 S.159 Art.22 Anm.5; UNCITRAL Yb. 1982 Vol.13 A/CN.9/213 S.145 Art.23 Anm.12,13; *Liesecke*, WM 1973,442(448).

14 UNCITRAL Yb. 1982 Vol.13 A/CN.9/213 S.145 Art.23 Anm.14; *Vis*, 27 Am.J.Comp. L. 547,554 (1979); vgl. auch *Herrmann*, 10 U. Pa. J.Int'l Bus.L. 517,528 (1988).

15 *Dohm*, 21 Am.J.Comp.L. 474,495 (1973) ist der Ansicht, daß die Konvention damit das Prinzip des Genfer Systems übernommen hat, wonach der Titel und die Wechselforderung des gutgläubigen Erwerbers nicht vom Recht des Vormannes abgeleitet sind, sondern originär erlangt werden.

16 Vgl. UNCITRAL Yb. 1982 Vol.13 A/CN.9/213 S.146 Art.23 Anm.20; *Vis*, 27 Am. J.Comp.L. 547,557 (1979); *Liesecke*, WM 1973,442(448). Näher zu Art. 72 (3) unten Kapitel 14.2.2. S.222.

17 *Bloch*, J.Dr.Int.1979,770(785); vgl. *Vis*, 27 Am.J.Comp.L. 547,557f (1979).

satar an den Fälscher bezahlt haben.[18] Das wirtschaftliche Risiko der Fälschung liegt somit wie im anglo-amerikanischen Rechtskreis bei der Person, die den direkten Kontakt mit dem Fälscher hatte.[19] Die Verfasser dieser Regelung versprechen sich von dieser Lösung einen ungehinderten Umlauf des Wechsels, Endgültigkeit der Zahlung und die Vermeidung einer Regreßkette mit den damit verbundenen Prozessen.

Die Neuerung der Lösung der Konvention gegenüber den Regelungen der nationalen Wechselgesetzen liegt in der Trennung der Rechtsfolgen einer Indossamentsfälschung zwischen den Auswirkungen auf den Umlauf des Wechsels und der Zuweisung des Fälschungsrisikos. Während der Umlauf des Wechsels dadurch gewährleistet bleibt, daß dem gefälschten Indossament die Transportwirkung erhalten bleibt, wird das Fälschungsrisiko unabhängig davon durch einen speziellen Ausgleichsanspruch zugewiesen.

10.2.1 Die Transportwirkung eines gefälschten Indossamentes.

Art. 15 (1)(b) bestimmt, daß auch ein gefälschtes oder vollmachtsloses Indossament den Erwerber zum "holder" des Wechsels macht, wenn dieser im Besitz des Wechsels ist und dieser ihn durch eine lückenlose Indossamentenkette formell legitimiert. Hier liegt der wesentliche Unterschied der Lösung der Konvention gegenüber dem anglo-amerikanischen Recht.[20] Bezüglich der Transportwirkung eines gefälschten oder vollmachtslosen Indossamentes übernimmt die Konvention also das Konzept des Genfer Systemes.[21] Ein Unterschied besteht aber darin, daß es für den Erwerb der Inhaberstellung nicht auf die Redlichkeit des Indossatars ankommt. Dieser erwirbt den Wechsel und die Position eines "holder" auch dann, wenn er die Fälschung oder den Mangel der Vollmacht kennt.[22] Hier zeigt sich die unterschiedliche Dogmatik des Verkehrsschutzes der Konvention.[23] Anders als im Genfer System ist mit dem Erwerb der Inhaberstellung allein noch kein Ausschluß von Rechten Dritter verbunden. Auch der materiell berechtigte "holder" bleibt grundsätzlich Ansprüchen und Einwendungen Dritter ausgesetzt. Allerdings kann er

---

18 *Cheng*, 3 M.L.J. 1988 S.Liii(lvii); *Schinnerer*, FS Wagner S.315(323f); *Allan*, X. I.Tr.L.S. S.313(326f).

19 *Roblot*, Mélanges Vincent S.361(365); *Herrmann*, 10 U. Pa. J.Int'l Bus.L. 517,528 (1988); *v.Marshall*, 1987 Ariz.J.Int'l. & Comp.L. S.6,17; *Vis* Unification 6-16.

20 *Schinnerer*, FS Wagner S.315(324); zustimmend *Crawford* Remarks S.7.

21 *Bloch*, J.Dr.Int.1979,770(785); vgl. *Herrmann*, 10 U. Pa. J.Int'l Bus.L. 517,528 (1988).

22 Vgl. UNCITRAL Yb. 1982 Vol.13 A/CN.9/213 S.138 Art.14 Anm.5,9; *Vis*, 27 Am.J. Comp.L. 547,555 (1979).

23 *Vis*, 27 Am.J.Comp.L. 547,555 (1979).

diese Ansprüche und Einwendungen gemäß den Artt. 28ff ausschließen, wenn er bei Erwerb des Wechsels redlich war. Für diesen gutgläubigen Erwerb ist jedoch Voraussetzung, daß der Erwerber auch Inhaber geworden ist, während im Genfer Recht umgekehrt der gutgläubige Erwerb Voraussetzung für den Erwerb der materiellen Inhaberschaft ist.

10.2.2 Außerwechselrechtlicher Ausgleichsanspruch.

Die eigentliche Neuerung der Lösung der Konvention gegenüber dem Genfer Wechselgesetz liegt in der Einführung eines speziellen, außerwechselrechtlichen Ausgleichanspruches in Art. 25 (1) für gefälschte Indossamente.[24] Gemäß Art. 25 (1) kann eine Person, deren Indossament gefälscht wurde, Ausgleich für einen infolge der Fälschung erlittenen Schaden verlangen. Dieser Anspruch richtet sich gegen den Fälscher, den Indossatar, der den Wechsel von dem Fälscher erworben hat, sowie gegen jede Partei, die den Wechsel direkt an den Fälscher gezahlt hat.

Neben der Partei, deren Indossament gefälscht wurde, bzw. dem Vertretenen, steht der Ausgleichsanspruch im Gegensatz zum anglo-amerikanischen Rechtskreis aber nur den Parteien zu, die vor dem mängelbehafteten Indossament den Wechsel gezeichnet haben. Diese Beschränkung folgt aus dem Zweck des Art. 25, lediglich die Parteien zu entschädigen, die infolge der Wirksamkeit des mangelhaften Indossamentes einen Rechtsverlust erleiden.[25] Dies können nach zutreffender Ansicht der Arbeitsgruppe aber nur die Vormänner des Fälschers sein, da den Nachmännern ein Rückgriffsrecht gegen die vorherigen Wechselparteien zusteht.[26]

Dieser Anspruch übernimmt das anglo-amerikanische Prinzip "Kenne Deinen Vormann" in die Konvention[27] und verlagert das wirtschaftliche Risiko eines gefälschten oder vollmachtslosen Indossamentes vom vormals Berechtigten auf den Indossatar des Fälschers bzw. Vertreters.[28] In der mit

---

24 UNCITRAL Yb. 1982 Vol.13 A/CN.9/213 S.147 Art.23 Anm.25.

25 Vgl. UNCITRAL Yb. 1985 Vol.16 A/CN.9/261 S.147f Anm.37.

26 UNCITRAL Yb. 1985 Vol.16 A/CN.9/261 S.147f Anm.37.

27 *Schinnerer*, FS Wagner S.315(323f); *Herrmann*, 10 U. Pa. J.Int'l Bus.L. 517,528 (1988).

28 UNCITRAL Yb. 1982 Vol.13 A/CN.9/213 S.147 Art.23 Anm.28; UNCITRAL Yb. 1973 Vol.4 A/CN.9/77 S.106 Anm.51; *Dohm*, 21 Am.J.Comp.L. 474,492 (1973); *Schinnerer*, ÖBankA 1986,259(263); *Roblot*, Mélanges Vincent S.361(365); vgl. *Schinnerer*, FS Wagner S.315(324); *Herrmann*, 10 U. Pa. J.Int'l Bus.L. 517,528 (1988).

diesem Ausgleichsanspruch verbundenen Risikoverlagerung liegt der wesentliche Unterschied zur Regelung des Genfer Systems.[29]

Der Umfang des Ausgleichsanspruchs wurde durch Verweisung auf die Art. 70, 71 auf die Wechselsumme nebst Zinsen sowie die Kosten für einen etwa vorgenommenen Protest beschränkt. Nicht ersetzungsfähig sind dagegen Kosten und Zinsen des Geschädigten für die Stellung einer Sicherheit im Verfahren zur Zahlung verlorener Wertpapiere gemäß Art. 78 (2)(b).[30]

10.2.2.1 Verschuldensunabhängige Haftung.

Die Ansprüche gegen den Fälscher und gegen den von ihm erwerbenden Indossatar aus Art. 25 (1)(a),(b) stellen eine verschuldenslose[31] Haftung dar, da es für die Haftungsauslösung nicht auf die Redlichkeit des Indossatars ankommt.[32] Dagegen haften der an den Fälscher Zahlende gemäß Art. 25 (1)(c) sowie ein Inkassoindossatar gemäß Art. 25 (2),(3) nur bei Kenntnis oder fahrlässiger Unkenntnis von der Fälschung des Indossamentes.

Diese unterschiedliche Haftung war lange umstritten. So wurde auch für den Indossatar eine Haftung nur bei Kenntnis der Fälschung gefordert.[33] Es wurde darauf hingewiesen, daß sich anderenfalls die widersinnige Situation ergäbe, daß der Erwerber zwar mangels Kenntnis von der Fälschung einerseits Inhaber oder gar "geschützter Inhaber" sei, andererseits aber nach Art. 25 (1)(b) haften würde.[34] Diesem Vorschlag ist nicht gefolgt worden, um den Kompromiß der Regelung nicht zu gefährden.[35] Offenbar waren die Vertreter des anglo-amerikanischen Rechtskreises nur dann bereit, die Wirksamkeit eines gefälschten oder vollmachtslosen Indossamentes zu akzeptieren, wenn gleichzeitig ein unbedingter Ausgleichsanspruch gegen den Indos-

---

29 So auch *Dohm*, 21 Am.J.Comp.L. 474,492 (1973); *Bloch*, J.Dr.Int.1979,770(786).

30 Vgl. UNCITRAL Yb. 1986 Vol.17 A/CN.9/WG.IV/WP.30 S.74 Anm.16; UNCITRAL Yb. 1986 Vol.17 A/CN.9/273 S.46 Anm.35.

31 *Liesecke*, WM 1973,442(449) spricht von einer "unabhängigen gesetzlichen Garantiehaftung".

32 Vgl. UNCITRAL Yb. 1985 Vol.16 A/CN.9/261 S.148 Anm.40.

33 UNCITRAL Yb. 1987 Vol.18 A/CN.9/WG IV/WP.32/Add.2 S.76f; UNCITRAL Yb. 1984 Vol.15 A/CN.9/SR.287 S.344f Anm.26,33-35, A/CN.9/SR.288 S.346f Anm. 2,11; UNCITRAL Yb. 1984 Vol.15 A/39/17 S.7 Anm.22.

34 *Dohm*, 21 Am.J.Comp.L. 474,492 (1973); vgl. auch *Schinnerer*, FS Wagner S.315(324).

35 UNCITRAL Yb. 1987 Vol.18 A/CN.9/288 S.55 Anm.78f; UNCITRAL Yb. 1984 Vol.15 A/39/17 S.7 Anm.23.

satar geschaffen wurde. Die verschuldensunabhängige Haftung soll die Parteien außerdem zu vorsichtigem Verhalten im Wechselverkehr anhalten.[36]

10.2.2.2 Verschuldensabhängige Haftung.

Anders als der Fälscher und Indossatar haftet der Zahlende gemäß Art. 25 (1)(c),(3) und der Inkassoindossatar gemäß Art. 25 (2) nicht, wenn er ohne Kenntnis der Fälschung oder des Mangels der Vollmacht war, "*es sei denn, seine Unkenntnis beruht auf seinem Mangel in gutem Glauben zu handeln oder angemessene Sorgfalt auszuüben*".[37]

Die Einführung einer Verschuldenshaftung für den Inkassoindossatar ist damit begründet worden, daß der Inkassoindossatar gewöhnlich eine Bank sei, die lediglich eine Serviceleistung für ihren Kunden erbringe und nicht in der Lage sei, umfangreiche Untersuchungen über die Wirksamkeit des Indossamentes ihres Indossanten anzustellen.[38] Diese Lösung wurde dann ohne weitere Begründung für die Haftung des Zahlenden übernommen.[39]

Wie bereits dargestellt, bezieht die Formulierung in den Artt. 25 (2),(3) fahrlässige Unkenntnis in den anwendbaren Redlichkeitsmaßstab ein.[40] Als Sorgfaltsmaßstab dienen die jeweiligen Sorgfaltspflichten des betreffenden Verkehrskreises.[41] Der Hintergrund dieser Haftungsverschärfung liegt in dem Bestreben, die Haftung der Banken als Inkassoindossatar unter der Konvention in Einklang mit der Haftung unter nationalem Recht zu bringen.[42] Für das Inkassogeschäft der Banken werden die anwendbaren Sorgfaltsmaßstäbe somit durch Art. 1 der "Einheitliche[n] Richtlinien für das Inkasso von Handelspapieren" der Internationalen Handelskammer konkretisiert.[43] Aus der Übernahme dieser Formulierung des Art. 1 resultiert auch die Verwendung des Begriffes "good faith" in Artt. 25 und 26. Die Erwähnung von "good faith" stellt also keine Bezugnahme auf einen Redlichkeitsmaßstab im Sinne

---

36 Vgl. die Bemerkung des Vertreters der U.S.A. in UNCITRAL Yb. 1984 Vol.15 A/CN.9/SR.287 S.345 Anm.43.

37 Vgl. UNCITRAL Yb. 1987 Vol.18 A/CN.9/288 S.56 Anm.84. Näher zu dem Redlichkeitsmaßstab der Konvention in Kapitel 8.4 S.92.

38 UNCITRAL Yb. 1985 Vol.16 A/CN.9/261 S.147 Anm.30-32.

39 UNCITRAL Yb. 1985 Vol.16 A/CN.9/261 S.147 Anm.36; *Crawford* Remarks S.9 begrüßt diese Regelung aus der Sicht der Banken.

40 Vgl. oben Kapitel 8.4 S.92ff.

41 Vgl. UNCITRAL Yb. 1987 Vol.18 A/CN.9/288 S.56 Anm.83; näher Kapitel 8.4 S.92.

42 UNCITRAL Yb. 1986 Vol.17 A/CN.9/SR.338 S.332 Anm.33.

43 Vgl. International Chamber of Commerce Brochure Nr. 322, New York: U.S. Council of the International Chamber of Commerce; Übersetzung abgedruckt in *Baumbach/Hefermehl* WG Bankbedingungen 16.

des "guten Glaubens" dar,[44] sondern ist Teil der Umschreibung für den Begriff "Fahrlässigkeit".[45] Soweit die Konvention an dieser Stelle etablierte Sorgfaltsstandards des internationalen Handelsverkehrs einbezieht, ist dies im Hinblick auf die Akzeptanz der Konvention durch Handels- und Finanzkreise zu begrüßen.

Während Art. 25 (3) für die Beurteilung der Kenntnis des Zahlenden auf den Zeitpunkt der Zahlung abstellt, wählt Art. 25 (2) für die Beurteilung der Kenntnis des Inkassoindossatars das zeitlich letzte Ereignis der Zahlung an den Auftraggeber. Dies kann entweder die Benachrichtigung von der Zahlung oder der Empfang der Wechselsumme sein.[46]

Der Anspruch in Art. 25 (1)(c) gegen den an den Fälscher Zahlenden wirft ein Problem im Zusammenhang mit der Enthaftung des Wechselschuldners durch Zahlung gemäß Art. 72 (3) auf. Nach dieser Vorschrift wird ein Wechselschuldner von seiner Wechselverpflichtung befreit, wenn er bei Zahlung an den Wechselinhaber keine Kenntnis vom Diebstahl des Papieres oder der Fälschung der Unterschrift des Begünstigten oder eines Indossatars durch den Vorlegenden hatte. Da Kenntnis im Sinne des Art. 6 keine fahrlässige Unkenntnis beinhaltet, schadet Fahrlässigkeit dem Zahlenden gemäß Art. 72 (3) damit im Gegensatz zu Art. 25 (2), (3) also nicht. Zahlt daher ein Wechselverpflichteter fahrlässig direkt an den Fälscher, so wird der Zahlende zwar gemäß Art. 72 (3) von seiner Verpflichtung enthaftet, er bleibt dem wahren Berechtigten und allen früheren Wechselparteien jedoch gemäß Art. 25 (1)(c), (3) zum Schadensersatz verpflichtet.[47]

10.3 Die Haftung des vollmachtslos indossierenden Vertreters.

Die Haftung des vollmachtslos indossierenden Vertreters ist in Art. 26 bis in die Einzelheiten entsprechend der Haftung für gefälschte Indossamente in Art. 25 ausgestaltet worden. Entsprechend der Regelung des Art. 25 (1) gibt Art. 26 (1) dem Geschäftsherrn des vollmachtslos indossierenden Vertreters

---

44 Die Übersetzung in *Baumbach/Hefermehl* WG Bankbedingungen 16 zeigt, daß "good faith" hier im Sinne von "Treu und Glauben" zu verstehen ist. Eine Bezugnahme auf das Konzept des "guten Glauben" ist vorgeschlagen, aber ausdrücklich abgelehnt worden, vgl. UNCITRAL Yb. 1984 Vol.15 A/CN.9/SR.287 S.345 Anm.43, A/CN.9/SR.289 S.350f Anm.20,28,30; UNCITRAL Yb. 1973 Vol.4 A/CN.9/77 S.108 Anm.70.

45 In diesem Sinn ebenfalls UNCITRAL Yb. 1987 Vol.18 A/CN.9/SR.382 S.177 Anm. 32-34.

46 Vgl. UNCITRAL Yb. 1985 Vol.16 A/CN.9/261 S.147 Anm.33.

47 Kritisch zu dieser Konsequenz *Bloch*, J.Dr.Int.1979,770(786). Ausführlich dazu unten Kapitel 14.2.2.2 S.227

einen Ausgleichsanpruch gegen den Vertreter, dessen Indossatar sowie gegen jede Partei, die den Wechsel direkt an den Vertreter gezahlt hat. Insofern kann auf die vorstehende Darstellung zu Art. 25 verwiesen werden. Obwohl die Konvention sich gegen eine Gleichstellung entschieden hat und die Folgen eines vollmachtslosen Indossamentes in Art. 26 formal gesondert behandelt, ist der vollmachtlose Vertreter damit im Ergebnis dem Fälscher gleichgestellt worden.

Nicht geregelt hat die Konvention die Voraussetzungen für die Erteilung und das Erlöschen der Vollmacht. Dies bestimmt sich nach nationalem Recht.[48] Vollmachtslos ist nach dem Verständnis der Arbeitsgruppe aber nur derjenige Vertreter, dessen Indossament den Vertretenen unter keinem rechtlichen Gesichtspunkt zu binden vermag. Ein Vertreter, der zwar ohne Vollmacht indossiert, dessen Geschäftsherr sich aber die Indossierung aufgrund einer Rechtsscheins- oder Anscheinsvollmacht nach nationalem Vertretungsrecht zurechnen lassen muß, gilt nicht als vollmachtslos im Sinne des Art. 26.[49]

10.4 Bewertung der Kompromißlösung der UNCITRAL-Konvention.

Die Kompromißlösung der Konvention hat neben vereinzelter Kritik überwiegend Zustimmung erfahren.[50] Die Güte des Kompromisses hängt davon ab, wie die durch ein gefälschtes oder vollmachtsloses Indossament verursachten wirtschaftlichen und rechtlichen Probleme von der Regelung der Konvention gelöst werden. Im Zusammenhang mit einem gefälschten oder vollmachtslosen Indossament ist darauf zu achten, daß das wirtschaftliche Risiko eines mangelbehafteten Indossamentes von derjenigen Partei getragen wird, welche sich am besten gegen dieses Risiko schützen kann.

Die Konvention hat sich dafür entschieden, wirtschaftlich das Risiko eines mangelhaften Indossamentes dem direkten Indossatar des Fälschers oder vollmachtslosen Vertreters aufzuerlegen. Damit übernimmt die Konvention

---

48 Vgl. *Schinnerer*, FS Wagner S.315(325).

49 Vgl. *Herrmann*, 10 U. Pa. J.Int'l Bus.L. 517,529 (1988); sowie die Erläuterung in UNCITRAL Yb. 1985 Vol.16 A/CN.9/261 S.148 Anm.43.

50 Kritisch *Dohm*, 21 Am.J.Comp.L. 474,492ff (1973); *Bloch*, J.Dr.Int.1979,770(786); UNCITRAL Yb. 1988 Vol.19 A/43/405 S.194 Anm.14, S.200 Anm.12; S.204 Anm.18; zustimmend *Mertens/Pflug*, AG 1978, 219(281), *Schinnerer*, ÖBankA 1986,259(262f); *v.Marshall*, 1987 Ariz.J.Int'l. & Comp.L. S.6,17.

den anglo-amerikanischen Grundsatz "Kenne Deinen Indossanten".[51] Dieser Grundsatz findet seine Berechtigung in der Überlegung, daß der Indossatar selbst am ehesten die Berechtigung zur Indossierung seines Indossanten überprüfen kann.[52] Diese Entscheidung folgt dem anglo-amerikanischen Recht und widerspricht dem Genfer System, in welchem der vormalige Eigentümer das Risiko trägt.[53] An dieser Risikozuweisung an den Indossatar ist verschiedentlich kritisiert worden, daß die Prämisse, der Indossatar könne die Berechtigung des Indossanten am besten überprüfen, bei Internationalen Rechtsgeschäften nicht zuträfe.[54] Der Indossatar sei gewöhnlich eine Bank, die nicht alle ihre Indossanten kennen könne. Diese Argumentation hat sich die Arbeitsgruppe auch bei der Einführung des Verschuldensprinzips für die Haftung des Inkassoindossatars in Art. 25 (2) zu eigen gemacht.[55]

Trotzdem ist die Risikozuweisung der Konvention zu billigen.[56] Einmal scheint das Fälschungsrisiko keine besondere Bedeutung bei Internationalen Wechseln zu haben,[57] so daß die Entscheidung der Konvention geringe praktische Bedeutung hat.[58] Ferner scheinen die am Einzug von Internationalen Wechseln beteiligten Parteien eine Praxis entwickelt zu haben, die das Fälschungsrisiko minimiert.[59] Entscheidend dürfte aber der Gesichtspunkt sein, daß gerade die Banken sich am ehesten gegen das Risiko eines mangelbehafteten Indossamentes versichern können.

Die Regelung der Konvention entspricht im übrigen in ihren rechtlichen Konsequenzen der Regelung des Genfer Systems[60] und übernimmt dessen

---

51 UNCITRAL Yb. 1982 Vol.13 A/CN.9/213 S.147 Art.23 Anm.28; *Schinnerer*, ÖBankA 1986,259(262f); *Dohm*, 21 Am.J.Comp.L. 474,492 (1973); *Schinnerer*, FS Wagner S.315(323f); *Herrmann*, 10 U. Pa. J.Int'l Bus.L. 517,528 (1988).

52 Vgl. *Dohm*, 21 Am.J.Comp.L. 474,492 (1973); UNCITRAL Yb. 1972 Vol.3 A/CN. 9/67 S.160 Art.22 Anm.13; UNCITRAL Yb. 1982 Vol.13 A/CN.9/213 S.146 Art.23 Anm.22; a.A. *Bloch*, J.Dr.Int.1979,770(786).

53 Vgl. *Liesecke*, WM 1973,442(449); *Vis*, 27 Am.J.Comp.L. 547,560 (1979).

54 *Dohm*, 21 Am.J.Comp.L. 474,492 (1973); *Bloch*, J.Dr.Int.1979,770(786); vgl. auch *Schinnerer*, FS Wagner S.315(328); UNCITRAL Yb. 1988 Vol.19 A/43/405 S.200 Anm.12; UNCITRAL Yb. 1984 Vol.15 A/CN.9/249 Add.1 S.113 Anm.7.

55 Vgl. UNCITRAL Yb. 1985 Vol.16 A/CN.9/261 S.147 Anm.30f.

56 So auch im Ergebnis *Mertens/Pflug*, AG 1978, 219(281); *Liesecke*, WM 1973, 442(449).

57 *Vis*, 27 Am.J.Comp.L. 547,553 (1979); und *Allan*, X. I.Tr.L.S. S.313(338); vgl. aber die Auswertung des Fragebogens von UNCITRAL in UNCITRAL Yb. 1970 Vol.1 A/CN.9/38 S.252 Anm.51, S.254 Anm.69.

58 So auch *Herrmann*, 10 U. Pa. J.Int'l Bus.L. 517,528f (1988).

59 Vgl. UNCITRAL Yb. 1970 Vol.1 A/CN.9/38 S.252 Anm. 51 Fn.86; S.254 Anm. 69 Fn.111; *Vis*, 27 Am.J.Comp.L. 547,553 Fn.37 (1979).

60 Vgl. UNCITRAL Yb. 1984 Vol.15 A/CN.9/SR.287 S.346 Anm.49.

Vorteile.[61] Der Umlauf des Internationalen Wechsels wird nicht behindert, da auch ein mangelbehaftetes Indossament Transportwirkung hat. Die Zahlung des redlichen, nicht fahrlässigen Wechselschuldners führt zu seiner Enthaftung und bringt die Wechselschuld zum Erlöschen. Eine Rückabwicklung der Rechtsgeschäfte der Wechselparteien untereinander findet nicht statt. Eine Regreßkette wird vermieden.[62] Der Vormann, der durch das mangelbehaftete Indossament einen Schaden erlitten hat, hat einen direkten Anspruch gegen den Indossatar des Fälschers bzw. vollmachtslosen Vertreters.[63]

Weniger gelungen ist dagegen die dem anglo-amerikanischen Recht entlehnte Gleichbehandlung von Fälscher und vollmachtslosem Vertreter. Diese ist von Vertretern des Genfer Systems auch bereits mehrfach als ungerechtfertigt kritisiert worden.[64] Kritisiert wurde unter anderem die Risikozuweisung einer vollmachtslosen Indossierung an den Indossatar. Dieses Risiko entspringe, anders als das Fälschungsrisiko, regelmäßig der Gefahrensphäre des Geschäftsherrn, der sich eines Vertreters bediene. Der Geschäftsherr müsse das Risiko tragen, welches sich aus seiner Einschaltung von Hilfspersonen ergäbe.[65] Obendrein sei der vollmachtslose Vertreter dem Indossatar in der Regel bekannt, so daß diesem Nachforschungen über die Vollmacht des Vertreters regelmäßig nicht zugemutet werden könnten.[66] Als Kompromißlösung wurde vorgeschlagen, die Haftung des Indossatars eines vollmachtslosen Vertreters als Verschuldenshaftung auszugestalten.[67]

Diese Anregung ist nicht aufgenommen worden. Die jetzige Regelung ist mit dem Argument beibehalten worden, die Argumente, die für eine Haftung des Indossatars im Fall einer Fälschung sprächen, träfen auch für den Fall der vollmachtslosen Indossierung zu.[68] Außerdem sei die Unterscheidung zwi-

---

61 Vgl. UNCITRAL Yb. 1982 Vol.13 A/CN.9/213 S.146 Art.23 Anm.19-20; *v.Marshall*, 1987 Ariz.J.Int'l. & Comp.L. S.6,17; *Mertens/Pflug*, AG 1978, 219(281); *Vis*, 27 Am.J.Comp.L. 547,554,560 (1979)

62 A.A. die Stellungnahme der Schweiz in UNCITRAL Yb. 1988 Vol.19 A/43/405 S.200 Anm.12.

63 Vgl. UNCITRAL Yb. 1982 Vol.13 A/CN.9/213 S.146 Art.23 Anm.19-22; *Vis*, 27 Am.J.Comp.L. 547,560 (1979).

64 UNCITRAL Yb. 1984 Vol.15 A/CN.9/SR.287 S.344f Anm. 28,29,37; UNCITRAL Yb. 1985 Vol.16 A/CN.9/261 S.148 Anm.42; UNCITRAL Yb. 1986 Vol.17 A/41/17 S.7f Anm.23; *Mertens/Pflug*, AG 1978, 219(282).

65 *Mertens/Pflug*, AG 1978, 219(282).

66 *Mertens/Pflug*, AG 1978, 219(282); UNCITRAL Yb. 1986 Vol.17 A/41/17 S.7f Anm.23ff; UNCITRAL Yb. 1985 Vol.16 A/CN.9/261 S.148 Anm.41f.

67 UNCITRAL Yb. 1986 Vol.17 A/41/17 S.8 Anm.24; UNCITRAL Yb. 1985 Vol.16 A/CN.9/261 S.149 Anm.44f.

68 UNCITRAL Yb. 1985 Vol.16 A/CN.9/261 S.148 Anm.43; vgl. *Herrmann*, 10 U. Pa. J.Int'l Bus.L. 517,529 (1988).

schen einem Fälscher und einem vollmachtslosen Vertreter in der Praxis schwierig.[69]

Die Gleichbehandlung von Fälscher und vollmachtslosen Vertreter in der Konvention vermag aus mehreren Gründen nicht zu überzeugen. Einmal ist der formale Aufbau der Konvention widersprüchlich. Die Konvention regelt ein nach Ansicht der Arbeitsgruppe einheitliches Problem in zwei verschiedenen Vorschriften. Dadurch wird der Irrtum erzeugt, die Konvention würde unterschiedliche Regelungen für den Fälscher und den vollmachtslosen Vertreter enthalten. Bei näherer Betrachtung zeigt sich dann, daß beide Normen inhaltlich identisch sind. Die Doppelregelung der Artt. 25 und 26 ist nicht nur irreführend, sondern auch überflüssig.

Aber auch inhaltlich ist die Gleichbehandlung von Fälscher und vollmachtslosen Vertreter nicht überzeugend. Den Kritikern ist zuzustimmen, daß die Risikozuweisung an den Indossatar des vollmachtslosen Vertreters ungerechtfertigt erscheint. Der Fall des vollmachtslosen Vertreters unterscheidet sich von dem des Fälschers darin, daß sich beim vollmachtslosen Vertreter typischerweise ein Risiko aus dem Innenverhältnis des Vertreters mit seinem Geschäftsherrn konkretisiert. Eine Haftung des Indossatars gegenüber dem Geschäftsherrn für ein vollmachtsloses Indossament des Vertreters des Geschäftsherrn verkehrt die Risikoentstehung in ihr Gegenteil. Vielmehr ist es eine Angelegenheit des Geschäftsherrn, das Verhalten seines Vertreters zu überwachen. Eine Risikozurechnung, wie sie die Konvention vorsieht, wäre allenfalls unter dem Gesichtspunkt einer Verschuldenshaftung zu rechtfertigen. Der Indossatar haftet dem Geschäftsherrn aber gemäß Art. 26 (1)(b) ohne eigenes Verschulden. In seiner jetzigen Form ist die Lösung der Konvention bezüglich der Behandlung vollmachtsloser Indossamente daher unbillig.

Ungeachtet dieser Kritik ist aber abschließend festzustellen, daß insgesamt die Lösung des Problems mangelbehafteter Indossamente in der Konvention einen zufriedenstellenden Kompromiß darstellt.

10.5 Die Fälschung der Unterschrift.

Neben der Sonderregelung des Art. 25 für gefälschte Indossamente enthält die Konvention in Art. 34 eine generelle Regelung für gefälschte Unterschriften. Art. 34 bestimmt, daß eine gefälschte Unterschrift gegenüber der Person, deren Unterschrift gefälscht wurde, unwirksam ist. Allerdings muß sich diese Person eine gefälschte Unterschrift dann als eigene zurechnen lassen, wenn

---

69 UNCITRAL Yb. 1985 Vol.16 A/CN.9/261 S.148 Anm.43; vgl. *Herrmann*, 10 U. Pa. J.Int'l Bus.L. 517,529 (1988).

sie die Unterschrift genehmigt oder den Anschein erweckt, die Unterschrift wäre echt.[70]

Umstritten war, ob die Genehmigung ausdrücklich erfolgen muß[71] oder auch durch konkludentes Verhalten erfolgen kann. Frühere Fassungen ließen die ausdrückliche und konkludente Genehmigung zu.[72] Die Verwendung des Begriffes "konkludent" stieß jedoch auf Widerspruch, da die Arbeitsgruppe befürchtete, dieser Begriff sei zu unbestimmt und gäbe Anlaß zu divergierender Auslegung.[73] Die Mehrheit war jedoch der Ansicht, daß auch eine Person, die eine Genehmigung durch schlüssiges Verhalten vorspiegelt, durch ihr Verhalten gebunden sein sollte.[74] Die Arbeitsgruppe hat sich schließlich gegen eine ausdrückliche Erwähnung der "konkludenten" Genehmigung entschieden.[75] Dafür soll eine Person auch dann für eine gefälschte Unterschrift haften, wenn sie den Anschein erzeugt (represent), sie habe die Unterschrift genehmigt. Diese Kompromißlösung soll den Gerichten die Möglichkeit belassen, eine bindende Genehmigung auch dann anzunehmen, wenn die betreffende Person lediglich durch ihr Verhalten den Eindruck erweckt hat, sie habe die gefälschte Unterschrift genehmigt.[76] Damit dürfte auf dem Umweg über die Gerichte die Genehmigung durch schlüssiges Verhalten dennoch Eingang in Art. 34 finden.[77]

Ungeklärt geblieben ist die Frage, ob eine Person, die lediglich den Anschein einer Genehmigung erweckt, sich diesen Rechtsschein auch gegenüber einem Dritten zurechnen lassen muß, der die Fälschung kennt. Hier ist zu berücksichtigen, daß die Bindung durch Rechtsschein dem Schutz des Verkehrs dienen soll. Im vorliegenden Fall erscheint der Dritte, der durch seine Kenntnis von der Fälschung bereits gewarnt ist, aber nicht schutzwürdiger als die Person, deren Unterschrift gefälscht wurde. Daher wird in diesem Fall eine Zurechnung durch erzeugten Rechtsschein zu verneinen sein.[78]

Somit umfaßt Art. 34 neben der ausdrücklichen Genehmigung einer gefälschten Unterschrift auch die Genehmigung durch schlüssiges Verhalten.

---

70 Vgl. UNCITRAL Yb. 1982 Vol.13 A/CN.9/213 S.152 Art.30 Anm.1.

71 So UNCITRAL Yb. 1986 Vol.17 A/CN.9/SR.344 S.358 Anm.36.

72 Vgl. UNCITRAL Yb. 1982 Vol.13 A/CN.9/213 S.152 Art.30 Anm.1.

73 Vgl. UNCITRAL Yb. 1986 Vol.17 A/CN.9/SR.344 S.357f Anm.32ff; UNCITRAL Yb. 1984 Vol.15 A/CN.9/SR.294 S.364 Anm.26ff.

74 Vgl. UNCITRAL Yb. 1986 Vol.17 A/CN.9/SR.344 S.348 Anm.48; UNCITRAL Yb. 1986 Vol.17 A/41/17 S.20 Anm.146.

75 *Schinnerer*, FS Wagner S.315(324f) kritisiert die jetzige Formulierung als unklar.

76 UNCITRAL Yb. 1986 Vol.17 A/41/17 S.20 Anm.149; UNCITRAL Yb. 1986 Vol.17 A/CN.9/SR.344 S.348 Anm.48,62.

77 A.A. *Schinnerer*, FS Wagner S.315(325), der "mehr" als schlüssiges Verhalten verlangt, ohne jedoch zu sagen, worin dieses "mehr" bestehen soll.

78 So auch bereits UNCITRAL Yb. 1982 Vol.13 A/CN.9/213 S.152 Art.30 Anm.2.

Gegenüber Dritten, welche die Fälschung kennen, werden dagegen auch dann nicht geschützt, wenn die Person, deren Unterschrift gefälscht wurde, den Rechtsschein einer Genehmigung erweckt.

10.6 Die Verfälschung des Wechsels.

Art. 35 regelt schließlich die Rechtsfolgen einer Verfälschung eines Internationalen Wechsels. Art. 35 ist von den Artt. 12, 25 und 34 zu unterscheiden.[79] Art. 12 regelt den speziellen Fall der abredewidrigen Ausfüllung eines unvollständigen Wechsels. Art. 25 ist eine Sondernorm für die Fälschung eines Indossamentes, während Art. 34 den Fall der Fälschung einer sonstigen Unterschrift einer Wechselpartei regelt.

Art. 35 regelt dagegen die Verfälschung sonstiger Wechselerklärungen, wie z.B. die Wechselsumme, das Datum oder die Verfallszeit eines vollständigen, vollwirksamen Wechsels.[80] Verfälschung im Sinne des Art. 35 (3) ist dabei jede Änderung der schriftlichen Wechselerklärung einer Partei.

Art. 35 entspricht inhaltlich Art. 69 WG. Eine Verfälschung einer Wechselerklärung führt nicht zur Enthaftung der übrigen Wechselparteien.[81] Damit folgt die Konvention dem in Art. 7 WG niedergelegten Grundsatz der Unabhängigkeit der einzelnen Wechselerklärungen. Art. 35 steht somit im Gegensatz zum anglo-amerikanischen Wechselrecht, wo eine Verfälschung des Wechsels zur Enthaftung aller Parteien führt, die den Wechsel vor der Verfälschung unterzeichnet haben.[82]

Gemäß Art. 35 (1)(a) haftet eine Wechselpartei, welche nach der Fälschung den Wechsel zeichnet, nach dem verfälschten Wechseltext. Das Risiko einer Verfälschung liegt daher entsprechend der Regelung der Artt. 25 und 26 bei der Wechselpartei, die den Wechsel nach einer Verfälschung erwirbt.[83] Diese trägt das Risiko, daß ihr frühere Wechselparteien nur nach dem ursprünglichen Wechseltext haften, sie selbst aber nach dem verfälschten Text in Anspruch genommen werden kann. Art. 35 (2) stellt eine widerlegliche Vermutung dafür auf, daß die Wechselpartei den Wechsel nach der

---

79 Vgl. UNCITRAL Yb. 1982 Vol.13 A/CN.9/213 S.153 Art.31 Anm.1.

80 Vgl. UNCITRAL Yb. 1982 Vol.13 A/CN.9/213 S.153 Art.31 Anm.7.

81 UNCITRAL Yb. 1982 Vol.13 A/CN.9/213 S.153 Art.31 Anm.2.

82 *Allan*, X. I.Tr.L.S. S.313(327); vgl. sec. 3-407(1) UCC und *White*, 5 Ga.J.Int'l & Comp.L. 216,232 (1975). Eine Einschränkung gilt gemäß sec. 64 (1) BEA für Verfälschungen, die nicht aus dem Wechsel ersichtlich sind; vgl. *Halsbury's Laws of England* Vol.4 Nr.459.

83 Zur Risikoverteilung bei Art. 35 vgl. UNCITRAL Yb. 1982 Vol.13 A/CN.9/213 S.153 Art.31 Anm.4.

Verfälschung unterschrieben hat. Diese trägt somit die Beweislast für den Wechseltext zum Zeitpunkt ihrer Zeichnung.[84] Diese Beweislastverteilung entspricht grundsätzlich der des Art. 69 WG.[85] Allerdings differenziert Art. 69 WG hinsichtlich der Beweislast für das Vorliegen einer Änderung und der Beweislast für den Zeitpunkt der Zeichnung.[86] Art. 35 (2) legt die Beweislast dagegen einheitlich dem Wechselschuldner auf.

Art. 35 (2) ist deshalb als zu weitgehend kritisiert worden. Es wurde daher die Auslegung vorgeschlagen, daß Art. 35 (2) keine Anwendung finden sollte, wenn die Fälschung aus dem Wechsel ersichtlich sei.[87] Gegen diese Auslegung spricht einerseits der Wortlaut des Art. 35 (2), andererseits die Tatsache, daß ein potentieller Erwerber, der aus dem Wechsel erkennen kann, daß dieser gefälscht worden ist, diesen nicht erwerben wird, da nach der Risikoverteilung des Art. 35 (1) grundsätzlich er das Risiko einer Verfälschung zu tragen hat.

Wie im Genfer Wechselgesetz ist der Wechselschuldner bei seinem Beweis nicht auf die Wechselurkunde beschränkt, sondern kann auf andere, außerhalb der Wechselurkunde liegende Beweismittel zurückgreifen.[88]

Gemäß Art. 35 (1)(b) haftet eine Wechselpartei, die vor der Fälschung den Wechsel gezeichnet hat, nach dem ursprünglichen Wechseltext zur Zeit der Zeichnung, es sei denn, die Partei hat den Wechsel selber verfälscht, der Fälschung zugestimmt oder diese genehmigt.[89] Eine stillschweigende Genehmigung ist hier unzulässig.[90] Eine Genehmigung soll nach einer Ansicht sogar ganz ausgeschlossen sein, wenn die Veränderung zu Gunsten einer Wechselpartei erfolgt ist. In diesem Fall soll die Partei nur nach dem ursprünglichen Wechseltext haften.[91] Hier scheint eine pauschale Lösung unzweckmäßig. Dieses Problem sollte besser unter Anwendung der Grundsätze von Treu und Glauben im Einzelfall entschieden werden, da es von der Schutzwürdigkeit der Wechselparteien abhängig ist.[92]

Eine wichtige Abweichung des Art. 35 gegenüber Art. 69 WG ergibt sich jedoch bei der Ausgestaltung des Verkehrsschutzes. Grundsätzlich schützt Art. 69 WG nur den redlichen Erwerber, der auf einen zurechenbar verur-

---

84 UNCITRAL Yb. 1982 Vol.13 A/CN.9/213 S.153 Art.31 Anm.6.

85 Zu Art. 69 WG *Baumbach/Hefermehl* WG Art.69 Rn.6.

86 *Baumbach/Hefermehl* WG Art.69 Rn.6.

87 UNCITRAL Yb. 1988 Vol.19 A/43/405 S.204 Anm.21f.

88 UNCITRAL Yb. 1982 Vol.13 A/CN.9/213 S.153 Art.31 Anm.6.

89 Auch diese Regelung entspricht der Rechtslage bei Art. 69 WG, vgl. *Baumbach/Hefermehl* WG Art.69 Rn.3.

90 Vgl. UNCITRAL Yb. 1978 Vol.9 A/CN.9/147 S.165 Anm.44.

91 UNCITRAL Yb. 1987 Vol.18 A/CN.9/WG IV/WP.32/Add.2 S.79.

92 Zur Rechtslage im Genfer Wechselgesetz vgl. *Baumbach/Hefermehl* WG Art.69 Rn.5.

sachten Rechtsschein bezüglich der Richtigkeit des Wechselinhaltes vertraut hat, vor einer Verfälschung des Wechsels.[93] Art. 35 stellt dagegen nicht auf die Redlichkeit oder Schutzwürdigkeit des Erwerbers des Wechsels ab.[94] So haften Wechselparteien, die vor der Verfälschung den Wechsel gezeichnet haben, auch gegenüber einem "Geschützten Inhaber" nur in Höhe des ursprünglichen Wechseltextes. Umgekehrt haften die Wechselparteien, die den verfälschten Wechsel gezeichnet haben entsprechend dem verfälschten Wechseltext selbst gegenüber einem Inhaber, der die Verfälschung kannte.[95] Dieser Unterschied bei der Ausgestaltung des Verkehrsschutzes dürfte jedoch im Hinblick auf die bereits erwähnte geringe Zahl von Fälschungen bei Internationalen Wechseln bedeutungslos sein.

10.7 Die Haftung vollmachtsloser Vertreter.

So wie Art. 34 eine generelle Vorschrift für gefälschte Unterschriften enthält, regelt Art. 36 allgemein die Folgen des Fehlens der Vollmacht eines Vertreters. Während Art. 26 die Haftung speziell bei vollmachtsloser Indossierung regelt, erfaßt Art. 36 die übrigen Fälle des Handelns vollmachtsloser Vertreter. Art. 36 befaßt sich nur mit den Folgen des Handelns des Vertreters. Erteilung, Beendigung und Entzug der Vollmacht richten sich dagegen nach nationalem Vertretungsrecht.[96]

Art. 36 ist Art. 8 WG nachempfunden[97] und enthält inhaltlich wenig Überraschendes. Art. 36 (1) normiert die Selbstverständlichkeit, daß bei der Wechselzeichnung eine Vertretung zulässig ist. Der Vertreter muß gemäß Art. 36 (2) bevollmächtigt sein und den Wechsel erkennbar als Vertreter oder mit der Unterschrift des Geschäftsherrn unterzeichnen, um diesen zu verpflichten. Die Konvention stellt an die Offenkundigkeit der Vertretung ähnlich strenge Anforderungen wie Art. 8 WG. So sieht Art. 36 (4) vor, daß sich die Vertretereigenschaft allein aus dem Wechsel selbst ergeben muß. Ein Rückgriff auf außerhalb des Wechsels liegende Umstände ist ausgeschlossen.[98] Wie sich aus Art. 36 (3) ergibt, ist es auch ungenügend, wenn der Vertreter zwar seine Vertretereigenschaft offenlegt, nicht aber seinen Geschäfts-

---

93 Vgl. *Baumbach/Hefermehl* WG Art.69 Rn.7f.
94 UNCITRAL Yb. 1982 Vol.13 A/CN.9/213 S.153 Art.31 Anm.3,4.
95 UNCITRAL Yb. 1982 Vol.13 A/CN.9/213 S.153 Art.31 Anm.3,4.
96 Vgl. *Schinnerer*, FS Wagner S.315(325).
97 UNCITRAL Yb. 1987 Vol.18 A/CN.9/WG IV/WP.32/Add.1 S.69.
98 UNCITRAL Yb. 1982 Vol.13 A/CN.9/213 S.154 Art.32 Anm.5.

herrn benennt.[99] Dies gilt sogar dann, wenn der "holder" oder gar der "Geschützte Inhaber" die Vertreterstellung des Vertreters oder dessen Bevollmächtigung kannte.[100]

Schwierigkeiten können sich in diesem Zusammenhang für organschaftliche Vertreter ergeben. Wie mehrfach kritisiert wurde, enthält die Konvention keine Sonderbestimmung für Vertreter juristischer Personen.[101] Nach der Regelung der Konvention könnte ein organschaftlicher Vertreter, der für eine juristische Person ohne Angabe seiner Organstellung zeichnet, selbständig aus dem Wechsel haften.[102] Gleichwohl hat die Arbeitsgruppe die Verpflichtung zur Angabe der Organstellung abgelehnt. Bei fehlender Angabe der Organstellung ist die Vertretereigenschaft somit gleichfalls allein aus dem Wechsel zu bestimmen, wobei beispielsweise auf den Abstand der Unterschrift des Vertreters zu einem Firmensiegel oder Stempel abzustellen ist.[103]

Handelt der Vertreter ohne Vollmacht oder überschreitet er seine Vollmacht oder ist trotz Bevollmächtigung der Geschäftsherr nicht aus dem Wechsel ersichtlich oder wird trotz Bevollmächtigung die Vertretung nicht offen gelegt, so haftet der Vertreter gemäß Art. 36 (3) an Stelle des Geschäftsherrn aus dem Wechsel. Es ist jedoch zu beachten, daß ein vollmachtsloser Vertreter, der nur mit der Unterschrift seines Geschäftsherrn ohne Offenlegung seiner Vertreterstellung zeichnet, gemäß Art. 33 (2) als Fälscher und nicht nach Art. 36 (3) haftet.[104] Dies hat Folgen, wenn der Vertreter aus dem Wechsel in Anspruch genommen wird. Zahlt der Vertreter den Wechsel, so erlangt er gemäß Art. 36 (5) die vollen Rechte aus dem Wechsel, die dem vorgeblich Vertretenen zugestanden hätten.[105] Diese Regelung entspricht Art. 8 WG.[106] Dagegen stehen dem Fälscher gemäß Art. 33 (2) keine Rechte aus dem Wechsel zu.

Teilweise wurde vorgeschlagen, dem vollmachtslosen Vertreter nur die Pflichten, nicht aber auch die Rechte aus dem Wechsel gemäß Art. 36 (5) zukommen zulassen.[107] Dieser Vorschlag wurde jedoch abgelehnt, da gemäß

---

99 UNCITRAL Yb. 1982 Vol.13 A/CN.9/213 S.154 Art.32 Anm.4; UNCITRAL Yb. 1973 Vol.4 A/CN.9/77 S.113 Anm.110.

100 UNCITRAL Yb. 1982 Vol.13 A/CN.9/213 S.154 Art.32 Anm.6.

101 UNCITRAL Yb. 1984 Vol.15 A/CN.9/248 S.65 Anm. Uruguay; UNCITRAL Yb. 1987 Vol.18 A/CN.9/WG IV/WP.32/Add.5 S.91.

102 Vgl. UNCITRAL Yb. 1973 Vol.4 A/CN.9/77 S.113 Anm.111.

103 UNCITRAL Yb. 1973 Vol.4 A/CN.9/77 S.113 Anm.111.

104 UNCITRAL Yb. 1982 Vol.13 A/CN.9/213 S.154 Art.32 Anm.4.

105 UNCITRAL Yb. 1982 Vol.13 A/CN.9/213 S.154 Art.32 Anm.7.

106 Vgl. *Baumbach/Hefermehl* WG Art.8 Rn.10.

107 UNCITRAL Yb. 1987 Vol.18 A/CN.9/WG IV/WP.32/Add.1 S.69; UNCITRAL Yb. 1987 Vol.18 A/CN.9/288 S.63 Anm.155.

Art. 36 (3) der vollmachtslose Vertreter allein aus dem Wechsel haftet. Der Vertretene wird dagegen nicht aus dem Wechsel verpflichtet. Dieser Pflichtenverteilung trägt Art. 36 (5) Rechnung, wenn der Vertreter, der seiner Zahlungsverpflichtung nachkommt, auch die Rechte aus dem Wechsel erhält.[108]

---

108 Vgl. UNCITRAL Yb. 1987 Vol.18 A/CN.9/288 S.63 Anm.156.

§ 11 Das System von Inhaber und Geschütztem Inhaber.

Die Umlauffähigkeit des Wechsels ist eine wesentliche Voraussetzung für die Verwendung des Wechsels als Zahlungs- und Kreditmittel. Nur wenn dem Wechsel eine dem Bargeld vergleichbare Sicherheit und Verwertbarkeit zukommt, wird ein potentieller Wechselnehmer diesen als Zahlungs- oder Kreditsicherung entgegennehmen. Um eine vergleichbare Sicherheit und Verwertbarkeit zu erreichen, muß der Verkehr beim Umlauf vor Mängeln des Wechsels und der Wechselforderung geschützt werden. Diese Mängel können einerseits die Anspruchsberechtigung des Wechselinhabers, andererseits die Haftung der Wechselschuldner betreffen. Alle bestehenden Weltwechselsysteme schützen daher den Erwerber des Wechsels unter bestimmten Umständen in einem gewissen Umfang vor Mängeln. Unterschiede zwischen den Systemen ergeben sich aber in der dogmatischen Ausgestaltung und dem Umfang dieses Schutzes.

Das Genfer Wechselgesetz unterscheidet zwischen Mängeln der Anspruchsberechtigung des vermeintlichen Wechselinhabers und Einreden der Wechselschuldner gegen die Haftung aus dem Wechsel, die dem Inhaber des Wechsels entgegengehalten werden können. Erst wenn die Anspruchsberechtigung des Wechselinhabers geklärt ist und feststeht, daß der Wechselinhaber keinen konkurrierenden Ansprüchen Dritter an dem Wechsel ausgesetzt ist, prüft das Genfer Wechselgesetz dann bezüglich der konkret erhobenen Einreden, ob diese gegenüber dem Inhaber geltend gemacht werden kann.[1]

Im Genfer System ist der zur Geltendmachung des Wechselanspruchs Befugte, der rechtmäßige Wechselinhaber,[2] nur derjenige, dem das Eigentum an der die Wechselforderung verbriefenden Urkunde zusteht.[3] Die Rechte aus dem Wechsel sind an das Eigentum an der Urkunde gebunden. Dieses wird

---

1 Vgl. *Baumbach/Hefermehl* WG Art.17 Rn.3.

2 Die Bezeichnung "Inhaber" im deutschen Wertpapierrecht ist nicht ganz genau, da nicht zwischen dem tatsächlich Berechtigten und einem bloß formell legitimierten "Inhaber" unterschieden wird. Vgl. dazu *Ulmer* § 18 S.185f.

3 *Baumbach/Hefermehl* WG Art.16 Rn.1; *UUlmer* § 7 S.72; *Meier-Hayoz* § 2 Rn.216ff.

durch Indossierung und Übergabe übertragen.[4] Durch die Indossierung erwirbt der Indossatar mit dem Eigentum am Wechsel derivativ die Wechselforderung.[5] Die Berechtigung zur Geltendmachung der Rechte aus dem Wechsel wird nach Art. 16 I WG vermutet, wenn derjenige, der den Wechsel in den Händen hält, durch die äußere Erscheinung des Wechsels, insbesondere durch eine ununterbrochene Kette von Indossamenten, formell legitimiert ist.[6] Ist der Indossant nicht Eigentümer des Wechsels, so kann der Indossatar das Eigentum und damit die Wechselberechtigung gemäß Art. 16 II WG gutgläubig erwerben. Ist der Wechsel mit Ansprüchen oder Einwendungen Dritter belastet, so erwirbt auch der gutgläubige Wechselinhaber den Wechsel grundsätzlich belastet mit diesen Ansprüchen und Einreden. Diese können ihm gegenüber jedoch nicht geltend gemacht werden, wenn er bei Erwerb des Wechsels redlich im Sinne des Art. 17 WG war.[7]

Dagegen unterscheidet das anglo-amerikanische Rechtssystem nicht zwischen Mängeln der Berechtigung in Form von Ansprüchen auf die Urkunde und Einreden gegen die Haftung aus dem Wechselanspruch. Der Verkehrsschutz orientiert sich abstrakt an der Unterscheidung zwischen dem Inhaber (holder), der allen Ansprüchen und Einreden[8] ausgesetzt ist und dem "holder in due course", der durch Anordnung des Gesetzes weitgehend vor Ansprüchen und Einreden geschützt ist.[9] Das Gesetz schreibt vor, welche Voraussetzungen ein "holder" erfüllen muß, um den besonders geschützten Status eines "holder in due course" zu erlangen.[10] Dabei gilt der dem Genfer Recht entgegengesetzte Grundsatz, daß Kenntnis vom Bestehen irgendeiner Einrede den "holder" gegenüber allen Einreden verwundbar macht.[11] Hat ein "holder"

---

4 A.A. *Zöllner* § 14 I 1 b), der einen Übergang des Eigentums nach § 952 BGB vertritt. Zu diesem Streit, sowie der Frage, ob zusätzlich auch noch eine Übereignung im Sinne der § 929 ff BGB erforderlich ist siehe *Baumbach/Hefermehl* WG Art.11 Rn.1.

5 *Meier-Hayoz* § 2 Rn.219.

6 *Baumbach/Hefermehl* WG Einl. Rn.35f; Art.16 Rn.2.

7 Vgl. *Ulmer* § 24 S.227ff, § 26 S.239ff.

8 Zur Unterscheidung von "claims" und "defences" im anglo-amerikanischen Recht *Weber/Speidel* S.258f: ein "claim" dient der Geltendmachung eines "dinglichen" (property) Rechts an dem Wertpapier zum Zweck der Haftungsbegründung; eine "defense" ist jede Verteidigung, die bei einem "simple contract" zulässig ist, sowie spezielle, die eigene Haftung ausschließende wertpapierrechtliche Einwendungen.

9 Im englischen Recht wird teilweise noch der Begriff "bona fide holder for value" verwandt, der aber mit dem Begriff des "holder in due course" gleichzusetzen ist. Vgl. *Ulmer* FG Heck S.178 (192). Dieser Begriff ist von dem des "holder for value" zu trennen, der einen "holder" bezeichnet, der für den Wechsel eine Gegenleistung erbracht hat, aber nicht "holder in due course" zu sein braucht.

10 Sec. 3-302 (1) UCC; sec. 29 (1) BEA.

11 Vgl. sec. 3-201 (1)(c) UCC; *Weber/Speidel* S.264.

den Status eines "holder in due course" erlangt, so ergibt sich aus dem Gesetz, welche Ansprüche und Einreden ihm gegenüber erhoben werden dürfen.[12]

Die dogmatische Konstruktion des Schutzes des Verkehrs ist einer der Hauptunterscheidungspunkte des Genfer- und des anglo-amerikanischen Wechselsystems. Über die Vor- und Nachteile der jeweiligen Systeme ist bereits viel gestritten worden.[13] Die Lösung der Konvention ist daher von besonderem Interesse.

11.1 Überblick über die Systematik.

Die Konvention regelt die Rechtsstellung des Wechselberechtigten eines Internationalen Wechsels in Kapitel 4. Die Konvention unterscheidet zwischen zwei Typen von Wechselberechtigten, dem "Inhaber" (holder) und dem "Geschützten Inhaber" (protected holder). Art. 27 (1) regelt die Rechte des Wechselberechtigten einheitlich für beide Typen von Inhabern. Dagegen unterscheiden Art. 28 und 30 hinsichtlich der Ansprüche und Einreden, die gegen einen Wechselberechtigten geltend gemacht werden können, danach, ob der Berechtigte nur den Status eines "Inhabers" innehat oder ob ihm der Status eines "Geschützten Inhabers" zukommt. Art. 32 enthält die widerlegliche Vermutung, daß jeder "Inhaber" ein "Geschützter Inhaber" sei.

In der Anlage differenziert die Konvention damit entsprechend dem anglo-amerikanischen Rechtskonzept zwischen zwei Inhabertypen, wobei der "einfache" Inhaber grundsätzlich Ansprüchen und Einwendungen ausgesetzt bleibt, während der "Geschützte Inhaber" weitgehend vor Ansprüchen und Einwendungen geschützt ist.[14] Diese Systematik ist seit Beginn der Entwurfsarbeiten ein Hauptmerkmal der Konvention.[15] Offenbar hat die Zusammensetzung der ersten Arbeitsgruppe, in welcher die dem anglo-amerikanischen Wechselsystem zugehörigen Staaten die Majorität besaßen, die Orientierung der Konvention an anglo-amerikanischen Rechtsideen stark begünstigt.[16] Diese Systematik ist auch als Konzession der Vertreter der Genfer

---

12 Sec. 3-305, 3-306 UCC; sec. 38 (2) BEA.

13 Vgl. *Greene*, 46 Marq. L.Rev. 281 (1962-1963) aus amerikanischer Sicht; zur historischen Entwicklung beider Systeme mit kritischer Anmerkung zur Differenzierung im kontinental europäischen System, *Ulmer* FG Heck S.178 (204ff).

14 Siehe Art. 28 (1)(e) einerseits, Art.30 (1) andererseits. Vgl. auch *Coing*, FS Barz S.443(455).

15 Vgl. Art. 5 (4),(7) in UNCITRAL Yb. 1972 Vol.3 A/CN.9/67 S.150f und *Vis* Unification 6-15.

16 So jedenfalls *Schinnerer* Konventionsentwürfe S.9f.

Konvention an die anglo-amerikanischen Staaten bezeichnet worden, um die Konvention für diese Staaten akzeptabel zu gestalten.[17]

Die Konzeption des "Inhabers" und des "Geschützten Inhabers" ist von den Vertretern des Genfer Systems bis zuletzt kritisiert worden. Hauptkritikpunkt war die Unterscheidung von zwei verschiedenen Inhabertypen, welche als schwer verständlich, umständlich und letztlich auch überflüssig kritisiert worden ist. Weiter wurde der Gesetzesstil bemängelt, der zu ausgiebig von Querverweisen Gebrauch mache.[18] Allein Art. 29 verweise für die Definition des "Geschützten Inhabers" auf 14 Artikel der Konvention.[19] Befürchtet wird, daß die Regelung der Konvention zur Rechtsunsicherheit führen und die Anwendung der Konvention ernsthaft gefährden wird.[20]

Wie im folgenden zu zeigen sein wird, ist der Unterschied zwischen den beiden Inhabertypen durch die Einführung des einwendungsfreien, gutgläubigen Erwerbs auch für den "einfachen" Inhaber tatsächlich weitgehend aufgehoben worden. Der Schutz des "einfachen" Inhabers ist einer der Hauptunterscheidungspunkte der Konvention gegenüber dem anglo-amerikanischen Wechselsystemen. Der Schutz auch des "einfachen" Inhabers ist ein Kompromiß in der Systematik und stellt eine der wesentlichen Konzessionen an die Vertreter des Genfer Wechselsystems dar, für die der ursprüngliche, dem anglo-amerikanischen Recht entlehnte "Alles oder Nichts"-Ansatz der Konvention inakzeptabel war.[21] Im Ergebnis kommt das System der UNCITRAL Konvention, ungeachtet der Kritik der Vertreter des Genfer Wechselgesetzes, dem Genfer Wechselrecht wesentlich näher als dem anglo-amerikanischen System.[22]

Im folgenden sollen die Rechtspositionen des "Inhabers" und des "Geschützten Inhabers" erläutert und die Unterschiede hinsichtlich des Verkehrsschutzes dargestellt werden.

---

17 UNCITRAL Yb. 1984 Vol.15 A/CN.9/SR.289 S.349 Anm.11.

18 Vgl. UNCITRAL Yb. 1988 Vol.19 A/43/405 S.192f Anm.18-34; S.194 Anm.10ff; S.198 Anm.11-16; S.200 Anm.13.

19 UNCITRAL Yb. 1988 Vol.19 A/43/405 S.192 Anm.24-26; vgl. auch S.194 Anm.11; S.198 Anm 11-15.

20 Vgl. UNCITRAL Yb. 1988 Vol.19 A/43/405 S.198 Anm.14-16; S.200 Anm.13.

21 Vgl. *Herrmann*, 10 U. Pa. J.Int'l Bus.L. 517,527 (1988).

22 Zu diesem Ergebnis kommt auch *Volken*, SZW 1990,100(106); vgl. auch *Ganten/ Jahn*, Die Bank 1987,394(397).

11.2 Die Rechtsposition des "Inhabers" unter der UNCITRAL-Konvention.

Die Konvention enthält in Art. 5 (f) eine recht nichtssagende Definition des "Inhabers".[23] Danach ist ein Inhaber "*eine Person, die im Besitz eines Wechsels in Übereinstimmung mit Artikel 15 ist.*" Der Begriff des "Inhabers" wird somit erst in Art. 15 definiert. Nach Art. 15 (1)(a) ist "Inhaber" zum einen der Begünstigte, der das Papier in Besitz hat. Der Begünstigte (payee) ist seinerseits in Art. 5 (e) als diejenige Person definiert, "*zu deren Gunsten der Aussteller eines Wechsels anweist, Zahlung zu leisten oder der Aussteller eines Eigen-Wechsels zusagt, zu zahlen*". Dies entspricht bestehendem Recht in beiden Wechselsystemen.
Nach Art. 15 (1)(b) ist auch derjenige "Inhaber", der

— im Besitz eines Papieres ist, welches
— auf ihn indossiert ist oder in welchem das letzte Indossament blanko ist und
— auf dem eine ununterbrochene Kette von Indossamenten erscheint,
— auch wenn eines dieser Indossamente gefälscht oder von einem Vertreter, der hierzu keine Ermächtigung hatte, unterschrieben war.

Besonders interessant an dieser Vorschrift sind die Bestimmungen über die Legitimation des "Inhabers". Hier hat die Konvention eine Lösung gefunden, welche die beiden bestehenden Wechselsysteme kombiniert. Nach Art. 15 (1)(b) muß der "Inhaber" den Wechsel in Besitz haben und durch eine ununterbrochene Indossamentenkette ausgewiesen sein, es sei denn, das letzte Indossament ist ein Blankoindossament.

Es ist offen geblieben, ob unter den in der Konvention nicht näher definierten Begriff "Besitz" jede Besitzform zu fassen ist. Beide bestehenden Wechselrechtssysteme lassen neben unmittelbaren Besitz auch andere Besitzformen zu, solange der Besitzer tatsächlichen Einfluß auf den Inhaber der tatsächlichen und unmittelbaren Sachgewalt nehmen kann und dieser den Willen hat, den Besitz für den Besitzer auszuüben.[24] Für die Konvention wird

---

23 Nach mehreren Änderungen erscheint Art. 5 (f) nunmehr überflüssig. Vgl. dagegen die ursprüngliche, jetzt teilweise in Art. 15 enthaltene, Definition in UNCITRAL Yb. 1972 Vol.3 A/CN.9/67 S.150 Art.5 (4).

24 Zur Lehre der "constructive possession" im anglo-amerikanischen Wechselrecht vgl. *Billingsley v. Kelly* 261 Md. 116, 274 A.2d 113,119 (Ct.App.Md.1971); *Corporacion Venezolana de Fomento v. Vintero Sales* 452 F.Supp. 1108,1117, 24 U.C.C. Rep. Serv. 1199 (S.D. N.Y. 1978); zum deutschen Recht siehe *Baumbach/Hefermehl* WG Art.16 Rn.1; *Stranz* WG Art.16 Anm.2 a.

die Ansicht vertreten, "Besitz" sei nicht im streng juristischen Sinn einer bestimmten Rechtsordnung zu verstehen, sondern entspräche dem "in den Händen halten" des Art. 16 WG.[25] Für diese Ansicht spricht die bereits erwähnte undogmatische Vorgehensweise der Arbeitsgruppe. Es kann daher davon ausgegangen werden, daß Besitz im Sinne des Art. 15 (1) jede Form der tatsächlichen Sachgewalt über den Wechsel umfaßt.

Besitzverlust führt zum Verlust der Inhaberstellung.[26] Im Falle eines unfreiwilligen Besitzverlustes hat der Inhaber unter der Konvention die in den Artt. 78-83 für verlorengegangene Papiere bestimmten Rechte.[27]

Der "Inhaber" muß ferner durch eine ununterbrochene Indossamentenkette legitimiert sein. Dieses Erfordernis soll dazu dienen, den Inhaber allein durch Betrachtung des Wechsels zu bestimmen.[28] Da die Konvention bezüglich der Transportwirkung gefälschter oder vollmachtsloser Indossamente dem Genfer Wechselrecht folgt, erlangt ein Erwerber auch dann die Rechtsstellung eines "Inhabers", wenn eines oder mehrere der Indossamente mangelbehaftet war. Insoweit entspricht Art. 15 (1)(b) inhaltlich Art. 16 I 1 WG[29] und bricht mit anglo-amerikanischen Rechtsprinzipien.

Das anglo-amerikanische Wechselrecht fordert zwar ebenfalls für die Erlangung der "holder" Stellung Besitz und Indossierung an den Besitzer.[30] Eine ununterbrochene Indossamentenkette wird dagegen nicht verlangt. Dies liegt zum einen daran, daß das anglo-amerikanische Wechselrecht auch eine wechselrechtliche Übertragung eines Inhaberwechsels kennt, der ohne weiteres Indossament übertragen werden kann.[31] Entscheidend dürfte aber sein, daß im anglo-amerikanischen Wechselrecht einem gefälschten oder vollmachtslosen Indossament keine Transportwirkung zukommt. Dies führt bei einem Orderwechsel dazu, daß niemand diesen Wechsel als "holder"

---

25 *Coing*, FS Barz S.443(449).

26 So auch *Coing*, FS Barz S.443(449); *Schinnerer*, FS Wagner S.315(321).

27 UNCITRAL Yb. 1982 Vol.13 A/CN.9/213 S.130 Art. 4 (6) Anm.9; näheres dazu in Kapitel 11.5.2 S.166.

28 UNCITRAL Yb. 1982 Vol.13 A/CN.9/213 S.138 Art.14 Anm.7; zustimmend *Crawford* Remarks S.7.

29 *Vis* Unification 6-15f; vgl. zu Art. 16 WG: *Ulmer* § 24 S.228; *Stranz* WG Art.16 Anm.10; vgl. auch *Jäggi/Druey/Greyerz* § 27 Nr. IV 3. Diese Übereinstimmung hat *Mertens/Pflug*, AG 1978,219(220) zu dem Schluß kommen lassen, die Rechtsstellung des "Inhabers" entspräche der eines "formell berechtigten Inhabers" gemäß Art. 16 I WG.

30 Vgl. Sec. 1-201 (20) UCC, sec. 2 BEA.

31 Sec. 3-202 (1) UCC, sec. 31 (2) BEA.

erwerben kann.[32] Daraus ergibt sich, daß einer Indossamentenkette im angloamerikanischen Wechselrecht nur geringe Legitimationswirkung zukommt.

Ebenso wie im Genfer Recht ist der "holder" im anglo-amerikanischen Wechselrecht nicht notwendig auch der materiell rechtmäßige Wechselinhaber.[33] Vielmehr ähnelt der einfache "holder" des anglo-amerikanischen Wechselrechts dem "formell legitimierten Inhaber" des Art. 16 I 1 WG. Während dieser aber lediglich kraft gesetzlicher, widerleglicher Vermutung die Rechte eines Wechselinhabers ausüben darf, stehen auch einem unrechtmäßigen "holder" eigene, originäre Rechte aus dem Gesetz zu.[34]

Diesen Ansatz hat Art. 15 wiederum aus dem anglo-amerikanischen Wechselrecht übernommen. Art. 15 (1)(b) und 15 (3) machen deutlich, daß auch Geschäftsunfähigkeit, Täuschung, Zwang, Irrtum oder gefälschte und vollmachtslose Indossamente einen Wechselerwerber nicht an der Erlangung der Stellung eines "Inhabers" hindern. Vielmehr kann selbst ein Dieb zum "Inhaber" des Papieres werden.[35] Entsprechend der Rechtslage im anglo-amerikanischen Recht erkennt Art. 27 (1) dem "Inhaber" eigene Rechte aus dem Wechsel zu. Somit erwirbt auch ein unrechtmäßiger Wechselinhaber in der Konvention im Gegensatz zu Art. 16 I WG eigene Rechte aus dem Wechsel. Die Gewährung dieser Rechte ist aber nicht mit der materiellen Berechtigung im Genfer Wechselgesetz gleichzusetzen. Das zeigt Art. 28 (2). Dieser beschränkt die Rechte des "Inhabers" dadurch, daß diese "*jedem wirksamen Anspruch auf den Wechsel ausgesetzt sind..., aber nur, wenn [der Inhaber] das Papier mit Kenntnis eines derartigen Anspruch nahm oder wenn er das Papier durch Täuschung oder Diebstahl erlangt hat.*"

Diese Einschränkung zeigt, daß auch in der Konvention die Frage der materiellen Berechtigung letztlich unabhängig von der Erlangung der Rechtsposition eines "Inhabers" entschieden wird. Die Erlangung der Stellung eines "Inhabers" in der Konvention ist also nicht gleichbedeutend mit der materiellen Berechtigung und dem Eigentum am Wechsel.[36] Anders als im Genfer Wechselgesetz übt der "Inhaber" seine Rechte aber nicht nur kraft einer widerleglichen Vermutung aus, sondern die Konvention gesteht ihm eigene Rechte zu, die allerdings den Rechten anderer Wechselparteien ausgesetzt bleiben. Damit stellt der "Inhaber" der Konvention einen Zwitter dar, der einerseits durch eine ununterbrochene Indossamentenkette formell legitimiert

---

32 Vgl. sec. 3-404 (1) UCC, sec. 24 BEA; *Whaley*, 65 Ind.L.R. 45,71 (1967); *White/Summers* § 14-3 S.617; vgl. aber *White*, 65 Mich.L.R. 1315,1326ff (1972).

33 Vgl. *Falconbridge-Crawford* § 5100 b).

34 Siehe Sec. 38 BEA; sec. 3-301, 3-305, 3-306.

35 *Coing*, FS Barz S.443(449).

36 UNCITRAL Yb. 1982 Vol.13 A/CN.9/213 S.138 Art.14 Anm.5f.

sein muß, dem aber andererseits aufgrund dieser formellen Legitimation bereits eigene materielle Rechte zustehen.

11.3 Die Rechtsposition des "Geschützten Inhabers".

Einer der Hauptunterschiede der Konvention zum Genfer Wechselrecht liegt in der Schaffung der besonderen Rechtsstellung eines "Geschützten Inhabers" für den redlichen Erwerber eines Wechsels. Dieses Konzept des "Geschützten Inhabers" ist dem "holder in due course" des BEA und UCC nachempfunden worden.[37] Es ist aber bewußt eine andere Bezeichnung gewählt worden, um jeden Rückgriff auf nationale Rechtsvorstellungen auszuschließen und um zu verdeutlichen, daß der "Geschützte Inhaber" ein neues Konzept darstellt, welches sich vom "holder in due course" ebenso unterscheidet wie vom gutgläubigen Erwerber des Genfer Rechts.[38] Ein hervorstechender Unterschied zwischen dem "Geschützten Inhaber" und dem "holder in due course" ist, daß in der Konvention die Stellung eines "Geschützten Inhabers" auch ohne Erbringung einer Leistung (value) seitens des Erwerbers erlangt werden kann.[39] Anders als in sec. 29 (1)(b) BEA und sec. 3-302 (1)(a) UCC fordert Art. 29 nicht, daß der Wechsel "for value" erworben wurde. Begründet wurde dieser Unterschied mit der Schwierigkeit, die verschiedenen nationalen Konzepte der Behandlung von Gegenleistungen (value, consideration) zu vereinheitlichen.[40]

Die Konvention "definiert" den Begriff des "Geschützten Inhabers" in Art. 5 (g) unter Bezug auf Art. 29. Da hier, wie bei Art. 5 (f), die eigentliche Definition des Begriffes vollständig in der in Bezug genommenen Norm enthalten ist, erscheint die Definitionsnorm des Art. 5 (g) überflüssig.
Art. 29 bestimmt nun den Begriff des "Geschützten Inhabers" als

— einen Inhaber (holder) des Papieres,
— welches bei Erwerb vollständig war oder
— unvollständig war, jedoch später entsprechend Art. 12 vervollständigt wurde

37 Siehe die Diskussion in UNCITRAL Yb. 1984 Vol.15 A/CN.9/SR.289; siehe auch *Mertens/Pflug*, AG 1978,219(226); *Herrmann*, 10 U. Pa. J.Int'l Bus.L. 517,527 (1988).

38 UNCITRAL Yb. 1984 Vol.15 A/CN.9/SR.289 S.350 Anm.20; vgl. auch *Allan*, X. I.Tr.L.S. S.313(321).

39 *Allan*, X. I.Tr.L.S. S.313(321); *O'Callaghan*, XV. I.Tr.L.C. S.11; vgl. zum anglo-amerikanischen Recht *Byles* S.219,224; *Hawkland* § 3-303:01.

40 UNCITRAL Yb. 1982 Vol.13 A/CN.9/213 S.131 Art.4 (7) Anm.17; UNCITRAL Yb. 1972 Vol.3 A/CN.9/67 S.152 Art.5 (7) Anm.8.

unter der Voraussetzung, daß zum Zeitpunkt des Erwerbs der Holderstellung

— (a) er keine Kenntnis vom Bestehen einer Einrede gegen die Haftung im Sinne der Paragraphen (a), (b), (c) und (e) des Absatzes (1) des Art. 28 hatte;
— (b) er keine Kenntnis vom Bestehen eines gültigen Anspruches irgendeiner Person auf das Papier hatte;
— (c) keine Kenntnis von der Tatsache hatte, das es nicht angenommen oder nicht bezahlt wurde;
— (d) die in Art. 55 für die Vorlage zur Zahlung bestimmte Frist noch nicht verstrichen war;
und
— (e) er das Papier nicht durch Betrug oder Diebstahl erworben hat oder sich an einem das Papier betreffenden Betrug oder Diebstahl beteiligt hat.

11.3.1 Vollständigkeit des Papieres.

Art. 29 setzt voraus, daß der Wechsel bei Erwerb vollständig war oder aber entsprechend Art. 12 später vervollständigt worden ist. Darin, daß auch der Erwerb eines unvollständigen Papieres nicht den Erwerb der Rechtsstellung eines "Geschützten Inhabers" hindert, liegt ein Unterschied zwischen dem "holder in due course" des anglo-amerikanischen Rechtskreises und dem "Geschützten Inhaber".

Diese Regelung war lange umstritten. Ursprünglich sollte ein Papier bei Erwerb "äußerlich vollständig und ordnungsgemäß" erscheinen.[41] Die erforderliche Vollständigkeit des Papieres bezog sich auf die Voraussetzungen der Artt. 1 bis 3, während das Erfordernis der Ordnungsgemäßheit das äußere Erscheinungsbild des Papieres betraf, wie beispielsweise die Übereinstimmung der Unterschriften oder sichtbare Veränderungen der übrigen Wechselerklärungen.[42] "Äußerlich" bedeutete dabei, daß der Erwerber sich nicht um außerhalb des Papieres liegende Umstände hätte zu kümmern brauchen.[43] Mit diesem Vorschlag wäre das anglo-amerikanische Prinzip übernommen

---

41 "On the face of it, appears to be complete and regular..."; UNCITRAL Yb. 1972 Vol.3 A/CN.9/67 S.150 Art.5 (7).

42 UNCITRAL Yb. 1972 Vol.3 A/CN.9/67 S.151 Art.5 (7) Anm.3.

43 UNCITRAL Yb. 1972 Vol.3 A/CN.9/67 S.151 Art.5 (7) Anm.3.

worden, wonach ein Papier beim Erwerb "jenseits jeden Zweifels" erscheinen muß, um die Redlichkeit des holder in due course zu wahren.[44]

Dieser Vorschlag ist aber als zu weitgehend abgelehnt worden, da bereits ein fehlendes Datum den Erwerber an der Erlangung der Stellung eines "Geschützten Inhabers" gehindert hätte.[45] Daraufhin einigte sich die Arbeitsgruppe auf die jetzige Lösung, wonach trotz Unvollständigkeit des Papieres der Erwerber "Geschützter Inhaber" werden kann, wenn der Wechsel später im Rahmen der Bestimmung des Art. 12 vervollständigt worden ist.[46] Wie bereits dargestellt worden ist, erfordert Art. 12 lediglich, daß der Wechsel die "magische Formel" der Art. 1 (1), (2) sowie die Unterschrift des Ausstellers oder Akzeptanten enthält.[47] Somit hindert wie im Genfer Wechselgesetz [48] auch die Unvollständigkeit eines Wechsels nicht den Schutz des Erwerbers vor Mängeln des Papieres. Damit ist allerdings noch nicht entschieden, ob der Erwerber auch gegenüber dem Einwand der abredewidrigen Ausfüllung oder dem Einwand des Fehlens der Ausfüllungsermächtigung geschützt wird. Diese Fragen richten sich gemäß Art. 12 (2) danach, ob der Erwerber bei Erlangung des Papieres Kenntnis von derartigen Mängeln hatte.[49]

Art. 12 regelt lediglich die Ausfüllungsfähigkeit eines unvollständigen Papieres. Unberührt davon bleibt die Frage, ob ein Indossatar, der von dem Indossanten einen zwar unberechtigt, aber vollständig ausgefüllten Wechsel erwirbt, "Geschützter Inhaber" werden kann. Dies ist nicht ein Problem der Unvollständigkeit des Wechsels beim Erwerb, sondern eine Frage der Kenntnis des Erwerbers vom Bestehen von Einreden gegen die Haftung aus dem Wechsels.[50] Diese Frage ist daher gemäß Art. 29 (a) danach zu entscheiden, ob der Erwerber das Bestehen von Einwendungen gemäß Art. 12 (2) bei Erwerb des Wechsels kannte.[51] Der Erwerber eines abredewidrig ausgefüllten Wechsels wird daher nicht "Geschützter Inhaber", wenn er die unberechtigte Ausfüllung bei Erwerb kannte.

---

44 UNCITRAL Yb. 1984 Vol.15 A/CN.9/SR.288 S.348 Anm.24,31.

45 Vgl. UNCITRAL Yb. 1978 Vol.9 A/CN.9/147 S.162 Anm.15; UNCITRAL Yb. 1984 Vol.15 A/CN.9/SR.288 S.348 Anm.30,33; A/CN.9/SR.289 S.349 Anm.9.

46 UNCITRAL Yb. 1985 Vol.16 A/CN.9/261 S.144f Anm.9-14; siehe auch UNCITRAL Yb. 1986 Vol.17 A/CN.9/SR.336 S.322f Anm.19-58; UNCITRAL Yb. 1986 Vol.17 A/41/17 S.8 Anm.26-28 hinsichtlich der Vollmacht zur Vervollständigung.

47 Vgl. Kapitel 6 S.64.

48 Vgl. zum Genfer Wechselrecht *Baumbach/Hefermehl* WG Art.10 Rn.8; *Stranz* WG Art.10 Anm.10; a.A. *Ulmer* § 19 S.198; *Hupka* S.38 Anm.3.

49 Näher dazu unten Kapitel 12.2.3.4 S.188.

50 Vgl. UNCITRAL Yb. 1986 Vol.17 A/41/17 S.8 Anm.26-28.

51 UNCITRAL Yb. 1986 Vol.17 A/41/17 S.8 Anm.27; UNCITRAL Yb. 1986 Vol.17 A/CN.9/SR.336 S.323 Anm.37-41.

Auch das Erfordernis der "äußerlichen Ordnungsgemäßheit" ist nach längerer Diskussion fallen gelassen worden,[52] nachdem sich die Arbeitsgruppe nicht darüber einigen konnte, welche äußerlichen Irregularitäten dem Erwerber Kenntnis vom Bestehen von Einwendungen oder Gegenansprüchen geben würden und ihn dadurch am Erwerb der Stellung eines "Geschützten Inhabers" hindern würden.[53]

Im Ergebnis steht die Konvention bezüglich der Anforderungen an das äußere Erscheinungsbild des Wechsels für den Erwerb der Stellung eines "Geschützten Inhabers" dem Genfer Wechselgesetz näher als dem anglo-amerikanischen Wechselrecht. Nach dem Genfer Wechselgesetz und der Konvention ist der Erwerb eines unvollständigen Wechsels zulässig. Unterschiedlich gegenüber dem Genfer Wechselgesetz sind aber die Mindestanforderungen der Konvention an den Inhalt eines unvollständigen Wechsels. Während das Genfer Wechselgesetz hier die Unterschrift einer zukünftigen Wechselpartei genügen läßt,[54] fordert die Konvention zusätzlich die zur Anwendung der Konvention unabdingbare Bezeichnung des Blanketts als "Internationaler Wechsel" oder "Internationaler Eigen-Wechsel".

Die Voraussetzung der Vollständigkeit des Wechsels gilt für beide Inhabertypen gleichermaßen, da Art. 12 unabhängig vom Inhabertyp bestimmt, unter welchen Voraussetzungen ein unvollständiger Wechsel unter der Konvention wirksam wird. Insofern stellt diese Voraussetzung des Art. 29 keine echte, eigene Tatbestandsvoraussetzung für den "Geschützten Inhaber" dar.

11.3.2 Einhaltung der Vorlagefrist zur Zahlung.

Anderes gilt jedoch für Art. 29 (d). Dieser fordert für den Erwerb der Stellung eines "Geschützten Inhabers", daß die Vorlagefrist des Art. 55 zur Zahlung des Wechsels noch nicht verstrichen ist. Nach Art. 55 (f) ist ein Sichtwechsel binnen eines Jahres nach seinem Ausstellungsdatum zur Zahlung vorzulegen. Ist der Wechsel kein Sichtwechsel, so bestimmt Art. 55 (e), daß der Wechsel innerhalb von zwei Geschäftstagen ab Fälligkeit des Wechsels zur Zahlung vorzulegen ist.

Zwar ist die Einhaltung der Vorlagefrist nach Art. 28 (3) auch für den "einfachen" Inhaber von Bedeutung. Anders als bei Art. 29 (d) stellt der fristgemäße Erwerb jedoch keine Voraussetzung für die Erlangung der Stellung eines "Inhabers" dar, sondern setzt den Erwerber lediglich den Einwendungen

---

52 UNCITRAL Yb. 1985 Vol.16 A/CN.9/261 S.145 Anm.12.

53 UNCITRAL Yb. 1985 Vol.16 A/CN.9/261 S.145 Anm.12.

54 *Baumbach/Hefermehl* WG Art.10 Rn.1; *Stranz* WG Art.10 Anm.3.

aus, die auch gegenüber seinem Veräußerer erhoben werden könnten. Somit stellt Art. 29 (d) eine echte Verschärfung der Voraussetzungen für die Erlangung der Stellung eines "Geschützten Inhabers" gegenüber den Voraussetzungen für die Erlangung der Stellung eines "einfachen" Inhaber dar.

Inhaltlich entspricht die Regelung des Art. 29 (d) sec. 3-302 (c) UCC, 29 (1)(a) BEA, wonach ein Wechsel beim Erwerbe noch nicht verfallen (overdue) sein darf. Anders als sec. 3-302 (c) UCC verlangt aber Art. 29 (d), wie sec. 29 (1)(a) BEA, keine subjektive Kenntnis des Erwerbers vom Fristablauf, sondern läßt den objektiven Fristablauf genügen.

Diese Regelung weicht somit vom Genfer Wechselgesetz ab, wonach ein Erwerber, der einen Wechsel nach Ablauf der Vorlagefrist erwirbt, seine Rechte gegen den Akzeptanten und dessen Garanten behält.[55] Die übrigen Wechselzeichner werden im Genfer Wechselgesetz dagegen enthaftet und können ihre Enthaftung dem Erwerber einredeweise entgegenhalten. Da die Einrede aus dem Wechsel ersichtlich ist, bleibt diese auch einem redlichen Erwerber gegenüber erhalten und kann nicht nach Art. 17 WG überwunden werden.[56]

11.3.3 Redlichkeit des Erwerbers.

Der Redlichkeitsmaßstab "Kenntnis" in Art. 6 der Konvention ist bereits ausführlich beschrieben worden.[57] Art. 29 (a)-(c) spezifiziert nun die Tatsachen, deren "Kenntnis" dem Erwerber bei der Erlangung der Stellung eines "Geschützten Inhabers" schadet. Nach Art. 29 (a) schadet dem Erwerber Kenntnis von Einwendungen, wie sie in Art. 28 (1) (a),(b),(c), (e) umschrieben sind. Damit verweist Art. 29 (a) auf verschiedene Vorschriften, die für den "einfachen" Inhaber gelten. Weiter verweist Art. 29 auf die Artt. 12 und 55. Diese Verweisungstechnik führt dazu, daß die einzelnen Voraussetzungen für den "Geschützten Inhaber" nicht aus einer zentralen Norm zu entnehmen sind, sondern den Rückgriff auf andere Vorschriften der Konvention erfordern. Diese Gesetzgebungstechnik ist als umständlich und unverständlich kritisiert worden.[58] Diese Kritik erscheint besonders bei den Vorschriften für den "Geschützten Inhaber" berechtigt. Die Konvention hat unglücklicherweise die wenig abstrakte anglo-amerikanische Gesetzgebungstechnik mit

---

55 *Baumbach/Hefermehl* WG Art.38 Rn.3.

56 Vgl. *Baumbach/Hefermehl* WG Art.17 Rn.27,28.

57 Siehe Kapitel 8.3 S.87.

58 Vgl. UNCITRAL Yb. 1988 Vol.19 A/43/405 S.192f Anm.18,34; S.194 Anm.3,11; S.197 Anm.3; A/43/405 Add.1 S.208 Anm.12f; dagegen aber *Herrmann*, 10 U. Pa. J.Int'l Bus.L. 517,521 (1988) ; vgl. auch *Cheng*, 3 M.L.J. 1988 S.Liii(lvf).

einem kasuistischen Ansatz übernommen,[59] der das Verständnis des Zusammenwirkens der einzelnen Artikel unnötig erschwert. Unabhängig vom rechtlichen Gehalt der Vorschriften steht zu befürchten, daß dieser Gesetzesstil die kontinentaleuropäischen Handelskreise von der Anwendung der Konvention abhalten wird.

11.3.3.1 Keine Kenntnis von Einwendungen.

Der Verweis in Art. 29 (a) auf Art. 28 (1)(a),(b),(c) und (e) beschränkt den Kreis der dem "Geschützten Inhaber" schädlichen Kenntnis auf solche Einwendungen, die mit der Ausstellung oder Übertragung des Papieres zusammenhängen.[60] Gemäß Art. 29 (a), Art. 28 (1)(a) schadet dem Erwerber Kenntnis von Einwendungen gemäß Art. 30 (1)(b), die u.a. aus dem "zugrundeliegenden Rechtsgeschäft" des Inhabers mit dem Wechselschuldner entstehen. Zu der dem Erwerber schädlichen Kenntnis von Einwendungen gehört gemäß Art. 29 (a), 28 (1)(b) ebenso Kenntnis jeder Einwendung, die aus dem der Begebung oder Übertragung des Wechsels "zugrundeliegenden Rechtsgeschäft" einer Wechselpartei mit dem Aussteller oder seinem Indossatar stammt.[61]

Die Bedeutung des Begriffes des "zugrundeliegenden Rechtsgeschäfts" ist lange diskutiert worden.[62] Dabei ging es vor allem darum, den Ursprung der Einwendungen zu bestimmen, deren Kenntnis dem Erwerber bei Erlangung der Stellung eines "Geschützten Inhabers" schaden sollte. Strittig war insbesondere, ob auch Kenntnis von Einwendungen aus Rechtsgeschäften zwischen dem Wechselschuldner und dem "Geschützten Inhaber" schaden sollte, die nicht mit der Wechselbegebung in Beziehung stehen.[63] Man verständigte sich letztlich auf die naheliegende Auslegung, daß unter dem "zugrundeliegenden Rechtsgeschäft" nur solche Rechtsgeschäfte zu verstehen sind, die Anlaß für die Begebung des Internationalen Wechsels waren oder

---

59 Vgl. auch *Roblot*, Mélanges Vincent S.361(362).

60 Vgl. UNCITRAL Yb. 1986 Vol.17 A/41/17 S.10 Anm.50.

61 Vgl. UNCITRAL Yb. 1986 Vol.17 A/41/17 S.9f Anm.36,44 zum ehemaligen Art. 25 (1)(c), 26 (1)(b), UNCITRAL Yb. 1987 Vol.18 A/CN.9/288 S.58 Anm.102 zum ehemaligen Art. 25 (1)(c)(i); UNCITRAL Yb. 1986 Vol.17 A/CN.9/SR.336 S.325f Anm.87,88,93.

62 UNCITRAL Yb. 1986 Vol.17 A/CN.9/SR.336 S.325ff Anm.83-104; A/CN.9/SR.337 S.326ff Anm.1-42; UNCITRAL Yb. 1986 Vol.17 A/41/17 S.9ff Anm.36f, 44-57; UNCITRAL Yb. 1986 Vol.17 A/CN.9/273 S.44f Anm.11-19.

63 Vgl. UNCITRAL Yb. 1986 Vol.17 A/CN.9/SR.336 S.325 Anm.84,87.

eine nachträgliche Änderung eines derartigen Rechtsgeschäfts darstellen.[64] Der Begriff des "zugrundeliegenden Rechtsgeschäfts" entspricht somit demjenigen des Kausalgeschäfts im Genfer Wechselgesetz.

Entsprechend dieser Auslegung fehlt in Art. 29 (a) ein Verweis auf Art. 28 (1)(d). Demnach ist auch die Kenntnis von vertraglichen Einwendungen, die aus einem mit der Begebung des Wechsels nicht zusammenhängenden Rechtsgeschäft zwischen dem Erwerber und dem Wechselschuldner erwachsen und die gemäß Art. 28 (1)(d) gegenüber einem "einfachen" Inhaber zulässig wären, für den Erwerb der Stellung eines "Geschützten Inhabers" unschädlich.[65] Hier ist festzuhalten, daß dem Erwerber Kenntnis von Einwendungen schadet, die sich aus dem der Übertragung des Papieres zugrundeliegenden Kausalgeschäft ergeben.

Artt. 29 (a), 28 (1)(c) verweisen auf Einwendungen, die aus den Umständen entstehen, unter denen der Wechselschuldner Wechselpartei wurde. Dies sind Mängel der Begebung des Wechsels wie Illegalität, Sittenwidrigkeit, Wucher, Diebstahl und Täuschung.

Gemäß Art. 29 (a), 28 (1)(e) schadet dem Erwerber auch die Kenntnis anderer, unter der Konvention zulässiger Einwendungen, soweit diese nicht bereits von den Art. 28 (1)(a)-(d) erfaßt sind. Hierunter fällt insbesondere der Einwand der abredewidrigen Ausfüllung des Wechsels gemäß Art. 12 (2). Diese Verweisung zeigt, daß sich die Konvention nicht völlig von dem angloamerikanischen Rechtsprinzip hat lösen können, wonach ein Wechsel bei Erwerb "jenseits jeden Zweifels" sein muß, will der Erwerber die Stellung eines "Geschützten Inhabers" erlangen.

Diese Verwurzelung in anglo-amerikanischen Rechtstraditionen wird auch in der Verweisung des Art. 29 (a) auf Art. 28 (1)(a) deutlich. Art. 28 (1)(a) verweist seinerseits auf Art. 30 (1), welcher die Einwendungen regelt, die einem "Geschützten Inhaber" entgegengehalten werden können. Somit bestimmt Art. 29 (a), daß ein Erwerber dann nicht "Geschützter Inhaber" werden kann, wenn er Kenntnis von Einwendungen hat, die ihm selbst dann entgegengehalten werden könnten, wenn er "Geschützter Inhaber" wäre. Der Sinn dieser Regelung ist fraglich. Die Konvention verlangt von dem Erwerber Redlichkeit bezüglich von Einwendungen, die er mit dieser Redlichkeit nicht überwinden kann. Diese Verweisung läßt sich wiederum nur mit dem eben erwähnten anglo-amerikanischen Rechtsgedanken erklären, wonach

---

64 UNCITRAL Yb. 1986 Vol.17 A/CN.9/SR.336 S.325f Anm.84,87,93; A/CN.9/SR.337 S.328f Anm.26,36; UNCITRAL Yb. 1986 Vol.17 A/41/17 S.10 Anm.44; UNCITRAL Yb. 1985 Vol.16 A/CN.9/261 S.146 Anm.24ff.

65 Vgl. UNCITRAL Yb. 1986 Vol.17 A/41/17 S.11 Anm.54 zum ehemaligen Art. 25 (1)(c).

ein Wechsel bei Erwerb "jenseits jeden Zweifels" sein muß, und der Erwerber hinsichtlich etwaiger Mängel des Papieres völlig gutgläubig sein muß, will er die Stellung eines "Geschützten Inhabers" erlangen.[66]

Die Verweisung des Art. 29 (a) auf Art. 28 (1)(a) ist trotzdem zu kritisieren. Die Konvention hat sich im Laufe der Entwurfsarbeiten von der strengen Anlehnung an anglo-amerikanische Rechtstraditionen bei der Regelung der Rechte von "Inhaber" und "Geschützten Inhabers" emanzipiert. So hat sich die Konvention bei der Schaffung des Redlichkeitsmaßstabes der Konvention gegen die Bezugnahme auf den Redlichkeitsmaßstab "Guter Glaube" entschieden, der eine generelle, umfassende Redlichkeit des Erwerbers erfordert hätte. Stattdessen verlangt die Konvention nur Redlichkeit bezüglich bestimmter Einwendungen. Diese Konkretisierung hat gleichzeitig zwar zu einer Beschränkung der Anforderungen an die Redlichkeit des Erwerbers geführt. Diese Beschränkung ist im Interesse der Umlauffähigkeit des Wechsels begrüßenswert. Jedoch scheinen die einzelnen Einwendungen, deren Kenntnis dem Erwerber schadet, schlecht gewählt.

Ein Einwendungsausschluß zugunsten eines redlichen Erwerbers ist nur dort gerechtfertigt, wo die Schutzwürdigkeit des redlichen Erwerbers die schutzwürdigen Interessen der anderen Wechselparteien überwiegt. Diesem Interessengegensatz sollten die Anforderungen an die Redlichkeit des Erwerbers Rechnung tragen. Redlichkeit des Erwerbers ist als Voraussetzung für einen Einwendungsausschluß daher nur dort sinnvoll, wo ein Recht der anderen Wechselparteien zu schützen ist, welches der redliche Erwerber überhaupt ausschließen kann. Es wäre deshalb konsequent gewesen, die Einwendungen, deren Kenntnis dem Erwerber schadet, auf redlichkeitsunbeständige Einwendungen zu beschränken. Dies ist aber bei Art. 29 (a), Art. 28 (1)(a) mit ihrer Verweisung auf Art. 30 (1)(c) nicht der Fall. Art. 29 (a) verlangt daher von dem Erwerber Redlichkeit bezüglich von Einwendungen, ohne daß ein korrespondierendes schützenswertes Interesse anderer Wechselparteien zu erkennen wäre. Aus diesem Grund erscheint die Verweisung der Art. 29 (a), Art. 28 (1)(a) auf Art. 30 (1)(c) sinnlos und verfehlt.

Art. 29 (a) stimmt aber im Rechtsgedanken mit dem des Art. 17 WG insofern überein, als nach beiden Normen der Erwerber seinen Anspruch aus dem Wechsel nur dann soll durchsetzen können, wenn er bei Erwerb des Wechsels bezüglich der die Wechselbegebung betreffenden Einwendungen redlich war.

Gegenüber den Vorschriften für den "einfachen" Inhaber stellt Art. 29 (a) keinen Unterschied in den Voraussetzungen dar. Seit der Einführung des redlichen, einwendungsfreien Erwerbs des Wechsels für den "einfachen" Inhaber kann auch dieser durch Redlichkeit bei Erwerb des Wechsels bestehende

---

66 Vgl. UNCITRAL Yb. 1984 Vol.15 A/CN.9/SR.288 S.348 Anm.24.

Einwendungen überwinden. Insofern verlangt Art. 29 (a) von dem Erwerber für die Erlangung der Stellung eines "Geschützten Inhabers" beim Erwerb des Wechsels dasselbe Maß an Redlichkeit, welches auch der "einfache" Inhaber für einen Einwendungsausschluß aufweisen muß.

11.3.3.2 Keine Kenntnis von Gegenansprüchen.

Art. 29 (b) erfordert entsprechend Art. 29 (a), daß der Erwerber keine Kenntnis vom Bestehen eines "gültigen Anspruchs" einer anderen Person hat. Der Sinn dieser Regelung ist offensichtlich. Der Erwerber eines Internationalen Wechsels kann nicht "Geschützter Inhaber" werden, wenn ihm bekannt ist, daß einer dritten Person ein besseres Recht an dem Wechsel zusteht. Problematisch ist in diesem Zusammenhang der Begriff "gültiger Anspruch". Die Bedeutung dieses Merkmals ist bis zuletzt im dunkelen geblieben. Dieser Begriff wird im folgenden noch eingehend untersucht.[67] Hier sei festgehalten, daß sicherlich ein materiell begründeter Anspruch einen "gültigen Anspruch" darstellt. Darüber hinaus werden aber auch solche Ansprüche als "gültige Ansprüche" anzusehen sein, die der Erwerber für materiell begründet hält.

Diese Bestimmung verlangt somit von dem Erwerber Redlichkeit bezüglich der materiellen Berechtigung des Indossanten. Damit entspricht diese Norm funktional Art. 16 WG, der ebenfalls den Gedanken enthält, daß der Erwerber bezüglich der Berechtigung seines Indossanten gutgläubig sein muß.

Auch diese Voraussetzung ist keine eigenständige Tatbestandsvoraussetzung für den "Geschützten Inhaber", da sie den Anforderungen entspricht, welche die Konvention an die Redlichkeit des "einfachen" Inhabers in Art. 28 (2) stellt. Insoweit ergibt sich wiederum kein Unterschied zwischen den Anforderungen, welche die Konvention für den Einwendungsausschluß und gutgläubigen Erwerb an den einfachen "Inhaber" und den "Geschützten Inhaber" stellt.

11.3.3.3 Kein Notleiden des Wechsels.

Neben Kenntnis von Einwendungen und Ansprüchen Dritter schadet dem Erwerber gemäß Art. 29 (c) auch Kenntnis vom Notleiden des Wechsels. Ursache hierfür kann zum einen Nicht-Annahme gemäß Art. 54 (1), zum anderen Nicht-Zahlung gemäß Art. 58 (1) sein. Interessant ist in diesem Zusammenhang die Regelung des Art. 54 (1)(b), wonach ein Wechsel, der infolge bestimmter in Art. 52 näher dargelegter Umstände wie Tod,

---

67 Vgl. Kapitel 11.5.1.4 S.163.

Geschäftsunfähigkeit, Insolvenz des Bezogenen oder infolge höherer Gewalt nicht zum Akzept vorgelegt werden kann, bis zur tatsächlichen Erteilung des Akzeptes als notleidend gilt. Diese gesetzliche Fiktion führt dazu, daß dem Erwerber nicht nur die tatsächliche Kenntnis vom Notleiden des Wechsels wegen Nicht-Annahme schadet, sondern bereits die Kenntnis derjenigen Umstände, die zur Fiktion des Notleidens führen.

Diese Bestimmung enthält nun wiederum eine nur den "Geschützten Inhaber" betreffende Regelung. Insofern stellt Art. 29 (c) eine echte Verschärfung der Anforderungen an den Erwerber für den Erwerb der Stellung eines "Geschützten Inhabers" dar.

11.3.3.4 Kein unrechtmäßiger Erwerb des Papieres.

Art. 29 (e) enthält schließlich die Bestimmung, daß der Erwerber nicht den Status eines "Geschützten Inhabers" erlangen kann, wenn er *"das Papier durch Täuschung (fraud) oder Diebstahl [erlangt hat] oder an einer es betreffenden Täuschung oder einem Diebstahl beteiligt war"*. Diese Vorschrift enthält den selbstverständlichen Grundsatz, daß ein unrechtmäßiger, unredlicher Erwerber nicht den Status eines "Geschützten Inhabers" erlangen kann.

Hierin liegt ein Unterschied zum Status des "einfachen" Inhabers, den auch ein Dieb erlangen kann.[68] Allerdings sollte dieser Unterschied nicht überbewertet werden, da der "einfache" Inhaber, der den Wechsel durch Täuschung oder Diebstahl erlangt hat, allen Ansprüchen auf den Wechsel gemäß Art. 28 (2) ausgesetzt bleibt. Damit ist die Rechtsposition eines "Inhabers" und eines "Geschützten Inhabers" bei Diebstahl des Wechsels oder Täuschung beim Erwerb gleich. Im Ergebnis bedeutet dies, daß der Erwerber, der den Wechsel durch Täuschung oder Diebstahl oder eine Beteiligung an einer Täuschung oder Diebstahl erlangt hat, allen Ansprüchen auf den Wechsel seitens des früheren Berechtigten ausgesetzt bleibt.

Während das Vorliegen des Tatbestandsmerkmals "Diebstahl" nach nationalem Strafrecht zu bestimmen ist,[69] bereitet das Tatbestandsmerkmal der "Täuschung" Schwierigkeiten. Die Arbeitsgruppe hat nicht näher erläutert, ob dieses Merkmal ebenfalls im strafrechtlichen Sinn des Betrugs zu verstehen ist, oder ob "fraud" auch die zivilrechtliche Täuschung umfaßt. Der Begriff wurde in der Arbeitsgruppe verwendet, ohne daß dieser in der Konvention oder den Materialien näher definiert worden ist. Da der Begriff "fraud" im anglo-amerikanischen Wechselrecht verwendet wird,[70] liegt nahe

---

68 Vgl. dazu oben S.143.

69 UNCITRAL Yb. 1987 Vol.18 A/42/17 S.22 Anm.183 zu Art. 72 (3).

70 Vgl. Sec. 29 (2) BEA; sec. 3-201 (1); 3-207 UCC.

anzunehmen, daß in der englischsprachigen Arbeitsgruppe unbewußt von der Bedeutung des Begriffes "fraud" im anglo-amerikanischen Wechselrecht ausgegangen worden ist.

"Fraud" im anglo-amerikanischen Wechselrecht hat seinen Ursprung im Common Law.[71] Dort erfordert "fraud" eine unrichtige Erklärung über eine gegenwärtige oder vergangene Tatsache, ausdrücklich oder durch Verschweigen, die bewußt falsch und irreführend und für den Vertragspartner wesentlich war.[72] Voraussetzung ist ferner, daß der Vertragspartner auf die Erklärung vertraut hat.[73]

Bezüglich des Gegenstandes der Täuschung wird zwischen einem "fraud in the inducement" und einem "fraud in factum" unterschieden.[74] Auf der Tatbestandsseite erfordert "fraud in the inducement" irgendeine Täuschung über das dem Wertpapiergeschäft zugrunde liegende Rechtsgeschäft. "Fraud in factum" stellt dagegen eine Täuschung über die Rechtsnatur des von dem Vertragspartner gezeichneten Wertpapieres dar.[75] Rechtsfolge eines "fraud in the inducement" ist die Anfechtbarkeit des Wechselgeschäftes, während ein "fraud in factum" zur automatischen Nichtigkeit des Rechtsgeschäftes führt.[76]

Der Unterschied in der Rechtsfolge und Voraussetzungen der beiden Arten des Common law fraud wirft jedoch die weitergehende Frage auf, welche Voraussetzungen der Begriff "fraud" in der Konvention an die Täuschungshandlung des Erwerbers stellt. Fraglich ist, ob "fraud" im engen Sinn des "fraud in factum" als Täuschung über die Rechtsnatur des Wertpapieres zu verstehen ist oder ob dieser Begriff wie "fraud in the inducement" auch Täuschungen umfaßt, die das der Wechselbegebung zugrunde liegende Rechtsgeschäft betreffen.

Aufschluß darüber gibt die Entwicklung des Art. 30. Dieser enthält in Art. 30 (1)(b) und (c) zwei Verweise auf den Begriff "fraud". Während Art. 30 (1)(b) sich auf Täuschungen bezieht, die ein "Inhaber" nach Erwerb der Stellung eines "Geschützten Inhabers" gegenüber später hinzutretenden Wechselparteien, insbesondere Wechselbürgen, begeht,[77] soll sich Art. 30 (1)(c) nach einer Bemerkung der Arbeitsgruppe auf einen "fraud in

---

71 *Byles* S.230; vgl. dazu *Farnsworth*, Contracts § 4.09.

72 *Farnsworth*, Contracts § 4.10-4.12.

73 *Farnsworth*, Contracts § 4.13, 4.14.

74 *Farnsworth*, Contracts § 4.10; *Weber/Speidel* S.288.

75 Vgl. *Weber/Speidel* S.288; *Falconbridge-Crawford* § 5302.5.

76 Vgl. *Falconbridge-Crawford* § 5302.5.

77 Vgl. dazu UNCITRAL Yb. 1987 Vol.18 A/CN.9/288 S.62 Anm.143; UNCITRAL Yb. 1986 Vol.17 A/CN.9/SR.336 S.326 Anm.96.

factum" gegenüber dem Veräußerer beziehen.[78] Die spezielle Regelung dieser Täuschung in Art. 30 (1)(c) legt nun den Schluß nahe, daß Art. 29 (e) sich auf einen "fraud in the inducement" bezieht, da anderenfalls Art. 29 (e) und Art. 30 (1)(c) denselben Fall regeln würden. Damit wäre Art. 29 (e) aber ohne eigenständigen Anwendungsbereich.

Diese Auslegung wird weiter durch Art. 30 (2) gestützt. Diese Vorschrift regelt, welche Gegenansprüche gegenüber einem "Geschützten Inhaber" geltend gemacht werden können. Interessanterweise enthält Art. 30 (2) keinen Hinweis mehr darauf, ob Gegenansprüche erhoben werden können, die auf einer vermeintlichen Täuschung (fraud) des Erwerbers beruhen. Eine frühere Fassung enthielt noch eine entsprechende Formulierung, wonach Gegenansprüche erhoben werden konnten, die aus "irgendeiner Täuschungshandlung des Erwerbers" entspringen konnten.[79] Diese Formulierung sollte in beiden Artikeln als überflüssig gestrichen werden. In Art. 30 (1)(b) wurde diese Formulierung beibehalten, da es für denkbar gehalten wurde, daß ein "Geschützter Inhaber" nach Erwerb des Papieres eine andere Wechselpartei, wie beispielsweise einen Wechselbürgen, durch Täuschung zur Zeichnung verleite.[80] Bei Art. 30 (2) wurde diese Formulierung hingegen gestrichen, da sich die Arbeitsgruppe keinen Fall vorstellen konnte, in dem ein Erwerber den Status eines "Geschützten Inhabers" erwerben könnte und Gegenansprüche aufgrund einer Täuschungshandlung beim Erwerb bestehen würden.[81]

Diese Fallkonstellation kann aber nur dann ausgeschlossen sein, wenn der Begriff "fraud" in Art. 29 (e) jede Täuschungshandlung des Erwerbers umfaßt und dadurch den Erwerb der Stellung eines "Geschützten Inhabers" ausschließt. Daraus folgt, daß "fraud" in Art. 29 (e) im weiteren Sinn des "fraud in the inducement" zu verstehen ist. "Fraud" in Art. 29 (e) ist damit jede Täuschungshandlung, die sich auf das Wechselgeschäft selber oder auf das dem Wechselgeschäft zugrunde liegende Rechtsgeschäft bezieht.

Die übrigen Voraussetzungen der Täuschungshandlung sind dagegen weiterhin unklar. Als gemeinsamer Kern der verschiedenen nationalen Täuschungstatbestände dürfte jedoch ein bewußt irreführendes Verhalten erforderlich sein, ohne welches der Getäuschte den Wechsel nicht unterzeichnet hätte.

---

78 So UNCITRAL Yb. 1984 Vol.15 A/39/17 S.8 Anm.33; UNCITRAL Yb. 1987 Vol.18 A/CN.9/WG IV/WP.32/Add.3 S.84f; UNCITRAL Yb. 1985 Vol.16 A/CN.9/261 S.146 Anm.20.

79 Vgl. UNCITRAL Yb. 1987 Vol.18 A/CN.9/288 S.62 Anm.143f zu Art. 26 (1)(b), (2).

80 UNCITRAL Yb. 1987 Vol.18 A/CN.9/288 S.62 Anm.143; UNCITRAL Yb. 1985 Vol.16 A/CN.9/261 S.146 Anm.21.

81 UNCITRAL Yb. 1987 Vol.18 A/CN.9/288 S.62 Anm.144.

Trotzdem ist der Mangel jeglicher Definition bei einem derartig bedeutenden Tatbestandsmerkmal bedauerlich und birgt die Gefahr unterschiedlicher Auslegung durch die nationalen Gerichte in sich.[82] Dies kann nicht nur zu beträchtlicher Rechtsunsicherheit führen, sondern auch zur Ausbildung unterschiedlich strenger Anforderungen an den Erwerb der Stellung eines "Geschützten Inhabers". Daher erscheint die definitionslose Verwendung des Begriffes "fraud" als eine erhebliche Schwäche der Konvention.

11.4 Die Unterschiede zwischen "Inhaber" und "Geschütztem Inhaber".

Auf den ersten Blick erscheinen die Anforderungen an den Erwerber, um den Status eines "Geschützten Inhabers" zu erlangen, wesentlich strenger als diejenigen, welche die Konvention an den Erwerb der Stellung eines "einfachen" Inhabers stellt. Dieser Unterschied verringert sich jedoch beträchtlich, wenn man berücksichtigt, daß der Status eines "Geschützten Inhabers" nur dem gesteigerten Schutz des Erwerbers vor Mängeln des Papieres dient. Ein Vergleich der Anforderungen, die an den Erwerb der Stellung eines "Geschützten Inhabers" gestellt werden, mit den Voraussetzungen für einen Einwendungsausschluß bei einem "einfachen" Inhaber zeigt, daß Schutzvoraussetzungen wie Schutzumfang nur geringfügig voneinander abweichen.

In jedem Fall schaden dem Erwerber Täuschung bei Erwerb, Diebstahl des Papieres oder Beteiligung an einer solchen Tat. Ebenso schadet grundsätzlich Kenntnis von Einwendungen gegen die Rechte an und aus dem Wechsel. Kenntnis eines derartigen Einwandes führt dazu, daß der Erwerber nicht "Geschützter Inhaber" wird und als "einfacher" Inhaber diesem Einwand ausgesetzt bleibt. Unabhängig davon sind andere Einreden und Gegenansprüchen aber auch einem "einfachen" Inhaber gegenüber nur zulässig, wenn ihm diese bei Erwerb bekannt waren. Ein Unterschied ergibt sich nur bei Einwendungen, die gemäß Art. 28 (1)(d) aus nicht mit der Wechselbegebung zusammenhängenden Rechtsgeschäften erwachsen. Diese können nur einem "einfachen" Inhaber entgegengehalten werden, ihre Kenntnis schadet jedoch dem Erwerb der Stellung eines "Geschützten Inhabers" nicht.

Davon abgesehen sind sowohl der "Inhaber" als auch der "Geschützte Inhaber", wenn sie bei Erwerb keine Kenntnis von Mängeln des Papieres

---

82 In diesem Zusammenhang ist es bezeichnend, daß die Arbeitsgruppe im Rahmen des Art. 72 (3) auf eine Verwendung des Begriffes "fraud" mit der Begründung verzichtet hat, dieser sei zu unbestimmt, um im Handelsbereich von Personen angewandt zu werden, die über die Bezahlung des Papieres zu entscheiden hätten, UNCITRAL Yb. 1987 Vol.18 A/42/17 S.22 Anm.183.

haben, nur solchen Ansprüchen und Einwendungen Dritter ausgesetzt, die gemäß Art. 30 (1), 28 (1)(a) gegenüber jedem Inhaber erhoben werden können.

11.5 Die Rechte des "Inhabers".

Art. 27 (1) enthält den Grundsatz, wonach der "Inhaber" "*alle Rechte gegen die Parteien des Papieres hat, die ihm von dieser Konvention verliehen werden.*" Diese Bestimmung steht im Zusammenhang mit Art. 33 (1) der Konvention, der generell die Haftung unter der Konvention bestimmt. Danach ist eine Partei nur aus dem Papier haftbar, wenn sie dieses unterzeichnet. Art. 27 (1) hat lediglich einführenden Charakter[83] und gewährt dem "Inhaber" keine speziellen Rechte. Art. 27 (1), der ursprünglich mit Art. 33 (1) in einer Norm zusammengefaßt war, enthält somit lediglich den allgemeinen Grundsatz, wonach in Abwesenheit von Einwendungen und Gegenansprüchen alle Rechte aus dem Wechsel dem Inhaber zustehen.[84] Die generelle Bestimmung des Art. 27 (1) wird durch verschiedene, über die Konvention verstreute Sondernormen ausgefüllt.

"Rechte" werden von der Konvention generell im Sinne aller gerichtlich durchsetzbarer rechtlicher Interessen verstanden, soweit sie sich gegen die "Parteien" des Wechsels richten. Der Begriff der "Partei" ist in Art. 5 (i) als Person definiert, "*die das Papier als Aussteller, Aussteller eines Eigenwechsels, Akzeptant, Indossant oder Wechselbürge unterschrieben hat.*" Personen, die das Papier nicht unterschrieben haben, wie beispielsweise der Bezogene vor dem Akzept oder der Begünstigte vor der Indossierung, sind nicht "Partei".[85]

Die dem Inhaber zustehenden Rechte werden für den "Inhaber" und den "Geschützten Inhaber" weitgehend einheitlich geregelt. Etwas anderes gilt nur, soweit die Ausübung eines Rechtes ausdrücklich dem "Geschützten Inhaber" vorbehalten ist. Die dem Inhaber zustehenden Rechte lassen sich hinsichtlich der Berechtigung unterteilen in solche, die jedem "Inhaber" zustehen, und solche, die nur ein "Geschützter Inhaber" ausüben kann. Inhaltlich lassen sich die Rechte unterteilen in solche, zu deren Ausübung der Besitz des Wechsels nötig ist, und solche, die einem ehemaligen "Inhaber" erst bei unfreiwilligen Verlust des Besitzes zustehen.

---

83 UNCITRAL Yb. 1982 Vol.13 A/CN.9/213 S.147 Art.24 Anm.1.

84 Vgl. UNCITRAL Yb. 1972 Vol.3 A/CN.9/67 S.161 Art.23.

85 UNCITRAL Yb. 1982 Vol.13 A/CN.9/213 S.131 Art.4 (8) Anm.18.

11.5.1 Rechte des "Inhabers" bei Besitz des Papieres.

11.5.1.1 Recht zur Übertragung des Papieres.

Gemäß Art. 27 (2) darf nur der "Inhaber" das Papier übertragen. Wie bereits dargestellt, bedarf die Übertragung eines Indossamentes und der Übergabe. Bei einem Blankoindossament genügt die Übergabe. Diesem Konzept liegt das anglo-amerikanische Prinzip der "negotiation" zu Grunde, deren wichtigste Rechtsfolge die Erlangung der Rechtsstellung eines "holders" durch den Erwerber selbst darstellt.[86]

Art. 16 (a) und (b) gewähren dem "Inhaber" das Recht, ein Spezialindossament in ein Blankoindossament umzuwandeln und umgekehrt. Art. 16 (c) gibt dem "Inhaber" das Recht, einen Blankowechsel durch bloße Übergabe zu übertragen. Art. 16 entspricht somit Art. 14 II WG, sec. 3-204 (2),(3) UCC und sec. 34 (4) BEA.

Darüber hinaus steht dem "Inhaber" auch das nicht ausdrücklich in der Konvention verankerte Recht der Übertragung durch einfache Abtretung zu.[87] Dem Erwerber steht ferner ein gleichfalls nicht ausdrücklich verankertes Recht auf Indossierung des Wechsels entsprechend sec. 3-201 (3) UCC und sec. 31 (4) BEA zu. Dies ist wichtig, da der Erwerber nur durch die Indossierung zum "Inhaber" wird. Die Konvention enthielt in ihrer ursprünglichen Fassen einen ausdrücklichen Rechtsanspruch auf Gewährung eines Indossamentes,[88] der jedoch später als selbstverständlich und daher überflüssig gestrichen wurde.[89]

Gemäß Art. 24 kann der "Inhaber" den Wechsel auch noch nach Verfall übertragen, es sei denn, er ist der Bezogene, Akzeptant oder Aussteller eines Eigenwechsels.[90]

11.5.1.2 Recht auf Zahlung.

Gemäß Art. 69 (1) hat der "Inhaber" einen Rechtsanspruch auf Zahlung des Wechsels gegen die aus dem Wechsel Verpflichteten, unabhängig von der Reihenfolge ihrer Verpflichtung. Die Verpflichtung entfällt gemäß den Artt. 72 (1), 77 (2) mit der Zahlung. Art. 73 (1) gewährt dem "Inhaber" das

---

86 Vgl. UNCITRAL Yb. 1982 Vol.13 A/CN.9/213 S.147 Art.24 Anm.2.

87 Vgl. oben Kapitel 9.1 S.98.

88 Vgl. UNCITRAL Yb. 1972 Vol.3 A/CN.9/67 S.156 Art.14.

89 UNCITRAL Yb. 1978 Vol.9 A/CN.9/141 S.154 Anm.74.

90 Damit hat sich die entsprechende Forderung von *Dohm*, 21 Am.J.Comp.L. 474,490 (1973) überholt.

Recht, Zahlung des gesamten Betrages zu verlangen. Der "Inhaber" kann jedoch laut Art. 73 (3) auch Teilzahlungen annehmen. Artt. 74, 75 bestimmen, daß der "Inhaber" Zahlung an dem Ort verlangen kann, an dem das Papier zur Zahlung vorgelegt wurde, und in derjenigen Währung, die auf dem Wechsel angegeben ist.

Der Anspruch aus Art. 73 (1) auf Zahlung des Gesamtbetrages verstärkt die Rechtsstellung des "Inhabers" in der Konvention gegenüber der eines Inhabers unter dem Genfer Wechselgesetz. Dieser darf im Interesse der Rückgriffsschuldner eine Teilzahlung des Bezogenen laut Art. 39 II WG nicht zurückweisen.[91] Nach der Interessenwertung des Wechselgesetzes sollen Rückgriffsschuldner nur für den Restbetrag in Anspruch genommen werden.[92] An dieser Stelle hat sich die Konvention den bereits auf den Haager und Genfer Wechselrechtskonferenzen vertretenen, entgegengesetzten Standpunkt zu eigen gemacht, daß es dem Wechselberechtigten nicht zuzumuten sei, den Wechselbetrag von verschiedenen Schuldnern eintreiben zu müssen.[93] Wird der Wechsel wegen Nicht-Annahme oder Nicht-Zahlung notleidend, so steht dem "Inhaber" unter den Voraussetzungen der Artt. 59ff ein Rückgriffsanspruch gegen seine Vormänner zu.

Insgesamt gewährt die Konvention dem "Inhaber" damit Rechte, wie sie ihm auch unter dem Genfer Wechselgesetz zustehen würden.

11.5.1.3 Gewährleistungsanspruch des "Inhabers" aus Art. 45.

Dem "Inhaber" steht aus Art. 45 der bereits besprochene Gewährleistungsanspruch gegen denjenigen zu, der ihm den Wechsel übertragen hat.[94] Dieser Anspruch, der sec. 58 (3) BEA, 3-417 (2) UCC nachgebildet worden ist, hat kein Gegenstück im Genfer Wechselgesetz. Ein entsprechender Anspruch folgt in den meisten Vertragsstaaten des Genfer Abkommens aber aus allgemeinem Zivilrecht,[95] sodaß sich in diesem Punkt kein entscheidender Unterschied zum bestehenden Recht ergibt.

---

91 *Baumbach/Hefermehl* WG Art.39 Rn.5; *Meier-Hayoz* § 12 Rn.24.

92 *Ulmer* § 27 S.250; diese Wertung war auf der Genfer Konferenz heftig umstritten, siehe *Hupka* S.95f.

93 Vgl. *Hupka* S.95f zur früheren Argumentation; zur Konvention siehe UNCITRAL Yb. 1982 Vol.13 A/CN.9/213 S.178 Art.69 Anm.1. Näher hierzu unten Kapitel 14.2.1.1 S.215.

94 Siehe oben Kapitel 9.6 S.110f.

95 Vgl. A/CN.9/WG.IV/WP.30 S.75 Anm.26.

11.5.1.4 Gutgläubiger Erwerb des Wechsels.

Wie bereits erwähnt,[96] ist der Erwerb der Stellung eines "Inhabers" nicht gleichbedeutend mit dem Erwerb der materiellen Berechtigung oder dem Eigentum am Wechsel.[97] Erwirbt der "Inhaber" vom Berechtigten, so erwirbt er selbstverständlich auch die materielle Berechtigung und das Eigentum am Wechsel, da die Übertragung des Wechsels dem Erwerber alle Rechte des Veräußerers an und aus dem Wechsel verschafft.[98]

Erwirbt der "Inhaber" gemäß Art. 15 (1)(b), (3) jedoch nicht von einem materiell Berechtigten, so fragt sich, ob der "Inhaber" auch die materielle Berechtigung redlich erwerben kann. Der Erwerb der materiellen Berechtigung ist zur Ausübung der Rechte aus dem Wechsel zwar nicht zwingend notwendig, da die Konvention die Ausübung der Rechte aus dem Wechsel nicht an die materielle Berechtigung, sondern an die Innehabung der "Inhaber"-Stellung knüpft.[99] Somit kann auch ein materiell Nichtberechtigter, der gemäß Art. 15 (1),(3) "Inhaber" des Wechsels geworden ist, berechtigterweise Rechte aus dem Wechsel geltend machen. Die Konvention sieht aber in Art. 28 (2) vor, daß die Rechte eines einfachen "Inhabers" an dem Papier allen "gültigen" (valid) Ansprüchen Dritter auf das Papier ausgesetzt sind, allerdings nur, wenn der "Inhaber" bei Erwerb des Wechsels "Kenntnis" vom Bestehen des Anspruches hatte. Art. 30 (2) enthält eine entsprechende Regelung für den "Geschützten Inhaber". Die Regelung des Art. 28 (2) ist erst spät in die Konvention übernommen worden.[100] Ursprünglich folgte die Konvention streng dem anglo-amerikanischen Vorbild, wonach der einfache "Inhaber" allen "gültigen Ansprüchen" Dritter ausgesetzt ist.[101] Dieses "Alles oder Nichts"-Prinzip erwies sich jedoch für die Vertreter des Genfer Wechselgesetzes als nicht akzeptabel.[102] Als Kompromiß wurde daher 1986 auf Betreiben Frankreichs[103] Art. 28 dahingehend abgeändert, daß Einwendungen und Ansprüche anderer Personen gegenüber dem "Inhaber" nicht mehr durch-

---

96 Oben S.143.

97 Vgl. UNCITRAL Yb. 1982 Vol.13 A/CN.9/213 S.138 Art.14 Anm.5,6; UNCITRAL Yb. 1972 Vol.3 A/CN.9/67 S.150 Art.5 (4) Anm.7,8.

98 Vgl. UNCITRAL Yb. 1972 Vol.3 A/CN.9/67 S.155 Art.12 Anm.1.

99 Vgl. UNCITRAL Yb. 1982 Vol.13 A/CN.9/213 S.147 Art.24 Anm.1; S.137f Art. 14 Anm.1,5; S.130 Art. 4 (6) Anm. 5, 9-11.

100 Vgl. UNCITRAL Yb. 1985 Vol.16 A/CN.9/261 S.145 Anm.15-19; UNCITRAL Yb. 1986 Vol.17 A/CN.9/SR.336 S.324 Anm.59.

101 Vgl. UNCITRAL Yb. 1982 Vol.13 A/CN.9/213 S.148 Art. 25 (2).

102 Vgl. *Herrmann*, 10 U. Pa. J.Int'l Bus.L. 517,527 (1988); vgl. UNCITRAL Yb. 1984 Vol.15 A/CN.9/248 S.57 Anm.Österreichs; S.58 Anm. Tschechoslowakei; S.59 Anm. Bundesrepublik Deutschland; A/CN.9/249/Add.1 S.113 Anm.9f.

103 Vgl. UNCITRAL Yb. 1987 Vol.18 A/CN.9/WG IV/WP.32/Add.2 S.77.

gesetzt werden können, wenn dieser bei Erwerb des Wechsels redlich im Sinne des Art. 6 war. Selbst wenn dieser Kenntnis vom Bestehen eines Einwandes hat, bleiben andere, ihm unbekannte Einwendungen ausgeschlossen.[104] Mit der Möglichkeit des gutgläubigen, einredefreien Erwerbs durch den "einfachen" Inhaber ist ein wesentlicher Unterschied zwischen der Rechtsposition des "Inhabers" und des "Geschützten Inhabers" aufgehoben worden. Damit ist aber die systematische Legitimation der dem anglo-amerikanischen Recht entlehnten Schaffung von zwei verschiedenen Inhabertypen beseitigt worden. Im Ergebnis hat damit der redliche "Inhaber" eine Rechtsposition, die weitgehend mit derjenigen eines Inhabers im Genfer Wechselgesetz übereinstimmt.

Leider hat die Konvention nicht zu der Frage Stellung bezogen, ob Art. 28 (2) zum Erwerb der materiellen Berechtigung oder nur zum Ausschluß des Herausgabeanspruchs führt. Aus der Methodik der Arbeitsgruppe, übereinstimmende Regelungen der bestehenden Wechselsysteme zu übernehmen, läßt sich folgern, daß die Konvention auch in der Frage des gutgläubigen Erwerbs der materiellen Wechselberechtigung den gemeinsamen Grundsätzen der beiden bestehenden Wechselsysteme folgt.

Im anglo-amerikanischen Wechselrecht, welches mit seiner Systematik der Konvention als Vorbild gedient hat,[105] ist das Prinzip eines redlichen Wechselerwerbs vom Nichtberechtigten seit längerem anerkannt.[106] Allerdings ist die Möglichkeit des gutgläubigen Erwerbs eines Wechsels auf den "holder in due course" beschränkt[107] und schließt Orderwechsel aus,[108] wenn der Mangel der Berechtigung auf einem gefälschten oder vollmachtslosen Indossament beruht. Ein "holder in due course" schneidet bei Erwerb des Wechsels alle Ansprüche und Einwendungen der früheren Wechselparteien ab und erwirbt die materielle Berechtigung am Wechsel.[109] Der frühere Eigentümer verliert seine Berechtigung am Wechsel.

---

104 Dies ergibt sich aus der Formulierung des Art. 28. Danach ist immer nur die Kenntnis von einem bestimmten Einwand ("knowledge of such defence") schädlich.

105 *v.Marshall*, 1987 Ariz.J.Int'l. & Comp.L. S.6,15; *Schinnerer*, ÖBankA 1986,259(264).

106 Siehe sec. 3-305 (1) UCC, sec. 38 (2) BEA; *Byles* S.235; *Britton* sec.100; *Hart & Willier* § 12.31[1]; *Hawkland* § 3-305:02; 3-306:02; ausführlich *Warren*, 30 U.Chi.L.R. 469,478 (1963).

107 *Hawkland* § 3-305:02; 3-306:02; *Byles* S.235.

108 *White/Summers* § 14-3 S.617; vgl. *Byles* S.227.

109 *State Planters Bank v. Courtesy Motors, Inc.* 250 N.C. 466, 109 SE 2d 189,194,196 (Sup.Ct.N.C. 1959) noch für das NIL; *Hart & Willier* § 12.31[1]; *Halsbury's Laws of England* Vol.4 Nr.391; *Marston v. Allen* 8 M & W 494,504 per Alderson B.; 58 R.R. 785.

Im Genfer Wechselrecht bestimmt Art. 16 II WG, daß der neue Inhaber "zur Herausgabe des Wechsels nur verpflichtet" ist, wenn er bei Erwerb unredlich im Sinne dieser Vorschrift war. Diese Vorschrift wird im deutschen Rechtskreis allgemein dahingehend ausgelegt, daß der gutgläubige Erwerber nicht nur den Wechsel nicht herauszugeben braucht, sondern vielmehr das Eigentum am Wechsel originär erwirbt.[110]

Insofern stimmen beide Rechtssysteme in der Rechtsfolge überein, daß ein redlicher Erwerber auch von einem Nichtberechtigten die materielle Berechtigung am Wechsel und damit das Eigentum erwerben kann und somit mehr Rechte erlangt, als seinem Veräußerer zustehen. Diese Übereinstimmung legt den Schluß nahe, daß auch Art. 28 (2) zu einem Erwerb der materiellen Berechtigung vom Nichtberechtigten durch den redlichen Erwerber führt.

Trotz seiner Übereinstimmung in der Rechtsfolge mit den bestehenden Wechselrechten bestehen jedoch gegenüber dem anglo-amerikanischen Rechtskreis Unterschiede im Anwendungsbereich des Prinzips vom gutgläubigen Erwerb. Anders als im anglo-amerikanischen Wechselrecht findet Art. 28 (2) auch auf den einfachen "Inhaber" und auf Orderwechsel Anwendung.

Die Konvention enthält in Art. 28 (2) zwei Voraussetzungen für den gutgläubigen Erwerb des Wechsels. Erstens darf der Erwerber keine Kenntnis von einem "gültigen Anspruch" auf den Wechsel von Seiten einer anderen Person besitzen. Ferner darf der Erwerber den Wechsel weder durch Diebstahl oder Täuschung, noch durch eine Beteiligung an einem solchen erlangt haben. Hinsichtlich der letzteren Voraussetzung kann auf das bereits beim "Geschützten Inhaber" Ausgeführte verwiesen werden. Problematisch ist dagegen die Auslegung der ersten Voraussetzung.

Danach sind die Rechte eines "Inhabers" gemäß Art. 28 (2) jedem "gültigen Anspruch" einer dritten Person ausgesetzt, es sei denn, der "Inhaber" war bei Erwerb des Wechsels ohne Kenntnis eines derartigen Anspruchs. Die Konvention verwendet diesen Begriff außer in Art. 28 (2) auch noch in den Artt. 28 (4)(a), 29 (b) und 30 (2). Unter einem "Anspruch" ist jedes dingliche oder schuldrechtliche Recht an dem Wechsel zu verstehen, welches nach nationalem Recht zulässig ist.[111] Insofern erfordert die Konven-

---

110 *Baumbach/Hefermehl* WG Art.16 Rn.8; *Stranz* WG Art.16 Anm.16; *Ulmer* § 7 S.79f, § 25 S.238; *Zöllner* § 14 VI 1.a); *Hueck/Canaris* § 8 IV 2. b) aa); einschränkend *Jacobi* S.35ff; zum Schweizer Recht *Meier-Hayoz* § 11 Rn.57; *Jäggi/Druey/Greyerz* § 13 II 4 b); mißverständlich § 31 Nr.6.

111 Z.B. das Eigentum oder Pfandrechte. Vgl. UNCITRAL Yb. 1982 Vol.13 A/CN.9/213 S.149 Art.25 (2) Anm.9; UNCITRAL Yb. 1984 Vol.15 A/CN.9/SR.289 S.350 Anm.14; *Mertens/Pflug*, AG 1978,219(264).

tion trotz aller Rechtsvereinheitlichungsbemühungen einen Rückgriff auf die nationalen Privatrechte.[112]

Problematischer ist hingegen die Definition des Begriffes "gültig". Die Bedeutung dieses Begriffes ist trotz langer Diskussionen in der Arbeitsgruppe nicht geklärt worden, und es wurde erwogen, diesen Begriff aus der Konvention zu streichen.[113]

"Gültig" ist im Laufe der Diskussion mit rechtshängig,[114] begründet, behauptet oder einfach nur dem "Inhaber" bekanntgemacht, gleichgesetzt worden.[115] All diese Auslegungsversuche vermögen nicht restlos zu überzeugen. Gegen die Auslegung von "gültig" als "behauptet" spricht, daß gemäß Art. 28 (2) und 29 (b) Kenntnis vom Bestehen eines solchen "gültigen Anspruchs" zum Verlust der Redlichkeit und damit zum Nichterwerb der materiellen Berechtigung und der Stellung eines "Geschützten Inhabers" führt. Würde nun "gültig" mit "behauptet" gleichgesetzt, so wäre es ein Leichtes, den Erwerber durch Behauptung falscher Ansprüche am gutgläubigen Erwerb des Wechsels oder der Stellung eines "Geschützten Inhabers" zu hindern.[116] Auf der anderen Seite wäre es überflüssig, "gültig" mit "materiell begründet" gleichzusetzen, da es selbstverständlich ist, daß sich der "Inhaber" einen materiell begründeten Anspruch entgegenhalten lassen muß, wenn er bei Erwerb des Wechsels von diesem Kenntnis im Sinne des Art. 6 hatte.

Im Kommentar zu einem früheren Entwurf wird ein Beispiel zur Erklärung des Begriffes "Anspruch" aufgeführt, in welchem angenommen wird, daß eine Person, die den Besitz an einem Wechsel durch Einreichung einer Klage zu erlangen versucht, einen "gültigen Anspruch" habe.[117] Dieses Beispiel hat zu der Auslegung geführt, "gültig" sei mit "rechtshängig" gleichzusetzen.[118] Wäre dieser Auslegung zu folgen, so würde selbst positive Kenntnis vom Bestehen eines Anspruchs vor Rechtshängigkeit nicht schaden. Gegen diese Auslegung spricht jedoch zum ersten die Formulierung in Art. 28 (4)(a), wonach eine Wechselpartei die einer dritten Partei zustehende

---

112 *Liesecke*, WM 1973,442(449).

113 UNCITRAL Yb. 1986 Vol.17 A/CN.9/SR.336 S.324 Anm.62; A/CN.9/SR.356 S.396ff Anm.38-42.

114 Die Diskussion entzündete sich an der Formulierung des Art. 28 (4)(a), siehe UNCITRAL Yb. 1986 Vol.17 A/41/17 S.9 Anm.38; UNCITRAL Yb. 1986 Vol.17 A/CN.9/SR.336 S.324 Anm.62.

115 Vgl. UNCITRAL Yb. 1986 Vol.17 A/41/17 S.9 Anm.38; *Coing*, FS Barz S.443(450f).

116 Ähnlich *Schinnerer*, ZfRV 1972,277(290); ebenso der Kommentar Japans in UNCITRAL Yb. 1987 Vol.18 A/CN.9/WG IV/WP.32/Add.1 S.69.

117 UNCITRAL Yb. 1982 Vol.13 A/CN.9/213 S.149 Art.25 Beispiel H.

118 So UNCITRAL Yb. 1986 Vol.17 A/41/17 S.9 Anm.38; UNCITRAL Yb. 1986 Vol.17 A/CN.9/SR.336 S.324f Anm.62,68,73.

Einrede nicht selbst erheben darf, es sei denn, diese dritte Partei "*macht einen gültigen Anspruch auf [das Papier] geltend*". Wenn "gültig" mit rechtshängig gleichzusetzen wäre, wäre die Formulierung "macht einen gültigen Anspruch geltend" überflüssig. Zum anderen ist auch die Auslegung von "gültig" als "rechtshängig" in der Arbeitsgruppe abgelehnt worden.[119]

Soll der Begriff "gültig" ohne Rückgriff auf nationales Recht ausgelegt werden,[120] so muß vorrangig auf Sinn und Zweck dies Merkmals abgestellt werden. Hierüber enthalten die Materialien einige Anhaltspunkte.

So soll Sinn und Zweck des Begriffes "gültiger Anspruch" darin liegen, das Entscheidungsrisiko, ob es sich bei dem Wechselinhaber um den materiell Berechtigten handelt, auf den Wechselschuldner zu verlagern.[121] Diese Auslegung trifft allerdings nur Art. 28 (4)(a), der die Umstände bestimmt, unter welchen sich ein Wechselschuldner, der von dem "Inhaber" in Anspruch genommen wird, sich auf das Bestehen einer Einrede berufen kann, die einer dritten Partei zusteht.

Weiterhin soll das Merkmal "gültig" andere Wechselparteien daran hindern, Ansprüche auf den Wechsel in betrügerischer und leichtfertiger Weise zu erheben.[122] Hintergrund dieser Bestimmung ist, daß gemäß Art. 28 (2), 29 (b) die Kenntnis des Erwerbers von einem "gültigen Anspruch" zum Verlust der Redlichkeit führt. Soll der gutgläubige Erwerb des Wechsels in Art. 28 (2) oder der Erwerb der Stellung eines "Geschützten Inhabers" in Art. 29 (b) nicht unmöglich gemacht werden, so darf die Kenntnis von Ansprüchen, die in betrügerischer und leichtfertiger Weise erhoben werden, nicht zum Verlust der Redlichkeit führen.

Somit soll das Merkmal "gültiger Anspruch" in Art. 28 (2) und 29 (b) offenbar aus dem Kreis möglicher Ansprüche, deren Kenntnis zum Verlust der Redlichkeit führt, solche Ansprüche ausnehmen, die nur in betrügerischer und leichtfertiger Weise erhoben werden.

Im Rahmen des Art. 28 (2) ist jedoch zu berücksichtigen, daß in Abweichung vom anglo-amerikanischen Recht in der Konvention die "Kenntnis" eines bestimmten Anspruches noch nicht zum Verlust der Redlichkeit gegen-

---

119 Vgl. UNCITRAL Yb. 1986 Vol.17 A/41/17 S.9 Anm.38; UNCITRAL Yb. 1987 Vol.18 A/CN.9/288 S.60 Anm.120f.

120 So könnte beispielsweise entsprechend sec. 3-306 (a) UCC für die Geltendmachung eines "gültigen Anspruchs" (valid claim) die Behauptung genügen, einen rechtlichen Anspruch auf das Papier zu haben; vgl. *Hawkland* § 3-306:2; vgl. aber auch § 3-304:1 wo "valid" im Sinn von "begründet" verwandt wird.

121 UNCITRAL Yb. 1986 Vol.17 A/41/17 S.9 Anm.38.

122 Vgl. UNCITRAL Yb. 1987 Vol.18 A/CN.9/288 S.60 Anm.120f; UNCITRAL Yb. 1987 Vol.18 A/CN.9/WG IV/WP.32/Add.1 S.69

über anderen Ansprüchen und Einwendungen führt.[123] Die Kenntnis des Erwerbers von einem in betrügerischer und leichtfertiger Weise erhobenen Anspruch schadet dem Erwerber bei Art. 28 (2) grundsätzlich nur gegenüber diesem Anspruch. Andere, unbekannte Ansprüche und Einwendungen bleiben dagegen wie im Genfer Wechselgesetz weiterhin ausgeschlossen. Ist aber der dem Erwerber bekannte Anspruch in betrügerischer und leichtfertiger Weise erhoben worden, so vermag er gegen diesen auch nicht durchzugreifen. Seine Kenntnis wäre damit unschädlich. Damit ist bei Art. 28 (2) die durch die Einführung des Merkmals "gültiger Anspruch" angestrebte Beschränkung der dem Erwerber schädlichen Kenntnis aber von vornherein überflüssig. Der vorgegebene Sinn und Zweck des Merkmals "gültiger Anspruch" wird damit bei Art. 28 (2) im Ergebnis verfehlt.

Eine andere Beurteilung ergibt sich jedoch bei Art. 29 (b). Hier verhindert Kenntnis von einem "gültigen Anspruch" beim Erwerb des Wechsels den Erwerb der Stellung eines "Geschützten Inhabers". Auch in diesem Fall ist es letztlich unschädlich, wenn sich in einem Prozeß herausstellt, daß der Erwerber nur Kenntnis von einem "ungültigen" Anspruch hatte, da dies nicht den Erwerb der Stellung eines "Geschützten Inhabers" hindert. Anders als bei Art. 28 (2) kann sich der Erwerber aber während der Dauer dieses Prozesses nicht die Vorteile seiner besonderen Rechtsstellung eines "Geschützte Inhaber" gegenüber Dritten zu Nutze machen.

Hier erscheint es sinnvoll, von vornherein den Kreis der Kenntnis auf solche Ansprüche zu begrenzen, die nicht in betrügerischer und leichtfertiger Weise erhoben worden sind, um den Erwerb der Stellung eines "Geschützten Inhabers" nicht unnötig zu erschweren.

Fraglich ist jedoch, nach welchem Gesichtspunkt bestimmt werden soll, ob ein Anspruch in betrügerischer und leichtfertiger Weise erhoben worden ist. Da die Bestimmung der Redlichkeit subjektiv erfolgt, sollte auch bei der Beurteilung eines Anspruches als "gültig" auf die subjektive Sicht des Erwerbers abgestellt werden. Diesem obliegt bei Erwerb die Beurteilung, ob Tatsachen, deren Kenntnis er erlangt hat, bei unterstellter Richtigkeit einen Anspruch auf den Wechsel rechtfertigen würden. Kommt er zu dem Ergebnis, daß die ihm bekannten Tatsachen keinen vernünftigen Gegenanspruch rechtfertigen, so ist er als redlich im Sinne der Konvention anzusehen und erwirbt trotz Kenntnis die Stellung eines "Geschützten Inhabers".[124]

Im Ergebnis ist auch hier zu bemängeln, daß die Konvention bei einem zentralen Begriff eine klare und durchgehend schlüssige Definition vermissen

---

123 Siehe S.161.

124 A.A. *Coing*, FS Barz S.443(450f).

läßt. Die Anwendung der Konvention wird dadurch erschwert und ihre Akzeptanz in Handels- und Wirtschaftskreisen verringert.

11.5.2 Die Rechte des "Inhabers" nach Verlust des Papieres.

Die Konvention enthält im VII. Kapitel in den Artt. 78-83 Regeln für den Verlust eines Internationalen Wechsels. Diese Bestimmungen wurden für notwendig erachtet, um die verschiedenen nationalen Regelungen betreffend die Behandlung verloren gegangener Wechsel zu vereinheitlichen.[125] Die Konvention hat sich dabei in Anlehnung an den anglo-amerikanischen Rechtskreis für eine privatrechtliche Lösung im Sinne der sec. 70 BEA, 3-804 UCC und gegen ein offizielles Kraftloserklärungsverfahren gemäß Art. 90 WG entschieden, weil letzteres eine gerichtliche Entscheidung erfordert, deren Bekanntgabe man im internationalen Verkehr für zu aufwendig und unsicher hielt.[126]

Die Regelung der Folgen des Verlustes eines Internationalen Wechsels ist deshalb von besonderer Bedeutung, da gemäß Art. 15 (1)(a) für die Inhaberschaft der Besitz des Wechsels erforderlich ist und somit der Verlust des Besitzes am Papier auch zum Verlust der Inhaberschaft führt. "Verlust" ist gemäß Art. 78 (1) jeder Besitzverlust des Papieres, gleich, ob dieser durch Diebstahl, Zerstörung oder auf andere Art entstanden ist.[127]

Art. 78 (1) gewährt nun einem derartigen "Ex-holder", der nach Verlust des Papieres von einer Wechselpartei Zahlung verlangt, den gleichen Anspruch auf Zahlung, wie er ihn vor Verlust des Papieres besaß. Der frühere Inhaber behält damit alle Rechte und Pflichten, so, als wenn er weiterhin im Besitz des Papieres wäre.[128] Der frühere Inhaber hat jedoch keinen Anspruch gegen den Bezogenen, wie sich aus der Verwendung der Formulierung "Wechselpartei" (party) ergibt. Dies folgt daraus, daß der Bezogene vor Annahme des Wechsels nicht aus diesem verpflichtet ist.[129] Ebenfalls nicht von Art. 78 erfaßt sind Situationen, in denen der frühere Inhaber statt Zahlung die Rückübertragung des Besitzes verlangt.

Art. 78 (2) enthält zwei Voraussetzungen für den Erhalt der Rechte des früheren Inhabers. Der frühere Inhaber muß gemäß Art. 78 (2)(a)(i)-(iii) dem Wechselschuldner schriftlich alle Elemente des verlorengegangenen Wech-

---

125 *Schinnerer* Konventionsentwürfe S.39.

126 UNCITRAL Yb. 1976 Vol.7 A/CN.9/117 S.146 Anm.32; UNCITRAL Yb. 1982 Vol.13 A/CN.9/213 S.182 Art.74 Anm.3; *Schinnerer* Konventionsentwürfe S.39.

127 UNCITRAL Yb. 1982 Vol.13 A/CN.9/213 S.182 Art.74 Anm.4.

128 UNCITRAL Yb. 1982 Vol.13 A/CN.9/213 S.182 Art.74 Anm.4f.

129 UNCITRAL Yb. 1982 Vol.13 A/CN.9/213 S.182 Art.74 Anm.6.

sels vorlegen und ihm ferner in der in Art. 78 (2)(b) und (c) beschriebenen Weise Sicherheit leisten.

Gemäß Art. 78 (2)(a)(i) muß der frühere Inhaber dem Wechselschuldner alle Bestandteile des Wechsel nachweisen, so wie sie in den Absätzen (1) und (2) der Artt. 1, 2 und 3 für die Wirksamkeit des Wechsels erforderlich sind. Ein bis dato unausgefüllter Wechsel kann nicht mehr vervollständigt werden, womit der frühere Inhaber alle Rechte an diesem Papier verliert.[130] Ferner muß der frühere Inhaber zur Wahrung seiner Rechte gemäß Art. 78 (2)(a)(ii) seine Berechtigung aus dem Wechsel, also die ununterbrochene Indossamentenkette, nachweisen. Der frühere Inhaber kann sich zum Nachweis der Elemente des Wechsels Photokopien des Wechsels bedienen.[131]

Art. 78 (2)(b) fordert als zweite Voraussetzung eine Sicherheitsleistung durch den früheren Inhaber für den in Anspruch genommenen Wechselschuldner. Damit berücksichtigt die Konvention das Interesse des Wechselschuldners, gegen eine erneute Inanspruchnahme aus dem Wechsel durch einen Geschützten Inhaber, demgegenüber der Wechselschuldner die erste Zahlung nicht einwenden könnte, geschützt zu werden.[132] Inhalt und Umfang der Sicherheitsleistung bestimmen die Parteien nach Art. 78 (2)(c) durch Übereinkunft; können sie sich nicht einigen, so kann ein Gericht Art und Höhe der Sicherheitsleistung festlegen. Nicht geregelt ist die internationale und örtliche Zuständigkeit des Gerichtes. Die Arbeitsgruppe ist davon ausgegangen, das sich die Zuständigkeit nach den allgemeinen Regeln des Internationalen Zivilprozeßrechtes bestimmen soll.[133]

Statt einer Sicherheitsleistung kann das Gericht auch die Hinterlegung der Wechselsumme bei einer dafür geeigneten Institution anordnen. Die Hinterlegung gilt dann als Zahlung, Art. 78 (2)(d).

Der Wechselschuldner kann, sollte er erneut aus dem Papier in Anspruch genommen werden, gemäß Art. 80 (1) Befriedigung aus der Sicherheit oder Freigabe des Hinterlegten verlangen. Gleichzeitig ist er nach Art. 79 verpflichtet, diejenige Person, an die er das erste Mal gezahlt hat, binnen zweier Geschäftstage nach Vorlage des verlorengegangenen Wechsels unter Nennung des Namens des Vorlegenden und Ort und Datum der Vorlegung zu benachrichtigen. Unterläßt er diese Benachrichtigung, ohne durch höhere

---

130 UNCITRAL Yb. 1982 Vol.13 A/CN.9/213 S.183 Art.74 Anm.9; *Schinnerer* Konventionsentwürfe S.40.

131 *Schinnerer* Konventionsentwürfe S.40.

132 Siehe UNCITRAL Yb. 1982 Vol.13 A/CN.9/213 S.183 Art.74 Anm.11

133 UNCITRAL Yb. 1987 Vol.18 A/42/17 S.23 Anm.201. In Anbetracht unterschiedlicher Bestimmungen wäre es vermutlich zweckmäßiger gewesen, hier den Vorschlag des Irak aufzugreifen, nachdem das Gericht am Zahlungsort zuständig sein sollte. UNCITRAL Yb. 1987 Vol.18 A/CN.9/WG IV/WP.32/Add.7 S.96.

Umstände im Sinne des Art. 79 (4) daran gehindert zu sein, so unterliegt er nach Art. 79 (3) gegenüber dem ersteren Zahlungsempfänger im Umfang der Artt. 70 und 71 einer außerwechselrechtlichen Schadensersatzpflicht.[134]

Der Sicherheitsleistende kann die Sicherheit nach Art. 80 (2) zurückverlangen, wenn für den Wechselschuldner keine Gefahr mehr besteht, aus dem Wechsel erneut in Anspruch genommen zu werden.[135]

Da der frühere Inhaber alle Rechte und Pflichten behält, die er ohne Verlust des Wechsels gehabt hätte, bleibt er zur Vorlegung und etwaigem Protest verpflichtet. Art. 81 bestimmt, daß der frühere Inhaber zur Protesterhebung sich an Stelle des verlorenen Wechsels einer schriftlichen Erklärung im Sinne des Art. 78 (2)(a), also einer Kopie des Wechsels, bedienen darf. Art. 81 erwähnt allerdings nur die Protesterhebung wegen Nicht-Zahlung, nicht aber die Protesterhebung wegen Nicht-Annahme. Dies ist mehrfach als Unterlassungsfehler kritisiert worden,[136] zumal der Kommentar zu diesem Artikel ausdrücklich auch den Protest wegen Nicht-Annahme erwähnt.[137] Die Arbeitsgruppe hat sich jedoch ausdrücklich gegen die Ausdehnung des Art. 81 auf Fälle der Protesterhebung wegen Nicht-Annahme entschieden.[138] Allerdings vermag die Begründung nicht zu überzeugen. Richtig ist, daß Art. 78 (1) nur Ansprüche des ehemaligen Inhabers gegen Wechselparteien, nicht aber gegen den Bezogenen regelt. Da dieser demzufolge nicht aus dem Wechsel verpflichtet ist, soll eine Zahlung durch ihn auf eigenes Risiko erfolgen.[139] Dies ist zwar richtig, jedoch kein Argument, um dem ehemaligen Inhaber die Möglichkeit des Protestes wegen Nicht-Annahme zu versagen. Vor Annahme besteht gemäß Art. 40 (1) sowieso keine Verpflichtung des Bezogenen. Insofern besteht kein Unterschied zwischen der Verpflichtung des Bezogenen vor und nach Verlust des Wechsels. Überzeugender wäre hier eine Ausdehnung des Art. 81 auf Fälle der Protesterhebung wegen Nicht-Annahme gewesen.[140]

---

134 UNCITRAL Yb. 1982 Vol.13 A/CN.9/213 S.184 Art.75 Anm.4. Die Vorschrift über die Benachrichtigungspflicht entspricht der Regelung beim Protest und wird dort ausführlich erläutert, vgl. UNCITRAL Yb. 1982 Vol.13 A/CN.9/213 S.184 Art.75 Anm.5; ablehnend *Crawford* Remarks S.18, der diese Bestimmung als unpraktisch und belastend ansieht.

135 So beispielsweise nach Verjährung oder Wiederaufindung des Wechsels.

136 *Schinnerer* Konventionsentwürfe S.41; UNCITRAL Yb. 1984 Vol.15 A/CN.9/248 S.83 Art. 77 Anm. Norwegen; UNCITRAL Yb. 1987 Vol.18 A/CN.9/WG IV/WP.32 S.66.

137 UNCITRAL Yb. 1982 Vol.13 A/CN.9/213 S.184 Art.77 Anm.1.

138 UNCITRAL Yb. 1987 Vol.18 A/42/17 S.24 Anm.205.

139 UNCITRAL Yb. 1987 Vol.18 A/42/17 S.24 Anm.205.

140 So im Ergebnis auch *Schinnerer* Konventionsentwürfe S.41, der eine analoge Anwendung des Art. 81 befürwortet.

Der frühere Inhaber muß dem Wechselschuldner neben der schriftlichen Kopie des verlorengegangenen Wechsels etwaige Protesturkunden sowie eine Abrechnung erteilen und ihm den Empfang des Geldes auf der Wechselkopie und der Abrechnung bestätigen, Art. 82. Die Abrechnung dient der Dokumentation etwaiger Zinsen und Kosten, die der Wechselschuldner über die Wechselsumme hinaus zu begleichen hat.[141] Zahlt der Wechselschuldner, so gehen die Rechte an und aus dem Wechsel gemäß Art. 83 auf ihn über. Er kann diese jedoch nur ausüben, wenn er im Besitz der empfangsbestätigten Wechselkopie ist, die von nun an als Wechselersatz fungiert.[142]

Obwohl diese Bestimmungen sehr geradlinig angelegt sind, bleibt zu prüfen, wer letztlich das Verlustrisiko zu tragen hat. Geht man davon aus, daß der Wechselschuldner sich im Falle einer erneuten Inanspruchnahme durch einen "Geschützten Inhaber" aus der Sicherheit befriedigen kann, so bleibt das Risiko des Verlustes mit anschließendem gutgläubigen Erwerb des Wechsels zunächst bei dem früheren Inhaber hängen, dem der Wechsel abhanden gekommen ist. Da ein "Geschützter Inhaber" einen Order-Wechsel nur durch Indossierung erlangt haben kann, kann der frühere Berechtigte nun versuchen, nach Art. 25 (1) von demjenigen, der sein Indossament gefälscht hat, oder von dessen Indossatar Entschädigung zu erlangen. Dieser Rückgriff versagt jedoch, falls der abhandengekommene Wechsel ein blanko indossierter Wechsel war.

Trotz der mit dem Rückgriff verbundenen praktischen Schwierigkeiten scheint es nicht wünschenswert, neben den Artt. 78-83 auch noch ein nationales Kraftloserklärungsverfahren zuzulassen.[143] Die jetzige Regelung enthält nicht nur eine praktische und praxisgerechte Lösung, sondern sie erscheint auch im Hinblick auf die Risikotragung durch denjenigen, dem der Wechsel abhandengekommen ist, bzw. den Indossatar des Fälschers, gelungen. Ein paralleles Kraftloserklärungsverfahren kann hier nur zur Rechtsunsicherheit führen.

---

141 Näher *Schinnerer* Konventionsentwürfe S.42.

142 Diese Wechselersatzfunktion der Wechselkopie rechtfertigt das Erfordernis der Innehabung der Kopie für den Wechselschuldner. Dieses Erfordernis ist von einigen Staaten als zu restriktiv kritisiert worden. Siehe UNCITRAL Yb. 1984 Vol.15 A/CN.9/248 S.83 Art. 79 Anm. Norwegen und U.S.A.; UNCITRAL Yb. 1987 Vol.18 A/CN.9/WG IV/WP.32/Add.4 S.89.

143 Vgl. die Überlegung bei *Schinnerer* Konventionsentwürfe S.39.

11.6 Sonderbestimmungen für den "Geschützten Inhaber".

Im folgenden werden die Regelungen beschrieben, die speziell die Rechtsstellung eines "Geschützten Inhabers" betreffen. Dies sind die sogenannte "shelter rule" des Art. 31 sowie die Vermutungsregel des Art. 32.

11.6.1 Die "Shelter Rule" des Art. 31.

Art. 31 (1) bestimmt in enger Anlehnung an die entsprechenden Bestimmungen der sec. 29 (3) BEA, 3-201 UCC des anglo-amerikanischen Rechtskreises,[144] daß die wechselrechtliche Übertragung eines Internationalen Wechsels durch einen "Geschützten Inhaber" dem Erwerber dieselben Rechte verschafft, die der "Geschützte Inhaber" innehatte, ohne daß der Erwerber damit selbst zum "Geschützten Inhaber" wird.[145] Diese Bestimmung enthält einmal den selbstverständlichen Grundsatz, daß der Erwerber alle Rechte seines Indossanten erwirbt.[146] Seine Besonderheit besteht darin, daß der Erwerber auch dann gegenüber bestehenden Einwendungen geschützt ist, wenn er diese kannte, also bösgläubig war.[147] Ausnahmen gelten gemäß Art. 31 (2) nur für Erwerber, die selbst an einem Rechtsgeschäft beteiligt waren, das Anlaß für einen Einwand war, oder die bereits früher "Inhaber", aber nicht "Geschützter Inhaber" waren.[148] Damit soll vermieden werden, daß Personen, denen gegenüber der Schuldner eine Einwendung hätte, den Wechsel durch Veräusserung an einen gutgläubigen Erwerber und anschließendem Rückerwerb "waschen".[149]

Art. 31 soll dem "Geschützten Inhaber" auch dann noch eine problemlose Verwertung und Übertragung des Wechsels ermöglichen, wenn bereits Mängel des Papieres bekannt geworden sind und dadurch einen gutgläubigen

---

144 Vgl. UNCITRAL Yb. 1982 Vol.13 A/CN.9/213 S.151 Art.27 Anm.1; *Mertens/Pflug*, AG 1978,219(265); *Schinnerer*, FS Wagner S.315(323).

145 Dieser wichtige Unterschied ist in der Arbeitsgruppe mehrfach hervorgehoben worden, vgl. UNCITRAL Yb. 1986 Vol.17 A/CN.9/SR.340 S.339f Anm.16-26; A/CN.9/SR.343 S.353 Anm.37.

146 So auch *Mertens/Pflug*, AG 1978,219(265).

147 Daß Kenntnis des Erwerbers unschädlich ist, wurde mehrfach ausdrücklich bestätigt, vgl. UNCITRAL Yb. 1986 Vol.17 A/CN.9/273 S.45 Anm.28; UNCITRAL Yb. 1982 Vol.13 A/CN.9/213 S.151 Art.27 Anm.1 Beispiel B und C; UNCITRAL Yb. 1972 Vol.3 A/CN.9/67 S.163 Art.25 Anm.7.

148 *Bloch*, J.Dr.Int.1979,770(788f); *Schinnerer*, FS Wagner S.315(323).

149 UNCITRAL Yb. 1972 Vol.3 A/CN.9/67 S.163 Art.25 Anm.7; UNCITRAL Yb. 1982 Vol.13 A/CN.9/213 S.151 Art.27 Anm.1; *Mertens/Pflug*, AG 1978,219(265); *Allan*, X. I.Tr.L.S. S.313(323). Dies entspricht der Lehre vom Rückerwerb des Nichtberechtigten.

Erwerb seitens des Erwerbers verhindern.[150] Diese Verwertungsmöglichkeit besteht für den "Geschützten Inhaber" auch nach Verfall des Wechsels. Art. 31 wird ergänzt von der Bestimmung des Art. 28 (3), nach der ein Inhaber, der das Papier nach Verfall erwirbt, nur den Einwendungen ausgesetzt ist, denen auch sein Veräußerer ausgesetzt war.

Grundsätzlich steht die Regelung des Art. 31 im Einklang mit dem auch im Genfer Wechselgesetz anerkannten Grundsatz, daß ein redlicher Erwerber seinem Nachmann das "geheilte" Wechselrecht überträgt, ohne daß es auf den guten Glauben des Nachmannes ankäme.[151] Dies gilt sowohl für Einwendungen gegen den Bestand des Wechselrechtes[152] als auch für Einwendungen aus der Rechtsbeziehung zwischen dem Schuldner und einem der Vormänner.[153]

Die Möglichkeit des Erwerbs der Rechte eines "Geschützten Inhabers" durch einen bösgläubigen Wechselerwerber ist während der Entwurfsarbeiten kritisiert worden. Mehrfach wurde gefordert, Erwerber, die Kenntnis vom Bestehen von Einwendungen haben, vom Anwendungsbereich des Art. 31 (1) auszunehmen.[154] Dieser Vorschlag ist mit der Begründung abgelehnt worden, eine derartige Beschränkung würde die Umlauffähigkeit des Internationalen Wechsels und seine Verwertbarkeit für den "Geschützten Inhaber" vermindern.[155]

Die Regelung des Art. 31 ist leider nicht vollständig mit der Regelung des gutgläubigen, einredefreien Erwerbs des "einfachen" Inhabers vom Nichtberechtigten, wie er in Art. 28 (1), (2) niedergelegt ist, harmonisiert worden. Art. 31 enthält den Rechtsgedanken, daß der Veräußerer in seiner Redlichkeit bei der Verwertung des Papieres geschützt werden soll,[156] unabhängig von der Redlichkeit des möglicherweise bösgläubigen Erwerbers. Dieser Rechtsge-

---

150 UNCITRAL Yb. 1982 Vol.13 A/CN.9/213 S.151 Art.27 Anm.1; UNCITRAL Yb. 1986 Vol.17 A/CN.9/273 S.45 Anm.25; UNCITRAL Yb. 1973 Vol.4 A/CN.9/77 S.109 Anm.77; *Liesecke*, WM 1973,442(450).

151 *Baumbach/Hefermehl* WG Art.17 Rn.9; *Zöllner* § 21 IV 3 d); *Thomsen*, S.368ff; *Stranz* WG Art.17 Anm.17; vgl. *Mertens/Pflug*, AG 1978,219(265); a.A. *Ostheim*, FS Kastner S.349(366f).

152 Sogenannte Gültigkeitseinwendungen, *Baumbach/Hefermehl* WG Art.17 Rn.9 mwN; vgl. auch *Liesecke*, WM 1973,442(450).

153 Vgl. *Stranz* WG Art.17 Anm.17.

154 UNCITRAL Yb. 1973 Vol.4 A/CN.9/77 S.109 Anm.77; UNCITRAL Yb. 1984 Vol.15 A/39/17 S.8 Anm.32; UNCITRAL Yb. 1987 Vol.18 A/CN.9/WG IV/WP.32 S.66; A/CN.9/WG IV/WP.32/Add.2 S.77.

155 UNCITRAL Yb. 1986 Vol.17 A/CN.9/273 S.45 Anm.28; UNCITRAL Yb. 1987 Vol.18 A/CN.9/288 S.63 Anm.149; *Vis* Unification 6-16. Diese Erwägung deckt sich mit den Begründungen für die Endgültigkeit des redlichen Erwerbs im Genfer Wechselrecht. Vgl. *Thomsen*, S.369.

156 UNCITRAL Yb. 1986 Vol.17 A/CN.9/SR.340 S.339 Anm.20.

danke ist aber nicht auf den "Geschützten Inhaber" beschränkt, sondern trifft gleichermaßen auch auf den redlichen, "einfachen" Inhaber zu. Hier wäre es nach der Einführung des gutgläubigen Erwerbs auch für den "einfachen" Inhaber in Art. 28 folgerichtig gewesen, den Rechtsgedanken des Art. 31 auch auf den Erwerb von einem redlichen "Inhaber", der nicht "Geschützter Inhaber" ist, auszuweiten. Angesichts des eindeutigen Wortlautes in Art. 31 (1) erscheint es jedoch zweifelhaft, ob dieses Versäumnis durch eine analoge Anwendung des Art. 31 (1) auf den "einfachen" Inhaber behoben werden kann.

11.6.2 Die Vermutungsregel des Art. 32.

Nach Art. 32 gilt jeder "Inhaber" bis zum Beweis des Gegenteils durch den in Anspruch genommenen Schuldner als "Geschützter Inhaber". Diese Beweislastverteilung entspricht der Regelung der Artt. 16 und 17 WG.[157] Anders das amerikanische Recht. Hier stellt sec. 3-307 (3) UCC lediglich einen Beweis des ersten Anscheins zugunsten des "holder" auf. Erhebt eine Partei Einwendungen gegen ihre Haftung aus dem Wechsel, so obliegt dem "holder" die Beweislast, daß er "holder in due course" ist.[158] Dieses Prinzip lag auch der ersten Fassung des Art. 32 zugrunde.[159] Nach einer Diskussion in der Arbeitsgruppe wurde dieser Ansatz jedoch aufgegeben, nachdem die Vertreter des Genfer Wechselgesetzes darauf hingewiesen hatten, daß es nach kontinentaleuropäischen Zivilprozeßrecht dem Inhaber nahezu unmöglich wäre, den negativen Beweis zu führen, er habe keine Kenntnis vom Bestehen von Einwendungen und Gegenansprüchen gehabt.[160] Damit entspricht die Regelung des Art. 32 dem im Genfer Wechselrecht bestehenden Grundsatz.

---

157 Vgl. *Baumbach/Hefermehl* WG Art.16 Rn.2, Art.17 Rn.95, zu Art. 17 WG auch BGH WM 1986,449.

158 Vgl. zur Beweislast in Art. 3 UCC, *Weinberg*, 72 Ky.L.J. 575 (1983-84).

159 Vgl. UNCITRAL Yb. 1972 Vol.3 A/CN.9/67 S.163 Art. 26, zu diesem Entwurf auch *Mertens/Pflug*, AG 1978,219(264); *Liesecke*, WM 1973,442(450f).

160 UNCITRAL Yb. 1986 Vol.17 A/CN.9/SR.347 S.368 Anm.36-43; UNCITRAL Yb. 1973 Vol.4 A/CN.9/77 S.108 Anm.73; UNCITRAL Yb. 1973 Vol.4 A/9017 S.15 Anm.30; kritisch auch *Schinnerer*, ZfRV 1972,277(291).

§ 12 Die Einwendungssystematik

Eines der für den Umlauf des Wechsels wichtigsten Teilgebiete des Wechselrechtes ist die Einwendungslehre.[1] Ihre Bedeutung resultiert aus der Funktion des Wechsels als umlauffähiges Wertpapier. Damit er diese Funktion erfüllen kann, ist es unerläßlich, daß aus dem Inhalt des umlaufenden Wechsels eindeutig zu entnehmen ist, in welchem Umfang der Wechselschuldner Einwendungen gegen seine Haftung erheben kann.[2] Dabei sind die Interessen des Wechselverkehrs an einer Verwertung des Wechsels gegen die Interessen des Wechselschuldners an einem Schutz vor ungerechtfertigter Inanspruchnahme abzuwägen. Der Grad der Schutzwürdigkeit bestimmt dabei das Ausmaß des Einwendungsausschlusses.[3] Aus dem Schutzziel der Sicherung des Wechselumlaufs folgt weiter, daß ein Verkehrsschutz erst nach erfolgtem Umlauf, also gegenüber einem Zweiterwerber eintreten muß. Gegenüber dem ersten Nehmer bleiben dem Wechselschuldner dagegen grundsätzlich alle Einwände erhalten.[4]

Hierüber besteht weltweit Einigkeit.[5] Unterschiede existieren jedoch zwischen den beiden bestehenden Wechselsystemen im Umfang und in der dogmatischen Konstruktion des Einwendungsausschlusses.[6] Die UNCITRAL-Konvention hat versucht, in diesem "Kernstück" des Wechselrechts eine allseitig befriedigende Kompromißlösung zu schaffen. Aufgrund der Bedeutung der Einwendungslehre für die Funktionsfähigkeit des Wechsels als umlauffähiges Wertpapier ist die Qualität der Lösung der UNCITRAL-Konvention von besonderer Bedeutung für die praktische Akzeptanz der Konvention.

---

1 Der Begriff der Einwendungen soll hier im weitesten Sinne verstanden werden und Einwendungen und Einreden im technischen Sinn umfassen.

2 Vgl. *Hueck/Canaris* § 9; *Baumbach/Hefermehl* WG Art.17 Rn.1,5.

3 *Baumbach/Hefermehl* WG Art.17 Rn.5.

4 *Baumbach/Hefermehl* WG Art.17 Rn.1,15; *Hueck/Canaris* § 9 I 2 a); *Jäggi/Druey/Greyerz* § 31 I Nr.7; zu der Problematik des Einwendungsausschlusses gegenüber dem ersten Nehmer siehe *Joost* WM 1977,1394; *Pflug* ZHR 148 (1984) 1; *Zöllner* ZHR 148 (1984) 313.

5 Vgl. *Hawkland* § 3-302:04, 3-305:03; *Falconbridge-Crawford* § 5302.1; *Byles* S.229f, 232f; *Cowen* S.266f.

6 Vgl. *Coing*, FS Barz S.443(444f).

12.1 Übersicht über die Einwendungssystematik der bestehenden Wechselsysteme.

Merkmal des Genfer Wechselgesetzes ist die differenzierte Regelung der Einwendungslehre. Das Wechselgesetz unterscheidet zwischen Einwendungen gegen die Berechtigung des Wechselinhabers und Einwendungen gegen die Haftung des Wechselschuldners aus dem Papier.[7] Erstere sind in Art. 16 WG geregelt, letztere werden grundsätzlich von Art. 17 WG erfaßt. Die Einwendung der abredewidrigen Ausfüllung eines Blankowechsels ist in Art. 10 WG besonders geregelt. Aus dieser getrennten Behandlung der Einwendungen folgt, daß es auf die Einwendungen gegen die Haftung aus dem Papier unter dem Genfer Wechselgesetz erst dann ankommt, wenn die Berechtigung des Wechselinhabers, die regelmäßig nach Art. 16 I WG vermutet wird, feststeht.[8] Der differenzierten Behandlung der Einwendungen entspricht ein unterschiedlicher Redlichkeitsmaßstab in den Artt. 10 und 16 WG einerseits und Art. 17 WG andererseits. Während bei Art. 10 und 16 II WG grobe Fahrlässigkeit oder böser Glaube schadet, verlangt Art. 17 WG für den Redlichkeitsausschluß bewußtes Handeln zum Nachteil des Schuldners.

Trotz dieser differenzierten Regelung im Genfer Wechselgesetz ist das Problem des Einwendungsausschlusses in den Artt. 10, 16 II und 17 WG nicht abschließend geregelt worden. Anders als in Art. 82 WO sind in Art. 17 WG die zulässigen Einwendungen nicht positiv umschrieben worden,[9] sondern Art. 17 WG bezeichnet negativ diejenigen Einwendungen, welche der Wechselschuldner dem Inhaber nicht entgegenhalten können soll.[10] Trotz dieser negativen Fassung des Art. 17 WG konnte sich die Genfer Wechselrechtskonferenz nicht auf eine abschließende Regelung der Einwendungslehre verständigen, sondern hat dies der Rechtsprechung und Wissenschaft überlassen.[11] Seither ist umstritten, welche Einwendungen der Wechselschuldner geltend machen kann und welcher Redlichkeitsmaßstab für den Einwendungsausschluß Anwendung findet.[12]

---

7 *Baumbach/Hefermehl* WG Art.17 Rn.3, 9.

8 *Baumbach/Hefermehl* WG Art.17 Rn.1,3; *Stranz* WG Art.17 Anm.2.

9 Art. 82 WO diente auf der ersten Haager Konferenz als Modell für Art. 17 des Vorentwurfes. Auf der zweiten Haager Konferenz wurde dann für den entsprechenden Art. 16 eine negative Fassung gewählt, weil die Konferenz es für unmöglich hielt, positiv alle zulässigen Einwendungen zu beschreiben. Diese negative Fassung ist schließlich bei der Genfer Wechselkonferenz für Art. 17 WG beibehalten wurde. Näher *Hupka* S.51; *Huber*, FS Flume II S.83(89).

10 *Hefermehl* ZHR 144 (1980) 34(36ff); *Hupka* S.51; *Stranz* WG Art.17 Anm.3.

11 *Baumbach/Hefermehl* WG Art.17 Rn.2; *Hefermehl* ZHR 144 (1980) 34(37); *Denkschrift* S.117f.

12 Übersicht bei *Baumbach/Hefermehl* WG Art.17 Rn.2.

Einigkeit besteht in der Sache darüber, daß es neben nichtausschlußfähigen Einwendungen, welche der Wechselschuldner auch einem redlichen Zweiterwerber entgegenhalten kann, weitere ausschlußfähige Einwendungen gibt, die einem redlichen Erwerber nicht entgegengehalten werden können. Zur ersteren Gruppe werden Einwendungen gezählt, die sich aus dem Inhalt der Urkunde ergeben,[13] ferner solche, die gegenüber dem jeweiligen Inhaber bestehen,[14] und schließlich Einwendungen, die den Bestand der Wechselverpflichtung betreffen, aus dem Wechsel nicht ersichtlich sind und dem Wechselschuldner im Rahmen des Rechtsscheinprinzips auch nicht zugerechnet werden können.[15] Zur zweiten Gruppe gehören die nicht aus dem Wechsel ersichtlichen Einwendungen gegen die Wirksamkeit der Wechselforderung oder des Grundgeschäftes[16] sowie die persönlichen Einwendungen des Wechselschuldners aus seinen Rechtsbeziehungen mit anderen Personen als dem Inhaber.[17]

Bei den ausschlußfähigen Einwendungen ist umstritten, nach welchem Redlichkeitsmaßstab die Gruppe der den Bestand der Wechselverpflichtung betreffenden Gültigkeitseinwendungen ausgeschlossen werden kann. Die in Deutschland herrschende Lehre, der sich auch der BGH angeschlossen hat, wendet Art. 16 II WG analog an.[18] Der Wechselschuldner kann seine Einwendung somit bereits bei grober Fahrlässigkeit des Inhabers beim Erwerbe geltendmachen. Die Gegenansicht, der auch die überwiegenden Stimmen im ausländischen Schrifttum folgen,[19] wendet dagegen einheitlich Art. 17 WG

---

13 Sogenannte inhaltliche oder urkundliche Einwendungen, s. *Hueck/Canaris* § 9 I 2 b; *Zöllner* § 21 III; *Baumbach/Hefermehl* WG Art.17 Rn.6. Hierzu gehören in den Wechsel aufgenommene Haftungsausschlußklauseln, die Einwendung der Präjudizierung oder Verjährung.

14 Sogenannte unmittelbare Einwendungen, *Hueck/Canaris* § 9 I 2 a).

15 Sogenannte Zurechenbarkeitseinwendungen, *Hueck/Canaris* § 9 I 2 c); nichtausschlußfähige Gültigkeitseinwendungen, *Baumbach/Hefermehl* WG Art.17 Rn.13; ähnlich *Zöllner* § 21 IV 3. Hierzu gehören Zwang, Drohung, Unterschriftsfälschung bei der Wechselzeichnung.

16 Sogenannte Gültigkeitseinwendungen, *Hueck/Canaris* § 9 II 4; *Baumbach/Hefermehl* WG Art.17 Rn.9,13; hierzu gehört die Einwendung des fehlenden oder mangelhaften Begebungsvertrages.

17 Sogenannte persönliche Einwendungen; *Baumbach/Hefermehl* WG Art.17 Rn.8; *Hueck/Canaris* § 9 II 5; hierzu gehören die Einwendungen aus dem Grundgeschäft, sowie besondere Abreden zwischen dem Schuldner und einer früheren Wechselpartei.

18 *Baumbach/Hefermehl* WG Art.17 Rn.9; *Hueck/Canaris* § 9 II 4; *Zöllner* § 21 IV 2; *Hefermehl* ZHR 144 (1980) 34(44ff); *Thomsen*, S.318ff; *Quassowski/Albrecht* Art.16 Anm.27; BGH WM 1978,83(84).

19 Eine Übersicht über die Meinungen im ausländischen Schrifttum gibt *Ulmer*, FS Raiser S.225(230ff). Wie die h.L. im deutschen Schrifttum aber *Ott* SJZ 1979,153(155).

an,[20] wodurch dem Erwerber erst bewußtes Handeln zum Nachteil des Schuldners, nicht aber bereits bloße Kenntnis schadet.

Das anglo-amerikanische Wechselrecht wählt dagegen sowohl für Einwendungen gegen die Berechtigung des Inhabers wie für Einwendungen gegen die Haftung aus dem Wechsel einen einheitlichen Ansatz. Unabhängig von der Zielrichtung der Einwendung hängt ihre Zulässigkeit im anglo-amerikanischen Wechselrecht vom Status des Inhabers ab. Während ein "holder in due course" weitgehend gegen Einwendungen geschützt ist,[21] bleiben diese gegen einen einfachen "holder" erhalten.[22] Hat der "holder" den Wechsel jedoch von einem "holder in due course" erhalten, so kann sich auch der "holder" unter der "shelter rule"[23] auf den Einwendungsausschluß zugunsten seines Vormannes berufen.[24]

Trotz dieses Gegensatzes im dogmatischen Ansatz stimmt das anglo-amerikanische Wechselrecht mit dem Genfer Wechselgesetz darin überein, daß es Einwendungen gibt, die der Wechselschuldner sowohl gegenüber einem einfachen "holder" als auch gegenüber einem redlichen Erwerber, dem "holder in due course", erheben kann. Diese Einwendungen werden im anglo-amerikanischen Wechselrecht als "dingliche" Einwendungen oder Einwendungen "in rem" bezeichnet.[25] Dem stehen die "persönlichen" Einwendungen

---

20 *Huber*, FS Flume II S.83(119,125f); *Ostheim*, FS Kastner S.349(368); *Ulmer*, FS Raiser S.225(246ff).

21 Sec. 3-305 UCC, 38 (2) BEA; *Halsbury's Laws of England* Vol.4 Nr.391; *Hawkland* § 3-305:02.

22 Sec. 3-306 UCC; *Hawkland* § 3-306:02.

23 Sec. 3-201 (1); 29 (3) BEA; 57 CanBEA; vgl. auch *Falconbridge-Crawford* § 5102.4; *Hawkland* § 3-201:03.

24 *Hawkland* § 3-201:03; *Halsbury's Laws of England* Vol.4 Nr.389; *Byles* S.223.

25 Sogenannte "real" defences: *Weber/Speidel* S.284; *Hawkland* § 3-305:02, 04-07; *Britton* sec.125; *Byles* S.229; *Falconbridge-Crawford* § 5302.2. Diese werden auch als "absolute" Einwendungen bezeichnet, vgl. *Jähnchen-John*, S.127 f; *Cowen* S.268. Sec. 3-305 (2) UCC zählt positiv die Einwendungen auf, die einem redlichen Erwerber entgegengehalten werden können. Dazu zählen die Einwendungen der (a) Geschäftsunfähigkeit, (b) des Zwanges, der Gesetzwidrigkeit sowie andere Beschränkungen der Handlungsfähigkeit des Wechselschuldners, soweit sie zur Nichtigkeit der Verpflichtung führen, (c) Täuschung des Wechselschuldners über den Charakter seiner Verpflichtung bei Unterzeichnung des Wechsels, (d) Enthaftung im Insolvenzverfahren sowie (e) jede andere Enthaftung des Wechselschuldners, von welcher der Inhaber bei Erwerb des Wechsels Kenntnis hatte. Ähnlich Art. 17 WG bestimmt sec. 38 (2) BEA dagegen nur negativ, daß "persönliche" Einwendungen dem holder in due course nicht entgegengehalten werden können.

gegenüber, die nur einem einfachen "holder" gegenüber erhoben werden können.[26]

12.2 Die Regelung der Konvention.

Die UNCITRAL-Konvention hat in konsequenter Fortführung ihrer dem anglo-amerikanischen Recht entlehnten Systematik ebenfalls eine einheitliche Regelung für Einwendungen gegen die Berechtigung des Inhabers aus dem Papier und Einwendungen gegen die Haftung des Schuldners aus dem Papier angestrebt. Die Konvention behandelt Gegenansprüche auf den Wechsel zusammen mit den Einwendungen gegen die Verpflichtung aus dem Wechsel für den einfachen Inhaber in Art. 28 und für den "Geschützten Inhaber" in Art. 30. Eine Sonderregelung enthält die Konvention in Art. 12 (2) dagegen für Einwendungen, die auf eine absprachewidrige Ausfüllung eines unvollständigen Internationalen Wechsels zurückgehen. An dieser einheitlichen Behandlung von Einwendungen gegen Ansprüche aus dem Wechsel und Gegenansprüchen auf den Wechsel hat auch die Einführung des gutgläubigen, einredefreien Erwerbs in Art. 28 für den einfachen Inhaber nichts geändert. Die Veränderung von Art. 28 hat aber die Unterschiede zwischen dem "Geschützten Inhaber" und dem "einfachen" Inhaber in der Zulassung dieser Einwendungen und Gegenansprüche weitgehend beseitigt.

12.2.1 Zulässige Gegenansprüche gegenüber dem "Geschützten Inhaber".

Der "Geschützte Inhaber" ist gemäß Art. 30 (2) nur "gültigen Ansprüchen" "*aus dem zugrundeliegenden Geschäft zwischen ihm und demjenigen, der den Anspruch erhebt*", ausgesetzt. Diese Regelung enthält den selbstverständlichen Grundsatz, daß kein Inhaber vor Gegenansprüchen seines unmittelbaren

---

26 Sogenannte "personal defences": *Weber/Speidel* S.284f; *Britton* sec.125; *Falconbridge-Crawford* § 5302.2. *Jähnchen-John*, S.128f und *Cowen* S.269 bezeichnen sie auch als "relative" Einwendungen. Enger das Britische Recht. Hier werden als "personal defences" die unmittelbaren, persönlichen Einwendungen verstanden. Diese sind wie im deutschen Recht einem Zweiterwerber gegenüber grundsätzlich ausgeschlossen, *Byles* S.229f mwN. Zu den "persönlichen" Einwendungen werden in sec. 3-306 UCC alle vertraglichen Einwendungen gerechnet, welche in einem normalen Vertragsverhältnis geltend gemacht werden können sowie die Einwendung der fehlenden Gegenleistung (consideration), der Nichterfüllung einer Bedingung, des Fehlens der Übergabe, des Diebstahls oder die Einwendung, daß eine Zahlung an diesen Inhaber einem beschränkten Indossament widersprechen würde. Im englischen Recht werden generell nur Gegenansprüche und die Aufrechnung genannt. Vgl. *Byles* S.229f.

Vertragspartners geschützt ist. Einen Gegenanspruch kann dabei jedes dingliche Recht an dem Wechsel begründen,[27] welches dem Dritten nach nationalem Recht zusteht.[28] Problematisch ist in diesem Zusammenhang nur die Auslegung der Begriffe "gültiger Anspruch" und "zugrundeliegendes Rechtsgeschäft".

Wie gezeigt, verfolgt die Konvention mit dem Merkmal des "gültigen Anspruchs" den Zweck, aus dem Kreis möglicher Ansprüche, deren Kenntnis zum Verlust der Redlichkeit führen würde, solche Ansprüche ausnehmen, die nur in betrügerischer und leichtfertiger Weise erhoben werden. "Gültiger Anspruch" ist daher in den Artt. 28 (2), 29 (d) im Sinne von "nicht in betrügerischer und leichtfertiger Weise erhobener Anspruch" auszulegen.[29] Diese Auslegung hilft jedoch bei Art. 30 (2) nicht weiter, da dieser überhaupt nicht auf die Kenntnis des Inhabers vom Bestehen eines "gültigen Anspruchs" abstellt. Vielmehr ist bereits Voraussetzung für die Erlangung des Status eines "Geschützten Inhabers", daß dieser bei Erwerb des Wechsels keine Kenntnis vom Bestehen eines "gültigen Anspruchs" gemäß Art. 29 (d) hatte. Auch andere Auslegungen wie "begründet dargelegt" oder "rechtshängig" können in diesem Zusammenhang nicht überzeugen, da kaum davon auszugehen ist, daß die Konvention gerade den "Geschützten Inhaber" bereits vor einer rechtskräftigen Entscheidung Gegenansprüchen aussetzen wollte. Somit kann "gültig" nur auf einen Anspruch verweisen, der materiell begründet ist. Es ist jedoch eine Selbstverständlichkeit, daß auch der "Geschützte Inhaber" materiell begründeten Ansprüchen seines unmittelbaren Vertragspartners ausgesetzt bleibt. Im Ergebnis ist somit festzustellen, daß das Merkmal "gültiger Anspruch" in Art. 30 (2) keinen eigenständigen Sinn verfolgt und damit überflüssig ist.

Unter dem "zugrundeliegenden Rechtsgeschäft" sind, wie bereits erläutert, nur solche Rechtsgeschäfte zu verstehen, die Anlaß für die Begebung des Internationalen Wechsels waren oder eine nachträgliche Änderung eines derartigen Rechtsgeschäfts darstellen.[30] Der Begriff des "zugrundeliegenden Rechtsgeschäfts" entspricht also demjenigen des Kausalgeschäfts im Genfer Wechselgesetz. Der Umfang der zulässigen Einwendungen aus dem zugrundeliegenden Rechtsgeschäft bestimmt sich in Art. 30 (2) letztlich nach nationalem Recht, da die Einwendungen nur Kehrseite der geltendgemachten

---

27 Gedacht ist dabei an das Eigentum, Pfandrechte, vgl. *Mertens/Pflug*, AG 1978, 219(264).

28 UNCITRAL Yb. 1982 Vol.13 A/CN.9/213 S.149 Art.25 (2) Anm.9. Insoweit verweist die Konvention doch wieder auf nationales Recht, siehe *Liesecke*, WM 1973,442(449).

29 Vgl. oben Kapitel 11.5.1.4 S.163ff.

30 UNCITRAL Yb. 1986 Vol.17 A/CN.9/SR.336 S.325f Anm.84,87,93; UNCITRAL Yb. 1986 Vol.17 A/41/17 S.10 Anm.44.

Gegenansprüche sind, deren Zulässigkeit sich wiederum nach nationalem Recht richtet.[31] Hier ergibt sich ein Unterschied zur Regelung der Artt. 28 (1)(b), 30 (1)(b), bei denen sich die aus dem zugrundeliegenden Rechtsgeschäft zulässigen Einwendungen gerade nicht nach nationalem Recht bestimmen sollen.[32]

Der Rückgriff auf das nationale Recht bei der Bestimmung der zulässigen Gegenansprüche hat zwar den Nachteil, daß der "Geschützte Inhaber" einer Vielzahl von Einwendungen mit unbestimmten Voraussetzungen ausgesetzt bleibt; eine weitergehende Rechtsvereinheitlichung in diesem Punkt ist aber wohl wegen der starken Bezüge zum allgemeinen nationalen Zivilrecht nicht zu erreichen.

12.2.2 Zulässige Gegenansprüche gegenüber dem "Inhaber".

Art. 28 (2) stellt klar, daß der "einfache" Inhaber grundsätzlich den gültigen Gegenansprüchen anderer Wechselparteien auf den Wechsel ausgesetzt bleibt. Diese können ihren Anspruch auf den Wechsel gelten machen und diesen Gegenanspruch dem "Inhaber" einredeweise entgegenhalten, sollten sie vom "Inhaber" in Anspruch genommen werden. Seit der Einführung der Möglichkeit des gutgläubigen Erwerbs des Wechsels auch durch den "einfachen" Inhaber gilt dies aber nicht mehr, wenn der Wechsel zwischenzeitlich von einem gutgläubigen "Inhaber" erworben wurde. In diesem Fall verliert der frühere Berechtigte seinen Gegenanspruch. Im Ergebnis entspricht damit die Rechtsstellung des "einfachen" Inhabers in Bezug auf Gegenansprüche Dritter derjenigen eines "Geschützten Inhabers".

Unzulässig ist nach Art. 28 (4) die einredeweise Berufung des Wechselschuldners auf einen Gegenanspruch einer dritten Partei. Hintergrund dieser Regelung war die Überzeugung, daß es unschicklich sei, wenn sich der Wechselschuldner auf die Einwendung eines Dritten berufen könne, obwohl dieser die Einwendung selbst nicht erheben wolle.[33] Dies entspricht der Regelung der sec. 3-306 (d) UCC und dem allgemeinen Grundsatz, daß eine Einwendung aus dem Recht eines Dritten grundsätzlich unzulässig ist.[34]

Erwirbt der Inhaber einen Internationalen Wechsel nach Ablauf der Vorlagefrist für die Zahlung, so ist er gemäß Art. 28 (3) allen Einwendungen ausgesetzt, die gegenüber seinem Vormann bestanden. Diese Bestimmung steht im Einklang mit der entsprechenden Vorschrift des Art. 29 (d) für den

---

31 Vgl. UNCITRAL Yb. 1982 Vol.13 A/CN.9/213 S.149 Art.25 Anm.9.

32 Vgl. UNCITRAL Yb. 1986 Vol.17 A/41/17 S.10 Anm.45ff.

33 UNCITRAL Yb. 1982 Vol.13 A/CN.9/213 S.149 Art.25 (3) Anm.11.

34 *Mertens/Pflug*, AG 1978, 219(264); generell *Stranz* WG Art.17 Anm.6.

"Geschützten Inhaber" und soll der Übertragung verfallener Wechsel entgegenwirken.[35] Ihre Wirkung ist ein Ausschluß der Möglichkeit des gutgläubigen und einredefreien Erwerbs, wie er in Art. 28 (1)(b),(c), (2) vorgesehen ist. Insofern ist die Konvention strenger als das Genfer Wechselgesetz, wo gemäß Art. 20 I WG diese Wirkung erst nach Protesterhebung mangels Zahlung und Ablauf der dafür bestimmten Frist eintritt.[36]

Letztlich zeigt dieser Vergleich, daß die Konvention hinsichtlich der Einwendung von Gegenansprüchen keinen Unterschied zwischen den beiden Inhabertypen mehr macht. Insoweit ist die Unterscheidung zwischen dem "Geschützten Inhaber" und dem "einfachen" Inhaber überflüssig geworden.

12.2.3 Gegenüber beiden Inhabertypen zulässige Einwendungen.

Der "einfache" Inhaber bleibt unter der Konvention gemäß Art. 28 (1)(e) grundsätzlich allen Einwendungen ausgesetzt, darunter nach Art. 28 (1)(a) auch denen, die gemäß Art. 30 (1) gegenüber einem "Geschützten Inhaber" erhoben werden können. Dies entspricht der Systematik des anglo-amerikanischen Rechtskreises. Abweichend von dieser sieht die Konvention aber auch für den "einfachen" Inhaber in Art. 28 (1)(b) und (c) die Möglichkeit des redlichen, einwendungsfreien Erwerbs vor. Insoweit hat sich die Konvention in ihrer endgültigen Fassung dem Genfer Wechselsystem beträchtlich angenähert. Praktisch hat die Einführung des redlichen und einwendungsfreien Erwerbs für den "Inhaber" den systematischen Unterschied zum "Geschützten Inhaber" auf ein Minimum reduziert.

12.2.3.1 Ausdrücklich zulässige Einwendungen.

Art. 30 (1)(a) zählt eine Reihe von Einwendungen auf, die sowohl einem "Geschützten Inhaber", als auch über Art. 28 (1)(a) dem "einfachen" Inhaber entgegengehalten werden können.

Dazu zählt die Einwendung der mangelnden Zeichnung des Papieres durch den Wechselschuldner aus Art. 33 (1). Diese Regelung entspricht der Einwendung des fehlenden Skripturaktes im Genfer Wechselgesetz, die ebenfalls absolut wirkt und auch einem redlichen Erwerber gegenüber eingewandt werden kann.[37] Ferner umfaßt Art. 30 (1)(a) der Konvention den Fälschungseinwand nach Art. 34, die Einwendung der Verfälschung nach Art. 35 sowie

---

35 Vgl. UNCITRAL Yb. 1986 Vol.17 A/41/17 S.8f Anm.33f; UNCITRAL Yb. 1986 Vol.17 A/CN.9/SR.340 S.339 Anm.9.

36 Vgl. zu Art. 20 WG, *Hueck/Canaris* § 8 VII; *Ulmer* § 22 S.217.

37 Zum Genfer Wechselgesetz *Baumbach/Hefermehl* WG Art.17 Rn.33, Art. 1 Rn. 15.

die Einwendung der mangelnden Vertretungsmacht des Vertreters. Auch diese werden im Genfer Wechselrecht als absolute Einwendungen behandelt.[38] Artt. 53 (1), 57 (1) und 61 (1) enthalten die Einwendungen der Präjudizierung wegen Versäumens der Vorlage zum Akzept, zur Zahlung oder mangelnden Protestes. Art. 84 gewährt dem Wechselschuldner die Einwendung der Verjährung. In allen Fällen liegen urkundlich erhebliche Einwendungen vor, die auch nach dem Genfer Wechselgesetz einem redlichen Erwerber entgegengehalten werden können.[39] Insoweit beinhaltet Art. 30 (1)(a) keine Überraschungen.

Unglücklicherweise sind in Art. 30 (1)(a) nicht alle Artikel aufgezählt, aus denen sich eine Wechselpartei gegenüber dem "Geschützten Inhaber" auf ihre Nichthaftung berufen kann, weil die Arbeitsgruppe ihre Aufnahme für überflüssig hielt.[40] Dabei handelt es sich durchweg um Vorschriften, welche urkundliche Einwendungen gegen die Verpflichtung aus dem Papier begründen. Dazu zählen die Einwendungen der Nichthaftung des Inkassoindossanten aus Art. 21 (2) und des Pfandindossanten aus Art. 22 (2), die Einwendung des Bezogenen aus Art. 40 (1), daß er den Wechsel nicht akzeptiert habe, die Einwendung des Haftungsausschlusses des Indossatars oder Ausstellers durch eine Klausel im Sinne des Art. 44 (2) oder Art. 38 (2) sowie die Einwendung des Ausstellers oder Bezogenen aus Art. 46 (4), er hafte nicht als Garant.[41] Nicht erwähnt ist ferner die Einwendung aus Art. 12 (2)(a) der abredewidrigen Ausfüllung.

Es erscheint selbstverständlich, daß eine Wechselpartei ihre mangelnde Wechselverpflichtung auch einem "Geschützten Inhaber" entgegensetzen kann, wenn sich dies aus dem Wechsel ergibt. Da jedoch die Konvention allgemein einen sehr ausführlichen, detaillierten Regelungsstil verwendet, wäre es sinnvoller gewesen, alle Fälle der Nichthaftung gegenüber einem "Geschützten Inhaber" aufzuzählen. Dies hätte die sowieso komplizierte Regelung nicht wesentlich in ihrer Lesbarkeit erschwert. So steht zu befürchten, daß die jetzige, unvollständige Aufzählung Anlaß zu unnötigen gerichtlichen Auseinandersetzungen über die Zulässigkeit der nicht erwähnten Einwendungen geben wird.

---

38 Vgl. *Baumbach/Hefermehl* WG Art.17 Rn.36,38; *Ulmer* § 26 S.241; *Hueck/Canaris* § 9 II 3 a),b),c); *Stranz* WG Art.17 Anm.14; *Zöllner* § 21 IV 3 a.

39 Zum Genfer Wechselgesetz *Baumbach/Hefermehl* WG Art.17 Rn.27f; *Zöllner* § 21 III; *Hueck/Canaris* § 9 II 2. Kritisch aus anglo-amerikanischer Sicht *Crawford* Remarks S.10f.

40 UNCITRAL Yb. 1980 Vol.11 A/CN.9/181 S.58 Anm.45.

41 Vgl. UNCITRAL Yb. 1980 Vol.11 A/CN.9/181 S.58 Anm.44f zum ehemaligen Art. 25 (1)(a).

Ebenfalls nicht in Art. 30 (1) erwähnt ist der Einwand der Zahlung. Gemäß Art. 72 (1) führt die Zahlung des Wechselschuldners an den "Inhaber" zur Enthaftung. Diese kann gemäß Art. 72 (4)(e) einem "Geschützten Inhaber" jedoch dann nicht entgegengehalten werden, wenn es der Wechselschuldner versäumt, sich den Wechsel bei Zahlung aushändigen zu lassen und der "Geschützte Inhaber" daraufhin den Wechsel erwirbt. Diese etwas kompliziert anmutende Regelung bringt den allgemeinen Grundsatz zum Ausdruck, daß die Zahlung grundsätzlich gegenüber allen Wechselinhabern zur Enthaftung führt. Zieht der Wechselschuldner den Wechsel aber nicht aus dem Verkehr, und gelangt der Wechsel später in die Hände eines redlichen Erwerbers, so kann der Wechselschuldner diesem die Zahlung nicht entgegenhalten. Auch diese Regelung entspricht dem Genfer Recht.[42]

12.2.3.2 Einwendungen aus dem zugrundeliegenden Rechtsgeschäft oder aufgrund einer Täuschung des "Geschützten Inhabers".

Art. 30 (1)(b) läßt gegenüber dem "Geschützten Inhaber" Einwendungen aus dem zugrundeliegenden Rechtsgeschäft zwischen ihm und dem Wechselschuldner sowie Einwendungen aufgrund einer Täuschung des "Geschützten Inhabers" bei Unterzeichnung des Wechsels durch den Wechselschuldner zu. "Zugrundeliegendes Rechtsgeschäft" sind alle Rechtsgeschäfte, die Anlaß für die Begebung des Internationalen Wechsels waren oder eine nachträgliche Änderung eines derartigen Rechtsgeschäfts darstellen.

Die erste Alternative bezieht sich auf unmittelbare Einwendungen des Wechselschuldners, die sich aus dem Kausalgeschäft oder einer ergänzenden Vereinbarung ergeben.[43] Die Zulässigkeit dieser unmittelbaren Einwendungen auch gegenüber einem redlichen Erwerber entspricht der Regelung in beiden bestehenden Wechselsystemen.[44] Umstritten war in der Konvention in diesem Zusammenhang aber die Frage, ob auch Einwendungen aus dem nationalen Recht, die nicht unmittelbar aus dem Kausalgeschäft erwachsen, insbesondere

---

42 Im Ergebnis unstreitig, vgl. *Baumbach/Hefermehl* WG Art.17 Rn.56; *Hueck/Canaris* § 9 II 4 c). Äußerst umstritten ist jedoch, ob die Zahlung zu einem nach Art. 16 II WG zu bewertenden Gültigkeitseinwand oder zu einem nach Art. 17 WG zu bewertenden persönlichen Einwand führt. Vgl. *Hueck/Canaris* § 9 II 4 c) mwN.

43 Zur Erläuterung des Begriffes "zugrundeliegendes Rechtsgeschäft" siehe oben Kapitel 11.3.3.1 S.149f.

44 Vgl. *Hueck/Canaris* § 9 I 2); *White/Summers* § 14-9 S.639f; vgl. *Falconbridge-Crawford* § 5302.1, 5302.4 a). A.A. offenbar *Allan*, X. I.Tr.L.S. S.313(323,336).

die Aufrechnung und die Widerklage, zulässig sein sollten.[45] Hier sprachen sich die Vertreter des anglo-amerikanischen Rechtskreises für eine weitgehende Beschränkung der Zulässigkeit solcher Einwendungen aus.[46] Die Arbeitsgruppe einigte sich schließlich auf einen Kompromiß, nach welchem grundsätzlich nach nationalem Recht zulässige Einwendungen aus anderen Rechtsbeziehungen ausgeschlossen sind, die Aufrechnung und die Widerklage jedoch zulässig bleiben.[47] Auch im Genfer Wechselgesetz wird nach Verfall die erfolgte Aufrechnung mit einer anderen Forderung des Wechselschuldners als Einwendung gegen den Wechselanspruch zugelassen.[48]

Die zweite Fallgruppe der nach Art. 30 (1)(b) zulässigen Einwendungen umfaßt Einwendungen, die auf eine Täuschung des "Geschützten Inhabers" bei der Erlangung der Unterschrift des Wechselschuldners gegründet sind. Hierunter wird der Fall der nach einem redlichen Erwerb erfolgten Täuschung einer anderen Wechselpartei, beispielsweise eines Garanten, zu subsumieren sein.[49] Die von Art. 30 (1)(b) umfaßte Täuschungshandlung ergibt sich aus einem Gegenschluß zu Art. 30 (1)(c), welcher den sogenannten "fraud in factum", die spezielle Täuschung über die Rechtsnatur des unterzeichneten Papieres, umfaßt. Da diese spezielle Täuschungshandlung speziell in Art. 30 (1)(c) geregelt wurde, ist anzunehmen, daß "Täuschung" in Art. 30 (1)(b) den allgemeineren Fall des "fraud in the inducement", also jedes auf die Erlangung der Unterschrift gerichtete irreführende Verhalten des "Geschützten Inhabers" umfaßt.[50] Diese Einwendung stellt im Genfer Wechselrecht eine sogenannte ausschlußfähige Gültigkeitseinwendung dar, die einem redlichen Erwerber gegenüber ebenfalls ausgeschlossen wäre.[51]

Die besondere Regelung der Täuschung bei Wechselbegebung in Art. 30 (1)(b) läßt nun den Schluß zu, daß die Arbeitsgruppe damit eine

---

45 UNCITRAL Yb. 1986 Vol.17 A/CN.9/SR.336 S.325f Anm.90,94f, 104; A/CN.9/SR.337 S.327 Anm.4,9,12f; UNCITRAL Yb. 1986 Vol.17 A/41/17 S.10 Anm.45ff; für eine solche Zulässigkeit dagegen noch UNCITRAL Yb. 1986 Vol.17 A/CN.9/WGIV/WP.30 Anm.3ff; UNCITRAL Yb. 1986 Vol.17 A/CN.9/273 S.44 Anm.14.

46 Vgl. UNCITRAL Yb. 1986 Vol.17 A/CN.9/SR.336 S.326 Anm.102; A/CN.9/SR.337 S.327 Anm.5.

47 UNCITRAL Yb. 1986 Vol.17 A/41/17 S.10 Anm.47f. Im deutschen Urkundenprozeß ist die Widerklage gemäß § 595 ZPO jedoch unzulässig. Der Wechselschuldner ist insofern darauf angewiesen, seine Gegenforderung im Nachverfahren geltend zu machen, *Baumbach/L/A/H-Hartmann* § 595 Anm.1.

48 Vgl. *Baumbach/Hefermehl* WG Art.17 Rn.60; *Stranz* WG Art.17 Anm.23.

49 UNCITRAL Yb. 1987 Vol.18 A/CN.9/288 S.62 Anm.143; UNCITRAL Yb. 1986 Vol.17 A/CN.9/SR.336 S.326 Anm.96.

50 Vgl. dazu bereits oben Kapitel 11.3.3.4 S.154f.

51 Vgl. *Baumbach/Hefermehl* WG Art.17 Rn.44; *Stranz* WG Art.17 Anm.12.

abschließende Regelung der dem "Geschützten Inhaber" gegenüber zulässigen Einwendungen von Mängeln der Wechselbegebung angestrebt hat. Diese Auslegung wird unterstützt von verschiedenen Äußerungen während der Entwurfsarbeiten, nach denen andere Einwendungen aus Mängeln der Wechselbegebung als die in Art. 30 (1)(b) genannten dem "Geschützten Inhaber" gegenüber unzulässig sein sollen.[52] Dieses Ergebnis widerspricht jedoch der Tatsache, daß in beiden bestehenden Wechselsystemen auch der redliche Erwerber weiteren Mängeln der Wechselbegebung gegenüber seinem unmittelbaren Vertragspartner ausgesetzt bleibt.[53]

Denkbar wäre daher, zu den Einwendungen aus dem "zugrundeliegenden Rechtsgeschäft" nicht nur solche zu zählen, die aus dem Kausalgeschäft entspringen, sondern weitergehend auch Einwendungen aus dem Erfüllungsgeschäft, also der Wechselbegebung.

Bei der Auslegung des Art. 30 (1)(b) ist nun allerdings zu berücksichtigen, daß nach Art. 29 (a) Kenntnis des Erwerbers von Einwendungen im Sinne des Art. 28 (1)(a), (b), (c) und (e) bereits am Erwerb der Stellung eines "Geschützten Inhabers" hindert. Wie noch eingehend zu zeigen sein wird, umfaßt Art. 28 (1)(c) auch Einwendungen aus Mängeln der Wechselbegebung. Wenn Art. 29 (a) diesbezüglich Redlichkeit des Inhabers bei Erwerb des Wechsels fordert, so legt dies die Vermutung nahe, daß ein Inhaber, der bei Erwerb keine Kenntnis vom Bestehen eines derartigen Mangels der Wechselbegebung gehabt hat, als "Geschützter Inhaber" offenbar von derartigen Mängeln des Wechsels verschont bleiben soll. Dies bedingt aber, die in Art. 30 (1) aufgeführten Mängel der Wechselbegebung als abschliessende Aufzählung zu betrachten. Der Schutz des redlichen Erwerbers vor Mängeln der Begebung, den die Konvention über Art. 29 (a) offenbar erzielen will, würde anderenfalls unterlaufen, würden diese Mängel in Art. 30 (1)(b) als Einwendung gegenüber dem "Geschützten Inhaber" wieder zugelassen.

Daher ist anzunehmen, daß Art. 30 (1) die gegenüber dem "Geschützten Inhaber" zulässigen Einwendungen aus der Begebung abschließend regelt. Daraus folgt, daß andere Mängel der Wechselbegebung als die in Art. 30 (1)(b) und in Art. 30 (1)(c) geregelten Einwendungen[54] selbst von dem unmittelbaren Vertragspartner des "Geschützten Inhabers" diesem gegenüber

---

52 Vgl. UNCITRAL Yb. 1986 Vol.17 A/41/17 S.10 Anm.45,47.

53 Zum anglo-amerikanischen Rechtskreis: *Weber/Speidel* S.284; *White/Summers* § 14-9 S.639f; *Hawkland* § 3-305:03; vgl. *Thomsen*, S.57f; zum Genfer Wechselgesetz *Hueck/Canaris* § 9 I 2 a).

54 Also die Täuschung einer Wechselpartei durch einen "Geschützten Inhaber" bei der Unterzeichnung des Wechsels in Art. 30 (1)(b) sowie der fehlenden Geschäftsfähigkeit und des fehlenden Erklärungsbewußtseins, die von jeder Wechselpartei erhoben werden können, in Art. 30 (1)(c).

prinzipiell nicht eingewandt werden können. Unzulässig sind damit die Einwendungen der Illegalität und Drohung, des Zwanges, des Wuchers sowie der Sittenwidrigkeit. Allerdings wird in den Fällen des Zwanges, des Wuchers sowie der Drohung des Erwerbers gegenüber seinem Vertragspartner der Erwerber regelmäßig Kenntnis vom Bestehen einer solchen Einwendung nach Art. 28 (1) haben, sodaß er gemäß Art. 29 (a) und (b) sowieso nicht als "Geschützter Inhaber" anzusehen sein wird, sondern vielmehr nach Art. 28 (1) diesen Einwendungen ausgesetzt bleibt. Der Unterschied der Systematik der Konvention gegenüber der Regelung des Genfer Wechselgesetzes reduziert sich somit auf Fälle der nicht offensichtlichen Illegalität und Sittenwidrigkeit. In diesen Fällen ist der Wechselschuldner seinem unmittelbaren redlichen Erwerber gegenüber mit diesen Einwendungen ausgeschlossen, während er nach dem Genfer Wechselgesetz diese Einwendungen seinem unmittelbaren Erwerber entgegenhalten könnte.

12.2.3.3 Einwendungen der fehlenden Geschäftsfähigkeit und des fehlenden Erklärungsbewußtseins.

Bei den Einwendungen, die gemäß Art. 30 (1)(c) dem "Geschützten Inhaber" gegenüber erhoben werden können, handelt es sich um die Einwendung der fehlenden Geschäftsfähigkeit sowie des Einwands des fehlenden Erklärungsbewußtseins aufgrund einer Täuschung. Letztere Einwendung ist jedoch ausgeschlossen, wenn der Mangel des Erklärungsbewußtseins auf Fahrlässigkeit seitens des Wechselschuldners zurückzuführen ist.

Die Einwendung der fehlenden Geschäftsfähigkeit (incapacity to incur liability) ist in beiden bestehenden Rechtssystemen als absolute, jedem Inhaber gegenüber wirksame Einwendung bekannt.[55] Die "incapacity to incur liability" wird untechnisch nicht nur im Sinne von Geschäftsunfähigkeit auszulegen sein, sondern wird auch Fälle der beschränkten Geschäftsfähigkeit umfassen.

Die Einführung des Einwands des fehlenden Erklärungsbewußtseins infolge einer Täuschung war umstritten.[56] Bei diesem Einwand handelt es sich um die im anglo-amerikanischen Recht als "non est factum" bekannte Ein-

---

55 Für das WG *Baumbach/Hefermehl* WG Art.17 Rn.34; für den anglo-amerikanischen Rechtskreis *Hawkland* § 3-305:04, 3-305:05; *Thomsen*, S.61ff; vgl. aber *Thomsen*, S.65 wonach Geisteskrankheit einem holder in due course nicht entgegengehalten werden kann. Ebenso *Byles* S.58.

56 UNCITRAL Yb. 1987 Vol.18 A/CN.9/288 S.59,62 Anm.108-112, 145; UNCITRAL Yb. 1987 Vol.18 A/CN.9/WG IV/WP.32/Add.2 S.82; A/CN.9/WG IV/WP.32/Add.3 S.87f.

wendung des Wechselschuldners,[57] er habe infolge einer Täuschung die Rechtsnatur des Wechsels nicht erkannt und eine derartige Erklärung nicht abgeben wollen.

An der Einführung dieser Einwendung ist kritisiert worden, daß sie die Rechtsunsicherheit für spätere Inhaber erhöhe. Diese müßten damit rechnen, daß eine frühere Partei ihrer Haftung den Einwand entgegensetze, sie habe aufgrund von Sprachschwierigkeiten nicht erkannt, daß sie einen Internationalen Wechsel unterschreibe.[58] Auf der anderen Seite ist die Einführung dieser Einwendung mit dem gegenteiligen Argument kritisiert worden, es sei im internationalen Rechtsverkehr praktisch ausgeschlossen, daß jemand einen Wechsel unbeabsichtigt unterzeichne.[59] Diese Kritik kann nicht überzeugen. Im Unterschied zum englischen Wechselrecht läßt die Konvention nämlich den fehlenden Erklärungswillen allein nicht genügen, sondern fordert zusätzlich eine Täuschung seitens des Erwerbers.[60] Damit ist aber der Einwand des fehlenden Erklärungsbewußtseins infolge von Sprachschwierigkeiten von vornherein ausgeschlossen. Im übrigen mag im internationalen Rechtsverkehr eine unbeabsichtigte Wechselzeichnung auch selten sein, die Aufnahme einer entsprechenden Bestimmung erscheint jedenfalls als unschädlich.

Ebenso wie bei Art. 30 (1)(b) ist die Aufzählung der zulässigen Einwendungen in Art. 30 (1)(c) abschließend. Die Einführung weiterer absoluter Einwendungen, wie beispielsweise der Einwendung der Illegalität oder des Zwangs, ist ausdrücklich abgelehnt worden.[61] Dritte Parteien sind damit gegenüber dem "Geschützten Inhaber" auf die in Art. 30 (1)(c) genannten beiden absoluten Einwendungen der fehlenden Geschäftsfähigkeit und des fehlenden Erklärungsbewußtseins beschränkt.

Dieser Schutz des "Geschützten Inhabers" wird noch dadurch verstärkt, daß die Einwendung des fehlenden Erklärungsbewußtseins dem Wechselschuldner nur dann zusteht, wenn das Fehlen des Erklärungsbewußtseins nicht auf eigene Fahrlässigkeit zurückzuführen ist. An dieser Stelle befindet sich der einzige ausdrückliche Bezug der Konvention auf "Fahrlässigkeit". Dadurch soll die Position des Wechselinhabers gestärkt werden. Art. 30 (1)(c) statuiert demnach eine Sorgfaltspflicht des Wechselschuldners. Dieser wird

---

57 UNCITRAL Yb. 1984 Vol.15 A/39/17 S.8 Anm.33; UNCITRAL Yb. 1987 Vol.18 A/CN.9/WG IV/WP.32/Add.3 S.87; UNCITRAL Yb. 1985 Vol.16 A/CN.9/261 S.146 Anm.20; vgl. *Allan*, VI. I.Tr.L.S. S.29(40).

58 UNCITRAL Yb. 1987 Vol.18 A/CN.9/WG IV/WP.32/Add.3 S.87.

59 UNCITRAL Yb. 1987 Vol.18 A/CN.9/WG IV/WP.32/Add.3 S.88.

60 Zum englischen Recht *Thomsen*, S.97.

61 Vgl. UNCITRAL Yb. 1984 Vol.15 A/39/17 S.8 Anm.33; UNCITRAL Yb. 1985 Vol.16 A/CN.9/261 S.146 Anm.20.

verpflichtet, sich über die Rechtsnatur der Schriftstücke zu informieren, die er unterschreibt.[62]

Die Formulierung des Art. 30 (1)(c) ist mehrfach kritisiert worden.[63] Bemängelt wurde zum einen die Bezugnahme auf außerwechselrechtliche Verkehrspflichten. Zum anderen wurde die mangelnde Kongruenz der Formulierung mit dem Wortlaut der Artt. 25 (2),(3) und 26 (2),(3) sowie der Definition des Begriffs der "Kenntnis" in Art. 6 kritisiert.[64]

An der unterschiedlichen Formulierung im zweiten Halbsatz des Art. 6 und in Art. 30 (1)(c) kommt erneut der entscheidende Unterschied zwischen Fahrlässigkeit und der Formulierung *"oder von ihrem Vorhandensein nicht ohne Kenntnis sein konnte"* im zweiten Halbsatz des Art. 6 zum Ausdruck. Letztere eröffnet den Gerichten die Möglichkeit, aus der positiven Kenntnis einer Person von Nebenumständen die "Kenntnis" der relevanten Haupttatsache zu folgern. Diese Folgerung beinhaltet die Frage, ob ein Dritter aus der Kenntnis der Umstände den Schluß auf das Vorliegen der relevanten Tatsache gezogen hätte. Dieser Rückgriff auf das Verhalten eines Dritten stellt jedoch keine Bezugnahme auf irgendwelche Sorgfaltsmaßstäbe dar, sondern objektiviert lediglich den Maßstab zur Feststellung der "Kenntnis".[65]

Der Fahrlässigkeitsmaßstab in Art. 30 (1)(c) bestimmt dagegen nicht, unter welchen Umständen die Gerichte von der Kenntnis der einen Tatsache auf die Kenntnis der anderen schließen dürfen. Art. 30 (1)(c) regelt vielmehr, daß selbst vollständige Unkenntnis dem Wechselschuldner schadet, wenn diese Unkenntnis auf die Verletzung einer Sorgfalts- bzw. Informationspflicht zurückgeht.[66] Für die Bestimmung dieser Pflichten nimmt die Konvention, ebenso wie in den Artt. 25 (2),(3) und 26 (2),(3) auf außerwechselrechtliche Verkehrspflichten Bezug.

Der Unterschied in der Formulierung zwischen diesen Artikeln und Art. 30 (1)(c) hat dagegen lediglich redaktionelle Gründe. Während bei Art. 25 (2),(3) und Art. 26 (2),(3) um eine allseits akzeptable Umschreibung für den Begriff "Fahrlässigkeit" gerungen wurde, blieb dieser in Art. 30 (1)(c) erhalten. Diese unterschiedliche Formulierung erklärt sich nicht zuletzt dadurch, daß Art. 30 (1)(c) Sorgfaltspflichten des Wechselschuldners

---

62 UNCITRAL Yb. 1986 Vol.17 A/CN.9/SR.338 S.331 Anm.11,15.

63 Vgl. UNCITRAL Yb. 1987 Vol.18 A/CN.9/SR.383 S.178 Anm.3-7; UNCITRAL Yb. 1986 Vol.17 A/41/17 S.12 Anm.65ff; UNCITRAL Yb. 1986 Vol.17 A/CN.9/SR.338 S.331ff Anm.10-48.

64 Vgl. UNCITRAL Yb. 1987 Vol.18 A/CN.9/SR.383 S.178 Anm.3-7; UNCITRAL Yb. 1986 Vol.17 A/41/17 S.12 Anm.65ff; UNCITRAL Yb. 1986 Vol.17 A/CN.9/SR.338 S.331ff Anm.10-48.

65 Siehe oben Kapitel 8.3.1 S.87f.

66 Vgl. UNCITRAL Yb. 1986 Vol.17 A/CN.9/SR.338 S.331 Anm.11,15.

bestimmt, während die Artt. 25 (2),(3), 26 (2),(3) Sorgfaltspflichten des Wechselinhabers statuieren. Beide Fahrlässigkeitsmaßstäbe verweisen aber übereinstimmend auf die im jeweiligen Geschäftskreis des Sorgfaltspflichtigen übliche Sorgfalt.[67]

Im Ergebnis vermag ein Wechselschuldner unter Art. 30 (1)(c) die Einwendung des fehlenden Erklärungsbewußtseins nur dann erfolgreich gegenüber einem "Geschützten Inhaber" zu erheben, wenn er von seinem Vertragspartner über die Rechtsnatur des von ihm unterzeichneten Internationalen Wechsels getäuscht worden ist und er die wahre Rechtsnatur des Wechsels auch bei Anwendung der in seinem Geschäftskreis üblichen Sorgfalt nicht zu erkennen vermochte. Angesichts der klaren Kennzeichnung des Internationalen Wechsels in Überschrift und Text erscheint es schwer, sich einen derartigen Fall vorzustellen. Diese Einwendung dürfte daher in der Praxis keine große Rolle spielen.

Im Vergleich mit dem Genfer Wechselgesetz stehen dem Wechselschuldner gegen den "Geschützten Inhaber" Einwendungen nur in einem sehr begrenzten Maße zu. Diese Konsequenz ist im Interesse eines möglichst ungehinderten Umlaufs durchaus zu begrüßen. Diese Einwendungen können gemäß Art. 28 (1)(a) auch gegenüber einem "einfachen" Inhaber erhoben werden. Zusätzlich zu diesen Einwendungen können aber dem "einfachen" Inhaber gemäß Art. 28 (1)(a) bis (e) noch weitere Einwendungen entgegengehalten werden.

12.2.3.4 Einwendung der abredewidrigen Ausfüllung eines unvollständigen Wechsels.

Gemäß Art. 12 (2)(a) kann jede Wechselpartei, die einen unvollständigen Wechsel unterzeichnet hat, einwenden, der Wechsel sei nicht entsprechend der Ausfüllungsbefugnis vervollständigt worden, wenn der "Inhaber" bei Erwerb des noch unvollständigen Wechsels Kenntnis von dem Mangel der Ausfüllungsbefugnis hatte. Diese Einwendung hat eine doppelte Stoßrichtung. Neben dem Einwand der abredewidrigen Ausfüllung macht der Schuldner gleichzeitig inzident geltend, daß der "Inhaber" nicht "Geschützter Inhaber" sei, da er bei Erwerb Kenntnis vom Bestehen einer Einwendung gemäß Artt. 29 (a), 28 (1)(e) gehabt hätte.

War der Erwerber redlich, so schneidet er gemäß Art. 12 (2)(a) die Einwendung der abredewidrigen Ausfüllung des Wechsels ab. Art. 12 (2)(a) entspricht insoweit der Regelung des Art. 10 WG. Entsprechend Art. 10 WG wird auch der gutgläubige Erwerb der Ausfüllungsbefugnis zuzulassen sein.

---

67 Näher dazu oben Kapitel 8.4 S.92.

Damit ist einem Schuldner der Einwand der abredewidrigen Ausfüllung nach Art. 12 (2)(a) auch dann abgeschnitten, wenn der Inhaber den Wechsel zwar unvollständig erworben hat, diesen jedoch im Vertrauen auf eine nicht oder nicht so bestehende Ausfüllungsermächtigung selbst ausgefüllt hat.

Eine wesentliche Einschränkung erfährt dieser Einwendungsausschluß aber im Fall der abredewidrigen Vervollständigung der absoluten Wirksamkeitsvoraussetzungen der Konvention.[68] Fehlen die "magische Formel" sowie die Unterschrift des Ausstellers oder das Akzept des Bezogenen, so ist Art. 12 auf ein derartiges Papier unanwendbar. Der in Anspruch genommene Schuldner kann die abredewidrige Ausfüllung eines derartigen Papieres grundsätzlich auch einem redlichen Erwerber entgegenhalten. Diese den nationalen Rechten unbekannte Ausnahme stellt eine nicht unerhebliche Beeinträchtigung der Durchsetzbarkeit eines Internationalen Wechsels dar.

12.2.4 Die nur gegenüber dem "Inhaber" zulässigen Einwendungen.

12.2.4.1 Einwendungen aufgrund von Umständen bei der Zeichnung des Wechsels durch den Schuldner.

Art. 28 (1)(c) regelt Einwendungen, die dem Wechselschuldner gegenüber dem "einfachen" Inhaber infolge von Umständen zustehen, aufgrund derer er Partei des Wechsels geworden ist. Diese kann er dem Inhaber jedoch nur entgegenhalten, wenn dieser bei Erwerb Kenntnis von Bestehen der Einwendung hatte oder den Wechsel durch Täuschung oder Diebstahl oder durch Beteiligung an einer derartigen, den Wechsel betreffenden illegalen Handlung, erworben hat.

Art. 28 (1)(c) umfaßt damit diejenigen Einwendungen, die aus Mängeln der Begebung des Wechsels erwachsen. Diese Vorschrift ergänzt die Regelung des Art. 30 (1)(c), der die beiden Mängel der Begebung beschreibt, die auch gegenüber einem "Geschützten Inhaber" erhoben werden können. Alle übrigen Mängel sind zwar gegenüber dem "Geschützten Inhaber" ausgeschlossen, könne aber dem "einfachen" Inhaber gegenüber nach Art. 28 (1)(c) eingewandt werden. Dieses sind somit die Fälle der Illegalität, Sittenwidrigkeit und des Wuchers. Die Fälle des Abhandenkommens durch Diebstahl sowie der Täuschung sind wiederum speziell erwähnt.[69] Unter Täu-

---

68 Vgl. oben Kapitel 6 S.64.

69 Aus sprachlichen Gründen wird der Zusatz "oder eine frühere Beteiligung an einer Täuschung oder einem Diebstahl betreffend [das Papier]" weggelassen. Diese Alternative soll aber immer mitumfaßt sein.

schung ist hier, entsprechend der Regelung des Art. 29 (e), wiederum jedes irreführende Verhalten des Inhabers zu verstehen. Dieses ergibt sich, wie bereits ausgeführt,[70] im Umkehrschluß aus der Regelung des Art. 30 (1)(c), der den Sonderfall des "fraud in factum", also der Täuschung über die Rechtsnatur des unterzeichneten Papieres enthält. Diese Bestimmung ist über Art. 28 (1)(a) auf den "einfachen" Inhaber gleichfalls anwendbar. Wäre die Täuschungshandlung in Art. 28 (1)(b) und (c) ebenfalls auf diesen Spezialfall beschränkt, so hätte die Konvention eine unnötige Doppelregelung getroffen. Aus diesem Grund ist davon auszugehen, daß in Art. 28 (1)(b) und (c) unter "Täuschung" weitergehend jedes Verhalten zu verstehen ist, welches den Wechselschuldner zur Begebung oder zur Zeichnung des Wechsels verführt hat.

12.2.4.2 Einwendungen aus dem zugrundeliegenden Rechtsgeschäft.

Art. 28 (1)(b) bestimmt, daß der Wechselschuldner persönliche Einwendungen aus dem "zugrundeliegenden Rechtsgeschäft", also dem Kausalgeschäft samt späteren Abänderungen, mit dem Aussteller oder seinem eigenen Wechselerwerber dem "einfachen" Inhaber entgegenhalten kann, aber nur, wenn dieser bei Erwerb Kenntnis von dieser Einwendung hatte oder den Wechsel durch Täuschung oder Diebstahl oder durch Beteiligung an einer derartigen Handlung erworben hat. Erwerber im Sinne des Art. 28 (1)(b) ist auch derjenige, der den Wechsel nicht unterschrieben hat und daher nicht Wechselpartei im Sinne des Art. 5 (i) ist. Dieser Fall betrifft den Erwerber eines blanko indossierten Wechsels nach Art. 13 (b), der diesen später ebenso weiterüberträgt.[71] So soll sichergestellt werden, daß alle Einwendungen anläßlich der Übertragung eines Wechsels nach Art. 28 (1)(b) erhoben werden können.[72] Diese umfassende Regelung des Art. 28 (1)(b) ist jedoch gegenüber Art. 28 (1)(c) und (d) subsidiär. Einwendungen, die in diesen Bestimmungen geregelt sind, werden von Art. 28 (1)(b) nicht erfaßt. So hat die Arbeitsgruppe die Einwendungen der Aufrechnung und der Widerklage der Regelung des Art. 28 (1)(d) vorbehalten, die nicht die Möglichkeit des einredefreien Erwerbs vorsieht.[73] Ebenfalls nicht von Art. 28 (1)(b), sondern von Art. 28 (1)(c) erfaßt werden Einwendungen, die sich auf Mängel bei der Unterzeichnung des Wechsels durch den Wechselschuldner gründen.

---

70 Siehe oben Kapitel 11.3.3.4 S.153f.

71 Vgl. UNCITRAL Yb. 1987 Vol.18 A/42/17 S.29 Anm.261.

72 Vgl. UNCITRAL Yb. 1987 Vol.18 A/CN.9/SR.382 S.174 Anm.38ff.

73 Vgl. UNCITRAL Yb. 1987 Vol.18 A/CN.9/288 S.58,60f Anm.106,128.

Die Einwendungen des Art. 28 (1)(b) werden durch einen redlichen Erwerber, auch wenn er nicht "Geschützter Inhaber" ist, ausgeschlossen. Dem Erwerber schadet hier entsprechend der Regelung in Art. 28 (1)(c) nur Kenntnis der Einwendung oder Täuschung oder Diebstahl bei Erwerb des Wechsels.

12.2.4.3 Einwendungen aus vertraglichen Beziehungen mit dem Inhaber.

Art. 28 (1)(d) läßt eine weitere Gruppe von Einwendungen gegen den "einfachen" Inhaber zu, deren Kenntnis aber, im Gegensatz zu den eben erwähnten Einwendungen, einen Erwerber gemäß Art. 29 (a) nicht an der Erlangung des Status eines "Geschützten Inhabers" hindert.[74] Art. 28 (1)(d) umfaßt wie Art. 28 (1)(b) vertragliche Einwendungen. Im Gegensatz zu Art. 28 (1)(b) bezieht sich Art. 28 (1)(d) aber auf Einwendungen aus Rechtsbeziehungen zwischen dem Wechselschuldner und dem Inhaber. Ferner müssen diese Einwendungen im Gegensatz zu Art. 28 (1)(b) nicht mit der Begebung des Wechsels in Beziehung stehen, sondern können aus jeder vertraglichen Beziehung zwischen dem Wechselschuldner und dem Inhaber herrühren. Diese Bestimmung öffnet dem Wechselschuldner somit die Möglichkeit, auch Einwendungen aus anderen Rechtsgeschäften mit dem Inhaber der Wechselverpflichtung gegenüber einzuwenden. Hierzu zählen auch die Aufrechnung und die Widerklage[75] sowie alle weiteren vertraglichen Einwendungen, gleich ob sie prozessualer oder materieller Natur sind.[76] Entscheidend ist nur ihr vertraglicher Ursprung. Ausgeschlossen sind Einwendungen, die sich aus gesetzlichen, z.B. deliktischen Grundlagen ergeben.[77] Art. 28 (1)(d) enthält damit das Prinzip, daß kein Inhaber gegen Einwendungen seines unmittelbaren Vertragspartners geschützt ist, in einer abgeschwächten Form.

12.2.4.4 Sonstige zulässige Einwendungen.

Art. 28 (1)(e) enthält die Auffangbestimmung der Konvention, nach welcher der einfache Inhaber jeder anderen unter dieser Konvention zulässigen Einwendung ausgesetzt bleibt. Dazu zählen die urkundlichen Einwendungen der Artt. 38 (2), 40 (1), 44 (2), 46 (4), die Einwendung des fehlenden Protestes nach Art. 59 sowie die Einwendung der Zahlung nach Art. 72 (4)(e) sowie die Einwendung der abredewidrigen Ausfüllung gemäß Art. 12 (2)(a). Hier

74 Dies war nicht immer so. Hierzu sowie zu den Vorgängervorschriften Art. 4 (7) und Art. 25 näher UNCITRAL Yb. 1986 Vol.17 A/41/17 S.10f Anm.50-54.

75 Vgl. UNCITRAL Yb. 1986 Vol.17 A/41/17 S.10 Anm.46.

76 Vgl. UNCITRAL Yb. 1986 Vol.17 A/41/17 S.10 Anm.46; UNCITRAL Yb. 1987 Vol.18 A/CN.9/288 S.58 Anm.106.

77 UNCITRAL Yb. 1987 Vol.18 A/CN.9/288 S.60f Anm.128.

kommt das ursprüngliche Prinzip der Konvention zum Ausdruck, die Rechtsstellung des "einfachen" Inhabers in Anlehnung an den anglo-amerikanischen Rechtskreis sehr schwach auszugestalten. Dieser Ansatz ist durch die Einführung des einredefreien, redlichen Erwerbs allerdings weitgehend abgeschwächt worden.

12.2.4.5 Unzulässige Einwendungen.

Die Konvention regelt an einigen Stellen auch ausdrücklich, daß bestimmte Einwendungen selbst gegenüber dem "einfachen" Inhaber unzulässig sind. Dazu gehört an erster Stelle die Bestimmung des Art. 28 (4), welcher die einredeweise Berufung des Wechselschuldners auf einen Gegenanspruch einer dritten Partei verbietet. Damit soll dem Wechselschuldner die Berufung auf die Einwendung eines Dritten verwehrt werden, solange dieser die Einwendung nicht selbst erhebt.[78] Dies entspricht dem allgemeinen Grundsatz, daß Einwendungen aus Rechten Dritter grundsätzlich unzulässig ist.[79] Von diesem Grundsatz läßt Art. 28 (4) zwei Ausnahmen zu.

Die erste Ausnahme gilt für den Fall, daß der Inhaber den Wechsel durch Diebstahl oder Fälschung einer Unterschrift oder Beteiligung an einem solchen, unrechtmäßigen Erwerb erlangt hat. Diese Einwendung würde unter dem Genfer Wechselrecht keinen Einwand aus dem Recht eines Dritten darstellen. Vielmehr würde der Wechselschuldner den jeder Wechselpartei zustehenden Einwand der fehlenden materiellen Berechtigung des Inhabers geltend machen.[80] Die besondere Regelung in der Konvention ist dagegen notwendig geworden, weil die Systematik der Konvention in Abweichung vom Genfer Wechselrecht die Ausübung der Wechselrechte eben nicht ausschließlich an die materielle Berechtigung des Inhabers anknüpft, sondern die formale Berechtigung des Inhabers ausreichen läßt.[81] Im Ergebnis stimmt aber die Konvention mit dem Genfer Wechselrecht darin überein, daß der Wechselschuldner im Falle des Diebstahls des Wechsels oder der Fälschung der Unterschrift des Berechtigten durch den Inhaber diesem seine mangelnde materielle Berechtigung als Einwendung entgegenhalten kann. Zahlt der Wechselschuldner, obwohl er zu diesem Zeitpunkt Kenntnis von der mangelnden materiellen Berechtigung des Inhabers hatte, so tritt gemäß Art. 72 (3) keine Enthaftung ein.

---

78 UNCITRAL Yb. 1982 Vol.13 A/CN.9/213 S.149 Art.25 (3) Anm.11.

79 *Mertens/Pflug*, AG 1978, 219(264); generell *Stranz* WG Art.17 Anm.6.

80 *Liesecke*, WM 1973,442(450); dies übersehen *Mertens/Pflug*, AG 1978, 219(264).

81 Siehe dazu oben Kapitel 11.2 S.143.

Diese Ausnahme ist jedoch auf die genannten Fälle des Diebstahls des Wechsels und der Fälschung der Unterschrift des Berechtigten beschränkt. Andere Fallgruppen, die zum Mangel der materiellen Berechtigung führen würden, wie beispielsweise eine Täuschung des Inhabers bei Erwerb des Wechsels, sind in die Artt. 28 (4)(b) und 72 (3) bewußt nicht aufgenommen worden. Dies ist damit begründet worden, daß die Umstände, unter denen der Schuldner seine Zahlung verweigern dürfe, klar und sicher geregelt sein müßten.[82]

Die zweite Ausnahme des Art. 28 (4) betrifft den Fall, daß der Dritte einen "gültigen" Anspruch auf den Wechsel geltend gemacht hat. Hier stellt sich erneut das Problem der Auslegung des Begriffes "gültiger Anspruch". Wie bereits erwähnt, ist die Bedeutung dieses Begriffes nicht einwandfrei zu ermitteln. Die Formulierung in Art. 28 (4)(a), "*macht einen gültigen Anspruch auf [das Papier] geltend*", ist nach Ansicht der Arbeitsgruppe dahingehend auszulegen, daß der Dritte sich bereits gegenüber dem Inhaber auf seinen Anspruch berufen haben muß. Unklar ist, ob dazu eine bestimmte Form vonnöten ist. Nicht erforderlich ist jedenfalls, daß der Anspruch des Dritten in einem gerichtlichen Verfahren geltend gemacht worden ist.[83] Die Arbeitsgruppe hat ausdrücklich zu verstehen gegeben, daß der Begriff "gültiger Anspruch" in Art. 28 (4)(a) den Sinn hat, das Entscheidungsrisiko, ob der Inhaber auch materiell Berechtigter sei, auf den Wechselschuldner zu verlagern.[84] Berücksichtigt man nun diese Aussagen bei einer Interessenabwägung der Beteiligten, so spricht vieles dafür, von dem Dritten zu verlangen, daß dieser seinen Anspruch in einer nachvollziehbaren Weise, d.h. schriftlich und unter Darlegung der Umstände, die seinen Anspruch stützen, gegenüber dem Inhaber geltend gemacht hat und der Schuldner hiervon in Kenntnis gesetzt worden ist. Der Schuldner trägt jetzt die Verantwortung, ob er sich auf die Einwendung des Art. 28 (4)(a) berufen will oder nicht. Eine Berufung auf Art. 28 (4)(a) wird insbesondere dann zu empfehlen sein, wenn der Dritte den Inhaber des Diebstahls oder der Unterschriftsfälschung bezichtigt. In diesem Fall läuft der Wechselschuldner gemäß Art. 72 (3) Gefahr, durch eine Zahlung an den Inhaber nicht befreit zu werden, wenn sich der Vortrag des Dritten später als berechtigt herausstellen sollte. In allen anderen Fällen würde eine Zahlung des Schuldners trotz des Vortrags des Dritten zur Enthaftung nach Art. 72 führen.

---

82 UNCITRAL Yb. 1987 Vol.18 A/42/17 S.22 Anm.183.

83 Diese Auslegung ist in UNCITRAL Yb. 1987 Vol.18 A/CN.9/288 S.60 Anm.120f ausdrücklich abgelehnt worden.

84 UNCITRAL Yb. 1986 Vol.17 A/41/17 S.9 Anm.38.

Eine weitere Einwendung ist gemäß Art. 34 S.2 unzulässig. Gemäß Art. 34 S.1 kann eine Partei gegen ihre Haftung aus dem Wechsel einwenden, ihre Unterschrift auf dem Wechsel sei gefälscht worden. Diese Einwendung schließt Art. 34 S.2 aber aus, wenn sie die gefälschte Unterschrift vorher ausdrücklich oder konkludent genehmigt hat.[85] Dieser Einwendungsausschluß regelt somit einen Fall des venire contra factum proprium. Dies entspricht der Rechtslage im Genfer Wechselgesetz.[86] Ein entsprechender Einwendungsausschluß gilt gemäß Art. 35 (1)(b) für Fälle der Genehmigung einer Wechselverfälschung. Art. 39 (2) verwehrt dem Aussteller eines Internationalen Eigen-Wechsels die Berufung auf eine Haftungsausschlußklausel. Dies trägt der Tatsache Rechnung, daß der Aussteller eines Internationalen Eigen-Wechsels anders als der Aussteller eines gezogenen Wechsels nicht nur Rückgriffsschuldner sondern Hauptwechselschuldner ist.[87]

Gemäß Art. 44 (2) wirkt eine Haftungsausschlußklausel nur zugunsten des Indossanten, der die Klausel beigefügt hat. Andere Indossanten können sich dagegen nicht auf die Haftungsbeschränkung berufen.[88]

Die Konvention enthält eine Reihe von Einwendungsausschlüssen für den Garanten. Nach Art. 46 (6) ist diesem die Einwendung verwehrt, er habe den Wechsel vor der Wechselpartei gezeichnet, für die er die Garantie übernommen habe sowie die Einwendung, der Wechsel sei zum Zeitpunkt seiner Garantie noch unvollständig gewesen.

Art. 47 (3) beschränkt die zulässigen Einwendungen eines Garanten gegenüber dem "einfachen" Inhaber auf die Einwendungen nach Art. 28 (1), (3) und (4); gegenüber einem "Geschützten Inhaber" auf die Einwendungen nach Art. 30 (1). Dabei handelt es sich durchweg um eigene Einwendungen des Garanten. Diese Regelung nimmt den Gedanken des Art. 28 (4)(a) wieder auf, wonach die Berufung auf den Gegenanspruch einer dritten Wechselpartei unzulässig ist. Einwendungen aus der Person des Hauptverpflichteten stehen gemäß Art. 47 (4)(a) nur den Garanten des Ausstellers und der Indossanten zur Verfügung.[89] Art. 53 (2) schließt ferner die Einwendung der mangelnden Vorlage zum Akzept für den Garanten des Bezogenen aus.

Der Aussteller eines Eigenwechsels, der Akzeptant, ihre Garanten sowie der Garant des Bezogenen können sich weder nach Art. 57 (2) auf die man-

---

85 Näher dazu oben Kapitel 10.5 S.130.

86 Vgl. *Baumbach/Hefermehl* WG Art.17 Rn.38.

87 Vgl. zum Genfer WG *Baumbach/Hefermehl* WG Art.78 Rn.1.

88 Ebenso bei Art. 15 II WG, vgl. *Stranz* WG Art.15 Anm.5; *Jacobi* S.607 Fn.4 .

89 Näher dazu unten Kapitel 17.2.3.1 S.258.

gelnde Vorlage zur Zahlung noch nach Art. 63 (2) auf einen versäumten Protest als Einwendung gegen ihre Haftung berufen.

Die Einwendung der Zahlung ist gemäß Art. 72 (4)(e) gegenüber dem "Geschützten Inhaber" ausdrücklich ausgeschlossen, wenn der Zahlende versäumt hat, sich den Wechsel vom Inhaber aushändigen zu lassen. Dieser Einwendungsausschluß gilt allerdings nicht zu Lasten des Bezogenen.

12.3 Stellungnahme zur Einwendungssystematik der UNCITRAL-Konvention.

Vergleicht man nun die Einwendungssystematik der Konvention einmal hinsichtlich ihres Schutzumfanges gegenüber den nationalen Wechselrechten und zum anderen hinsichtlich der Unterschiede im Schutz zwischen den beiden Inhabertypen, so ergibt sich folgendes Bild:

Der "Inhaber" bleibt unabhängig von seinem Status und seiner Redlichkeit allen Einwendungen seines unmittelbaren Vertragspartners gegen seine materielle Berechtigung am Wechsel ausgesetzt, die sich aus dem Kausalgeschäft ergeben und Gegenrechte am Wechsel begründen. Dies entspricht der Regelung in den bestehenden Wechselgesetzen.[90] Gegenrechten Dritter ist der Inhaber, der bei Erwerb des Wechsels vor Verfall das Gegenrecht nicht kannte, ebenfalls nicht ausgesetzt. Dies ergibt sich für den "Geschützten Inhaber" aus Art. 30 (2) iVm Art. 29, für den "einfachen" Inhaber aus Art. 28 (2) und entspricht damit Art. 16 II WG sowie dem anglo-amerikanischen Wechselrecht.

Nach Verfall ist der "Inhaber" dagegen allen Gegenrechten ausgesetzt, die gegenüber seinem Vormann bestanden. Ein Erwerb der Stellung eines "Geschützten Inhabers" ist nach Art. 29 (d) unmöglich. Hier ergibt sich ein Unterschied zum Genfer Recht, welches diese Wirkung erst nach Ablauf der Protestfrist eintreten läßt. Insoweit sind beide Inhabertypen unter der UNCITRAL-Konvention gegenüber dem Inhaber unter dem Genfer Wechselgesetz benachteiligt.

Bezüglich urkundlicher Einwendungen gegen die Haftung aus dem Wechsel bestehen gegenüber der Rechtsstellung des Inhabers im Genfer und anglo-amerikanischen Wechselrecht keine Unterschiede. Ebenfalls dem Genfer Wechselgesetz entspricht die Bestimmung des Art. 72 (4)(e), wonach die erfolgte Zahlung einem "Geschützten Inhaber" nicht entgegengehalten werden kann, wenn der Zahlende es versäumt hat, den Wechsel aus dem Verkehr zu ziehen. Hier schützt die Konvention allerdings im Verhältnis zum Genfer

---

90 Einschränkend *Allan*, X. I.Tr.L.S. S.313(336f).

Recht den "einfachen" Inhaber weniger, dem gegenüber die Einwendung der Zahlung zulässig bleibt.

Hinsichtlich der sonstigen Einwendungen ergeben sich im übrigen folgende Unterschiede. Einwendungen aus der Kausalbeziehung[91] kann der Wechselschuldner dem "Geschützten Inhaber" nur dann entgegenhalten, wenn dieser sein unmittelbarer Vertragspartner ist. Dies entspricht bestehendem Recht.[92] Dagegen weicht die Rechtsstellung des "einfachen" Inhabers von der eines holders im anglo-amerikanischen Recht, bzw. eines Inhabers im Genfer Wechselrecht ab. So läßt Art. 28 (1)(b) grundsätzlich auch Einwendungen aus der Kausalbeziehung des Wechselschuldners mit dem Aussteller oder seinem Erwerber zu. Dies steht im Gegensatz zu Art. 17 WG, der derartige Einwendungen nur im Falle des bewußten Handelns zum Nachteil des Schuldners zuläßt. Im Gegensatz zum anglo-amerikanischen Wechselrecht kann aber der "einfache" Inhaber diese Einwendungen durch einen redlichen, einwendungsfreien Erwerb abschneiden. Damit steht diesbezüglich der redliche Erwerber im Ergebnis einem Inhaber im Genfer Wechselgesetz gleich. Im Vergleich mit der Rechtsstellung eines "Geschützten Inhabers" zeigt sich hieran, daß der Unterschied zwischen dem "Geschützten Inhaber" und dem "einfachen" Inhaber vernachlässigt werden kann.

Art. 28 (1)(d) erweitert gegenüber dem "einfachen" Inhaber die zulässigen Einwendungen aus der unmittelbaren Beziehung zum Wechselschuldner. Dieser kann gegenüber dem "einfachen" Inhaber auch Einwendungen vertraglichen Ursprungs erheben, die aus anderen Rechtsbeziehungen als dem Kausalgeschäft erwachsen. Dies sind insbesondere die Einwendungen der Aufrechnung und der Widerklage. Anders als in Art. 28 (1)(b) kann der "Inhaber" in Art. 28 (1)(d) diese Einwendungen nicht durch Redlichkeit überwinden. Diese Bestimmung verschlechtert damit die Rechtsposition des "Inhabers" gegenüber dem "Geschützten Inhaber". Im Ergebnis entspricht Art. 28 (1)(d) dem Genfer Wechselrecht, welches ebenfalls keinen Einwendungsausschluß zu Lasten des unmittelbaren Vertragspartners kennt. Läßt man die Unterschiede im Redlichkeitsmaßstab einmal außer Acht, so schützt die Konvention einen redlichen Erwerber vor Einwendungen aus dem Kausalgeschäft in einem Art. 17 WG entsprechenden Umfang.

Mängel der Wechselbegebung können im Verhältnis zum Genfer Wechselgesetz dem "Geschützten Inhaber" gegenüber nur in einem begrenztem Umfang geltend gemacht werden. Jede Wechselpartei kann gegenüber dem "Geschützten Inhaber" die Einwendung der Täuschung oder des Diebstahls

---

91 Dies schließt nachträgliche Abänderungen der Kausalbeziehung mit ein.

92 Vgl. *Hueck/Canaris* § 9 I 2); *White/Summers* § 14-9 S.639f; *Falconbridge-Crawford* § 5302.1, 5302.4 a). A.A. *Allan*, X. I.Tr.L.S. S.313 (323,336).

bei Erwerb (Art. 29 (e)), bzw. die Einwendung der fehlenden Geschäftsfähigkeit oder der Täuschung über die Rechtsnatur des Papieres (Art. 30 (1)(c)), erheben. Letztere Einwendung wird aber ausgeschlossen, wenn dem Erwerber fahrlässige Unkenntnis bezüglich der Rechtsnatur des Papieres vorgeworfen werden kann. Darüber hinaus kann eine unmittelbare Wechselpartei auch noch eine Täuschung bei Unterzeichnung des Wechsels gemäß Art. 30 (1)(b) einwenden. Nicht eingewandt werden können weitere Mängel der Begebung, wie Illegalität, Sittenwidrigkeit, Drohung und Wucher. Insofern ist der Schutz des "Geschützten Inhabers" weitergehender als der Schutz des redlichen Erwerbers im Genfer Wechselgesetz, der diesen Einwendungen ausgesetzt bleibt.

Im Unterschied zur Regelung des Art. 30 (1)(c) bleibt der "einfache" Inhaber derartigen Mängeln der Begebung grundsätzlich ausgesetzt. Dieser Grundsatz verliert jedoch an praktischer Bedeutung, weil der "einfache" Inhaber diese Mängel gemäß Art. 28 (1)(c) ebenfalls durch Redlichkeit beim Erwerb ausschließen kann. Damit schützt die Konvention beide Inhabertypen wesentlich umfassender vor Mängeln der Wechselbegebung, als es das Genfer Wechselgesetz tut.

Unterschiede im Schutzumfang zwischen den beiden Inhabertypen ergeben sich auch nicht durch die Auffangvorschrift des Art. 28 (1)(e). Diese Vorschrift verweist lediglich auf die anderweitig in der Konvention genannten Einwendungen, die mit Ausnahme des Art. 72 (4)(e) auf beide Inhabertypen gleichermaßen Anwendung finden.

Insgesamt kommt der Schutzumfang der Konvention dem des Genfer Wechselgesetzes sehr nahe. Hinsichtlich von Mängeln des Begebungsvertrages werden beide Inhabertypen stärker geschützt als im Genfer Wechselrecht. Dagegen ist der Schutz im Genfer Recht hinsichtlich verfallener Wechsel stärker. Hinsichtlich anderer Mängel entspricht der Schutzumfang in seinen Wirkungen dem Genfer Recht. Gegenüber dem anglo-amerikanischen Wechselrecht entspricht der Schutzumfang des "Geschützten Inhabers" dem eines "holder in due course".[93] Der Schutz des "Geschützten Inhabers" ist sogar noch etwas stärker, da die Anforderungen an die Redlichkeit des Erwerbers gegenüber dem anglo-amerikanischen Wechselrecht geringer sind. Durch die Möglichkeit des redlichen Erwerbs wesentlich stärker als im anglo-amerikanischen Recht geschützt ist der "einfache" Inhaber. Hinsichtlich des Schutzumfanges der einzelnen Inhaber ist die Einwendungssystematik der Konvention nicht zu kritisieren.

Kritikwürdig ist jedoch der systematische Ansatz der Konvention. Die Unterscheidung in zwei Inhabertypen ist im Ergebnis zu vernachlässigen und

93 A.A. *Allan*, X. I.Tr.L.S. S.313(323,336).

kann zur Verwirrung über die zulässigen Einwendungen führen. Es wäre konsequenter gewesen, diese Unterscheidung nach Einführung des redlichen, einwendungsfreien Erwerbs für den "Inhaber" aufzugeben. Dies ist aber wohl aus politischen Gründen nicht geschehen, da sonst die anglo-amerikanischen Teilnehmer die Konvention vermutlich abgelehnt hätten. So verständlich der Wunsch der Arbeitsgruppe ist, die Konvention zu einem allseits akzeptierten Abschluß zu bringen, so groß ist jetzt die Gefahr, daß der internationale Verkehr die Konvention wegen ihrer Kompliziertheit unbeachtet lassen wird. Insgesamt bestätigt die etwas komplizierte und verwirrende Systematik der Einwendungslehre in der Konvention die Bedenken, die bereits auf der zweiten Haager Wechselkonferenz gegen die positive Aufzählung der zulässigen Einwendungen sprachen. Die Einwendungssystematik der Konvention kann angesichts der Vielzahl von Verweisungen, Ausnahmen und insbesondere angesichts des verwirrenden Nebeneinanders von zwei unterschiedlichen Inhabertypen mit ähnlichen Rechtspositionen methodisch nicht als sonderlich geglückt gelten.

§ 13 Die Annahme

Die Konvention enthält in den Artt. 40-43 Bestimmungen über die Annahme des Wechsels, die in den Artt. 49-54 durch Vorschriften über die Vorlage zur Annahme ergänzt werden. Anders als die bisherigen Regelungen, gelten die Bestimmungen der Artt. 40-53 und 49-54 nur für den gezogenen Internationalen Wechsel, nicht aber für den Internationalen Eigen-Wechsel.[1]

13.1 Form und Zulässigkeit der Annahme.

Art. 40 (1) enthält den Grundsatz, daß der Bezogene vor Annahme des Wechsels nicht aus dem Wechsel verpflichtet ist. Nach Annahme ist der Akzeptant dem Inhaber oder anderen Wechselparteien als Hauptschuldner verpflichtet.[2] Die Annahme selbst muß gemäß Art. 41 (1) schriftlich erfolgen, wobei neben der Unterschrift sinngemäß der Begriff "angenommen" verwandt werden kann, aber nicht muß. Anders als in Art. 25 I WG kann die Annahme durch bloße Unterschrift gemäß Art. 41 (2) auf der Vorder- oder Rückseite des Wechsels erfolgen.[3] Die isolierte Unterschrift auf der Rückseite war umstritten, da eine derartige Unterschrift in anderen Rechtssystemen zu Mißverständnissen führen kann.[4] Die Verwechselungsgefahr ist in der Arbeitsgruppe aber als gering eingeschätzt worden, zumal in einigen Rechtskreisen die Annahme auf der Rückseite üblich ist.[5]

Die Annahme kann gemäß Art. 42 (2) vor, bei oder nach Verfall erfolgen. Auch ein notleidender Wechsel kann noch angenommen werden.[6] Ähnlich Art. 25 II WG muß der Akzeptant gemäß Art. 42 (3) bei einem

---

1 Vgl. hierzu Artt. 5 (a), 40-43.

2 Vgl. UNCITRAL Yb. 1973 Vol.4 A/CN.9/77 S.115 Anm.125; *Liesecke*, WM 1973, 442(453,455); *Dohm*, 21 Am.J.Comp.L. 474,500f (1973).

3 *Liesecke*, WM 1973,442(453).

4 So würde eine isolierte Unterschrift auf der Rückseite des Wechsels im Genfer Wechselrecht gemäß Art. 13 WG als Blankoindossament gedeutet werden.

5 UNCITRAL Yb. 1987 Vol.18 A/42/17 S.7 Anm.26-31; UNCITRAL Yb. 1978 Vol.9 A/CN.9/147 S.166 Anm.56f. Vgl. aber die Kritik in UNCITRAL Yb. 1987 Vol.18 A/CN.9/WG IV/WP.32/Add.5 S.92; Add.9 S.97.

6 *Schinnerer*, ZfRV 1972,277(284) Art. 38; zum Genfer Wechselgesetz vgl. *Baumbach/Hefermehl* WG Art.25 Rn.1.

Nachsichtwechsel oder einem Wechsel, der vor einem bestimmten Datum zur Annahme vorgelegt werden muß, das Datum der Annahme auf den Wechsel setzen. Anders als im Genfer Wechselgesetz gibt die Konvention dem Vorlegenden das Recht, ein fehlendes Datum selbst einzutragen.[7] Nimmt der Bezogene einen Wechsel an, nachdem dieser wegen Nicht-Annahme notleidend geworden ist, so hat der Inhaber gemäß Art. 42 (4) einen Anspruch auf Datierung der Annahme auf den Tag des Notleidendwerdens.

Zulässig ist nach Art. 42 (1) auch das aus dem Genfer Recht bekannte Blankoakzept. Danach kann auch ein "unvollständiger" Internationaler Wechsel bereits angenommen werden, den der Aussteller noch nicht unterschrieben hat oder der anderweitig noch nicht vollständig ausgefüllt ist. Voraussetzung ist allerdings, daß der Wechsel bei Annahme bereits die "magische Formel" des Art. 1 (1) enthält.[8] Vor Aufnahme der Worte "Internationaler Wechsel" in Überschrift und Text ist eine Annahme danach ausgeschlossen. Diese Bestimmung ist im engen Zusammenhang mit Art. 12 (1) zu sehen. Danach ist für die Anwendbarkeit des Art. 12 erforderlich, daß neben der "magischen Formel" des Art. 1 entweder noch die Unterschrift des Ausstellers oder das Akzept des Bezogenen auf dem Wechsel steht. Ein Papier, welchem entweder die Formel oder aber beide Unterschriften fehlen, unterliegt dagegen nicht der Konvention und kann auch nicht gemäß Art. 12 vervollständigt werden. Art. 42 (1) bezieht sich nun auf die zweite Unterschriftsalternative in Art. 12 (1). Diese Regelung hat die Konsequenz, daß durch das Akzept des Bezogenen die Konvention auf einen Wechsel, der bereits die magische Formel enthält, Anwendung findet. Wird der blankoakzeptierte Wechsel später abredewidrig ausgefüllt, so kann sich der Akzeptant im Rahmen des Art. 12 (2) auf den Einwand der abredewidrigen Ausfüllung des Wechsels berufen.[9]

In Anlehnung an Art. 26 WG und anders als sec. 44 (1) BEA und sec. 3-412 UCC[10] läßt Art. 43 (1) grundsätzlich nur eine generelle Annahme zu. Unzulässig ist danach jede Annahme, die eine Bedingung enthält oder den Inhalt des Wechsels in irgendeiner Weise modifiziert. Ist eine Annahme

---

7 *Schinnerer*, ZfRV 1972,277(284) Art.38; UNCITRAL Yb. 1973 Vol.4 A/CN.9/77 S.115 Anm.129f. Zur Diskussion des für und wider des Ausfüllungsrechtes siehe UNCITRAL Yb. 1987 Vol.18 A/42/17 S.7f Anm.32-35.

8 Vgl. *Liesecke*, WM 1973,442(453); a.A. *Schinnerer* Konventionsentwürfe S.17.

9 Diese Regelung war lange heftig umstritten. Vgl. UNCITRAL Yb. 1986 Vol.17 A/41/17 S.24 Anm.184-188; UNCITRAL Yb. 1986 Vol.17 A/CN.9/SR.347 S.369 Anm.57-69; A/CN.9/SR.348 S.370f Anm.1-15; A/CN.9/SR.356 S.397f Anm.56-62.

10 Zum UCC *White*, 5 Ga.J.Int'l & Comp.L. 216,233 (1975), der Art. 43 (2)(b) nicht entscheidend würdigt und fälschlich annimmt, auch die Konvention lasse eine qualifizierte Annahme zu. Zustimmend dagegen *Volken*, SZW 1990,100(107).

dennoch unter einer Qualifizierung erfolgt, so ist der Bezogene entsprechend dem Umfang der Annahme verpflichtet, Art. 43 (2)(a). Die Konvention gewährt dem Inhaber entsprechend der Regelung im anglo-amerikanischen Rechtskreis ein Wahlrecht, ob er die qualifizierte Annahme gelten lassen will oder nicht.[11] Nimmt der Inhaber das qualifizierte Akzept nicht an, so wird der Wechsel zwingend gemäß Art. 43 (2)(b) notleidend wegen Nicht-Annahme.[12] Ebenso wie bei Art. 26 WG gilt gemäß Art. 43 (2)(b) damit eine qualifizierte Annahme als Annahmeverweigerung.[13]

Allerdings enthält die Konvention in Art. 43 (3) und (4) zwei Ausnahmen von diesem Grundsatz. Zulässig ist laut Art. 43 (3) die Annahme nur eines Teils der Wechselsumme. Ist der Inhaber mit dem Teilakzept einverstanden, so wird der Wechsel in Abweichung von Art. 43 (2)(b) nur in Höhe des nicht angenommenen Teils notleidend. Keine Qualifizierung stellt nach Art. 43 (4) auch die Angabe einer bestimmten Zahlstelle für die Zahlung dar, solange dadurch nicht der Zahlungsort oder der angegebene Zahlungsbeauftragte geändert wird.

Wird die Annahme verweigert, so ist der Inhaber berechtigt, bei anderen Wechselparteien Rückgriff zu nehmen, Artt. 54 (1)(a),(2)(a), 59. Gleiches gilt gemäß Art. 54 (1)(b),(2)(b) wenn die Vorlage zum Akzept nicht möglich war und deshalb gemäß Art. 52 erlassen worden ist. Voraussetzung des Rückgriffs ist die ordnungsgemäße Protesterhebung gemäß Artt. 60-62.[14] Gibt der Inhaber bei Nichtannahme den Wechsel nicht ordnungsgemäß zu Protest, so werden gemäß Art. 63 (1) der Aussteller und die Indossanten mit ihren Garanten von der Haftung befreit. Diese Bestimmung gilt auch für den Fall des Teilakzeptes gemäß Art. 43 (3). Versäumt der Inhaber den Protest bezüglich des nicht angenommenen Betrages, so verliert er in dieser Höhe sein Rückgriffsrecht gegen den Aussteller, Indossanten und ihre Garanten.

---

11 UNCITRAL Yb. 1987 Vol.18 A/42/17 S.8 Anm.38; UNCITRAL Yb. 1978 Vol.9 A/CN.9/147 S.167 Anm.66; UNCITRAL Yb. 1973 Vol.4 A/CN.9/77 S.116 Anm. 131-135. Die Kritik von *Liesecke*, WM 1973,442(454) und *Dohm*, 21 Am.J. Comp.L. 474,501 (1973) ist damit überholt.

12 Hier liegt der Unterschied zum anglo-amerikanischen Rechtskreis, in welchem es dem Inhaber freigestellt ist, ob er den modifiziert angenommenen Wechsel als notleidend behandeln will oder nicht. Vgl. *Halsbury's Laws of England* Vol.4 Nr.365; *White*, 5 Ga.J.Int'l & Comp.L. 216,233 (1975).

13 UNCITRAL Yb. 1982 Vol.13 A/CN.9/213 S.158 Art.39 Anm.2; zu Art. 26 WG *Baumbach/Hefermehl* WG Art.26 Rn.1.

14 Vgl. UNCITRAL Yb. 1982 Vol.13 A/CN.9/213 S.166 Art.50 Anm.3.

13.2 Vorlage zum Akzept.

Die Konvention unterscheidet in Art. 49 zwischen Wechseln, die zwingend zur Annahme vorgelegt werden müssen, und Wechseln, bei denen dem Inhaber die Vorlage freisteht.[15] Zwingend vorgelegt werden müssen gemäß Art. 49 (2)(a) Wechsel, bei denen der Aussteller die Vorlage vorgeschrieben hat, (b) Nachsichtwechsel und (c) Domizilwechsel, die nicht auf Sicht zahlbar sind.[16] Dies entspricht bestehendem Wechselrecht.[17] Ein Vorlagegebot kann nur vom Aussteller in den Wechsel aufgenommen werden.[18]

Ebenso kann allein der Aussteller gemäß Art. 50 die Vorlage zum Akzept beschränken.[19] Weitergehend als im Genfer Recht kann der Aussteller in Art. 50 (1) die Vorlage vor einem bestimmten Datum oder Ereignis verbieten.[20] Mit dieser Regelung soll der in Lateinamerika und Afrika verbreiteten Praxis Rechnung getragen werden, die Zahlung bis zum Eintreffen der Ware oder der Freigabe durch den Zoll zu verzögern.[21] Eine derartige Klausel stellt keine dem Erfordernis der unbedingten Zahlungsanweisung in Art. 3 (a) widersprechende Bedingung des Wechsels dar.[22] Tritt das benannte Ereignis nicht ein, weil beispielsweise der Frachter mit den Waren Schiffbruch erleidet, so ist eine Vorlage zum Akzept unmöglich und daher nach Art. 52 (2) erlassen. Dem Inhaber steht damit der Rückgriff gemäß Art. 54 (1)(b), (2)(b) frei.[23] Mit Ausnahme von Nachsicht- und Domizilwechseln gemäß Art. 49 (2)(b) und (c) kann der Aussteller die Vorlage auch vollständig untersagen.[24]

Wird ein Wechsel entgegen einem Vorlegungsverbot nach Art. 50 (1) zur Annahme vorgelegt und wird diese verweigert, so gilt der Wechsel nach

---

15 Vgl. UNCITRAL Yb. 1974 Vol.5 A/CN.9/86 S.101 Anm.31.

16 Vgl. *Roblot*, Mélanges Vincent S. 361(367); kritisch zu dieser Regelung *Crawford* Remarks S.16.

17 Zum UCC vgl. *White*, 5 Ga.J.Int'l & Comp.L. 216,237 (1975); zum BEA *Halsbury's Laws of England* Vol.4 Nr.411; zum WG *Baumbach/Hefermehl* WG Art.22 Rn.1.

18 UNCITRAL Yb. 1982 Vol.13 A/CN.9/213 S.162 Art.45 Anm.3.

19 Vgl. *Roblot*, Mélanges Vincent S. 361(367).

20 Vgl. UNCITRAL Yb. 1987 Vol.18 A/42/17 S.13 Anm.85; UNCITRAL Yb. 1982 Vol.13 A/CN.9/213 S.163 Art.46 Anm.2. Gemäß Art. 23 III WG ist nur das Verbot der Vorlage vor einem bestimmten Datum zulässig.

21 UNCITRAL Yb. 1982 Vol.13 A/CN.9/213 S.163 Art.46 Anm.2; UNCITRAL Yb. 1986 Vol.17 A/41/17 S.21 Anm.156f.

22 UNCITRAL Yb. 1986 Vol.17 A/41/17 S.21 Anm.156f; UNCITRAL Yb. 1982 Vol.13 A/CN.9/213 S.163 Art.46 Anm.3; *Schinnerer* Konventionsentwürfe S.34.

23 Vgl. UNCITRAL Yb. 1986 Vol.17 A/41/17 S.21 Anm.156f; UNCITRAL Yb. 1982 Vol.13 A/CN.9/213 S.163 Art.46 Anm.3; *Schinnerer* Konventionsentwürfe S.34.

24 Vgl. UNCITRAL Yb. 1987 Vol.18 A/42/17 S.13 Anm.84.

Art. 50 (2) nicht als notleidend. Dem Inhaber steht daher weder gegenüber dem Aussteller noch gegenüber einer nachfolgenden Wechselpartei ein Rückgriffsrecht wegen Nicht-Annahme zu.[25] Andererseits ist nach Art. 50 (3) die Annahme trotz Vorlegungsverbot zulässig und gegenüber allen Parteien wirksam.[26]

Art. 51 umschreibt die Voraussetzungen für eine ordnungsgemäße Vorlage zur Annahme. Anders als im Genfer Wechselrecht können nur der Inhaber oder sein Vertreter den Wechsel wirksam präsentieren.[27] Der Wechsel kann gegenüber dem Bezogenen oder seinem Vertreter sowie gemäß Art. 51 (b) gegenüber jeder Person vorgelegt werden, die nach nationalem Recht befugt ist, den Wechsel zu akzeptieren.[28] Diese Bestimmung soll den Fall abdecken, daß der Bezogene bei Vorlage beispielsweise infolge Konkurses, Liquidation oder Geisteskrankheit in seiner Handlungs- und Verfügungsfähigkeit beschränkt ist.[29] In einem solchen Fall ist die Vorlage zum Akzept nach Art. 52 (1)(a) zwar erlassen, die Konvention räumt dem Inhaber aber trotzdem die Möglichkeit ein, ein Akzept von dem gesetzlichen Vertreter des Bezogenen zu erhalten.[30]

Die Vorlage muß beim Bezogenen an einem Werktag zu einer angemessenen Zeit erfolgen.[31] Datowechsel müssen vor oder am Verfallstage zur Annahme vorgelegt werden, Art. 50 (c); Wechsel mit einem Vorlegungsgebot an einem bestimmten Datum oder einer Vorlegungsfrist müssen an diesem Datum oder innerhalb der Frist vorgelegt werden, Art. 50 (e); Sicht- und Nachsichtwechsel müssen nach Art. 50 (d) binnen eines Jahres nach Ausstellung präsentiert werden.[32] Anders als im Genfer Recht wird dem Annehmer aber keine Überlegungsfrist entsprechend Art. 24 WG gewährt.[33]

---

25 UNCITRAL Yb. 1982 Vol.13 A/CN.9/213 S.163 Art.46 Anm.1,4.

26 UNCITRAL Yb. 1982 Vol.13 A/CN.9/213 S.163 Art.46 Anm.5.

27 UNCITRAL Yb. 1982 Vol.13 A/CN.9/213 S.163 Art.47 Anm.2; UNCITRAL Yb. 1978 Vol.9 A/CN.9/147 S.172 Anm.115. Die Vorlage durch den Aussteller ist in UNCITRAL Yb. 1980 Vol.11 A/CN.9/181 S.62 Anm.79 ausdrücklich ausgeschlossen worden; a.A. dagegen *Roblot*, Mélanges Vincent S. 361(367).

28 Vgl. *Roblot*, Mélanges Vincent S. 361(367); *Crawford* Remarks S.16 kritisiert diese Bestimmung als verwirrend.

29 UNCITRAL Yb. 1982 Vol.13 A/CN.9/213 S.164 Art.47 Anm.6; UNCITRAL Yb. 1978 Vol.9 A/CN.9/147 S.172 Anm.117.

30 UNCITRAL Yb. 1982 Vol.13 A/CN.9/213 S.164 Art.47 Anm.6; UNCITRAL Yb. 1978 Vol.9 A/CN.9/147 S.173 Anm.127.

31 Die Begriffe "Werktag" und "angemessene Zeit" bestimmen sich nach den Gepflogenheiten am Ort des Bezogenen, vgl. UNCITRAL Yb. 1982 Vol.13 A/CN.9/213 S.164 Art.47 Anm.4.

32 Dies entspricht dem Genfer Recht, vgl. *Liesecke*, WM 1973,442(455).

33 *Liesecke*, WM 1973,442(455).

Vorlage zum Akzept bleibt auch nach Fristablauf möglich. War die Vorlage jedoch nach Art. 49 (2) zwingend vorgeschrieben, so werden der Aussteller und die Indossanten sowie ihre Garanten gemäß Art. 53 (1) von jeder Haftung aus dem Wechsel frei, wenn die Frist zur Vorlage unentschuldigt versäumt worden ist.[34] Dies entspricht bestehenden Bestimmungen.[35]

Nicht enthaftet wird gemäß Art. 53 (2) dagegen der Garant des Bezogenen, obwohl der Bezogene mangels Akzept nicht Wechselpartei geworden ist.[36] Eine Ausnahme gilt für den Fall des Nachsichtwechsels. Gemäß Art. 51 (d) muß ein solcher Nachsichtwechsel binnen Jahresfrist zum Akzept vorgelegt werden. Verstreicht diese Frist, so wird der Wechsel nicht fällig. Da die Haftung des Garanten des Bezogenen gemäß Art. 47 (2)(a) aber von der Fälligkeit des Wechsels abhängig ist, haftet der Garant in dem Fall der Nicht-Vorlage eines Nachsichtwechsels nicht.[37]

Art. 52 enthält eine detaillierte Aufzählung von Fällen, in denen die Vorlage zum Akzept erlassen ist. Folge des Erlasses ist ein Rückgriffsrecht des Inhabers gemäß Art. 54 (1)(b),(2)(b) gegen den Aussteller, die Indossanten und deren Garanten.[38]

Eine zwingende oder wahlweise Vorlage ist nach Art. 52 (1)(a) erlassen, wenn der Bezogene verstorben, in seiner Verfügungsfähigkeit wegen Insolvenz beschränkt oder geschäftsunfähig ist oder wenn es sich bei ihm um eine Scheinperson handelt. Der Begriff der "Scheinperson" umfaßt auch Fälle, in denen eine nichtbestehende Gesellschaft als Bezogener auf dem Wechsel angegeben ist.[39] In diesem Fall obliegt es dem Inhaber nachzuweisen, daß der Bezogene nicht existiert.[40] Nicht von Art. 52 (1)(a) umfaßt wird dagegen der Fall einer Insolvenz des Akzeptanten zwischen Annahme und Verfall des Wechsels.[41] Dem Inhaber steht damit kein Rückgriffsrecht gegen die übrigen Wechselschuldner vor Verfall des Wechsels zu. Art. 52 (1)(b) erläßt die

---

34 So UNCITRAL Yb. 1982 Vol.13 A/CN.9/213 S.165 Art.49; *Schinnerer*, ZfRV 1972,277(285) Art. 52 und 55.

35 Vgl. *Liesecke*, WM 1973,442(455f); vgl. auch Art. 53 WG; sec. 40 (2) BEA; abweichend hinsichtlich der Behandlung des Ausstellers sec. 3-502 UCC. Die abweichende Ansicht von *White*, 5 Ga.J.Int'l & Comp.L. 216,237 (1975) bezieht sich auf eine frühere Fassung des Art. 53 und entbehrt mittlerweile der Grundlage; vgl. UNCITRAL Yb. 1972 Vol.3 A/CN.9/67 S.174 Art.50.

36 UNCITRAL Yb. 1987 Vol.18 A/42/17 S.15f Anm.110-112.

37 UNCITRAL Yb. 1987 Vol.18 A/42/17 S.16 Anm.113.

38 Kritisch *Roblot*, Mélanges Vincent S. 361(368).

39 UNCITRAL Yb. 1978 Vol.9 A/CN.9/147 S.173 Anm.128f.

40 UNCITRAL Yb. 1987 Vol.18 A/42/17 S.15 Anm.103.

41 UNCITRAL Yb. 1986 Vol.17 A/CN.9/273 S.54 Anm.114; UNCITRAL Yb. 1984 Vol.15 A/39/17 S.11 Anm.62.

Vorlage in Fällen, in denen eine juristische Person oder eine andere Trägerin von Rechten und Pflichten ihre Rechtspersönlichkeit verloren hat.

Die Einzelheiten über die Verfügungsunfähigkeit wegen Insolvenz, die Rechtsfähigkeit und Geschäftsunfähigkeit bestimmen sich nach nationalem Recht.[42]

Art. 52 (2) erläßt für Fälle der zwingenden Vorlage zum Akzept bei Tag- und Nachsichtwechseln das Vorlageerfordernis, wenn "*infolge von Umständen, die sich der Kontrolle des Inhabers entziehen und die er weder vermeiden noch überwinden konnte*", eine Vorlage nicht am Vorlagetag oder bei Nachsichtwechseln nicht binnen Jahresfrist ab Vorlagedatum erfolgen kann. In dieser Formulierung liegt ein wichtiger Unterschied zum Genfer Wechselrecht.[43] Während Art. 54 WG nur Fälle höherer Gewalt gelten läßt, die ein unüberwindliches Hindernis objektiver Art darstellen,[44] sollen mit dieser Formulierung sowohl Fälle höherer Gewalt erfaßt werden, als auch Fälle, deren Ursache persönlichen Ursprungs ist, so zum Beispiel Krankheit oder Unfall des Inhabers oder Unauffindbarkeit des Bezogenen.[45] Welche Umstände der Inhaber vermeiden oder überwinden konnte, beurteilt sich dagegen objektiv.[46]

Für Datowechsel enthält Art. 52 (3) eine vom Genfer Recht erheblich abweichende Sonderregelung. Anders als in Art. 52 (2) wird hier die Vorlage zum Akzept nicht erlassen, sondern lediglich aufgeschoben,[47] wenn diese aus den ebengenannten Umständen nicht innerhalb der im Wechsel vorgeschriebenen Frist erfolgen kann. Sobald diese Umstände nicht mehr bestehen, muß der Inhaber die Vorlage mit "angemessener Sorgfalt" nachholen. Hier folgt die Konvention der anglo-amerikanischen Konzeption in sec. 3-511 UCC, sec. 46 BEA.[48] Die Einführung dieser Bestimmung war lange umstritten.[49] Sie wurde für überflüssig gehalten, da die meisten von ihr erfaßten Fälle auch von Art. 52 (2)(b) erfaßt werden könnten.[50] Art. 52 (3) wurde schließlich eingeführt, um die Fälle abzudecken, bei denen die Vorlagefrist sehr kurz

---

42 UNCITRAL Yb. 1987 Vol.18 A/42/17 S.15 Anm.104; UNCITRAL Yb. 1982 Vol.13 A/CN.9/213 S.165 Art.48 Anm.4.

43 Vgl. *Dohm*, 21 Am.J.Comp.L. 474,505f (1973); *Liesecke*, WM 1973,442(455f).

44 Vgl. *Baumbach/Hefermehl* WG Art.54 Rn.1.

45 Vgl. UNCITRAL Yb. 1986 Vol.17 A/41/17 S.24f Anm.191; *Liesecke*, WM 1973, 442(456), anders Art. 54 VI WG.

46 UNCITRAL Yb. 1986 Vol.17 A/41/17 S.24f Anm.191.

47 Die Konvention verwendet die Formulierung: "das Versäumnis der Vorlage ist entschuldigt, wenn...".

48 Vgl. *Dohm*, 21 Am.J.Comp.L. 474,506 (1973); *Liesecke*, WM 1973,442(455f).

49 Vgl. UNCITRAL Yb. 1986 Vol.17 A/41/17 S.224 Anm.189ff; UNCITRAL Yb. 1986 Vol.17 A/CN.9/SR.348 S.371ff Anm.16-50; A/CN.9/SR.351 S.383f Anm.41-53.

50 UNCITRAL Yb. 1986 Vol.17 A/41/17 S.24 Anm.190.

bemessen ist. Art. 52 (2)(b) betrifft nur Wechsel im Sinne von Art. 51 (d) mit einer einjährigen Vorlagefrist. Ist eine Vorlage zum Akzept binnen Jahresfrist infolge der genannten Umstände unmöglich, so ist es angemessen, dem Inhaber nach Fristablauf ein Rückgriffsrecht nach Art. 54 (1)(b) zu gewähren. Bei Wechseln mit einer kürzeren Vorlagefrist von beispielsweise 30 Tagen wäre es dagegen unbillig, dem Inhaber nach Fristablauf sofort ein Rückgriffsrecht nach Art. 54 (1)(b) zu gewähren.[51] In diesen Fällen soll der Inhaber mit angemessener Sorgfalt versuchen, die Vorlage nachzuholen. "Angemessene Sorgfalt" umschreibt eine subjektive Verhaltensregel.[52] Leider hat die Arbeitsgruppe diesen Maßstab nicht näher konkretisiert.[53] Aus Sinn und Zweck der Klausel folgt aber, daß der Inhaber alles in seiner Macht stehende versuchen muß, um den Wechsel nach Ende der die Vorlage hindernden Umstände zu präsentieren, will er nicht den Verlust seiner Rückgriffsrechte nach Art. 53 (1) riskieren. In jedem Fall ist die Verwendung eines subjektiven Maßstabs wegen der damit verbundenen Rechtsunsicherheit zu bedauern.

---

51 UNCITRAL Yb. 1986 Vol.17 A/41/17 S.24 Anm.190; vgl. UNCITRAL Yb. 1986 Vol.17 A/CN.9/SR.348 S.372 Anm.39ff.

52 UNCITRAL Yb. 1986 Vol.17 A/41/17 S.24f Anm.191.

53 Kritisch auch UNCITRAL Yb. 1988 Vol.19 A/43/405 S.199 Anm.19.

§ 14 Die Enthaftung der Wechselverpflichteten eines Internationalen Wechsels.

Mit Fälligkeit des Wechsels hat dieser seine Funktion als Umlaufpapier erfüllt. Der Umlauf des Wechsels kommt normalerweise dadurch zu einem Ende, daß der Wechselberechtigte den Wechsel dem Hauptwechselverpflichteten zur Zahlung vorlegt. Zahlt dieser den Wechsel, so erlischt die Wechselverbindlichkeit; frühere Wechselparteien werden von ihrer Haftung aus dem Wechsel frei. Bei diesem Vorgang können nun zwei Probleme entstehen, die einer Regelung im Wechselrecht bedürfen. Das erste Problem entsteht, wenn die Person, die den Wechsel bezahlen sollte, nicht aus dem Wechsel verpflichtet worden ist oder nicht zahlt. Hier hat der Wechselinhaber das Recht, unter Beachtung bestimmter Voraussetzungen gegen andere Wechselparteien Rückgriff zu nehmen. Das zweite Problem entsteht, wenn der den Wechsel zur Zahlung vorlegende Besitzer des Papieres nicht berechtigter Inhaber der Wechselforderung ist. Hier stellt sich die Frage, unter welchen Voraussetzungen der Wechselschuldner von seiner Leistung befreit wird.

Die Problematik des Rückgriffs wird weiter unten in Kapitel 16 behandelt. Hier soll die Regelung der Konvention hinsichtlich der Zahlung des Wechsels durch den Wechselschuldner behandelt werden.

Die Konvention spricht nicht wie das Genfer Wechselgesetz von der Zahlung des Internationalen Wechsels, sondern verwendet in den Artt. 72-77 den aus dem anglo-amerikanischen Recht entlehnten Begriff der "Enthaftung" (discharge). Ursprünglich sind unter dem Begriff der "Enthaftung" entsprechend sec. 3-601 UCC, sec. 59 (1), 61-63 BEA verschiedene Ursachen zusammengefaßt worden, die zur Befreiung von der Wechselverbindlichkeit oder dem Erlöschen der Haftung aus dem Wechsel führten.[1] In der endgültigen Fassung ist von diesen Ursachen nur die Zahlung an den Inhaber als

---

1 Vgl. zur früheren Regelung UNCITRAL Yb. 1972 Vol.3 A/CN.9/67 S.181 Art. 69. Ein Vergleich zwischen der früheren Regelung und der Regelung der sec. 3-601 findet sich bei *White*, 5 Ga.J.Int'l & Comp.L. 216,244ff (1975). Kritisch zur früheren Regelung der übrigen Enthaftungsgründen *Liesecke*, WM 1973,442(459).

Enthaftungsgrund geregelt worden.[2] Andere Arten der Erfüllung der Wechselverbindlichkeit sind dadurch nach der Vorstellung der Konvention aber nicht ausgeschlossen worden.[3] In diesem Fall wird der Wechselverpflichtete jedoch entsprechend der Rechtslage in nationalen Rechten[4] zu beweisen haben, daß seine Leistung vom Wechselgläubiger als einer Zahlung gleichstehend angenommen worden ist.

Die Konvention regelt nun den Vorgang der Zahlung nicht einheitlich, sondern trennt zwischen den Bestimmungen für die Vorlage zur Zahlung und den Vorschriften über die Enthaftung durch Zahlung. Während die Vorschriften über die Enthaftung durch Zahlung zusammenhängend in Kapitel VI. geregelt sind, finden sich die Bestimmungen über die Vorlage im Zusammenhang mit den Vorschriften über den Rückgriff und das Notleiden des Wechsels in Kapitel V. Abschnitt 2 geregelt.[5]

14.1 Vorlage zur Zahlung.

Bezüglich der Regelung der Vorlage zur Zahlung ist die Konvention inhaltlich weitgehend den Bestimmungen des Genfer Wechselgesetzes gefolgt.[6] Viele Vorschriften entsprechen wörtlich oder sinngemäß den Vorschriften für die Vorlage zum Akzept. So bestimmt Art. 55 (a) im Einklang mit der Bestimmung des Art. 51 (a) für die Vorlage zum Akzept, daß die Vorlage zur Zahlung gegenüber dem Bezogenen oder dem Aussteller an einem Werktag zu einer angemessenen Zeit erfolgen muß.[7] Für den Fall des Verlustes der Geschäfts- oder Verfügungsfähigkeit des Bezogenen oder des Ausstellers hat der Inhaber entsprechend Art. 51 (b) gemäß Art. 55 (d) die Wahl, ob er den Wechsel einem gesetzlichen Vertreter präsentieren will, oder ob er den Wechsel gemäß Art. 56 (2)(d), 58 (1)(b) als notleidend wegen Nicht-Zahlung behandeln will.[8]

Für Internationale Eigen-Wechsel enthält Art. 55 (b) eine Sonderbestimmung, wenn der Eigen-Wechsel von mehreren Ausstellern unterzeichnet

---

2 Vgl. UNCITRAL Yb. 1982 Vol.13 A/CN.9/213 S.175 Art.68 Anm.1f. Eine Ausnahme gilt für verlorengegangene Wechsel. Hier stellt Art. 78 (2)(d) die Hinterlegung der Wechselsumme auf Weisung eines Gerichtes des Zahlung gleich.

3 Vgl. UNCITRAL Yb. 1980 Vol.11 A/CN.9/178 S.48 Anm.50-56; so auch *Liesecke*, WM 1973,442(458), der sich auf den Vorentwurf des Art. 72 bezieht.

4 Vgl. zum anglo-amerikanischen Recht: *Byles* S.135ff; *Falconbridge-Crawford* § 5602:1.

5 Kritisch zu diesem Aufbau, *Schinnerer* Konventionsentwürfe S.33.

6 Vgl. *Liesecke*, WM 1973,442(456).

7 Vgl. *Roblot*, Mélanges Vincent S.361(368), dazu auch oben Kapitel 13.2 S.203.

8 Vgl. näher dazu oben Kapitel 13.2 S.203.

wurde. Die Vorlage zur Zahlung muß gegenüber demjenigen Aussteller erfolgen, der am Zahlungsort wohnt oder bei dem die Vorlage im Wechsel zwingend vorgeschrieben ist. Enthält der Wechsel keine derartige Klausel und wohnen mehrere Aussteller am Zahlungsort, so kann der Inhaber den Wechsel einem Aussteller seiner Wahl präsentieren.[9]

Eine entsprechende Bestimmung für den Fall, daß mehrere Bezogene auf einem Internationalen Wechsels angegeben sind, ist von der Arbeitsgruppe wieder gestrichen worden.[10] Dies wurde damit begründet, daß Wechsel mit mehreren Bezogenen sehr ungebräuchlich seien und somit eine entsprechende Regelung in der Konvention überflüssig wäre.[11] Da die frühere Regelung für mehrere Bezogene mit der Bestimmung des Art. 55 (b) für mehrere Aussteller übereinstimmte, wird im Ergebnis eine Vorlage entsprechend der Bestimmung des Art. 55 (b) zu erfolgen haben.

Abweichend von der Regelung der Vorlage zum Akzept in Art 52 (1)(a) schreibt Art. 55 (c) dem Inhaber die Vorlage zur Zahlung im Fall des Todes des Bezogenen oder des Akzeptanten sowie des Ausstellers eines Eigen-Wechsels zwingend vor. Dieser muß den Wechsel gegenüber den Erben oder sonstigen gesetzlichen Nachfolgern des Verstorbenen zur Zahlung präsentieren.[12] Der Grund für diesen Unterschied liegt in der Vorstellung der Konvention begründet, daß die Vorlage zur Annahme "persönlich", also streng an die Person des Bezogenen geknüpft sei, während im Gegensatz dazu die Vorlage zur Zahlung "örtlich", nämlich an den Zahlungsort gebunden sei.[13]

Hinsichtlich der Vorlagefristen folgt die Konvention in Art. 55 (e) und (f) dem Genfer Recht.[14] Anders als die anglo-amerikanischen Wechselrechte stellt die Konvention strikte Vorlagefristen auf.[15] Entsprechend Art. 34 I WG hat die Vorlage eines Sichtwechsels nach Art. 55 (f) binnen Jahresfrist ab Ausstellung zu erfolgen.[16] Andere Wechsel müssen dagegen nach Art. 55 (e) und entsprechend Art. 38 I WG am Fälligkeitsdatum oder den zwei darauf folgenden Werktagen präsentiert werden.

---

9 Vgl. UNCITRAL Yb. 1982 Vol.13 A/CN.9/213 S.166 Art.51 Anm.4.

10 UNCITRAL Yb. 1987 Vol.18 A/42/17 S.14,17 Anm.123, 92. Vgl. UNCITRAL Yb. 1982 Vol.13 A/CN.9/213 S.166 Art. 51 (b) zur früheren Regelung.

11 UNCITRAL Yb. 1987 Vol.18 A/42/17 S.14 Anm.92.

12 Näher zum Begriff des "Erben" in der Konvention, UNCITRAL Yb. 1987 Vol.18 A/42/17 S.16 Anm.119-121.

13 Vgl. UNCITRAL Yb. 1982 Vol.13 A/CN.9/213 S.163 Art.47 Anm.3, S.167 Art. 51 Anm.8; UNCITRAL Yb. 1978 Vol.9 A/CN.9/147 S.175 Anm.142.

14 Vgl. *Liesecke*, WM 1973,442(456); *Dohm*, 21 Am.J.Comp.L. 474,505 (1973).

15 Zum UCC *White*, 5 Ga.J.Int'l & Comp.L. 216,240 (1975).

16 Kritisch zu dieser Frist, *Dohm*, 21 Am.J.Comp.L. 474,505 (1973).

Die Vorlage zur Zahlung muß am Zahlungsort erfolgen, Art. 55 (g)(i). Ist kein ausdrücklicher Zahlungsort angegeben, so ist der Wechsel an dem bei der Unterschrift des Ausstellers oder Bezogenen angegebenen Ort vorzulegen, Art. 55 (g)(ii). Dies entspricht Art. 2 III WG. Ein entscheidender Unterschied zum Genfer Wechselrecht besteht aber hinsichtlich der Behandlung von Wechseln ohne Angabe eines Zahlungsortes oder Ortes bei der Unterschrift des Bezogenen. Fehlt jegliche Ortsangabe, so ist ein Internationaler Wechsel nicht wie ein Wechsel nach dem Genfer Recht nichtig,[17] sondern gemäß Art. 55 (g)(iii) am Hauptgeschäftssitz oder am gewöhnlichen Aufenthaltsort des Bezogenen, Akzeptanten oder Ausstellers zur Zahlung vorzulegen.[18] Diese Orte bestimmen sich nach nationalem Recht.[19] Entsprechend Art. 38 II WG ist nach Art. 55 (h) auch die Einlieferung in eine Abrechnungsstelle als Vorlage zur Zahlung zulässig. Die Zulässigkeit bestimmt sich ebenfalls nach den örtlichen Bestimmungen der Abrechnungsstelle.[20]

Die Vorlage zur Zahlung gegenüber dem Bezogenen, Akzeptanten oder dem Aussteller eines Internationalen Eigen-Wechsels ist Voraussetzung für die Haftung der sekundären Wechselschuldner.[21] Daher führt nach Art. 57 (1) das Versäumnis der Vorlage zur Enthaftung des Ausstellers eines gezogenen Internationalen Wechsels, der Indossanten und ihrer Garanten. Der Akzeptant und der Aussteller eines Internationalen Eigen-Wechsels sowie ihre Garanten bleiben als primäre Wechselschuldner dagegen gemäß Art. 57 (2) aus dem Wechsel verpflichtet. Gleiches gilt für den Garanten des Bezogenen, da dieser wie ein Hauptwechselschuldner im Fall der Nicht-Zahlung durch den Bezogenen bei Fälligkeit den Wechsel bezahlen soll.[22]

Art. 56 bestimmt, wann die Vorlage zur Zahlung entschuldigt oder erlassen ist. Ein Erlaß der Vorlage gemäß Art. 56 (1) führt nach Art. 58 (1)(b) zum Notleiden des Wechsels wegen Nicht-Zahlung und gewährt dem Inhaber gemäß Art. 58 (2),(3) ein Rückgriffsrecht. Bezüglich der Umstände, die eine Vorlage entschuldigen, kann auf die Darstellung zu Art. 52 (3) verwiesen

---

17 Zum Genfer Recht vgl. *Baumbach/Hefermehl* WG Art.1 Rn.10; *Hueck/Canaris* § 6 IV 7. a).

18 "Gewöhnlicher Aufenthaltsort" meint den regelmäßigen Wohnsitz des Wechselschuldners wenn dieser eine natürliche Person ist, nicht aber den Wohnsitz der Organe einer juristischen Person; UNCITRAL Yb. 1974 Vol.5 A/CN.9/86 S.105 Anm.78.

19 UNCITRAL Yb. 1974 Vol.5 A/CN.9/86 S.105 Anm.77.

20 Vgl. UNCITRAL Yb. 1986 Vol.17 A/CN.9/SR.345 S.363 Anm.52; UNCITRAL Yb. 1986 Vol.17 A/CN.9/273 S.54f Anm.115-117.

21 Vgl. UNCITRAL Yb. 1980 Vol.11 A/CN.9/181 S.64 Anm.100.

22 Vgl. UNCITRAL Yb. 1987 Vol.18 A/42/17 S.15f Anm.110; UNCITRAL Yb. 1979 Vol.10 A/CN.9/157 S.66 Anm.51.

werden, welchen Art. 56 (1) sinngemäß wiederholt.[23] Auch hier folgt die Konvention hinsichtlich der Umstände, die eine Vorlage entschuldigen, anglo-amerikanischen Vorstellungen.[24] Demnach führen sowohl höhere Gewalt als auch persönliche Umstände, die der Inhaber weder vermeiden noch überwinden konnte, zum Aufschub der Vorlagefrist. Besteht bei Sichtwechseln das Vorlagehindernis 30 Tage über die Vorlagefrist hinaus, so ist die Vorlage nach Art. 56 (2)(c) erlassen. Gleiches gilt für alle anderen Wechsel gemäß Art. 56 (2)(b), wenn das Vorlagehindernis über 30 Tage nach Fälligkeit fortbesteht.

Hinsichtlich der Umstände, die ferner dem Inhaber eine Vorlage zur Zahlung erlassen, stimmt Art. 56 (2)(d) inhaltlich mit der Bestimmung des Art. 52 (1)(a) und (b) darin überein, daß der Verlust der Verfügungsfähigkeit wegen Insolvenz, der Verlust der Geschäftsfähigkeit oder der Verlust der Rechtsfähigkeit bei einer juristischen Person beim Bezogenen, Akzeptanten eines Wechsels oder Aussteller eines Eigen-Wechsels sowie die Angabe einer Scheinperson als Hauptwechselschuldner zum Erlaß der Vorlage zur Zahlung führt. Wie bereits erwähnt, gewährt Art. 56 (2)(d) dem Inhaber aber kein Rückgriffsrecht vor Fälligkeit des Wechsels im Falle der Insolvenz des Akzeptanten.[25] Abweichend von Art. 52 (1)(a) führt der Tod des Bezogenen nicht zum Erlaß der Vorlagepflicht. Dieser Unterschied geht auf die bereits erwähnte Unterscheidung der Konvention zwischen Annahme als "persönlicher" und der Zahlung als "örtlicher" Handlung zurück.[26]

Gleichfalls erlassen ist dem Inhaber die Vorlage zur Zahlung gemäß Art. 56 (2)(a), wenn der Aussteller oder ein Indossant oder Garant auf die Vorlage ausdrücklich verzichtet hat. Dies stellt eine erhebliche Änderung gegenüber dem Genfer Wechselrecht dar. Zulässig ist sowohl der ausdrückliche Verzicht im Wechsel, als auch ein Verzicht außerhalb des Wechsels. Allerdings entfaltet ein derartiger Vorlageverzicht außerhalb des Papieres gemäß Art. 56 (2)(a)(iii) nur Wirkung gegenüber dem unmittelbaren Vertragspartner des Verzichtenden. Ein Vorlageverzicht des Ausstellers im Wechsel bindet dagegen nach Art. 56 (2)(a)(i) alle nachfolgenden Wechselparteien und wirkt zugunsten jedes Inhabers. Der Vorlageverzicht eines Indossanten oder Garanten bindet nach Art. 56 (2)(a)(ii) nur diesen, wirkt aber zugunsten jedes Inhabers. Dies bedeutet, daß sich eine Wechselpartei,

---

23 Siehe oben Kapitel 13.2 S.204f.

24 Vgl. *Volken*, SZW 1990,100(107); *Dohm*, 21 Am.J.Comp.L. 474,505f (1973); *Liesecke*, WM 1973,442(455f).

25 Vgl. UNCITRAL Yb. 1984 Vol.15 A/39/17 S.11 Anm.62 und oben Kapitel 13.2 S.204.

26 Siehe oben S. 209.

die auf die Vorlage verzichtet hat, nicht auf das Versäumnis der Vorlage berufen kann.

Ausdrücklich aufgehoben hat die Arbeitsgruppe einen Zusatz, wonach ein Verzicht auf die Vorlage zur Zahlung auch konkludent erfolgen konnte.[27] Dies ist damit begründet worden, daß das Konzept des "konkludenten Verhaltens" zu unpräzise und unpraktisch für ein internationales Wertpapier ist und nur unnötige Schwierigkeiten und Streit bei der Auslegung hervorrufe.[28] Diese Ablehnung konkludenter Rechtshandlungen entspricht dem Standpunkt, den die Arbeitsgruppe zu diesem Problem auch bei anderen Vorschriften eingenommen hat.[29]

Ebenfalls erlassen ist die Vorlage zur Zahlung gemäß Art. 56 (2)(e) bei Wechseln, aus denen nicht der Zahlungsort gemäß Art. 55 (g) zu entnehmen ist. Da Art. 55 (g) aber keine ausdrückliche Angabe eines Zahlungsortes erfordert und es gemäß Art. 55 (g)(iii) bereits genügt, daß sich der Geschäftssitz oder der gewöhnliche Wohnsitz des Wechselschuldners ermitteln läßt, bleibt für Art. 56 (2)(e) nur der eher seltene Fall, daß sich weder aus dem Wechsel, noch aus sonstigen Umständen und Informationen der Geschäfts- oder Wohnsitz des Wechselschuldners ermitteln läßt.

Schließlich wird entsprechend Art. 44 IV WG gemäß Art. 56 (3) die Vorlage zur Zahlung eines gezogenen Internationaler Wechsels erlassen, der wegen Nicht-Annahme protestiert worden ist.[30]

14.2 Die Enthaftung durch Zahlung.

Art. 72 (1)(a) enthält den Grundsatz, daß die Zahlung der Wechselverbindlichkeit durch eine Wechselpartei an den Vorlegenden bei oder nach Fälligkeit des Wechsels zur Enthaftung der zahlenden Partei führt. Andere Wechselparteien, die gegen diese Partei Ansprüche geltend machen könnten, werden gemäß Art. 77 (1) ebenfalls enthaftet. Neben Art. 77 (1) enthält die Konvention noch zwei weitere Bestimmungen über die Enthaftung anderer Wechselparteien. Art. 77 (2) betrifft die Enthaftung aller Wechselparteien im Fall der Zahlung durch den Bezogenen und Art. 48 (1) regelt die Enthaftung einer Wechselpartei durch die Zahlung ihres Wechselgaranten.

---

27 Vgl. UNCITRAL Yb. 1986 Vol.17 A/CN.9/273 S.53 Anm.107; UNCITRAL Yb. 1984 Vol.15 A/39/17 S.10 Anm.57f; UNCITRAL Yb. 1984 Vol.15 A/CN.9/SR.294 S.364ff Anm.26-49.

28 UNCITRAL Yb. 1984 Vol.15 A/CN.9/SR.294 S.364f Anm.26,31,32,35.

29 Vgl. zu Art. 34 oben Kapitel 10.5 S.130; zu Art. 35 oben Kapitel 10.6 S.132.

30 Vgl. auch UNCITRAL Yb. 1979 Vol.10 A/CN.9/157 S.64f Anm.37f.

Vorlegender im Sinne des Art. 72 kann sowohl der Inhaber als auch eine nachfolgende Wechselpartei sein, die den Wechsel bereits bezahlt hat und ihn in Besitz hält.[31] Gleiches gilt gemäß Art. 72 (1)(b) für die Zahlung vor Fälligkeit des Wechsels, wenn dieser wegen Nicht-Annahme notleidend ist. Eine anderweitige Zahlung des Wechsels vor Fälligkeit ist nach Art. 72 (2) zwar zulässig, eine Enthaftung des Zahlenden tritt aber nur im Verhältnis zum Zahlungsempfänger ein. Dem Inhaber steht es im Fall des Art. 72 (2) frei, eine Zahlung vor Fälligkeit anzunehmen oder zurückzuweisen.[32] Insoweit entspricht die Regelung der Konvention dem Genfer Wechselrecht.[33]

Die Enthaftung des Zahlenden nach Art. 72 (1) führt gemäß Art. 77 (1) in gleichem Maße zur Enthaftung aller anderen Wechselparteien, die ein Rückgriffsrecht gegen den Zahlenden hätten. Dies bedeutet, daß die Zahlung des primären Wechselschuldners die Wechselverpflichtung in Gänze zum Erlöschen bringt, während die Zahlung eines sekundären Wechselverpflichteten nur die Haftung seiner Nachmänner zum Erlöschen bringt.[34] Dies entspricht bestehendem Recht.[35] Eine Wechselpartei wird gegenüber dem Inhaber nach Art. 48 (1) auch durch die Zahlung ihres Wechselgaranten enthaftet. Allerdings bleibt sie dem Wechselgaranten gemäß Art. 48 (2) zum Ausgleich verpflichtet.

14.2.1 Modalitäten der Zahlung.

Art. 72 (4) bestimmt, welche Pflichten den Zahlungsempfänger und den Wechselschuldner im Zusammenhang mit der Zahlung treffen. Der Zahlungsempfänger ist grundsätzlich verpflichtet, dem Zahlenden das Papier zu übergeben (Art. 72 (4)(a)(i)), einer zahlenden Wechselpartei, aber nicht dem Bezogenen, auch eine quittierte Abrechnung und einen etwaigen Protest, Art. 72 (4)(a)(ii). Diese unterschiedliche Behandlung des Bezogenen gegenüber anderen Wechselparteien rührt daher, daß der Bezogene mangels Annahme den Wechsel nicht unterschrieben hat, folglich nicht Wechselpartei ist und keinen Rückgriffsanspruch gegen Parteien des Wechsels hat. Allerdings muß er den Wechsel erhalten, um zu vermeiden, daß der Wechsel später

---

31 UNCITRAL Yb. 1982 Vol.13 A/CN.9/213 S.176 Art.68 Anm.6-9.

32 So ausdrücklich UNCITRAL Yb. 1987 Vol.18 A/42/17 S.21 Anm.177.

33 Zum Genfer Recht vgl. *Baumbach/Hefermehl* WG Art.40 Rn.1ff; im englischen Recht führt die Zahlung vor Fälligkeit dagegen nicht zur Enthaftung, vgl. *Halsbury's Laws of England* Vol.4 Nr.450; *Thomsen*, S.118; *Byles* S.138.

34 Vgl. Beispiel in UNCITRAL Yb. 1982 Vol.13 A/CN.9/213 S.181 Art.73 Anm.1.

35 Vgl. *Hueck/Canaris* § 11 IV 1; *Halsbury's Laws of England* Vol.4 Nr.450,458; *Falconbridge-Crawford* § 5602:4; *Byles* S.138.

gutgläubig einredefrei erworben wird.[36] Die Wechselparteien bedürfen dagegen zur Wahrung ihrer etwaigen Rückgriffsansprüche zusätzlich einer quittierten Abrechnung und sämtlicher Protestunterlagen.[37] Die Bestimmung des Art. 72 (4)(a) kann im gegenseitigen Einvernehmen der Parteien abbedungen werden.

Konsequent gewährt Art. 72 (4)(d) dem Wechselschuldner ein Zurückbehaltungsrecht für den Fall, daß der Wechselgläubiger ihm den Wechsel nicht aushändigt,[38] es sei denn, die Aushändigung des Wechsels ist gemäß Art. 72 (4)(a) abbedungen. Art. 72 (4)(d) findet ferner keine direkte Anwendung, wenn der Wechsel dem Wechselgläubiger verloren gegangen ist. In diesem Fall gelten die speziellen Bestimmungen der Artt. 78-83.[39] Gemäß Art. 78 (1) kann der Wechselschuldner gegenüber seiner Zahlungsverpflichtung nicht einwenden, daß der Wechselgläubiger nicht im Besitz des Wechsels ist. Dieser muß jedoch dem Wechselschuldner gemäß Art. 82 die quittierte Wechselkopie gemäß Art. 78 (2), eine quittierte Abrechnung und einen etwaigen Protest aushändigen. Händigt er diese Unterlagen nicht dem Wechselschuldner aus, so wird dieser entsprechend Art. 72 (4)(d) die Zahlung verweigern können. Eine berechtigte Zahlungsverweigerung unter Art. 72 (4)(d) führt nicht zum Notleiden des Wechsels wegen Nicht-Zahlung im Sinne von Art. 58.

Art. 72 (4)(b) und (c) enthalten Sonderbestimmungen für die Zahlung von Ratenwechseln. Art. 72 (4)(b) bestimmt, daß vor Zahlung der letzten Rate der Zahlende, sei es der Bezogene oder eine Wechselpartei, von dem Wechselgläubiger verlangen kann, daß seine Zahlung der Rate auf dem Wechsel oder einem daran befestigten Papier ("allonge") vermerkt wird und ihm darüber eine Quittung ausgehändigt wird. Bei Zahlung der letzten Rate gilt dann Art. 72 (4)(a). Diese Bestimmung soll den Ratenzahler vor einer doppelten Inanspruchnahme durch einen späteren gutgläubigen Erwerber bewahren.[40] Art. 72 (4)(c) betrifft dagegen die Rechte einer sekundären Wechselpartei, die eine wegen Nicht-Annahme oder Nicht-Zahlung notleidende Rate an den Wechselgläubiger zahlt.[41] Ihr gewährt Art. 72 (4)(c) einen Anspruch auf eine beglaubigte Kopie des Wechsels sowie Aushändigung eines etwaigen "amtlich ausgestellten" (authenticated) Protests, sollte dieser notwendig sein,

---

36 Vgl. UNCITRAL Yb. 1982 Vol.13 A/CN.9/213 S.177 Art.68 Anm.16.

37 Vgl. UNCITRAL Yb. 1982 Vol.13 A/CN.9/213 S.177 Art.68 Anm.17.

38 UNCITRAL Yb. 1982 Vol.13 A/CN.9/213 S.177 Art.68 Anm.18.

39 UNCITRAL Yb. 1982 Vol.13 A/CN.9/213 S.177 Art.68 Anm.18. Näher dazu oben Kapitel 11.5.2 S.166.

40 Vgl. UNCITRAL Yb. 1986 Vol.17 A/CN.9/SR.355 S.392 Anm.21.

41 Vgl. UNCITRAL Yb. 1986 Vol.17 A/CN.9/SR.355 S.392 Anm.21.

um etwaige Rückgriffsansprüche gegen andere Wechselverpflichtete zu sichern.[42]

14.2.1.1 Teilzahlung und Zahlung an einem anderen Ort als dem Zahlungsort.

Gemäß Art. 73 (1) ist der Wechselgläubiger nicht verpflichtet, Teilzahlungen anzunehmen. Diese Regelung folgt dem anglo-amerikanischen Recht[43] und steht damit im Gegensatz zu Art. 39 II WG, der es dem Inhaber untersagt, Teilzahlungen zurückzuweisen. Diese Bestimmung war in der Arbeitsgruppe umstritten.[44] Im Ergebnis hat die Arbeitsgruppe dem Interesse des Inhabers an der Zahlung der vollen Wechselsumme und einer freien Entscheidung über die Entgegennahme einer Teilzahlung den Vorrang vor dem Interesse der übrigen Wechselparteien an einer Beschränkung der Regreßsumme gegeben.[45] Weist der Inhaber die Teilzahlung zurück, so wird der Wechsel in vollem Umfang notleidend wegen Nicht-Zahlung, Art. 73 (2).

Nimmt der Inhaber die Teilzahlung des Bezogenen, seines Garanten, des Akzeptanten oder des Ausstellers eines Eigen-Wechsels an, so werden die primär Wechselverpflichteten, also der Akzeptant, der Aussteller eines Eigenwechsels und der Garant des Bezogenen[46] gemäß Art. 73 (3)(a), die übrigen Wechselparteien gemäß Art. 77 (1) in Höhe der Teilzahlung von ihrer Verbindlichkeit befreit. In Höhe des ungezahlten Betrages wird der Wechsel gemäß Art. 73 (3)(b) notleidend wegen Nicht-Zahlung.

Nimmt der Inhaber die Teilzahlung eines sekundär Wechselverpflichteten an, so wird in Höhe der Teilzahlung die zahlende Wechselpartei gemäß Art. 73 (4)(a), die übrigen Wechselparteien, die ihr gegenüber Ansprüche aus dem Wechsel geltend machen können, gemäß Art. 77 (1) enthaftet. Die zah-

---

42 Vgl. das Beispiel in UNCITRAL Yb. 1986 Vol.17 A/CN.9/SR.355 S.391 Anm.8. "Notwendig" ist ein Protest dann nicht, wenn der Wechselverpflichtete auch ohne Protest im Rückgriff haftet, z.B der Akzeptant, Aussteller eines Eigenwechsels und ihre Garanten sowie der Garant des Bezogenen, (Art. 63 (2)) oder weil der Protest erlassen ist, (Art. 62 (2)(a)), UNCITRAL Yb. 1986 Vol.17 A/CN.9/SR.355 S.391 Anm.10; UNCITRAL Yb. 1986 Vol.17 A/41/17 S.26 Anm.201.

43 Vgl. *Falconbridge-Crawford* § 5602:1; *Thomsen*, S.119.

44 UNCITRAL Yb. 1984 Vol.15 A/39/17 S.13 Anm.82; UNCITRAL Yb. 1984 Vol.15 A/CN.9/SR.298 S.376 Anm.25ff. Kritisch zur Regelung der Konvention, *Dohm*, 21 Am.J.Comp.L. 474,509 (1973).

45 Vgl. UNCITRAL Yb. 1986 Vol.17 A/CN.9/273 S.55 Anm.123; UNCITRAL Yb. 1986 Vol.17 A/CN.9/SR.346 S.366 Anm.32.

46 Die Konvention behandelt den Garanten des Bezogenen wie einen primären Wechselverpflichteten, vgl. UNCITRAL Yb. 1986 Vol.17 A/CN.9/SR.351 S.382 Anm.10f; UNCITRAL Yb. 1986 Vol.17 A/41/17 S.26 Anm.201 und unten Kapitel17.2.3 S.257.

lende Wechselpartei kann gemäß Art. 73 (4)(b) entsprechend Art. 72 (3)(c) von dem Wechselinhaber eine beglaubigte Kopie des Papieres sowie einen amtlich ausgestellten (authenticated) Protest verlangen, wenn dieser notwendig sein sollte, um Rückgriffsansprüche gegen andere Wechselverpflichtete durchzusetzen.[47]

Entsprechend Art. 39 III WG gewährt Art. 73 (5) dem zahlenden Wechselverpflichteten oder dem zahlenden Bezogenen einen Anspruch auf Vermerk der Teilzahlung auf dem Wechsel. Wird der ausstehende Rest der Wechselverbindlichkeit gezahlt, so hat der Zahlende einen Anspruch auf Aushändigung des Wechsels und eines etwaigen Protestes aus Art. 73 (6).[48]

Keine entsprechende Bestimmung findet sich im Genfer Wechselgesetz zu Art. 74. Diese Vorschrift bestimmt, daß der Inhaber eine Zahlung nicht anzunehmen braucht, die ihm an einem anderen Ort als dem Zahlungsort im Sinne von Art. 55 (g) und (h) angeboten wird. Lehnt der Inhaber die Zahlung ab, so wird der Wechsel notleidend durch Nicht-Zahlung, Art. 74 (2).[49]

14.2.1.2 Fremdwährungswechsel.

Für den internationalen Wechselverkehr besonders wichtig sind die Vorschriften der Artt. 75 und 76 betreffend Fremdwährungswechsel. Bei international umlaufenden Wechseln ist die Bestimmung der Währung, in welcher die Wechselsumme zu zahlen ist, von besonderer Bedeutung. Artt. 75 und 76 enthalten nun detaillierte Regelungen für die Ermittlung der Währung, in der die Wechselsumme zu zahlen ist, und einen etwa anzuwendenden Wechselkurs. Grundprinzip ist dabei der Vorrang der Parteibestimmung. Erst wenn diese fehlt oder wegen Rechtsverstoß oder aus anderen Gründen nicht umsetzbar ist, greifen die Bestimmungen der Konvention ein. Art. 76 (1) stellt klar, daß anwendbare Devisenkontrollbestimmungen[50] oder sonstige

---

47 Vgl. UNCITRAL Yb. 1986 Vol.17 A/CN.9/SR.355 S.382 Anm.10; UNCITRAL Yb. 1986 Vol.17 A/41/17 S.26 Anm.201.

48 UNCITRAL Yb. 1982 Vol.13 A/CN.9/213 S.178 Art.69 Anm.3.

49 Vgl. UNCITRAL Yb. 1982 Vol.13 A/CN.9/213 S.178 Art.70. Kritisch *Schinnerer* Konventionsentwürfe S.38, der die Bestimmung für überflüssig hält, zustimmend dagegen *Dohm*, 21 Am.J.Comp.L. 474,509 (1973).

50 Hierbei kann es sich um Devisenkontrollbestimmungen aufgrund nationalen Rechts oder aufgrund internationaler Vereinbarung, wie beispielsweise Art. VIII Abschn. 2 (b) Satz 1 des Abkommens über den Internationalen Währungsfonds handeln.

Währungsbestimmungen eines Staates durch die Konvention nicht berührt werden.[51]

In den bestehenden Wechselrechten gilt überwiegend der Grundsatz, daß mangels einer ausdrücklichen Klausel zum Gegenteil (Effektivklausel) ein in einer fremden Währung ausgestellter Wechsel auch in der Landeswährung des Zahlungsortes bezahlt werden kann.[52] Art. 75 (1) bestimmt demgegenüber, daß der Internationale Wechsel grundsätzlich in der Währung zu zahlen ist, auf welche die Wechselsumme ausgestellt ist. Einer Effektivklausel bedarf es dazu nicht.[53] Somit kann der Wechselschuldner nicht mehr zwischen der im Wechsel angegebenen Währung und der Landeswährung wählen.[54] Mit dieser Regelung hat die Konvention den Wünschen der Praxis entsprochen, die sich in einer Umfrage von UNCITRAL für die Umkehrung der bestehenden Regelungen ausgesprochen hatte.[55] Ist der Wechsel in einer Währung ausgestellt, die außer am Zahlungsort noch in mindestens einem weiteren Staat verwandt wird, wie z.B. bei einem auf "Franc" lautenden, in Frankreich zahlbaren Wechsel, und läßt sich aus dem Wechsel nicht entnehmen, in welcher Landeswährung die Wechselsumme zu zahlen ist, so gilt gemäß Art. 9 (3) die Währung des Zahlungsortes als die geschuldete.

Dem Aussteller steht es aber gemäß Art. 75 (3) frei, im Wechsel eine andere Währung als diejenige, in der die Wechselsumme ausgedrückt ist, für die Zahlung zu bestimmen. In diesem Zusammenhang hat die Arbeitsgruppe erwogen, dem Inhaber eines Wechsels, der in einer anderen Währung zahlbar ist als der Währung am Zahlungsort, dem Wechselschuldner gegenüber eine Benachrichtigungspflicht aufzuerlegen, um diesen die Beschaffung der

---

51 Darunter fallen Vorschriften zum Schutz der Währung eines Staates, die keine Devisenkontrollbestimmungen im engeren Sinne sind. Vgl. UNCITRAL Yb. 1986 Vol.17 A/CN.9/SR.349 S.374 Anm.9. Die Ausweitung des Anwendungsbereiches auf sonstige Währungsschutzvorschriften ist vom Vertreter der Bundesrepublik Deutschland vorgeschlagen worden und soll die Anwendung von Vorschriften wie § 3 S.1 WährG sichern, der zum Schutz der Stabilität der Währung Gebietsansässigen iSv §§ 49 I, 4 I Nr.3 AWG verbietet, Geldschulden in einer fremden Währung ohne Genehmigung der Bundesbank einzugehen; vgl. zum Währungsrecht *Baumbach/Hefermehl* WG Art.41 Rn.7 und *Gramlich*, § 3 Währungsgesetz Rn.3, 9ff.

52 Vgl. *Bloch*, J.Dr.Int.1979,770(782); *Guest*, 27 Am.J.Comp.L. 533,534 (1979); Art. 41 WG und sec. 3-107 (2) UCC. Sec. 72 (4) BEA ist mit Wirkung vom 30. August 1977 aufgehoben worden, vgl. *Halsbury's Statutes of England and Wales* Vol.5 BEA sec. 72 Notes.

53 Vgl. zu Art. 41 III WG, *Baumbach/Hefermehl* WG Art.41 Rn.4.

54 Anders Art. 41 I WG, vgl. *Baumbach/Hefermehl* WG Art.41 Rn.2; sec. 3-107 (2), vgl, *Hawkland* § 3-107:03.

55 Vgl. *Guest*, 27 Am.J.Comp.L. 533,535 (1979); *Bloch*, J.Dr.Int.1979,770(782f), die darauf hinweist, daß diese Regel bereits in einigen Ländern Lateinamerikas gilt.

notwendigen Devisen zu ermöglichen.[56] Die Arbeitsgruppe hat sich schließlich gegen eine derartige Benachrichtigungspflicht entschieden, weil ihr die damit verbundenen Probleme im Verhältnis zur Bedeutung dieser Frage für die Praxis zu groß erschienen.[57]

Art. 75 (2) eröffnet dem Aussteller die Möglichkeit, die Wechselsumme auch in einer Rechnungseinheit wie ECU, Transfer Rubel oder Sonderziehungsrechte des Internationalen Währungsfonds auszustellen.[58] Der Wechsel ist in diesem Fall durch Übertragung dieser Rechnungseinheiten zu zahlen, vorausgesetzt, diese Rechnungseinheiten sind zwischen den Wechselparteien übertragbar und der Wechsel bestimmt keine andere Währung zur Zahlung.[59] Ist die internationale Rechnungseinheit nicht übertragbar, so soll die Zahlung in der im Wechsel angegebenen Währung erfolgen oder, wenn diese fehlt, in der Währung des Zahlungsortes.

Art. 75 (3)(b) legt fest, wie der Wechselkurs eines Wechsels zu bestimmen ist, der in einer von der Währung der Wechselsumme abweichenden Währung zu zahlen ist. Wiederum hat eine etwaige Parteivereinbarung Vorrang. Fehlt diese, so berechnet sich der Wechselkurs nach dem offiziellen Wechselkurs für Sichtwechsel. Fehlt dieser, so ist der offizielle Wechselkurs zu ermitteln. Stichtag für die Umrechnung ist in jedem Fall der Tag der Fälligkeit. Der anzuwendende Wechselkurs ist der am Zahlungsort geltende, wenn die Zahlung in der am Zahlungsort gültigen Währung zu erfolgen hat, Art. 75 (3)(b)(i). Hat die Zahlung in einer nicht am Zahlungsort verwendeten Währung zu erfolgen, so ist der geltende Wechselkurs nach den Handelsbräuchen am Zahlungsort zu bestimmen, Art. 75 (3)(b)(ii).

Art. 75 (3)(c) und (d) enthalten besondere Regeln zur Bestimmung des Wechselkurses für Fremdwährungswechsel, die wegen Nicht-Annahme oder Nicht-Zahlung notleidend geworden sind. Da ein notleidender Wechsel unter Umständen auch bereits vor Fälligkeit und an einem vom Zahlungsort abweichenden Ort bezahlt werden muß, bedarf es einer von Art. 75 (3)(b) abweichenden Regelung des für die Bestimmung des Wechselkurses maßgeblichen Zeitpunktes und Ortes.

Art. 75 (3)(c)(i) und (d)(i) ist gemein, daß sie einer Parteivereinbarung über den anwendbaren Wechselkurs Vorrang geben. Fehlt eine derartige Parteivereinbarung, so steht es dem Inhaber gemäß Art. 75 (3)(c)(ii), (d)(ii) frei,

---

56 Vgl. UNCITRAL Yb. 1986 Vol.17 A/CN.9/SR.348 S.373 Anm.52-58; A/CN.9/SR.349 S.374 Anm.1-8; UNCITRAL Yb. 1986 Vol.17 A/41/17 S.26 Anm.204.

57 Vgl. UNCITRAL Yb. 1986 Vol.17 A/41/17 S.26 Anm.205.

58 Vgl. die Definition von Geld in Art. 5 (l) und oben Kapitel 4.7 S.51.

59 Vgl. *Volken*, SZW 1990,100(108).

ob er den Wechselkurs am Tage der tatsächlichen Zahlung durch den Regreßschuldner, oder, bei einem wegen Nicht-Annahme notleidenden Wechsel, am Tage des Notleidendwerdens des Wechsels, beziehungsweise bei einem wegen Nicht-Zahlung notleidenden Wechsel, am Tage der Fälligkeit des Wechsels, wählen will. Art. 75 (5) gibt dem Inhaber ein Wahlrecht bezüglich des für die Bestimmung des Wechselkurses maßgeblichen Ortes, zwischen dem Zahlungsort im Sinne des Art. 55 (g) oder dem Ort der tatsächlichen Zahlung.[60] Durch diese Wahlrechte soll dem Inhaber die Möglichkeit eröffnet werden, den für ihn günstigsten Wechselkurs zu wählen.[61]

Art. 76 (2) enthält Sonderbestimmungen für die Wechselkursberechnung von Fremdwährungswechseln, die wegen entgegenstehender Devisenkontrollbestimmungen am Zahlungsort nicht in der von den Parteien vereinbarten Währung, sondern in der Währung des Zahlungsortes bezahlt werden müssen. Die Bestimmungen des Art. 76 (2) entsprechend denen des Art. 75 (3)(b)-(d) mit einem Unterschied: Während Art. 75 (3)(b) und (d)(ii) den Wechselkurs am Tage der Fälligkeit für die Umrechnung heranziehen, bezieht sich Art. 76 (2)(a) und (b)(ii) auf den Tag der Vorlage zur Zahlung. Bei Sichtwechseln ergibt sich kein Unterschied, da gemäß Art. 9 (6) der Tag der Vorlage zur Zahlung der Fälligkeitstag ist. Bei allen anderen Wechseln ergibt sich jedoch unter Umständen ein Unterschied von zwei Tagen, da gemäß Art. 55 (e) alle Nicht-Sichtwechsel am Tage der Fälligkeit oder an den darauffolgenden zwei Werktagen zur Zahlung vorgelegt werden können. Die Konvention gibt keinen Anhaltspunkt, warum in Art. 76 (2) eine von Art. 75 (3) abweichende Formulierung gewählt wurde, obwohl doch Art. 76 (2) Art. 75 (3) nachgebildet sein sollte.[62]

Neben den Vorschriften für die Bestimmung von Wechselkursen zur Umrechnung von Fremdwährungswechseln stellt es die Konvention in Art. 75 (4) den Gerichten der Vertragsstaaten frei, aufgrund nationalen Rechts dem Inhaber Schadensersatz für Verluste zuzusprechen, die ihm durch Währungsschwankungen entstanden sind, weil der Internationale Wechsel infolge Notleidens nicht pünktlich bezahlt worden ist. Art. 75 (4) enthält aber keine eigene Anspruchsgrundlage, sondern verweist lediglich auf eventuell unter nationalem Recht bestehende Ansprüche.[63]

---

60 UNCITRAL Yb. 1982 Vol.13 A/CN.9/213 S.180 Art.71 Anm.10.

61 UNCITRAL Yb. 1982 Vol.13 A/CN.9/213 S.180 Art.71 Anm.7f.

62 Vgl. UNCITRAL Yb. 1982 Vol.13 A/CN.9/213 S.181 Art.72 Anm.2; UNCITRAL Yb. 1982 Vol.13 A/CN.9/210 S.69 Anm.219.

63 UNCITRAL Yb. 1982 Vol.13 A/CN.9/213 S.180 Art.71 Anm.9; *Guest*, 27 Am.J. Comp.L. 533,543 (1979); *Schinnerer* Konventionsentwürfe S.38f.

14.2.1.3 Umfang der Zahlung.

Gemäß Art. 72 (1) wird der Wechselverpflichtete nur dann enthaftet, wenn er an den Wechselgläubiger den gemäß der Artt. 70 und 71 geschuldeten Betrag zahlt. Diese beiden Artikel bestimmen, welcher Betrag und welche Zinsen und Kosten vom Wechselverpflichteten zu zahlen sind. Dabei enthält Art. 70 Bestimmungen für den dem Inhaber geschuldeten Betrag, während Art. 71 entsprechende Bestimmungen für die an die übrigen Wechselparteien zu leistenden Beträge enthält.

Hinsichtlich der vom Wechselschuldner dem Inhaber geschuldeten Leistung wird in Art. 70 zwischen einer Zahlung bei, nach und vor Fälligkeit unterschieden. Bei Fälligkeit kann der Inhaber gemäß Art. 70 (1)(a) die gesamte Wechselsumme sowie etwa vereinbarte Zinsen verlangen.

Auch nach Fälligkeit und im Rückgriff ist der Inhaber nicht verpflichtet, Teilzahlungen anzunehmen.[64] Nach Fälligkeit kann der Inhaber vielmehr die gesamte Wechselsumme zuzüglich etwa vereinbarter Nachfälligkeitszinsen gemäß Art. 70 (1)(b)(ii) verlangen. Fehlt eine derartige Vereinbarung, so gewährt Art. 70 (1)(b)(ii) dem Inhaber einen Anspruch auf Zinsen auf die am Tage der Fälligkeit geschuldete Summe, berechnet von dem Tage der Vorlage zur Zahlung an. Der anwendbare Zinssatz bestimmt sich dabei gemäß Art. 70 (2) nach denjenigen Zinsen, die in einem gerichtlichen Verfahren am Zahlungsort beansprucht werden könnten.[65] Mit dieser Bestimmung hat die Arbeitsgruppe nach langer Diskussion eine einheitliche Formel gefunden, die in allen Ländern anwendbar ist, vorherbestimmt ist und sich dabei dennoch flexibel den sich ändernden wirtschaftlichen Verhältnissen anpassen kann.[66] Mit dieser Formel soll aber offenbar nicht auf die Zinsen verwiesen werden, die unter nationalem Recht nach Verfall für Wechsel verlangt werden können.[67] So sind die Zinsen, die unter Art. 48 I Nr.2 WG verlangt werden können, als unangemessen niedrig bezeichnet worden.[68] Eine entsprechende Verweisung ist in der Arbeitsgruppe auch abgelehnt worden.[69] Scheiden die speziell für Wechsel ausgelegten nationalen Vorschriften für die Anwendung in Art. 70 (2) aus, so verweist diese Bestimmung auf die allgemeinen

---

64 UNCITRAL Yb. 1987 Vol.18 A/42/17 S.22f Anm.190ff.

65 *Volken*, SZW 1990,100(108).

66 Zur Diskussion vgl. UNCITRAL Yb. 1986 Vol.17 A/CN.9/SR.345 S.363f Anm.54-77, A/CN.9/SR.346 S.364ff Anm.1-26; A/CN.9/SR.351 S.382f Anm.24-27.

67 Vgl. im Genfer Recht Art. 48 I Nr.2 WG.

68 UNCITRAL Yb. 1986 Vol.17 A/CN.9/SR.346 S.365 Anm.13; UNCITRAL Yb. 1986 Vol.17 A/41/17 S.22 Anm.167.

69 Vgl. UNCITRAL Yb. 1986 Vol.17 A/41/17 S.22 Anm.165-167.

Verzugszinsen, die vor den Gerichten am Zahlungsort eingeklagt werden können.

Außerdem kann der Inhaber nach Fälligkeit die Protest- und Benachrichtigungskosten gemäß Art. 70 (1)(b)(iii) verlangen. Darin sind allerdings nur die eigentlichen Protest- und Benachrichtigungskosten enthalten, nicht aber auch Bank- oder Rechtsanwaltsgebühren.[70] Der Inhaber kann die Protest- und Benachrichtigungskosten selbst dann verlangen, wenn der Protest nicht zwingend vorgeschrieben war.[71]

Wird ein gezogener Wechsel wegen Nicht-Annahme notleidend, so kann der Inhaber bereits vor Fälligkeit Rückgriff nehmen. Für diesen Fall[72] bestimmt Art. 70 (1)(c)(i), daß der Inhaber ebenfalls die Wechselsumme mit etwa vereinbarten Zinsen bis zum Tage der Zahlung verlangen kann. Sind keine Zinsen vereinbart, so kann der Inhaber die Wechselsumme nur abzüglich eines Abschlages verlangen. Dieser Abschlag berechnet sich nach Art. 70 (4) für die Zeit zwischen der Zahlung und der Fälligkeit des Wechsels. Dabei ist grundsätzlich der am Tage des Rückgriffs am Hauptgeschäftssitz des Inhabers oder seinem gewöhnlichen Aufenthaltsort geltende offizielle, staatliche Diskontsatz oder ein entsprechender Satz[73] zugrunde zu legen. Gibt es am Sitz des Inhabers keinen entsprechenden Satz für den Diskont eines Wechsels, so ist eine angemessene Abschlagsrate zu wählen. Mit dieser Differenzierung zwischen Wechseln mit und ohne Zinsklausel trägt die Konvention der wirtschaftlichen Tatsache Rechnung, daß Wechsel ohne Zinsklausel regelmäßig einen Aufschlag in der Wechselsumme enthalten, der den Zinsverlust des Wechsels während seiner Laufzeit ausgleicht. Dieser Aufschlag soll dem Inhaber, der den Wechsel vor Fälligkeit bezahlt bekommt, nicht in voller Höhe zugute kommen und daher durch einen Abschlag ausgeglichen werden.[74]

Art. 70 (3) enthält eine zusätzliche Schadensersatzvorschrift zugunsten des Inhabers. Dieser kann unabhängig von der Bestimmung des Art. 70 (2) nach nationalem Recht Schadensersatz für zusätzliche Schäden verlangen, die ihm wegen der verzögerten Zahlung entstanden sind. Damit sollen weitergehende Verzugsschäden des Inhabers abgedeckt werden. Eine Ausdehnung

---

70 Vgl. UNCITRAL Yb. 1982 Vol.13 A/CN.9/213 S.174 Art.66 Anm.2.

71 Vgl. UNCITRAL Yb. 1979 Vol.10 A/CN.9/157 S.67 Anm.69.

72 UNCITRAL Yb. 1982 Vol.13 A/CN.9/213 S.174 Art.66 Anm.1 stellt klar, daß Art. 70 (1)(c) nur den Fall des Notleidens wegen Nicht-Annahme betrifft.

73 In der Bundesrepublik der Diskontsatz der Bundesbank.

74 UNCITRAL Yb. 1987 Vol.18 A/42/17 S.31 Anm.279f.

dieser Bestimmung auf Schäden, die durch eine vorzeitige Zahlung entstanden sind, hat die Arbeitsgruppe abgelehnt.[75]

14.2.2 Enthaftung durch Zahlung an den Nichtberechtigten.

Eines der Hauptprobleme im Zusammenhang mit der Erfüllung einer Wechselverbindlichkeit besteht in der Regelung der Folgen der Zahlung der Wechselsumme an einen Nichtberechtigten, der den Wechsel zur Zahlung vorgelegt hat. Hier ist das Interesse des wahren Wechselberechtigten am Erhalt seiner Wechselforderung gegen das Interesse des Zahlenden an der befreienden Wirkung seiner Zahlung abzuwägen. Dabei ist die Zwangslage des Wechselschuldners zu berücksichtigen, der bei Fälligkeit des Wechsels binnen einen kurzen Frist entscheiden muß, ob er den Wechsel an den Vorlegenden zahlen soll, will er nicht durch seine Zahlungsverweigerung den Protest des Wechsels mit für ihn schwerwiegender Kredit- und Rufgefährdung riskieren.[76]

14.2.2.1 Die Lösung in den bestehenden Wechselrechten.

Das Genfer Wechselgesetz schützt über Art. 40 III WG den Zahlenden, der bei oder nach Verfall des Wechsels an einen Nichtberechtigten leistet, "wenn ihm nicht Arglist oder grobe Fahrlässigkeit zur Last fällt."[77] Wie bereits erwähnt,[78] stellt das Genfer Wechselgesetz damit geringere Anforderungen an die Redlichkeit des Wechselschuldners als an die Redlichkeit des Wechselerwerbers in Art. 16 II WG, dem bereits "böser Glaube oder grobe Fahrlässigkeit" schadet. Damit trägt das Genfer Wechselgesetz der gegenüber dem Wechselerwerber erhöhten Zwangslage des Wechselschuldners Rechnung. Arglist liegt danach erst dann vor, wenn der Wechselverpflichtete bei Zahlung Kenntnis von der Nichtberechtigung des Vorlegenden hatte und gleichzeitig den Mangel auch leicht beweisen konnte. Nur in diesem Fall ist es ihm zuzumuten, die Zahlung zu verweigern und sich auf einen Prozeß einzulassen.[79]

Grobe Fahrlässigkeit des Wechselschuldners liegt vor, wenn diesem infolge einer besonders groben Nichtbeachtung der im Verkehr erforderlichen Sorgfalt Umstände unbekannt geblieben sind, bei deren Kenntnis die Zahlung

---

75 Vgl. UNCITRAL Yb. 1987 Vol.18 A/CN.9/WG IV/WP.32/Add.2 S.80; UNCITRAL Yb. 1987 Vol.18 A/42/17 S.20 Anm.166.

76 Vgl. *Hueck/Canaris* § 11 V 2.c).; *Stranz* WG Art.40 Anm.2f.

77 *Baumbach/Hefermehl* WG Art.40 Rn.3; *Hueck/Canaris* § 11 V 2.c); *Ulmer* § 24 S.229ff.

78 Vgl. oben Kapitel 8.2.3 S.86.

79 *Baumbach/Hefermehl* WG Art.40 Rn.6; *Stranz* WG Art.40 Anm.14,15; *Jacobi* S.128.

aus den obengenannten Gründen arglistig gewesen wäre.[80] Somit muß der Schuldner infolge Fahrlässigkeit sowohl die Nichtberechtigung des Vorlegenden nicht bemerkt haben als auch die leichte Beweisbarkeit der Nichtberechtigung übersehen haben.[81] Der Schuldner muß, will er den Vorwurf der Fahrlässigkeit vermeiden, die förmliche Berechtigung sowie die Identität des Vorlegenden prüfen.[82] Der Schutzumfang des Art. 40 III WG bezieht sich auf alle Umstände, die eine Einziehungsbefugnis des Vorlegenden ausschließen können.[83]

Im anglo-amerikanischen Wechselrecht sind die Voraussetzungen für die Enthaftung des Wechselschuldners strenger. Prinzipiell kann nur die Zahlung an den "holder" zur Enthaftung führen.[84] Dies führt bei Orderpapieren zu einem großen Risiko für den Wechselschuldner, da im anglo-amerikanischen Recht gefälschte Indossamente keine Transportwirkung besitzen, und eine Person, die einen Wechsel mit einem gefälschten Indossament vorlegt, nicht "holder" des Wechsels sein kann. Zahlung an eine derartige Person führt daher grundsätzlich nicht zur Enthaftung.[85] Eine Ausnahme gilt im englischen Wechselrecht aber gemäß sec. 60 BEA für Sichtwechsel, die auf eine Bank gezogen sind.[86]

In sec. 3-603 (1) UCC führt Zahlung an den "holder" zur Enthaftung des Wechselverpflichteten, auch wenn dieser Kenntnis von einem Anspruch eines Dritten auf den Wechsel hatte.[87] Allerdings gibt es von diesem Grundsatz mehrere Ausnahmen. Die Zahlung führt nicht zur Enthaftung, wenn der Dritte dem Wechselverpflichteten vor Zahlung eine Sicherheit gestellt hat oder ihm durch einen Gerichtsbeschluß, an dessen Zustandekommen der Wechselverpflichtete und der Inhaber verfahrensmäßig beteiligt waren, die Zahlung untersagt hat oder wenn das Papier einem beschränkten Indossament zuwider indossiert worden ist oder wenn der Wechselverpflichtete in "bösem

---

80 *Stranz* WG Art.40 Anm.16; *Baumbach/Hefermehl* WG Art.40 Rn.6; *Jacobi* S.130.

81 *Baumbach/Hefermehl* WG Art.40 Rn.6; *Stranz* WG Art.40 Anm.16.

82 *Baumbach/Hefermehl* WG Art.40 Rn.4; *Stranz* WG Art. 40 Anm.13; einschränkend *Ulmer* § 24 S.231; *Hupka* S.48f.

83 *Stranz* WG Art.40 Anm.17; vgl. *Baumbach/Hefermehl* WG Art.40 Rn.7; *Jacobi* S.132ff.

84 *Falconbridge-Crawford* § 5602.2; *Byles* S.136; *Weber/Speidel* S.313; *White/Summers* § 13-21 S.599.

85 Vgl. *White/Summers* § 13-21 S.599; *Hawkland* § 3-603:04; *Falconbridge-Crawford* § 5602.2 (b); *Byles* S.137f.

86 Vgl. *Byles* S.137f. Gemäß sec. 60 BEA wird eine Bank, die einen auf sie gezogenen, mit einem fehlerhaften Indossament versehenen Orderwechsel bezahlt, enthaftet, wenn sie den Wechsel in "Gutem Glauben und im gewöhnlichen Geschäftsgang" bezahlt hat.

87 *Hawkland* § 3-603:05, 3-603:06.

Glauben" an einen Inhaber zahlt, der das Papier durch Diebstahl erlangt hat. Gleiches gilt, wenn der Verpflichtete bösgläubig an einen Inhaber zahlt, der kein holder in due course ist und das Papier früher von einem Dritten gestohlen worden ist.[88] Somit trägt auch das amerikanische Wechselrecht der Zwangslage des Schuldners Rechnung, indem es ihm grundsätzlich die Zahlung trotz Kenntnis der Nichtberechtigung ermöglicht.

Im englischen Wechselrecht und in den von ihm abgeleiteten Wechselrechten wird der an einen Unberechtigten zahlende, primär Wechselverpflichtete nur enthaftet, wenn seine Zahlung "in due course" erfolgte, d.h., wenn sie bei oder nach Fälligkeit an den Inhaber in gutem Glauben und ohne Kenntnis von einem Mangel seines Rechts an dem Wechsel erfolgte.[89] Gutgläubig ist der Zahlende nur solange, wie er keine positive Kenntnis von irgendwelchen mit dem Wechselgeschäft in Beziehung stehenden Umständen hat, welche die "Ehrenhaftigkeit" des Rechtsgeschäftes beeinträchtigen.[90] Kenntnis hat der Wechselverpflichtete aber bereits dann, wenn er das Gefühl hat, daß "irgendetwas mit dem Wechsel nicht stimmt", weil beispielsweise die Zahlung unter verdächtigen Umständen erfolgte.[91]

Kenntnis eines Mangels der Berechtigung des Wechselinhabers verhindert daher im englischen Recht die Enthaftung des Zahlenden. Dieser ist gezwungen, in diesem Fall die Zahlung zu verweigern und sich in einen Prozeß mit dem vermeintlichen Inhaber einzulassen.

14.2.2.2 Der Schutz des Zahlenden in der Konvention.

Die Konvention regelt die Enthaftung des gutgläubig an einen Nichtberechtigten zahlenden Wechselverpflichteten in Art. 72 (3), während die Enthaftung anderer Wechselparteien durch den zahlenden Bezogenen in Art. 77 (2) geregelt ist.

Art. 72 (3) bestimmt, daß jede Zahlung an den Inhaber, der nicht "Geschützter Inhaber" ist,[92] oder an eine andere Wechselpartei, die den Wechsel gezahlt hat, zur Enthaftung des Wechselverpflichteten führt, es sei denn, der Wechselverpflichte "kannte" (knows) im Zeitpunkt der Zahlung den Umstand, daß der Inhaber oder die andere Wechselpartei den Wechsel durch Diebstahl des Wechsels oder durch Fälschung der Unterschrift des Begünstigten oder eines Indossanten oder durch Teilnahme an einer solchen Tat

---

88 *Hawkland* § 3-603:05.

89 Vgl. sec. 59 (1) BEA; sec. 139 CanBEA.

90 Vgl. *Falconbridge-Crawford* § 5102.03.

91 *Byles* S.137; kritisch *Falconbridge-Crawford* § 5102.3 (d).

92 Ist der Inhaber "Geschützter Inhaber", so ist dieser zugleich materiell Berechtigter und das Problem der Zahlung an einen Nichtberechtigten stellt sich nicht.

erlangt hat. Entsprechend werden durch die Zahlung des Bezogenen, der selbst nicht Wechselverpflichteter ist,[93] gemäß Art. 77 (2) alle Wechselparteien enthaftet, es sei denn, der Bezogene "kannte" bei Zahlung den unrechtmäßigen Erwerb des Wechsels im Sinne von Art. 72 (3).

Geht man davon aus, daß "kannte" die verbalisierte Form von "Kenntnis" im Sinne des Art. 6 ist, so schadet dem Zahlenden unter der Konvention lediglich Kenntnis von zwei Mängeln des Erwerbs: Diebstahl und Fälschung der Unterschrift des Bezogenen oder Indossanten oder Beteiligung an einer solchen Tat durch den Zahlungsempfänger. Andere Mängel wie Gegenansprüche Dritter oder betrügerischer Erwerb sind teils aus Art. 72 (3) wieder gestrichen,[94] teils ist ihre Aufnahme abgelehnt worden.[95] So wurde die Aufnahme des betrügerischen Erwerbs in die Reihe der die Enthaftung ausschließenden Gründe mit dem Argument abgelehnt, der Begriff des Betruges sei zu unbestimmt, um im Handelsverkehr von Personen angewandt zu werden, die entscheiden müßten, ob sie das Papier bezahlen sollten oder nicht.[96] Ebenfalls abgelehnt wurde der Vorschlag, die Enthaftung auch dann zu verweigern, wenn der Zahlende wisse, daß zwar nicht der vorlegende Inhaber, aber ein früherer Wechselinhaber das Papier durch Diebstahl oder Unterschriftsfälschung erlangt habe.[97]

Damit sind die Enthaftungsausschlußgründe mit der Regelung des Art. 28 (4)(b) in Einklang gebracht worden, nach welcher der Wechselschuldner einem "einfachen" Inhaber gegenüber den Einwand erheben kann, der Inhaber habe das Papier durch Diebstahl oder Unterschriftsfälschung oder durch eine Beteiligung daran erworben. Hingegen weicht die Formulierung in den Artt. 72 (3), 77 (2), 28 (4)(b) von der Formulierung in Art. 29 (e) ab, wonach Diebstahl und Täuschung oder Beteiligung daran bei Erwerb des Papieres die Erlangung der Stellung eines "Geschützten Inhabers" durch den Erwerber ausschließen. Diese Abweichung ist jedoch unschädlich, da in jedem Fall die Fälschung der Unterschrift des Bezogenen oder eines Indossanten durch den Erwerber die Erlangung der Stellung eines "Geschützten Inhabers" durch den Erwerber ausschließt. Dies folgt zum einen aus Art. 29 (b),

---

93 Zur Diskussion über den Unterschied zwischen Art. 72 (3) und Art. 77 (2) vgl. UNCITRAL Yb. 1986 Vol.17 A/CN.9/SR.349 S.375f Anm.27-46.

94 Vgl. die frühere Fassung in UNCITRAL Yb. 1982 Vol.13 A/CN.9/213 S.176 Art.68 Anm.13ff, in der auch Kenntnis von einem gültigen Anspruch eines Dritten die Enthaftung des Zahlenden verhindern sollte. Diese Alternative wurde später gestrichen, vgl. UNCITRAL Yb. 1987 Vol.18 A/42/17 S.22 Anm.182. Entsprechend die Streichung in Art. 77 (2), A/42/17 S.23 Anm.198.

95 Vgl. UNCITRAL Yb. 1987 Vol.18 A/42/17 S.22 Anm.183f.

96 UNCITRAL Yb. 1987 Vol.18 A/42/17 S.22 Anm.183.

97 UNCITRAL Yb. 1987 Vol.18 A/42/17 S.22 Anm.184.

wonach Kenntnis des Erwerbers vom Bestehen eines "gültigen" Gegenanspruches die Erlangung der Rechtsstellung eines "Geschützten Inhabers" hindert. Diese Kenntnis hat der Erwerber aber bereits dann, wenn er die Fälschung kennt. Ferner hindert Kenntnis vom Bestehen der Einwendung gemäß Art. 28 (4)(b) den Erwerber an der Erlangung der Stellung eines "Geschützten Inhabers", da Art. 29 (a) über Art. 28 (e) auf Art. 28 (4)(b) verweist.

Die Enthaftungsausschlußgründe in Art. 72 (3) sind auf das Vorliegen der beiden in Art. 28 (4)(b) aufgeführten Einwendungen beschränkt worden, weil nach Ansicht der Konvention für den Wechselverpflichteten keine privilegierende Zwangslage mehr besteht, wenn er dem Inhaber gegenüber die Einwendungen aus Art. 28 (4)(b) erheben kann.[98] Diese Lösung übersieht jedoch, daß sich die Zwangslage des Wechselschuldners nicht allein aus seiner Wechselverpflichtung heraus ergibt, sondern aus der zusätzlichen Tatsache, daß die Nichtzahlung für den Schuldner mit zum Teil schwerwiegenden Folgen wie einer Kredit- und Rufschädigung verbunden sein kann. Die bloße Kenntnis vom Bestehen der Einwendung des Diebstahls oder der Unterschriftsfälschung gemäß Art. 28 (4)(b) erscheint daher ungenügend. Wie im Genfer Wechselrecht sollte zusätzlich verlangt werden, daß der Wechselschuldner das Bestehen der Einwendung, für welches er beweispflichtig ist, auch leicht beweisen kann. Nur in diesem Fall scheint es dem Wechselschuldner zumutbar, sich mit dem formell legitimierten Inhaber auf einen Rechtsstreit zugunsten eines Dritten einzulassen.

Die Konvention verlangt von dem zahlenden Wechselverpflichteten für seine Enthaftung somit zwei Voraussetzungen: Die erste Voraussetzung entspricht dem Genfer Recht. Der Wechselschuldner muß nur an den formell legitimierten Inhaber zahlen. Dazu muß er die Indossamentenkette auf ihre Lückenlosigkeit hin untersuchen.[99] Dagegen muß er die Indossamentenkette nicht auf ihre Echtheit hin überprüfen, da gemäß Art. 15 (1)(b) auch gefälschte Indossamente Transportwirkung haben. Eine Ausnahme gilt lediglich für das letzte Indossament auf den vorlegenden Inhaber. Dies ergibt sich aus der zweiten Voraussetzung des Art. 72 (3). Danach darf der Wechselschuldner keine Kenntnis von einem Diebstahl oder einer Unterschriftsfälschung oder einer Beteiligung seitens des Inhabers haben. Hat nun der Wechselschuldner Kenntnis von Umständen, die den Verdacht des Diebstahls oder der Unterschriftenfälschung durch den Inhaber begründen, so muß der Schuldner, will er die zweite Voraussetzung des Art. 72 (3) erfüllen, die Echtheit des Indossamentes auf den vorlegenden Inhaber prüfen. Unterläßt er dies absichtlich, um positive Kenntnis zu vermeiden, so ist der Wechselschuldner nicht

---

98 Vgl. UNCITRAL Yb. 1982 Vol.13 A/CN.9/213 S.176 Art.68 Anm.14f.

99 UNCITRAL Yb. 1982 Vol.13 A/CN.9/213 S.176 Art.68 Anm.13.

ohne Kenntnis von der Fälschung oder dem Diebstahl gemäß Art. 6 zweiter Halbsatz und wird durch eine Zahlung nicht enthaftet.

In diesem Zusammenhang wird das Verhältnis der Anforderungen der Konvention an die Redlichkeit des Wechselzahlers in Artt. 72 (3), 77 (2) gegenüber den Anforderungen in Art. 25 (3) interessant.[100]

Gemäß Art. 25 (1)(c), (3) ist ein Wechselverpflichteter oder der Bezogene, der den Wechsel an einen Fälscher zahlt, demjenigen gegenüber zum Schadensersatz verpflichtet, der durch die Fälschung einen Schaden erlitten hat, es sei denn, der Zahlende hatte bei Zahlung keine Kenntnis von der Fälschung. Abweichend von Artt. 72 (3), 77 (2) schadet dem Zahlenden aber auch Unkenntnis, wenn diese auf seinem Mangel beruht, in gutem Glauben zu handeln oder angemessene Sorgfalt auszuüben. Wie bereits ausgeführt, nimmt die Konvention an dieser Stelle auf Fahrlässigkeit Bezug und verpflichtet den Wechselzahler, die verkehrsübliche Sorgfalt bei der Zahlung zu beachten.[101] Demgegenüber schadet dem Wechselzahler in den Artt. 72 (3), 77 (2) nur Kenntnis, die allein keine fahrlässige Unkenntnis beinhaltet.[102] Der in Art. 25 (3) angewandte Maßstab ist demnach gegenüber Art. 72 (3) strenger, da er auch Fälle fahrlässiger Unkenntnis erfaßt, in denen der Zahlende tatsächlich keinerlei Kenntnis von der Fälschung hatte.[103]

Aus diesem Unterschied in den Redlichkeitsmaßstäben der Konvention in Art. 25 (3) und 72 (3), 77 (2) folgt, daß der Wechselzahlende trotz wirksamer Enthaftung gemäß Art. 72 (3), 77 (2) aus Art. 25 (1)(c),(3) einer früheren Wechselpartei schadensersatzpflichtig bleibt, wenn er zwar ohne jede Kenntnis an den Fälscher gezahlt hat, diese Unkenntnis aber auf Fahrlässigkeit beruht. Somit wird der Wechselverpflichtete zwar unabhängig von seiner Fahrlässigkeit gemäß den Artt. 72 (3), 77 (2) enthaftet. Will der Wechselverpflichtete aber mit Sicherheit vermeiden, die Wechselsumme ein zweites Mal zahlen zu müssen, so muß er dem strengeren Maßstab in Art. 25 (3) genügen. Dies verschärft die Anforderungen an seine Prüfungspflicht gegenüber Art. 72 (3) dahingehend, daß dem Wechselzahler hinsichtlich der Prüfung der Echtheit des letzten Indossamentes nicht nur absichtliche Ignoranz verdächtiger Umstände schadet, sondern bereits die Nichtbeachtung der im Verkehr üblichen Sorgfalt. Der Wechselzahler wird daher in jedem Fall die Echtheit

---

100 Vgl. dazu UNCITRAL Yb. 1984 Vol.15 A/39/17 S.7 Anm.27; UNCITRAL Yb. 1986 Vol.17 A/41/17 S.7 Anm.18ff; UNCITRAL Yb. 1986 Vol.17 A/CN.9/SR.335 s.320 Anm.43f.

101 Siehe oben Kapitel 10.2.2.2 S.125.

102 Siehe oben Kapitel 8.4 S.92.

103 Kritisch zu dieser Lösung *Bloch*, J.Dr.Int.1979,770(786), die bemängelt, daß somit der Zahlende eben doch nicht vollständig "enthaftet" wird.

des letzten Indossamentes und die Identität des Vorlegenden mit dem im Papier ausgewiesenen Inhaber zu prüfen haben.

14.2.2.3 Bewertung der Enthaftungsregelung der Konvention.

Die Lösung der Konvention hinsichtlich der Enthaftung der Parteien ist gelungen. Die Bestimmungen hinsichtlich der Vorlage zur Zahlung und der Zahlungsmodalitäten folgen im wesentlichen bestehenden Bestimmungen. Soweit Abweichungen bestehen, wie zum Beispiel bei der Teilzahlungsregelung, sind diese auf Wunsch der Praxis vorgenommen worden.

Die Regelung der Konvention hinsichtlich Fremdwährungswechseln unterscheidet sich nur geringfügig von entsprechenden Regelungen in anderen Wechselrechten. Abweichend von bestehendem Recht ist ein Wechsel unter der Konvention grundsätzlich in der Währung zu zahlen, in welcher die Wechselsumme ausgedrückt ist. Die Konvention hat sich auch bei der Bestimmung der für die Umrechnung maßgeblichen Wechselkurse modernen Handelsgepflogenheiten angepaßt und entspricht den praktischen Bedürfnissen des internationalen Finanzverkehrs. Alles in allem hat die Konvention damit eine praktische, wenn auch schwer leserliche Regelung geschafften.[104]

Die Regelung des Schutzumfanges des gutgläubig an einen Nichtberechtigten Zahlenden geht über den Schutz unter bestehenden Regelungen hinaus. Grundsätzlich hindert nur Kenntnis von zwei Umständen, Diebstahl und Unterschriftsfälschung, die Enthaftung, wobei fahrlässige Unkenntnis unschädlich ist. Nur im Fall der Unterschriftenfälschung schadet dem Zahlenden fahrlässige Unkenntnis insofern, als er sich damit trotz Enthaftung anderen Wechselparteien gegenüber gemäß Art. 25 (1)(c), (3) schadensersatzpflichtig macht. Diese Lösung ist ein akzeptabler Kompromiß zwischen dem anglo-amerikanischen Rechtssystem und dem Genfer Recht.

---

104 Vgl. bereits die Kritik bei *Guest*, 27 Am.J.Comp.L. 533,543 (1979).

§ 15 Begrenzung der Geltendmachung von Ansprüchen

Die Konvention enthält in Art. 84 (1) eine eigene vierjährige Frist für die Begrenzung von Klagen aus Ansprüchen aus einem Internationalen Wechsel. Diese Frist entspricht Art. 8 des UNCITRAL-Übereinkommens über die Verjährung beim internationalen Warenkauf.[1] Nach Ablauf dieser Frist sollen Ansprüche aus einem Internationalen Wechsel gerichtlich nicht mehr durchgesetzt werden können. Nach dem Wortlaut des Art. 84 verjährt aber nicht der materielle Anspruch, sondern das Recht zur gerichtlichen Geltendmachung des Wechselanspruches wird ausgeschlossen.[2] Dies entspricht dem Verständnis des anglo-amerikanischen Rechtskreises.[3] In Rechtsordnungen, welche die Verjährung nicht als prozeßrechtliches Instrument,[4] sondern als materiellrechtliches Leistungsverweigerungsrecht verstehen, könnte eine wörtliche Auslegung des Art. 84 zu dem Schluß verleiten, bereits die Klagbarkeit des Anspruchs sei ausgeschlossen. Dies ist aber nach dem erkennbaren Willen der Konvention nicht der Fall. Geregelt werden sollte eindeutig die Verjährung. Demzufolge muß Art. 84 in Rechtsordnungen, welche die Verjährung nicht als prozeßrechtliches Instrument behandeln, systemkonform als materielle Verjährungsregel ausgelegt werden. Dies bedeutet, daß Art. 84 bei einer Klage in Deutschland nicht die Klagbarkeit ausschließt, sondern dem Schuldner ein Leistungsverweigerungsrecht gewährt.

Die Konvention stellt in Art. 84 eine grundsätzlich einheitliche Frist für alle Wechselverpflichteten auf.[5] Fristbeginn ist für jede der verschiedenen Wechselparteien grundsätzlich der Zeitpunkt, in dem die Partei aus dem Wechsel verpflichtet wurde.[6] So beginnt die Frist gegen den Aussteller eines auf Sicht zahlbaren Eigenwechsels oder seines Garanten mit dem Ausstellungsdatum des Eigenwechsels an zu laufen, Art. 84 (1)(a). Gemäß Art. 84 (1)(d) beginnt die Frist gegen den Akzeptanten eines gezogenen

---

1 *Volken*, SZW 1990,100(108).

2 Vgl. *Schinnerer* Konventionsentwürfe S.43, unklar *Volken*, SZW 1990,100(108).

3 Speziell zur Verjährung englischer Wechsel vgl. *Müller-Freienfels*, FS Zepos S.491ff.

4 Hierzu näher *Müller-Freienfels*, FS Zepos S.491(492f, 509f).

5 *Herrmann*, 10 U. Pa. J.Int'l Bus.L. 517,539 (1988).

6 UNCITRAL Yb. 1982 Vol.13 A/CN.9/213 S.186 Art.80 Anm.3.

Sichtwechsels oder seinen Garanten von dem Tage seines Akzeptes an, oder, falls dieses Datum nicht aus dem Wechsel zu entnehmen ist, von dem Tag der Ausstellung des Wechsels an zu laufen. Entsprechend läuft die Frist gegen den Garanten des Bezogenen ab dem Tag seiner Unterzeichnung des Wechsels und, falls dieses Datum fehlt, ab dem Tag der Ausstellung des Wechsels, Art. 84 (1)(e). Für den Akzeptanten oder den Aussteller eines Eigenwechsels oder ihre Garanten beginnt nach Art. 84 (1)(b) die Frist eines mit einem bestimmten Fälligkeitsdatum ausgestellten Wechsels von dem Tag der Fälligkeit an zu laufen. Gleiches gilt gemäß Art. 84 (1)(c) für den Garanten des Bezogenen eines mit einem bestimmten Fälligkeitsdatum ausgestellten Wechsels. Wird der Wechsel durch Nicht-Annahme notleidend, so läuft die Frist vom Tage des Protestes oder, falls der Protest erlassen ist, vom Tage des Notleidens an. Mit dieser Regelung trägt die Konvention dem Umstand Rechnung, daß die Haftung des Garanten des Bezogenen eines an einem bestimmten Tage fälligen Wechsels gemäß Art. 47 (2)(b) sofort mit dem Notleiden des Wechsel wegen Nicht-Annahme entsteht.[7] Ebenfalls von dem Tage des Protestes wegen Notleidens oder, falls der Protest erlassen ist, von dem Tag des Notleidens, laufen die Fristen gemäß Art. 84 (1)(f) für die sekundär haftenden Wechselparteien wie Aussteller, Indossant und deren Garanten.

Die vierjährige Frist des Art. 84 (1) kann unter Umständen um ein weiteres Jahr verlängert werden.[8] Dies ergibt sich aus Art. 84 (2), der eine unabhängige, einjährige Frist für Rückgriffsansprüche enthält, die ab dem Zeitpunkt seiner Zahlung zu laufen beginnt. So hat z.b. ein Indossant, der den Wechsel knapp vier Jahre nach Protest wegen Nicht-Zahlung bezahlt, ein weiteres Jahr Zeit, um seine Rückgriffsansprüche gemäß Art. 71 gegen ihm in der Regreßkette vorgehende Wechselparteien durchzusetzen. Somit enthält die Konvention eine maximale Verjährungszeit von fünf Jahren für Ansprüche aus einem Internationalen Wechsel. Diese Frist ist teilweise als zu lang kritisiert worden.[9] Die Arbeitsgruppe hat diese Frist aber offenbar als wirtschaftlich vertretbar angesehen.[10]

Art. 84 regelt die Verjährungsproblematik aber leider nur unvollständig. Nicht umfaßt sind die Fragen der Unterbrechung oder Hemmung des Fristablaufes.[11] Ebenfalls nicht von Art. 84 umfaßt ist die Verjährung von Ansprüchen, die sich nicht aus dem Papier, sondern aus sonstigen

7 Vgl. UNCITRAL Yb. 1987 Vol.18 A/42/17 S.24 Anm.212.

8 UNCITRAL Yb. 1987 Vol.18 A/42/17 S.25 Anm.215; vgl. *Herrmann*, 10 U. Pa. J.Int'l Bus.L. 517,539 (1988).

9 UNCITRAL Yb. 1987 Vol.18 A/CN.9/WG IV/WP.32/Add.3 S.87.

10 Vgl. UNCITRAL Yb. 1987 Vol.18 A/42/17 S.25 Anm.215.

11 UNCITRAL Yb. 1982 Vol.13 A/CN.9/213 S.185 Art.80 Anm.1.

Anspruchsgrundlagen ergeben. Dazu gehören zum Beispiel die Schadensersatzansprüche aus Artt. 25 (1), 26 (1), 68, 79 (3) sowie der Gewährleistungsanspruch aus Art. 45.[12] Für die Bestimmung der Voraussetzungen für eine Unterbrechung und Hemmung der Frist, sowie für die Verjährungsfristen für die ebengenannten Ansprüche muß daher auf das anwendbare nationale Schuldrecht zurückgegriffen werden.[13]

12 UNCITRAL Yb. 1982 Vol.13 A/CN.9/213 S.185 Art.80 Anm.1.

13 Vgl. UNCITRAL Yb. 1980 Vol.11 A/CN.9/178 S.49 Anm.67; UNCITRAL Yb. 1980 Vol.11 A/CN.9/181 S.69 Anm.141.

§ 16 Der Rückgriff

Zahlt der primäre Wechselschuldner den Wechsel bei Fälligkeit nicht, oder verweigert der Bezogene die Annahme, so kann der Wechselinhaber seinen Anspruch aus dem Wechsel gegen die sekundär haftenden Wechselschuldner unter bestimmten Voraussetzungen im Rückgriff geltend machen. Diese sekundär haftenden Wechselparteien sind der Aussteller eines gezogenen Wechsels, die Indossanten, sowie die Garanten der verschiedenen Wechselparteien. Ihre Haftung ist davon abhängig, daß der Wechselinhaber bei Nicht-Annahme oder Nicht-Zahlung des Wechsels gewisse Obliegenheiten beachtet. Verletzt der Inhaber diese Obliegenheiten, so geht er regelmäßig seines Rückgriffsrechtes gegen die sekundär haftenden Wechselparteien verlustig.

Die Sicherung des Anspruchs des Inhabers durch ein Rückgriffsrecht ist allen Wechselrechten gemein.[1] Im Ergebnis stimmen alle Wechselrechte darin überein, daß die Nicht-Annahme oder die Nicht-Zahlung oder ein Mangel der Sicherheit des Inhabers z.B. bei drohender Insolvenz des Bezogenen Gründe für einen Rückgriff sind.[2] Unterschiede ergeben sich im jedoch hinsichtlich der systematischen Ausgestaltung und der weiteren Rückgriffsvoraussetzungen.

Im anglo-amerikanischen Wechselrecht werden die obengenannten Rückgriffsgründe unter dem Oberbegriff des "Notleidens" (dishonour) des Wechsels zusammengefaßt. Das Notleiden des Wechsels ist in beiden Wechselsystemen Rückgriffsvoraussetzung. Im anglo-amerikanischen Wechselrecht kann der Wechsel durch ausdrückliche Verweigerung der Annahme oder Zahlung notleidend werden, aber auch, wenn die Vorlage zur Annahme oder zur Zahlung gesetzlich entschuldigt ist und der Wechsel tatsächlich nicht angenommen oder bezahlt wird.[3] Entschuldigt ist die Vorlage im anglo-amerikanischen Recht einmal unter Umständen, die gemäß Art. 43 II Nr.2 und 3 WG ein Rückgriffsrecht wegen mangelnder Sicherheit gewähren würden, aber auch unter Umständen, die im Genfer Wechselrecht kein

---

1 Vgl. Art. 43 WG; sec. 3-507 (2) UCC; sec. 43 (2), 47 (2) BEA.

2 Vgl. Art. 43 WG; sec. 3-511 (2), (3), 3-507 (1) UCC; sec. 43 (1), 41 (2), 46 (1), 47 (1) BEA.

3 Vgl. sec. 3-507 (1)(b) UCC; sec. 43 (1)(b), 47 (1)(b) BEA.

Rückgriffsrecht gewähren, wie z.B. bei einem Erlaß der Vorlage zur Zahlung durch eine Wechselpartei.[4]

Unterschiede ergeben sich ferner hinsichtlich der weiteren Rückgriffsvoraussetzungen. So ist gemäß sec. 3-501 (3) UCC, sec. 51 (2) BEA ein Protest des Wechsels nur nötig, wenn dieser im Ausland ausgestellt oder zahlbar ist. Im übrigen ist gemäß sec. 3-501 (2) UCC, sec. 48 BEA erforderlich, daß der Inhaber den Aussteller und jeden Indossanten von der Nicht-Zahlung oder der Nicht-Annahme benachrichtigt. Versäumt der Inhaber die Benachrichtigung, so geht er seines Rückgriffs gegen die sekundären Wechselparteien verlustig.[5]

Im Genfer Wechselrecht sind nach Art. 43 WG Rückgriffsgründe Nicht-Annahme, Nicht-Zahlung sowie mangelnde Sicherheit des Inhabers, wenn über das Vermögen des Bezogenen oder eines Ausstellers, der die Vorlage zum Akzept ausgeschlossen hat, ein Konkurs- oder Vergleichsverfahren eröffnet worden ist. Im Gegensatz zu den Vorschriften des anglo-amerikanischen Rechtskreises schreibt Art. 44 V WG für den Rückgriff wegen Mangels der Sicherheit vor, daß der Wechsel dem Wechselschuldner zur Zahlung vorgelegt wird.

Bei den weiteren Rückgriffsvoraussetzungen besteht der große Unterschied zum anglo-amerikanischen Recht, daß ein Protest im Falle der Nicht-Annahme oder Nicht-Zahlung gemäß Art. 44 I WG obligatorisch ist.[6] Allerdings kann gemäß Art. 46 I WG der Inhaber durch den Aussteller, durch jeden Indossanten oder Wechselbürgen von der Verpflichtung zum Protest befreit werden. Eine Benachrichtigungspflicht kennt auch das Genfer Recht. Danach ist der Aussteller und der unmittelbare Vormann des Inhabers gemäß Art. 45 I von der Nicht-Annahme oder Nicht-Zahlung zu benachrichtigen. Anders als im anglo-amerikanischen Wechselrecht ist die Benachrichtigung aber keine Rückgriffsvoraussetzung. Gemäß Art. 45 VI WG führt das Versäumnis der Benachrichtigung lediglich zu einer Schadensersatzpflicht des Inhabers.

Die Konvention gewährt dem Inhaber in den Artt. 59ff ebenfalls ein Rückgriffsrecht, wenn der Wechsel notleidend wird. In Übereinstimmung mit den bestehenden Wechselgesetzen kennt die Konvention die drei Rückgriffsgründe der Nicht-Annahme, der Nicht-Zahlung und der mangelnden Sicherheit des Wechsels. Ähnlich wie die Wechselrechte aus dem anglo-

---

4 Vgl. sec. 3-511 (2),(3) UCC.

5 Vgl. sec. 48 BEA, *Falconbridge-Crawford* § 5403.1; sec. 3-501 (2), *Hawkland* § 3-501:04; 3-502:01, 03. Im UCC gehen die Rückgriffsrechte gegen den Aussteller nur unter bestimmten Umständen verloren, vgl. *Hawkland* § 3-502:04.

6 Im Falle des Rückgriffs wegen mangelnder Sicherheit genügt gemäß Art. 44 VI WG die Vorlage des Beschlusses über die Eröffnung des Konkurs- oder Vergleichsverfahrens.

amerikanischen Rechtskreis faßt die Konvention die Rückgriffsgründe dabei unter dem Oberbegriff des Notleidens des Wechsels zusammen. Neben den Fällen der Nicht-Annahme und Nicht-Zahlung umfaßt dieser Begriff auch den Fall, daß die Vorlage zur Annahme oder Zahlung erlassen ist.[7] Erlassen ist die Vorlage zur Zahlung oder Annahme dann einmal wegen Mangels der Sicherheit, aber auch unter weiteren Umständen, die denen des anglo-amerikanischen Rechtes nachempfunden sind.

Als zweite Rückgriffsvoraussetzung ist der ordnungsgemäße Protest des notleidenden Wechsels gemäß der Artt. 60-62 obligatorisch. Hier entspricht die Regelung der Konvention der Systematik des Genfer Rechts. Ebenso ist die in den Artt. 64-68 geregelte Benachrichtigung früherer Wechselparteien vom Notleiden des Wechsels keine Protestvoraussetzung. Die Benachrichtigung früherer Wechselparteien vom Notleiden des Wechsels ist für den Inhaber zwar zwingend; ein Versäumnis führt nach Art. 68 aber nicht zum Verlust des Rückgriffsrechtes, sondern entsprechend Art. 45 VI WG lediglich zu einer Schadensersatzpflicht. Insofern folgt die Konvention also ebenfalls dem Genfer Wechselgesetz. Die Regelung der Konvention soll im folgenden dargestellt werden.

16.1 Notleiden des Wechsels infolge Nicht-Annahme.

Die Konvention kennt als Rückgriffsgrund nur das Notleiden des Wechsels. Dieser Oberbegriff umfaßt dann die verschieden, bereits aus den bestehenden Wechselrechten bekannten Rückgriffsgründe. Diese sind in Art. 54 und Art. 58 geregelt worden, die ihrerseits auf weitere Artikel Bezug nehmen.

Art. 54 (1)(a) unterscheidet mehrere Fälle des Notleidens wegen Nicht-Annahme. Dazu gehört vorrangig die Verweigerung der Annahme durch den Bezogenen bei Vorlage des Wechsels. Notleidend wegen Nicht-Annahme wird der Wechsel gemäß Art. 54 (1)(a) aber auch dann, wenn die Annahme nicht entsprechend den Bestimmungen der Konvention erfolgt ist. Dies bezieht sich auf die Vorschrift des Art. 43, der bestimmt, daß eine Annahme unqualifiziert zu erfolgen hat. Erfolgt die Annahme dagegen unter einer Bedingung oder nur beschränkt auf einen Teil der Wechselsumme, so wird der Wechsel in Höhe der nicht-angenommenen Summe notleidend wegen Nicht-Annahme. Zu Art. 54 (1)(a) gehört ferner der Fall des Art. 52 (3), wenn die Vorlage trotz angemessener Sorgfalt des Inhabers nicht möglich ist, sowie sonstige Fälle, in denen der Inhaber das Akzept nicht

---

7 Vgl. Artt. 54 (1)(b), 52 (1); 58 (1)(b), 56 (2)(d). Dazu bereits *Liesecke*, WM 1973,442(456).

erhalten kann, die Vorlage aber nicht gemäß Art. 52 (1) oder (2) erlassen ist. Diese Auffangbestimmung erfaßt die Fälle, in denen die Vorlage zum Akzept dem Inhaber freisteht.

Art. 54 (1)(b) bestimmt, daß der Erlaß der Vorlage nach Art. 52 (1) und (2) ebenfalls zum Notleiden wegen Nicht-Annahme führt, es sei denn, der Wechsel ist dennoch akzeptiert worden. Diese Verweisung auf Art. 52 (1) gewährt dem Inhaber ein Rückgriffsrecht, wenn wegen Mangels der Sicherheit gemäß Art. 52 (1) die Vorlage zum Akzept erlassen ist. Dieses Rückgriffsrecht kann entsprechend Art. 43 II Nr.2 und 3 WG bereits vor Verfall des Wechsels ausgeübt werden.

Kein Notleiden des Wechsels hat die Annahmeverweigerung bei einem Sichtwechsel zur Folge, Art. 54 (3). Diese Ausnahme resultiert aus dem Grundsatz, daß Sichtwechsel regelmäßig nicht zur Annahme, sondern nur zur Zahlung vorgelegt werden. Obwohl die Vorlage zur Annahme möglich ist, soll eine Annahmeverweigerung den Inhaber nicht durch ein sofortiges Rückgriffsrecht begünstigen.[8]

Folge des Notleidens wegen Nicht-Annahme ist das Rückgriffsrecht des Inhabers gegen den Aussteller, die Indossanten und deren Garanten. Zusätzlich bedarf der Rückgriff allerdings des Protestes wegen Nicht-Annahme. Eine Ausnahme gilt gemäß Art. 54 (2)(b) für Fälle des Art. 52, bei denen die Vorlage zum Akzept erlassen worden ist. Hier ist der Rückgriff ohne Protest möglich.[9] Dagegen erfordert der Rückgriff gegen den Garanten des Bezogenen in jedem Fall einen Protest wegen Nicht-Annahme, Art. 54 (2)(c). Hierdurch soll der Garant des Bezogenen davon in Kenntnis gesetzt werden, daß sich seine Haftung bereits vor Fälligkeit verwirklicht.[10]

16.2 Notleiden des Wechsels infolge Nicht-Zahlung.

Gemäß Art. 58 (1)(a) wird ein Internationaler Wechsel notleidend, wenn seine Bezahlung bei ordnungsgemäßer Vorlage verweigert wird, oder nicht so erfolgt, wie sie der Inhaber nach den Vorschriften der Konvention verlangen kann. Diese Formulierung verweist auf die Artt. 73 (2), (3)(b) und 74 (1), die regeln, wann eine Zahlung nicht den Bestimmungen der Konvention genügt. Art. 73 (2) und (3)(b) betreffen Teilzahlungen. Der Inhaber ist gemäß Art. 73 (1) nicht verpflichtet, Teilzahlungen anzunehmen. Eine Zurückweisung der Teilzahlung durch den Inhaber führt daher gemäß Art. 73 (2) zum

[8] Vgl. UNCITRAL Yb. 1987 Vol.18 A/42/17 S.24,12 Anm.210; 71.

[9] UNCITRAL Yb. 1987 Vol.18 A/42/17 S.16 Anm.117.

[10] UNCITRAL Yb. 1987 Vol.18 A/42/17 S.16 Anm.118.

Notleiden wegen Nicht-Zahlung. Nimmt der Inhaber die Teilzahlung dagegen an, so bestimmt Art. 73 (3)(b), daß der Wechsel nur in Höhe des nichtgezahlten Teiles notleidend wird. Art. 74 (2) bestimmt, daß ein Zahlungsangebot an einem anderen Ort als dem Zahlungsort, das wegen Art. 74 (1) von dem Inhaber nicht akzeptiert zu werden braucht, ebenfalls zum Notleiden des Wechsels wegen Nicht-Zahlung führt.

Notleidend wegen Nicht-Zahlung wird der Internationale Wechsel gemäß Art. 58 (1)(b) ferner, wenn die Vorlage zur Zahlung durch Art. 56 (2) erlassen wurde und der Wechsel bei Fälligkeit tatsächlich nicht bezahlt worden ist. Diese Bestimmung umfaßt den in Art. 56 (2)(d) geregelten Fall der mangelnden Sicherheit, die Fälle des ausdrücklichen Vorlageerlasses in Art. 56 (2)(a), der Unmöglichkeit der Vorlage infolge von Umständen, die der Inhaber nicht beherrschen, vermeiden oder überwinden konnte gemäß Art. 56 (2)(b) und (c) sowie den Fall der fehlenden Angabe des Zahlungsortes nach Art. 56 (2)(e).[11] Anders als im Genfer Wechselgesetz und anders als im Fall der mangelnden Sicherheit gemäß Art. 52 (1) ist bei Art. 58 (2) der Rückgriff also durch die Nicht-Zahlung bei Fälligkeit bedingt. Vor Fälligkeit des Wechsels kann der Inhaber daher auch bei mangelnder Sicherheit des Akzeptanten keinen Rückgriff nehmen.

Folge des Notleidens des Wechsels ist das Rückgriffsrecht des Inhabers gemäß Art. 58 (2) gegen den Aussteller und die Indossanten eines gezogenen Wechsels sowie ihre Garanten[12] und gemäß Art. 58 (3) gegen die Indossanten und Garanten eines Eigen-Wechsels.

16.3 Der Protest.

Im Unterschied zu den bestehenden Wechselsystemen führt die Konvention neben dem formellen Protest einen Protestersatz durch einfache Erklärung ein. Eine solche Erklärung wird in ihrer Wirkung durch Art. 60 (4) einem formellen Protest gleichgestellt. Diese Erleichterung stellt einen der wesentlichen Unterschiede der Protestregelung der Konvention gegenüber

---

11 Näher dazu oben Kapitel 14.1 S.210f.

12 Im Gegensatz zu Art. 54 (2)(c) ist der Garant des Bezogenen in Art. 58 (2) nicht erwähnt. Dies hängt damit zusammen, daß der Garant des Bezogenen in der Konvention als primär Wechselverpflichteter behandelt wird, der bei Fälligkeit des Wechsels gemäß Art. 47 (2)(a) sowieso gegenüber dem Inhaber zur sofortigen Zahlung verpflichtet ist, vgl. UNCITRAL Yb. 1987 Vol.18 A/42/17 S.17 Anm.128. Die Erwähnung in Art. 54 (2)(c) dient der Klarstellung, das der Garant bei Nicht-Annahme gemäß Art. 47 (2)(b) bereits vor Fälligkeit des Wechsels haftet, vgl. A/42/17 S.17 Anm.128.

dem anglo-amerikanischen Recht dar.[13] Das Genfer Recht hat seinen Vertragsstaaten die Einführung eines derartigen, vereinfachten Protest bereits in Art. 8 der Anlage II zum Genfer Wechselgesetz freigestellt.[14] Mit diesem Protestersatz will die Konvention den Wünschen der Praxis nach einer vereinfachten Protestmöglichkeit nachkommen. Diese Regelung ist demzufolge auch bereits verschiedentlich begrüßt worden.[15]

Den formellen Protest des Internationalen Wechsels definiert die Konvention in Art. 60 (1). Danach ist ein formeller Protest eine Erklärung über das Notleiden des Wechsels, ausgestellt, unterschrieben und datiert am Ort, an dem der Wechsel notleidend geworden ist von einer Person, die nach dem Recht dieses Ortes zur Ausstellung eines Protestes befugt ist. Die Protesterklärung muß dabei (a), die Person bezeichnen, die den Protest erhebt, (b) den Ort des Protestes nennen und (c) den Zweck der Vorlage sowie die erhaltene Antwort enthalten, oder die Tatsache, daß der Bezogene oder der Akzeptant oder der Aussteller eines Eigenwechsels nicht ermittelt werden konnte. Die Protesterklärung kann gemäß Art. 60 (2)(a) auf dem Wechsel oder einem daran befestigten Papier erfolgen, oder aber (b) auf einer separaten Urkunde, wenn der notleidende Wechsel darin genau beschrieben worden ist.

Ist diese formelle Protesterklärung nicht zwingend auf dem Wechsel vorgeschrieben, so kann sie gemäß Art. 60 (3) durch eine einfache Erklärung auf dem Wechsel mit Datum und Unterschrift des Bezogenen, Akzeptanten oder Aussteller eines Eigenwechsels, im Fall eines Domizilwechsels auch durch die darin als Zahlstelle benannte Person, ersetzt werden.

Die Protestfrist in Art. 61 beträgt gegenüber dem Genfer Recht einheitlich für alle Wechsel vier Werktage ab dem Tage des Notleidendwerdens des Wechsels. Diese Frist wurde eingeführt, nachdem die ursprüngliche Frist von zwei Werktagen als zu kurz für international umlaufende Wechsel kritisiert worden war.[16] Diese Frist gilt auch für Erklärungen im Sinne des Art. 60 (3), die den förmlichen Protest ersetzen.[17]

Art. 62 bestimmt, wann ein Protest entschuldigt oder erlassen ist. Versäumt der Inhaber die Frist zur Erhebung des Protestes unentschuldigt, so geht

---

13 Vgl. zum UCC *White*, 5 Ga.J.Int'l & Comp.L. 216,242 (1975).

14 Vgl. *Pleyer-Stecher* WM 1977 S.17; *Horn-Herrmann* S.259 (273); UNCITRAL Yb. 1979 Vol.10 A/CN.9/157 S.67 Anm.69.

15 Vgl. *Horn-Herrmann* S.259 (273); *Herrmann*, 10 U. Pa. J.Int'l Bus.L. 517,539 (1988); *Ganten/Jahn*, Die Bank 1987,394(397); UNCITRAL Yb. 1988 Vol.19 A/43/405 S.200 Anm.19.

16 UNCITRAL Yb. 1987 Vol.18 A/42/17 S.18 Anm.137ff.

17 Vgl. UNCITRAL Yb. 1979 Vol.10 A/CN.9/157 S.67f Anm.77.

er gemäß Art. 63 (1) seiner Rechte gegen die sekundär haftenden Wechselparteien verlustig.

Inhaltlich stimmt Art. 62 mit der entsprechenden Regelung des Art. 56 für die Vorlage zur Zahlung überein.[18] Danach entschuldigen Umstände, die der Inhaber weder kontrollieren noch vermeiden oder überwinden konnte, ein Versäumnis der Protestfrist. Nach Erlöschen dieser Umstände muß ein Protest mit angemessener Sorgfalt nachgeholt werden. Diese Regelung gilt auch für den Protestersatz gemäß Art. 60 (3).[19] Entsprechend Art. 56 (2)(b) erläßt Art. 62 (2)(b) den Protest endgültig, wenn die Hinderungsgründe im Sinne des Art. 60 (1) mehr als dreißig Tage nach Notleidendwerden des Wechsels fortbestehen. Der Inhaber hat dann auch ohne Protest ein Rückgriffsrecht gegen die sekundär haftenden Wechselparteien.[20] Ein Protest ist gemäß Art. 62 (2)(a) ferner erlassen, wenn der Inhaber ausdrücklich im Wechsel von der Protestpflicht entbunden worden ist. Diese Regelung ist ebenfalls inhaltlich mit der Regelung des Art. 56 identisch.[21]

Art. 62 (2)(c) erläßt die Protestpflicht gegenüber dem Aussteller für den Fall, daß Aussteller, Bezogener und Akzeptant eines gezogenen Wechsels ein und dieselbe Person sind, da hier der Aussteller natürlich weiß, daß der Wechsel durch seine Nicht-Annahme oder Nicht-Zahlung notleidend geworden ist.[22] Ebenfalls erlassen ist der Protest gemäß Art. 62 (2)(d) in allen Fällen, in denen die Vorlage zur Annahme oder zur Zahlung gemäß Artt. 52 oder 56 (2) erlassen ist. Diese Ausnahmen in Art. 62 (2) sind als zu umfangreich kritisiert worden. Der Bezug auf derartig viele Ausnahmevorschriften würde die Sicherheit für die sekundär haftenden Wechselparteien untergraben, die mit dem Protesterfordernis gerade erzielt werden solle.[23]

Diese Kritik ist bei näherer Betrachtung unberechtigt. Wirklich eine Erweiterung des Protesterlasses stellt nur die in Art. 62 (2)(d) geregelte Verweisung auf Art. 52 (1) für Fälle der Unsicherheit des Wechsels dar. Dies umfaßt namentlich den Tod des Bezogenen, die Insolvenz, Geschäftsunfähigkeit oder den Verlust der Rechtsfähigkeit des Bezogenen, Akzeptanten oder Ausstellers eines Eigenwechsels sowie Fälle, in denen der primär Wechselverpflichtete eine Scheinperson ist. Die übrigen Verweisungen in Art. 62 (2)(d) beziehen sich dagegen auf Fallgruppen, wie sie bereits in Art. 62 (2)(b) geregelt sind. Art. 52 (2) und Art. 56 (2) erlassen z. B. die

---

18 Ausführlich dazu oben Kapitel 14.1 S.210f.

19 UNCITRAL Yb. 1979 Vol.10 A/CN.9/157 S.69 Anm.93ff.

20 UNCITRAL Yb. 1982 Vol.13 A/CN.9/213 S.171 Art.58 Anm.1.

21 Näher dazu daher oben Kapitel 14.1 S.211.

22 Vgl. UNCITRAL Yb. 1982 Vol.13 A/CN.9/213 S.171 Art.58 Anm.3.

23 Vgl. UNCITRAL Yb. 1984 Vol.15 A/CN.9/SR.296 S.371 Anm.18f.

Vorlage zur Annahme und Zahlung in Fällen höherer Gewalt, wenn diese Umstände über 30 Tage über das Vorlage- oder Verfallsdatum hinaus fortbestehen.[24] Dies sind dieselben Umstände, wie sie in Art. 62 (1) zum Protesterlaß führen. Die Verweisung in Art. 62 (2)(d) stimmt daher in ihren Voraussetzungen für den Protesterlaß mit der Regelung des Art. 62 (2)(b) überein. Ein Unterschied besteht lediglich in der Formulierung des Zeitpunktes des Protesterlasses. Während in der Verweisung auf die Artt. 52 (2), Art. 56 (2) auf das Vorlage- oder Verfallsdatum abgestellt wird, bezieht sich Art. 62 (2)(b) auf das Datum des Notleidens des Wechsels. Während ein Wechsel mit Nicht-Annahme bei Vorlage sofort gemäß Art. 54 (1)(b) notleidend wird, wird ein Wechsel wegen Nicht-Zahlung gemäß Art. 58 (1)(b), 56 (2)(b) frühestens bei Fälligkeit, spätestens 30 Tage nach Fälligkeit notleidend. Mit der Doppelregelung des Protesterlasses in Art. 62 (2)(d), 56 (2), 52 (2) und in Art. 62 (2)(b) soll sichergestellt werden, daß der Inhaber in jedem Fall 30 Tage, nachdem die jeweilige Frist für die Vorlage zur Annahme, Zahlung oder Erhebung des Protestes verstrichen ist, ein Recht zum Rückgriff gegen die sekundär haftenden Wechselparteien hat. Insofern eröffnet die Verweisung in Art. 62 (2)(d) keine zusätzlichen Erlaßgründe, sondern stellt lediglich einen bereits in Art. 62 (2)(b) geregelten Erlaßgrund sicher.

Der Protesterlaß im Falle der Unsicherheit ist dagegen ein zusätzlicher Erlaßgrund. Allerdings kennt auch das Genfer Recht in Art. 44 VI WG einen Protesterlaß im Falle der Eröffnung eines Konkurses oder Vergleichsverfahrens über das Vermögen des Bezogenen. Diese Regelung hat, soweit ersichtlich, ebenfalls nicht zu einer unerträglichen Rechtsunsicherheit für die sekundär haftenden Wechselparteien geführt. Insofern erscheinen die Bedenken gegen die Regelung des Art. 62 (2)(d) unbegründet.

16.4 Umfang des Rückgriffs.

Die Stellung des Rückgriffsberechtigten und der Umfang der ihm geschuldeten Leistung wird in den Art. 69-71 bestimmt. Art. 69 (1) umschreibt dabei die Rechtsstellung des Inhabers beim Rückgriff. Dieser kann danach seine Rechte aus dem Papier gegen jede Wechselpartei einzeln, gegen mehrere Wechselparteien oder gegen alle gleichzeitig geltend machen. Er braucht nicht die Reihenfolge zu berücksichtigen, in welcher die Wechselparteien das

---

24 Näher dazu oben Kapitel14.1 S.210f; Kapitel 13.2 S.204f.

Papier unterzeichnet haben. Damit gewährt die Konvention wie das Genfer Wechselrecht dem Inhaber das Recht zum Sprungregreß.[25]

Diese Bestimmung statuiert auf den ersten Blick eine Haftung der Wechselparteien, die der gesamtschuldnerischen Haftung der Wechselparteien gemäß Art. 47 WG sehr ähnlich ist. Allerdings unterscheidet sich die Haftung der Parteien unter der Konvention in einem entscheidenden Punkt von der gesamtschuldnerischen Haftung[26] nach deutschem Recht. Wie die Arbeitsgruppe eindeutig klargestellt hat, haften die Parteien gemäß Art. 69 (1) immer nur in Höhe ihrer Schuld, nicht aber auf die ganze Wechselforderung. Somit kann es geschehen, daß Wechselparteien dem Inhaber gegenüber zu unterschiedlichen Teilen der Wechselsumme verpflichtet sind.[27] Gemäß Art. 69 (1) Satz 2 kann sich auch eine Wechselpartei, die im Regreß den Wechsel an den Inhaber gezahlt hat, auf Art. 69 (1) Satz 1 berufen.[28] Allerdings gilt hier die Einschränkung, daß die betreffende Wechselpartei nur gegen diejenigen anderen Parteien vorgehen kann, die ihr gegenüber im Rückgriff haften. Insofern entspricht Art. 69 (1) Satz 2 dem Art. 47 III WG. Art. 69 (2) stellt entsprechend Art. 47 IV WG klar, daß durch ein gerichtliches Vorgehen gegen eine oder mehrere Wechselparteien ein weiteres Vorgehen gegen die übrigen Wechselparteien nicht ausgeschlossen wird. Eine Klage gegen eine Wechselpartei hindert also nicht eine gleichzeitige oder spätere Klage gegen eine frühere oder nachfolgende Wechselpartei.

Art. 71 bestimmt, in welchem Umfang der Rückgriffsberechtigte die ihm verpflichteten Wechselparteien auf Rückgriff imn Anspruch nehmen kann.[29] Rückgriffsberechtigter im Sinne des Art. 71 ist jede Wechselpartei mit Ausnahme des Garanten. Für diesen enthält Art. 48 (2) eine Sonderbestimmung.

Nach Art. 71 (a) kann der Berechtigte danach erst einmal die gesamte von ihm selbst gezahlte Summe verlangen. Darüber hinaus kann er gemäß Artt. 71 (b), 70 (2) Zinsen ab dem Tage seiner Zahlung in der Höhe verlangen, die in einem gerichtlichen Verfahren am Ort der Zahlung des Rückgriffsschuldners verlangt werden können.[30] Schließlich kann der Rückgriffsberechtigte die Kosten der Benachrichtigung gemäß Art. 64 ff verlangen. Nicht verlangen kann der Rückgriffsberechtigte eine Provision gemäß Artt. 48 I Nr.4, 49 Nr.4 WG.

---

25 Vgl. *Schinnerer* Konventionsentwürfe S.36.

26 Die Konvention hat diesen Begriff bewußt vermieden, um einen Rückgriff auf divergierende nationale Auslegungen auszuschließen; vgl. UNCITRAL Yb. 1987 Vol.18 A/42/17 S.20 Anm.161.

27 UNCITRAL Yb. 1987 Vol.18 A/42/17 S.20 Anm.161.

28 Vgl. UNCITRAL Yb. 1987 Vol.18 A/42/17 S.20 Anm.162.

29 Vgl. UNCITRAL Yb. 1987 Vol.18 A/42/17 S.20 Anm.170.

30 Näher dazu oben Kapitel 14.2.1.3 S.220f.

Ein Garant kann gemäß Art. 48 (2) von der Partei, für welche er sich verbürgt hat, sowie von allen anderen Wechselparteien, die dieser Partei gegenüber verpflichtet waren, den von ihm gezahlten Betrag und etwaige Zinsen verlangen. Trotz der sprachlichen Abweichung zu Art. 71 kann davon ausgegangen werden, daß Art. 48 (2) auf die Bestimmungen des Art. 71 (a) und (b) Bezug nimmt. Damit ist auch der Garant berechtigt, Zinsen ab dem Tage seiner Zahlung entsprechend der in Art. 70 (2) beschriebenen Rate zu verlangen. Nicht verlangen kann der Garant im Gegensatz zu anderen Wechselparteien den Ersatz etwaiger Kosten für die Benachrichtigung seines Vormannes nach Art. 71 (c), obwohl er dazu gemäß Art. 64 (2) verpflichtet ist.

16.5 Die Benachrichtigungspflicht.

Die Konvention enthält ebenso wie die bestehenden Wechselrechte in Art. 64 eine Benachrichtigungspflicht für den Fall des Notleidens des Wechsels. Dadurch sollen die sekundär haftenden Wechselparteien darüber informiert werden, daß sie nun möglicherweise aus dem Wechsel in Anspruch genommen und ihr die Gelegenheit gegeben werden, ihre Interessen zu wahren.[31] In der Ausgestaltung dieser Regelung folgen die Artt. 64-68 weitgehend dem Genfer Recht. Anders als im anglo-amerikanischen Wechselrecht ist die Benachrichtigung der Vormänner durch den Inhaber nicht Voraussetzung für deren Rückgriffshaftung, sondern ein Unterlassen der Benachrichtigung führt wie in Art. 45 VI WG gemäß Art. 68 nur zu einer Schadensersatzpflicht des Nachrichtspflichtigen.[32]

Zur Nachricht verpflichtet ist vorrangig der Inhaber, gemäß Art. 64 (2) auch ein Indossant oder Garant, der selbst von dem Notleiden des Wechsels benachrichtigt wird. Die Konvention folgt damit also dem System der Privatverständigung, wie es auch im anglo-amerikanischen Wechselrecht und überwiegend im Genfer Wechselsystem verwandt wird.[33] Hinsichtlich des Umfanges der dem Inhaber obliegenden Nachrichtspflicht geht die Konvention etwas über die Regelung des Art. 45 WG des Genfer Rechtes hinaus. Gemäß Art. 64 (1)(b) muß der Inhaber nicht nur den Aussteller und seinen eigenen Indossanten benachrichtigen, sondern auch alle anderen Indossanten und Garanten, deren Adressen er aus den auf dem Wechsel enthaltenen Informationen entnehmen kann. Diese Lösung stellt einen Kompromiß zwischen der noch strengeren ursprünglichen Lösung der Konvention dar, welche

31 UNCITRAL Yb. 1979 Vol.10 A/CN.9/157 S.70 Anm.109f.

32 UNCITRAL Yb. 1982 Vol.13 A/CN.9/213 S.171 Art.60 Anm.1; *Volken*, SZW 1990,100(107).

33 Vgl. *Pleyer-Stecher* WM 1977 S.20.

die Benachrichtigung aller Indossanten verlangte,[34] und dem Genfer Wechselrecht, welches nur die Benachrichtigung des Ausstellers und des unmittelbaren Vormannes des Inhabers verlangt.[35]

Art. 64 (2) verpflichtet auch alle Indossanten und Garanten, die von dem Notleiden des Wechsels benachrichtigt werden, ihre Vormänner zu benachrichtigen, die ihrerseits aus dem Wechsel haften. Dies bedeutet, daß die Indossanten und Garanten nicht notwendigerweise ihren unmittelbaren Vormann benachrichtigen müssen, wenn dieser nicht aus dem Wechsel haftet.[36] In einem solchen Fall muß die Nachricht an die nächste aus dem Wechsel haftende Partei gegeben werden.[37] Daß es dabei zu einer Verdoppelung der Benachrichtigungspflichten kommt, wird von der Konvention als unschädlich in Kauf genommen.[38] Gemäß Art. 64 (3) kann sich jede Wechselpartei, die gegen den Benachrichtigten ein Rückgriffsrecht hat, auf die Benachrichtigung berufen.

Die Nachricht kann gemäß Art. 65 (1) in jeder Form gegeben werden, solange dadurch das Papier bezeichnet wird und die Tatsache des Notleidens des Wechsels zum Ausdruck kommt. So reicht die Rücksendung des Wechsels, wenn dieser eine Erklärung über sein Notleiden enthält.[39] Ausreichend ist dabei laut Art. 65 (2) die Absendung der Nachricht; auf den Empfang kommt es nicht an. Allerdings ist erforderlich, daß sich der zur Benachrichtigung Verpflichtete eines geeigneten Nachrichtenmittels bedient. Die Beweislast hierfür, wie für das Absenden der Nachricht obliegt gemäß 65 (3), wie im Genfer Recht, dem Nachrichtspflichtigen.

Die Benachrichtigung durch den Inhaber muß nach Art. 66 (a) innerhalb von zwei Werktagen ab dem Tage des Protestes oder, falls dieser erlassen ist, ab dem Tage des Notleidens erfolgen. Ein Indossant oder Garant muß die Nachricht binnen zwei Werktagen ab Erhalt der eigenen Benachrichtigung bewirken, Art. 66 (b). Damit ist die Frist für die Benachrichtigung um zwei Werktage kürzer als in Art. 45 I WG. Die Arbeitsgruppe hat eine vorgeschla-

---

34 Vgl. UNCITRAL Yb. 1982 Vol.13 A/CN.9/213 S.172 Art.60 Anm.2.

35 Vgl. Art. 45 I WG; zur Diskussion in der Arbeitsgruppe UNCITRAL Yb. 1987 Vol.18 A/42/17 S.18 Anm.142-145; zustimmend *Crawford* Remarks S.16.

36 Vgl. UNCITRAL Yb. 1982 Vol.13 A/CN.9/213 S.172 Art.60 Anm.3; UNCITRAL Yb. 1974 Vol.5 A/CN.9/86 S.111 Anm.139. Dies ist z.B. der Fall, wenn der unmittelbare Vormann seine Haftung als Indossant nach Art. 44 (2) ausgeschlossen hat.

37 Vgl. UNCITRAL Yb. 1982 Vol.13 A/CN.9/213 S.172 Art.60 Anm.3; UNCITRAL Yb. 1974 Vol.5 A/CN.9/86 S.111 Anm.139.

38 Vgl. UNCITRAL Yb. 1979 Vol.10 A/CN.9/157 S.70 Anm.107f; *Roblot*, Mélanges Vincent S.361(369) hält die Lösung der Konvention gegenüber dem Genfer Wechselgesetz für sicherer.

39 Ebenso Art. 45 IV WG.

gene Verlängerung der Frist auf vier Werktage abgelehnt, da eine Umfrage bei Bank- und Handelskreisen ergeben hatte, daß eine Frist von zwei Tagen praktisch und angemessen sei.[40]

Art. 67 enthält inhaltlich mit den Artt. 62, 56 (1), (2)(a) übereinstimmende Bestimmungen für Fälle, in denen die Benachrichtigung entschuldigt oder erlassen ist. Dies ist einmal (1) der Fall bei Umständen, die sich der Kontrolle des Inhabers entziehen, und die er nicht vermeiden oder überwinden konnte,[41] sowie (2)(b) im Falle des Erlasses der Benachrichtigung durch eine andere Wechselpartei[42] und (2)(c) bezüglich des Ausstellers, wenn dieser mit dem Bezogenen oder Akzeptanten personenidentisch ist.[43]

Neu ist dagegen der Erlaß der Benachrichtigungspflicht in Art. 67 (2)(a) für den Fall, daß die Nachricht auch nach Anwendung angemessener Sorgfalt nicht bewirkt werden kann. Was "angemessene Sorgfalt" ist, läßt sich generell nicht sagen und muß daher im Einzelfall von den Gerichten konkretisiert werden.[44] Die in Art. 65 (2)(a) anzuwendende Sorgfalt muß aber im Einklang mit der Benachrichtigungspflicht in Art. 64 (1)(b) gesehen werden, der die erforderliche Nachforschung des Inhabers auf die im Wechsel enthaltenen Informationen begrenzt. Daher kann davon ausgegangen werden, daß der zur Benachrichtigung Verpflichtete nicht verpflichtet ist, über den Inhalt des Wechsels hinausgehende Nachforschungen anzustrengen.

Ist die Benachrichtigung nicht erlassen oder entschuldigt, und versäumt der zur Benachrichtigung Verpflichtete die rechtzeitige Benachrichtigung, so haftet er der Partei, der gegenüber er nachrichtspflichtig war gemäß Art. 68 für jeden Schaden, den diese Partei durch das Versäumen der Benachrichtigung erlitten hat in dem von den Artt. 70 oder 71 bezeichneten Umfang. Diese Bestimmung entspricht in ihrer Rechtsfolge Art. 45 VI WG.[45] Mit dieser Bestimmung sollen Schäden ausgeglichen werden, die ein Rückgriffsverpflichteter dadurch erlitten hat, daß er seinen Rückgriffsanspruch gegenüber seinem Vormann infolge der versäumten Benachrichtigung nicht rechtzeitig sichern konnte und dieser zwischenzeitlich zahlungsunfähig geworden ist.[46]

---

40 Vgl. UNCITRAL Yb. 1987 Vol.18 A/42/17 S.19 Anm.150-152; UNCITRAL Yb. 1982 Vol.13 A/CN.9/213 S.172 Art.62 Anm.1.

41 Ausführlich dazu siehe oben Kapitel 14.1 S.210.

42 Ausführlich dazu siehe oben Kapitel 14.1 S.211.

43 Dazu oben S.238.

44 So UNCITRAL Yb. 1979 Vol.10 A/CN.9/157 S.71 Anm.124.

45 Vgl. UNCITRAL Yb. 1982 Vol.13 A/CN.9/213 S.173 Art.64 Anm.2; *Roblot*, Mélanges Vincent S.361(370).

46 Vgl. UNCITRAL Yb. 1979 Vol.10 A/CN.9/157 S.70 Anm.109.

§ 17 Die Wechselbürgschaft

Neben dem Rückgriff kennt das Wechselrecht mit der Wechselbürgschaft eine weitere Möglichkeit, um die Zahlung des Wechsels an den Inhaber zu sichern. Die Wechselbürgschaft verpflichtet zusätzlich eine weitere Person, den Wechsel an den Inhaber zu zahlen. Dadurch soll die Sicherheit des Inhabers und damit die Umlauffähigkeit des Wechsels erhöht werden.[1] Allerdings ist die Wechselbürgschaft in der Praxis in Deutschland wenig verbreitet, da sie die Zahlungsfähigkeit des Hauptverpflichteten in Zweifel zieht.[2] Das Genfer Wechselgesetz und das anglo-amerikanische Wechselrecht unterscheiden sich stark hinsichtlich der Form und der einzelnen Rechtsfolgen einer Wechselbürgschaft. Während das Genfer Wechselgesetz in den Artt. 30-32 WG ein eigenständiges, abgeschlossenes Sonderrecht für Wechselbürgschaften geschaffen hat, welches allen nationalen Bürgschaftsrechten vorgeht, bleibt im anglo-amerikanischen Wechselrecht das allgemeine Bürgschaftsrecht auf Wechsel anwendbar.[3]

17.1 Die Wechselbürgschaft im Genfer und im anglo-amerikanischen Recht.

Das Genfer Wechselgesetz hat in den Artt. 30-32 WG eine besondere, rechtlich eigenen Regeln unterliegende Bürgschaft für Wechsel geschaffen, die auch als "Aval"[4] bezeichnet wird. Auf diese Bürgschaft ist das allgemeine zivil- oder handelsrechtliche Bürgschaftsrecht nicht anwendbar. Diese Wechselbürgschaft stellt im Genfer Recht eine nicht-subsidiäre, abstrakte wechselrechtliche Haftung des Wechselbürgen für die Zahlung des Wechsels dar.[5] Für ihre Wirksamkeit ist gemäß Art. 32 II WG erforderlich, daß eine formell

---

1 Vgl. *Jacobi* S.672f; *Jäggi/Druey/Greyerz* § 28 Nr.I.1; *Meier-Hayoz* § 14 Rn.5.

2 Vgl. *Meier-Hayoz* § 14 Rn.5; *Jacobi* S.673; *Zöllner* § 18 I 1.

3 Vgl. *Horn-Herrmann* S.259(266).

4 Die Herkunft dieses Begriffes ist umstritten. Überwiegend wird jedoch angenommen, daß "Aval" vom arabischen "Hawâla" herstammt. Vgl. *Zöllner* § 18 I, *Jacobi* S.672, Fn.7, *Jäggi/Druey/Greyerz* § 28 Nr.I 1. Fn.1.

5 Vgl. *Jäggi/Druey/Greyerz* § 28 Nr.2; *Baumbach/Hefermehl* WG Art.30 Rn.1; *Stranz* WG Art.30 Anm.1.

wirksame Verpflichtung des Hauptschuldners aus dem Wechsel besteht, für den sich der Wechselbürge schriftlich auf dem Wechsel oder einem Anhang verbürgt.[6] Weiterhin ist neben der Unterschrift des Wechselbürgen die Begebung des Wechsels durch ihn erforderlich.[7] Die Verpflichtung des Wechselbürgen ist gemäß Art. 32 I WG inhaltlich von der Art der Verpflichtung des Hauptschuldners abhängig, für den sich der Wechselbürge verbürgt hat.[8] Dagegen ist die Wechselbürgschaft im Unterschied zur zivil- und handelsrechtlichen Bürgschaft in ihrem Bestand von der materiellen Wirksamkeit der garantierten Wechselverpflichtung unabhängig. Der Wechselbürge haftet demnach auch dann, wenn die Verpflichtung des Hauptschuldners aus einem anderen Grunde als einem Formmangel unwirksam sein sollte.[9] Insoweit ist die Wechselbürgschaft nicht-akzessorisch.[10] Eine Wechselbürgschaft für einen Akzeptanten ist nach dem Genfer Recht also auch dann wirksam, wenn der Akzeptant bei Annahme des Wechsels beispielsweise geschäftsunfähig war, aber unwirksam, wenn dem Wechsel beispielsweise ein wesentliches Formerfordernis fehlt.[11]

In ihrer Form setzt die Wechselbürgschaft nach Art. 31 WG die Unterschrift des Bürgens auf dem Wechsel oder auf einem Anhang voraus. Die Bürgschaft kann nach Art. 31 II WG durch einen ausdrücklichen Vermerk, wie z.B. "als Bürge" oder ähnliches, ausgedrückt werden. Eine ausdrückliche Bürgschaftserklärung kann sowohl auf der Vorder- als auch auf der Rückseite erfolgen.[12] Eine bloße Unterschrift, die nicht die Unterschrift des Bezogenen oder des Ausstellers ist, gilt aber gemäß Art. 31 III WG nur dann als Bürgschaftserklärung, wenn sie auf der Vorderseite des Wechsels steht. Hier wird zugunsten des Vertrauenden unwiderleglich vermutet, daß der Unterzeichnende eine Wechselbürgschaft übernehmen wollte.[13] Dagegen gilt die Unterschrift des Bezogenen auf der Vorderseite gemäß Art. 25 I WG als Annahme. Eine Unterschrift ohne Zusatz auf der Rückseite des Wechsels gilt demgegenüber gemäß Art. 13 II WG grundsätzlich als Blankoindossament.[14] Sie

---

6 *Baumbach/Hefermehl* WG Art.32 Rn.2; *Jacobi* S.674; *Ulmer* § 32 S.274; *Stranz* WG Art.32. Anm.4.

7 *Baumbach/Hefermehl* WG Art.30 Rn.2; *Jacobi* S.676; *Stranz* WG Art.31 Anm.6.

8 *Stranz* WG Art.32 Anm.2; *Ulmer* § 32 S.274; *Hupka* S.81f.

9 *Ulmer* § 32 S.274; *Hupka* S.82.

10 Vgl. *Zöllner* § 18 I 1; *Hueck/Canaris* § 13 I 5.

11 Vgl. *Stranz* WG Art.32 Anm.4.

12 Vgl. *Hupka* S.79f.

13 *Jacobi* S.679; *Baumbach/Hefermehl* WG Art.31 Rn.7; BGH WM 1961, 298.

14 *Baumbach/Hefermehl* WG Art.31 Rn.7; *Stranz* WG Art.31 Anm.3.

ist aber unwirksam, wenn sie aus der Indossamentenkette herausfällt und daher nicht als Blankoindossament gelten kann.[15]

Eine bloße Unterschrift auf der Vorderseite gilt gemäß Art. 31 IV WG als Wechselbürgschaft für den Aussteller, wenn sich weder aus der räumlichen Anordnung der Unterschrift noch aus sonstigen Umständen aus dem Wechsel entnehmen läßt, für welche Wechselpartei die Wechselbürgschaft übernommen wurde.[16] Art. 31 IV WG enthält eine durch aus dem Papier ersichtliche Umstände widerlegbare Vermutungsregel zugunsten des Inhabers.[17]

Die Wechselbürgschaft kann gemäß Art. 30 I WG für den gesamten Wechselbetrag oder nur für einen Teil eingegangen werden. Wechselbürge kann gemäß Art. 30 II WG ein außerhalb des Wechselverbandes stehender Dritter oder aber auch eine Wechselpartei, mit Ausnahme des Akzeptanten, sein.[18] Die Wechselbürgschaft kann sowohl für einen Wechselschuldner als auch für den Bezogenen eingegangen werden. Die Bürgschaft für den Bezogenen wird jedoch erst wirksam, wenn der Bezogene den Wechsel annimmt.[19]

Die besondere Bedeutung des Avals nach dem Genfer Wechselgesetz liegt in seiner Wirkung. Die Wechselbürgschaft ist in ihrem Umfang und Voraussetzungen der Haftung des Hauptverpflichteten gleichgestellt, ohne aber in ihrem Bestand von der Hauptverbindlichkeit abhängig zu sein. Bürge und Hauptverpflichteter haften gemäß Art. 47 I WG als Gesamtschuldner.[20] Der Inhaber kann somit direkt gegen den Wechselbürgen vorgehen, ohne vorher den Hauptverpflichteten zur Zahlung aufgefordert zu haben.[21] Der Inhaber kann auch gegen den Wechselbürgen vorgehen, wenn sich die Verpflichtung des Hauptschuldners als unwirksam erweisen sollte.[22] Der Wechselbürge ist in seinen Einwendungen auf solche beschränkt, die sich entweder aus seiner persönlichen Rechtsbeziehung zum Inhaber ergeben, oder die den Bestand oder die Durchsetzbarkeit der Wechselforderung betreffen und die erst nach Abgabe der Bürgschaftserklärung entstanden sind. Dazu zählen beispielsweise die Einwendung der Erfüllung der Wechselverbindlichkeit und der

15 Vgl. *Hupka* S.80; *Ulmer* § 31 S.273; a.A. *Stranz* WG Art.31 Anm.3, der in jedem Fall ein Blankoindossament annehmen will.

16 *Baumbach/Hefermehl* WG Art.32 Rn.8; *Ulmer* § 31 S.273f; a.A. *Stranz* WG Art.31 Anm.4, welcher der räumlichen Anordnung keine Beachtung schenken will.

17 *Baumbach/Hefermehl* WG Art.31 Rn.8; *Hueck/Canaris* § 13 I 4.; a.A. *Stranz* WG Art.31 Anm.4; *Hupka* S.81; die eine unwiderlegbare Auslegungsregel annehmen.

18 *Baumbach/Hefermehl* WG Art.30 Rn.2; a.A. *Stranz* WG Art.25 Anm.3, der eine Bürgschaft für den Aussteller annimmt.

19 *Baumbach/Hefermehl* WG Art.31 Rn.3; *Stranz* WG Art.31 Anm.5; *Jacobi* S.674 Fn.2.

20 *Baumbach/Hefermehl* WG Art.32 Rn.2.

21 *Baumbach/Hefermehl* WG Art.32 Rn.1; *Jacobi* S.684.

22 *Jäggi/Druey/Greyerz* § 28 Nr.2.

Einwand des versäumten Protestes, wenn dieser gegenüber dem Hauptverpflichteten erforderlich war.[23] Dagegen kann der Wechselbürge sich nach Ansicht der deutschen Rechtslehre nicht auf Einwendungen des Hauptverpflichteten gegen den Inhaber berufen.[24]

Zahlt der Wechselbürge, so befreit er den Hauptverpflichteten von der Verbindlichkeit gegenüber dem Inhaber.[25] Er erwirbt damit gemäß Art. 32 III WG alle Rechte aus dem Wechsel gegen den Hauptverpflichteten und diejenigen Wechselparteien, die dem Hauptverpflichteten im Rückgriff haften. Er rückt dadurch aber weder in die Stellung des Hauptverpflichteten ein noch tritt er voll an die Stelle des Inhabers,[26] sondern er erlangt eine Rechtsstellung wie ein unmittelbarer Wechselgläubiger des Hauptverpflichteten und kann gegen diesen sowie gegen dessen Vormänner Rückgriff nehmen.[27]

Neben der speziellen Wechselbürgschaft, dem Aval, sind auch in den Genfer Vertragsstaaten eine außerwechselrechtliche Bürgschaft oder Garantie für einen Wechsel nach nationalem Bürgschaftsrecht zulässig.[28] In ihren Voraussetzungen und Rechtsfolgen sind sie jedoch von der im Genfer Wechselgesetz geregelten Wechselbürgschaft streng zu unterscheiden.

Im anglo-amerikanischen Wechselrecht ist die Wechselbürgschaft dagegen nicht als eigenständiges Rechtsinstitut ausgebildet. Vielmehr bleibt das allgemeine Bürgschaftsrecht anwendbar.[29] Die Wechselgesetze enthalten lediglich Sonderregeln, welche die Verpflichtung des Bürgen gegenüber den einzelnen Inhabertypen näher bestimmen sowie die Voraussetzungen für eine Bürgschaftsübernahme konkretisieren.[30] Diese Sonderregeln unterscheiden sich von Wechselgesetz zu Wechselgesetz. So kennt der amerikanische UCC drei verschiedene Bürgschaftsmöglichkeiten. Zeichnet der Bürge ohne jeden erläuternden Zusatz den Wechsel, so übernimmt er gemäß sec. 3-402, 3-414 UCC dieselbe Haftung wie ein Indossant, d.h. er verspricht, den

---

23 Vgl. *Stranz* WG Art.32 Anm.2.

24 *Baumbach/Hefermehl* WG Art.32 Rn.2; *Hueck/Canaris* § 13 I 5; BGH WM 59,740f; a.A. *Jacobi* S.684; zum ausländischen Recht: SchwBGE 84 II 645,648f; *Ripert-Roblot* Nr.2013 S.164; differenzierend *Jäggi/Druey/Greyerz* § 28 Nr.3 mwN.

25 *Jacobi* S.687.

26 Ihm haften wechselrechtlich nur der Hauptverpflichtete und des Vormänner, nicht aber, wie dem Inhaber, auch etwaige Nachmänner des Hauptverpflichteten. Vgl. *Hueck/Canaris* § 13 I 6 a.

27 *Baumbach/Hefermehl* WG Art.32 Rn.3; *Hueck/Canaris* § 13 I 6 a; *Jacobi* S.687; vgl. *Hupka* S.83.

28 Vgl. *Baumbach/Hefermehl* WG Art.30 Rn.3,4; *Hueck/Canaris* § 13 II; *Stranz* WG Art.30 Anm.1.

29 *Weber/Speidel* S.166; *Peters*, 77 Yale L.J. 833,863 (1968); *Britton* sec.301.

30 Vgl. sec. 28, 56 BEA, sec. 55 CanBEA, sec. 3-415, 3-416 UCC.

Wechsel an den jeweiligen Inhaber bei Notleiden, unter Beachtung der Rückgriffsvoraussetzungen zu zahlen.[31] Zeichnet er den Wechsel dagegen als Aussteller, Annehmer oder Indossant und ergibt sich aus dem Wechsel, daß er damit einen anderen Wechselverpflichteten unterstützen wollte, so wird er gemäß sec. 3-415 (2) UCC gegenüber dem Inhaber genauso verpflichtet wie die Partei, für welche er die Bürgschaft übernommen hat, vorausgesetzt, der Inhaber hat bereits die Gegenleistung für den Wechsel an die Hauptpartei erbracht.[32] In beiden Fällen wird der Bürge gemäß sec. 3-415 UCC als "accommodation party" behandelt, der besondere Rechte und Einwendungen zur Verfügung stehen.[33] Letztlich kennt der UCC eine dritte Form der Bürgschaft, die in sec. 3-416 UCC als "Garantie" bezeichnet wird. Hier unterscheidet der UCC weiter zwischen einer Garantie für die Zahlung (sec. 3-416 (1)) und einer Garantie für den Einzug in sec. 3-416 (2). Garantiert der Bürge die Zahlung, so kann er bei Fälligkeit auf Zahlung der Wechselsumme in Anspruch genommen werden, ohne daß ihm gegenüber die Rückgriffsvoraussetzungen vorliegen müssen.[34] Garantiert der Bürge dagegen lediglich den Einzug, so kann er erst in Anspruch genommen werden, wenn ein Vollstreckungsversuch gegen den Hauptverpflichteten erfolglos geblieben ist.[35]

Dem Bürgen stehen unter dem UCC sowohl Einwendungen seines Hauptverpflichteten zu als auch eigene Einwendungen. Grundsätzlich kann der Bürge die Einwendungen seines Hauptverpflichteten einem einfachen Inhaber gegenüber erheben, es sei denn, der Sinn der Bürgschaft lag gerade im Ausschluß derartiger Einwendungen. So kann sich der Bürge z.B. nicht auf die mangelnde Geschäftsfähigkeit des Hauptverpflichteten oder dessen Insolvenz berufen.[36] Hingegen kann sich der Bürge, dessen Bürgenstellung nicht aus dem Wechsel zu entnehmen war, einem holder in due course gegenüber nicht auf die Einwendungen seines Hauptverpflichteten berufen.[37] Im Gegensatz dazu kann sich ein Bürge, dessen Bürgenstellung aus dem Wechsel

---

31 Vgl. *Peters*, 77 Yale L.J. 833,837 (1968); *Hawkland* § 3-414:01.

32 *White/Summers* § 13-13 S.578; *Peters*, 77 Yale L.J. 833,845ff (1968); *Weber/Speidel* S.164f; *Hawkland* § 3-415:02, 05.

33 Das sind die Vorlage zur Zahlung und die Benachrichtigung vom Notleiden des Wechsels. Vgl. *Peters*, 77 Yale L.J. 833,837,840 (1968); *White/Summers* § 13-13 S.578; *Weber/Speidel* S.164; *Hawkland* § 3-415:02.

34 Vgl. *White/Summers* § 13-13 S.579; *Hawkland* § 3-416:02.

35 Vgl. *Peters*, 77 Yale L.J. 833,840 (1968); *White/Summers* § 13-13 S.579; allerdings sind auch in diesem Fall dem Garanten gegenüber die Rückgriffsvoraussetzungen erlassen, vgl. *Peters*, 77 Yale L.J. 833,840 (1968).

36 *Peters*, 77 Yale L.J. 833,862 (1968); *White/Summers* § 13-19 S.594f.

37 *Peters*, 77 Yale L.J. 833,863 (1968).

ersichtlich ist, gegenüber einem holder in due course auf die dinglichen Einwendungen seines Hauptverpflichteten berufen, die auch dieser gegenüber einem holder in due course erheben könnte.[38]

Außer den Einwendungen des Hauptverpflichteten gewährt der UCC dem Bürgen eine Reihe eigener Einwendungen, deren gemeinsame Wurzel in einer für den Bürgen bei Bürgschaftsübernahme unvorhersehbaren Risikoerhöhung liegt.[39] Dazu gehören insbesondere die Entlassung des Hauptverpflichteten aus seiner Verpflichtung sowie die Verschlechterung von anderen Sicherheiten durch den Inhaber.[40]

Der Bürge hat im UCC einen Freistellungsanspruch gegen den Hauptverpflichteten, den er jedoch nicht als Einwand dem Inhaber entgegenhalten kann.[41] Zahlt er an den Inhaber, so erwirbt er gemäß sec. 3-415 (5) dessen Rechtsposition gegen den Hauptverpflichteten und dessen Vormänner sowie etwaige sonstige Sicherheiten.[42]

Im englischen Wechselrecht[43] werden zwei Bürgschaftstypen unterschieden. Gemäß sec. 56 BEA übernimmt eine Person, die einen Wechsel in einer anderen Eigenschaft als Aussteller oder Annehmer durch bloße Unterschrift zeichnet, gegenüber einem holder in due course eine Haftung wie ein Indossant, wenn ihre Absicht, eine Bürgschaft zu übernehmen, nicht durch einen klarstellenden Zusatz aus dem Wechsel ersichtlich ist.[44] Ausschlaggebend für die Beurteilung, in welcher Eigenschaft eine Person den Wechsel unterzeichnet hat, ist der Ort, an dem die Unterschrift auf dem Wechsel erscheint.[45] Sec. 56 BEA stellt eine Ausnahme von dem in sec. 4 des Statute of Frauds[46] niedergelegten Grundsatz dar, wonach eine Bürgschaft grundsätzlich einen schriftlichen Bürgschaftsvertrag mit Unterschrift des Bürgen erfordert.[47]

---

38 Vgl. *White/Summers* § 13-19 S.595f; a.A. *Peters*, 77 Yale L.J. 833,866 (1968), die aber dem Bürgen in diesen Fällen einen eigenen, persönlichen Einwand geben will und damit zu einem ähnlichen Ergebnis gelangt.

39 Vgl. *Peters*, 77 Yale L.J. 833,868 (1968); *White/Summers* § 13-19 S.597.

40 Vgl. sec. 3-606 UCC und *Peters*, 77 Yale L.J. 833,868 (1968).

41 Vgl. *Weber/Speidel* S.166; *White/Summers* § 13-13 S.577 Comment f.

42 *Weber/Speidel* S.166; *White/Summers* § 13-13 S.577 und 13-18 S.592ff.

43 Zum englischen Wechselrecht werden im folgenden auch die vom BEA abgeleiteten Wechselrechte der übrigen Commonwealth Staaten verstanden, soweit nicht ausdrücklich auf Abweichungen eingegangen wird.

44 Vgl. *Cowen* S.223, *Jenkins & Sons v. Coomber* [1898] 2 Q.B. 168, und *Byles* S.198f, der allerdings sec. 56 BEA weiter interpretiert und den Bürgen jedem Inhaber gegenüber wie gegenüber einem "holder in due course" haften lassen will.

45 Vgl. *Falconbridge-Crawford* § 5506.1 (a).

46 Statute of Frauds (1677), 29 Car. 2 c.3; vgl. *Halsbury's Statutes of England and Wales* 4.Ed. Vol. 11 unter "Contracts".

47 Vgl. *Byles* S.199, *Cowen* S.220.

Neben dieser Bürgschaftsform kennt das englische Wechselrecht auch die ausdrückliche Wechselbürgschaft. Sec. 28 BEA[48] verwendet für den Wechselbürgen in diesem Fall ebenfalls den Begriff der "accommodation party".[49] Der Bürge muß einen Wechsel als Aussteller, Akzeptant oder Indossatar zeichnen und dabei zwei Voraussetzungen erfüllen: Er muß einmal erkennen lassen, für eine andere Wechselpartei als Bürge dienen zu wollen, und darf zweitens aus dem Wechselgeschäft keine eigene Gegenleistung erhalten. Erstere Voraussetzung erfüllt der Bürge regelmäßig durch die Verwendung von Worten wie "guaranty", "surety" oder ähnliches.[50] Der Bürge kann aber auch außerhalb des Wechsels liegende Umstände für den Beweis seiner Bürgschaftsabsicht heranziehen, solange dies nicht dem ersichtlichen Wechselinhalt widerspricht.[51] Die zweite Voraussetzung verlangt, daß der Bürge keine Gegenleistung aus dem Wechselgeschäft für seine Bürgschaftsübernahme erhält. Damit ist gemeint, daß der Bürge nicht von dem Wechselgläubiger für seine Bürgschaftsübernahme eine Gegenleistung erhalten darf; eine Gegenleistung von dem Hauptverpflichteten, für den der Bürge die Bürgschaft übernommen hat, ist dagegen unschädlich.[52]

Der Bürge übernimmt gemäß sec. 28 (2) BEA dieselbe Verpflichtung wie der Hauptverpflichtete,[53] wobei ihm auch dessen Einwendungen zustehen.[54] Ebenso gewährt das englische Recht dem Bürgen einen Freistellungs- und Ausgleichsanspruch gegen den Hauptverpflichteten.[55]

Im südafrikanischen Wechselrecht wird die Wechselbürgschaft eines Dritten einheitlich als "Aval" bezeichnet.[56] Damit ist jedoch nicht der "Aval" des Genfer Wechselgesetzes gemeint, der eine besondere, gesetzlich bestimmte Form der Wechselbürgschaft umschreibt, sondern der Ursprung dieses Begriffes findet sich in der Wechselbürgschaft des niederländisch-römischen Rechtes, wie sie vor Beginn der nationalstaatlichen Wechselgesetzkodifizierung verwandt wurde.[57] Im Unterschied zum englischen

---

48 Wortgleich sec. 55 CanBEA, vgl. *Falconbridge-Crawford* § 5506.1.

49 Im süd-afrikanischen Wechselrecht wird hierfür auch die Bezeichnung "Aval" verwendet. Vgl. *Cowen* S.213ff.

50 Vgl. *Falconbridge-Crawford* § 5506.1 (a). Anders als der amerikanische UCC unterscheidet das englische Recht nicht zwischen "guaranty" und "surety"; vgl. *Peters*, 77 Yale L.J. 833,841 (1968) Fn.41.

51 *Falconbridge-Crawford* § 5506.1 (a).

52 Vgl. *Falconbridge-Crawford* § 5506.1 (b); *Byles* S.263.

53 Vgl. *Falconbridge-Crawford* § 5506.1, § 5506.2 zu der sec. 28 (2) BEA wörtlich entsprechenden sec. 55 (2) CanBEA.

54 Vgl. *Falconbridge-Crawford* § 5506.3.

55 *Byles* S.264; *Falconbridge-Crawford* § 5506.4.

56 Vgl. *Cowen* S.213ff.

57 Vgl. *Cowen* S.215ff.

Wechselrecht kennt das südafrikanische Wechselrecht unter dem Oberbegriff des "Avals" aber auch eine Bürgschaftsübernahme durch bloße Unterschrift außerhalb des durch sec. 56 BEA[58] abgesteckten Rahmens. Ein Wechselbürge kann damit im südafrikanischen Wechselrecht eine Bürgschaft auch gegenüber Inhabern, die keine holder in due course sind, durch einfache Unterschrift übernehmen. In diesem Fall unterliegt seine Bürgschaftserklärung nicht sec. 54 S.A.BEA, sondern den Regeln des niederländisch-römischen Avals.[59] Im Unterschied zur Haftung des Bürgen unter sec. 54 S.A.BEA haftet der Bürge nach den Regeln des niederländisch-römischen Avals auch dann, wenn die Rückgriffsvoraussetzungen, wie Benachrichtigung und Protest, nicht erfüllt sind.[60] Ein holder in due course hat dagegen die Wahl, ob er den Wechselbürgen nach den Grundsätzen des Avals oder entsprechend sec. 54 S.A.BEA in Anspruch nehmen will.[61]

17.2 Die Wechselgarantie der Konvention.

Die Konvention verwendet in den Artt. 46-48 nicht direkt den Begriff der Wechselbürgschaft, sondern benutzt die Oberbegriffe "Wechselgarantie" und "Wechselgarant".[62] Die Konvention enthält in diesen Artikeln ein eigenständiges, doppeltes System von Wechselgarantien für die Zahlung eines internationalen Wechsels. Die Besonderheit dieses Systems liegt darin, daß es den Parteien zwei unterschiedliche Garantiearten mit verschieden starker Garantiewirkung zur Wahl stellt.[63] Beide Garantiearten sind unter dem Oberbegriff "Wechselgarantie" zusammengefaßt. Die Garantie mit der stärkeren Garantiewirkung wird in der Konvention zur Unterscheidung auch als "Aval" bezeichnet.[64]

Die Einführung zweier unterschiedlicher Garantiearten ist das Ergebnis eines Kompromisses, der erst in der allerletzten Phase der Verhandlungen gefunden worden ist, um plötzlich aufgetauchte, tiefgreifende Meinungsverschiedenheiten über die Wirkung der bis dahin bestehenden Wechselgarantie

58 Dem entspricht sec. 54 S.A.BEA.

59 *Cowen* S.226f.

60 *Cowen* S.229, 219.

61 Ausführlich *Cowen* S.235ff.

62 Vgl. UNCITRAL Yb. 1987 Vol.18 A/CN.9/SR.383 S.180 Anm.37.

63 *Cheng*, 3 M.L.J. 1988 S.Liii(lvi).

64 Vgl. UNCITRAL Yb. 1987 Vol.18 A/CN.9/SR.383 S.180 Anm.37; *Cheng*, 3 M.L.J. 1988 S.Liii(lvi).

unter der Konvention zu versöhnen.[65] Ursprünglich enthielt die Konvention nur eine Art von Wechselgarantie, die der Wechselbürgschaft des Genfer Wechselgesetzes, dem Aval, nachempfunden war.[66] Während die Vertreter des Genfer Wechselgesetzes davon ausgingen, daß damit auch eine dem Aval entsprechende, in ihren Verteidigungsmöglichkeiten beschränkte, Wechselbürgschaft geschaffen werden sollte, gingen die Vertreter des anglo-amerikanischen Rechtskreises offenbar davon aus, daß dem Bürgen grundsätzlich alle Einreden zustehen sollten, die auch dem Hauptverpflichteten zustünden.[67] Um diesen Gegensatz zu versöhnen, hat die Konvention den Parteien neben der ursprünglichen Bürgschaftsart eine weitere Garantieart zur Wahl gestellt, welche dem Wechselbürgen bessere Verteidigungsmöglichkeiten gegenüber einem "Geschützten Inhaber" einräumt.[68] Die Arbeitsgruppe hat mit diesem Kompromiß eine Lösung angestrebt, die einen Rückgriff auf bestehende nationale Bürgschaftssysteme ausschließt, aber gleichzeitig auf die bestehenden Formen von Wechselbürgschaften Rücksicht nimmt, um den Wechselverkehr nicht mit unerwarteten, neuen Rechtswirkungen zu überraschen.[69]

17.2.1 Formale Voraussetzungen der Wechselgarantien in der Konvention.

Die formalen Voraussetzungen für eine Wechselgarantie regelt die Konvention für beide Garantiearten weitgehend gemeinsam. Art. 46 (1) stellt den Grundsatz auf, wonach bei einem Internationalen Wechsel die Zahlung durch den Bezogenen oder durch eine Wechselpartei von jeder Person, sei sie selbst bereits Wechselpartei oder nicht, vor oder nach Annahme des Wechsels, zum Teil oder für den gesamten Betrag garantiert werden kann. Bezüglich der Zulassung von Teilbürgschaften und Bürgschaften durch Wechselparteien entspricht Art. 46 (1) dem Art. 30 WG.

Dagegen entspricht die Lösung der Konvention hinsichtlich der Zulässigkeit einer Bürgschaft vor Annahme des Wechsels dem Genfer Recht nur teilweise. Zwar ist auch im Genfer Recht eine Wechselbürgschaft vor Annahme des Wechsels grundsätzlich möglich. Allerdings ist im Genfer Wechselgesetz

---

65 Vgl. *Horn-Herrmann* S.259(266); *Herrmann*, 10 U. Pa. J.Int'l Bus.L. 517,530 (1988); UNCITRAL Yb. 1987 Vol.18 A/42/17 S.10 Anm.59ff.

66 UNCITRAL Yb. 1987 Vol.18 A/42/17 S.10 Anm.60. Vgl. zur früheren Regelung UNCITRAL Yb. 1982 Vol.13 A/CN.9/213 S.160 Art.42 Anm.1f.

67 UNCITRAL Yb. 1987 Vol.18 A/42/17 S.10 Anm.59f.

68 UNCITRAL Yb. 1987 Vol.18 A/42/17 S.11 Anm.64; *Horn-Herrmann* S.259(269).

69 Vgl. *Horn-Herrmann* S.259(268f); *Herrmann*, 10 U. Pa. J.Int'l Bus.L. 517,533f (1988).

die Wirksamkeit einer Wechselbürgschaft für einen Bezogenen vor dessen Annahme durch die Annahme aufschiebend bedingt.[70] Hier trifft die Konvention eine dem Genfer Recht entgegengesetzte Regelung. Die Konvention behandelt den Garanten des Bezogenen wie einen primären Wechselschuldner.[71] Gemäß Art. 47 (2)(a) ist der Garant des Bezogenen verpflichtet, den Wechsel bei Verfall zu zahlen und zwar gemäß Art. 47 (2)(b) auch dann, wenn der Wechsel wegen Nicht-Annahme notleidend ist, der Bezogene den Wechsel also nicht angenommen hat. Damit ist eine Wechselbürgschaft für den Bezogenen unter der Konvention auch bereits vor dessen Annahme wirksam.

Wie in Art. 31 I WG läßt Art. 46 (2) eine Garantieerklärung sowohl auf dem Wechsel selber als auch auf einem Anhang (Allonge) zu. Nicht geregelt worden ist dagegen die Zulässigkeit einer Wechselbürgschaft auf einem separaten Dokument außerhalb des Wechsels.[72] Eine Garantie in einem solchen separaten Dokument ist auch in einigen Vertragsstaaten des Genfer Abkommens zulässig.[73] Es herrschte Übereinstimmung in der Arbeitsgruppe, daß Zulässigkeit und Folgen einer solchen Wechselbürgschaft dem nationalen Recht überlassen bleiben sollen.[74]

Wie im Genfer Recht kann eine Wechselgarantie gemäß Art. 46 (3) durch ausdrückliche Erklärung eingegangen werden. Wie sich indirekt aus Art. 46 (4) ergibt, kann eine ausdrückliche Wechselgarantieerklärung auf der Vorder- oder Rückseite des Wechsels stehen. Eine Garantie kann aber auch durch Unterschrift allein geleistet werden. Für diesen Fall enthält die Konvention entsprechend Art. 31 III WG in Art. 46 (4) eine unwiderlegliche Auslegungsregel.[75] Art. 46 (4) bestimmt, wo sich eine alleinige Unterschrift auf dem Wechsel befinden muß, damit sie als Wechselgarantie gilt. Art. 46 (4) ist im Zusammenhang mit den Artt. 41 und 14 (3) zu lesen. Die alleinige Unterschrift des Bezogenen gilt gemäß Art. 41 immer als Akzept; egal, ob sie auf der Vorder- oder Rückseite des Wechsels steht. Auf der

---

70 Vgl. *Baumbach/Hefermehl* WG Art.31 Rn.3; *Stranz* WG Art.31 Anm.5; *Jacobi* S.674 Fn.2.

71 Vgl. UNCITRAL Yb. 1987 Vol.18 A/42/17 S.15,17 Anm.110,128; UNCITRAL Yb. 1979 Vol.10 A/CN.9/157 S.66 Anm.51.

72 UNCITRAL Yb. 1986 Vol.17 A/41/17 S.20f Anm.153; UNCITRAL Yb. 1986 Vol.17 A/CN.9/SR.345 S.361 Anm.16,19,23,25; UNCITRAL Yb. 1986 Vol.17 A/CN.9/273 S.54 Anm.111.

73 Vgl. Anhang II Art. 4 des Genfer Wechselgesetzes, *Hupka* S.78f; so z.B. in Frankreich, vgl. *Ripert-Roblot* Nr.2011 S.161.

74 UNCITRAL Yb. 1986 Vol.17 A/CN.9/SR.345 S.361 Anm.16,19,23,25; UNCITRAL Yb. 1986 Vol.17 A/CN.9/273 S.54 Anm.111; vgl. auch *Schinnerer*, FS Wagner S.315(327).

75 Dazu UNCITRAL Yb. 1987 Vol.18 A/42/17 S.7 Anm.29f.

Rückseite des Wechsels ist eine alleinige Unterschrift einer anderen Person als des Bezogenen gemäß Art. 14 (3) immer ein Indossament. Als Bürgschaftserklärung gilt eine alleinige Unterschrift deshalb nur dann, wenn sie auf der Vorderseite des Wechsels steht und wenn es sich bei ihr nicht um die Unterschrift des Ausstellers oder des Bezogenen handelt.

Selbst wenn sich ausdrücklich aus dem Wechsel gemäß Art. 46 (3) ergibt, daß der Unterzeichnende eine Wechselgarantie übernehmen wollte, ist denkbar, daß der dadurch begünstigte Hauptverpflichtete nicht eindeutig zu bestimmen ist. Art. 46 (5) legt deshalb unwiderleglich fest, für wen eine Wechselgarantie abgegeben worden ist, wenn sich dies nicht aus der Wechselgarantieerklärung entnehmen läßt.[76] Auch hier weicht die Konvention von der entsprechenden Regel des Genfer Rechtes ab. Nach Art. 31 IV WG gilt eine Wechselbürgschaft als im Zweifel für den Aussteller abgegeben.[77] Nach dem Genfer Recht gibt der Wechselbürge seine Bürgschaft also im Zweifel für einen sekundär haftenden Wechselverpflichteten ab. Eine Ausnahme gilt für den Eigenwechsel. Hier übernimmt der Wechselbürge gemäß Artt. 31 IV, 77 III WG im Zweifel die Bürgschaft für den primär haftenden Aussteller. Dagegen bestimmt Art. 46 (5), daß die Wechselgarantie für den Akzeptanten oder vor Akzept für den Bezogenen, im Falle eines Eigen-Wechsels für den Aussteller, übernommen worden ist.[78] Nach der Konvention wird eine Wechselgarantie damit also im Zweifel immer für den jeweilig oder potentiell am strengsten haftenden Primärschuldner übernommen. Diese Lösung ist bereits auf der Haager Wechselrechtskonferenz und erneut während der Genfer Wechselrechtskonferenz vorgeschlagen worden, wurde jedoch jedesmal abgelehnt.[79] Während der Entwurfsarbeiten zur Konvention ist abermals angeregt worden, die Auslegungsregel des Genfer Wechselgesetzes zu übernehmen.[80] Die Arbeitsgruppe hat sich jedoch gegen die Übernahme der Auslegungsregel des Genfer Wechselgesetzes in die Konvention entschieden, weil die Haftung des Garanten im Zweifel als primäre, auf Zahlung bei Fälligkeit des Wechsels ausgerichtete Haftung konzipiert worden ist[81] und die Garantieübernahme zugunsten des primären Wechselschuldners den Erwartungen und Gepflogenheiten des Wirtschaftsverkehrs entspricht.[82]

---

76 Vgl. UNCITRAL Yb. 1987 Vol.18 A/42/17 S.7 Anm.29f.

77 Dabei ist umstritten, ob diese Vermutung widerlegbar ist oder nicht. Vgl. *Baumbach/Hefermehl* WG Art.31 Rn.8 mwN einerseits, *Stranz* WG Art.31 Anm.4 andererseits.

78 Vgl. *Ganten/Jahn*, Die Bank 1987,394(397).

79 Vgl. *Hupka* S.81.

80 Vgl. UNCITRAL Yb. 1987 Vol.18 A/CN.9/WG IV/WP.32/Add.3 S.85.

81 Vgl. UNCITRAL Yb. 1982 Vol.13 A/CN.9/213 S.161 Art.42 Anm.4f.

82 UNCITRAL Yb. 1987 Vol.18 A/42/17 S.19 Anm.57.

Geht man davon aus, daß die Garantieübernahme durch bloße Unterschrift die am weitesten verbreitete Art der Garantieübernahme ist, so stellt diese Auslegungsregel der Konvention eine beachtliche Verschärfung der Haftung des Garanten gegenüber dem Genfer Wechselrecht dar. Allerdings kann davon ausgegangen werden, daß diese schärfere Haftung des Garanten eher zu einer Erleichterung des Wechselumlaufes führt, da sie dem Wechselinhaber die größtmögliche Sicherheit bietet.

17.2.2 Die Wahl zwischen den verschiedenen Garantiearten der Konvention.

Wie bereits erwähnt, unterscheidet sich die Lösung der Konvention von derjenigen des Genfer Rechtes vor allen Dingen durch die Einführung einer zweiten, alternativen Garantieart. Die Konvention enthält neben einer dem "Aval" des Genfer Rechts nachempfundenen Wechselgarantie eine weitere Garantieart, die dem Wechselgaranten gegenüber einem "Geschützten Inhaber" bessere Verteidigungsmöglichkeiten einräumt. Der Garant hat gemäß Art. 46 (3) die Wahl, welche Garantieart er übernehmen will. Die gewählte Garantieart wird entweder ausdrücklich durch einen klarstellenden Zusatz bei der Unterschrift des Garanten bestimmt, oder aber, wenn dieser nur durch seine Unterschrift die Garantie übernommen hat, durch spezielle Auslegungsregeln in Art. 47 (4)(d) und (e).

Verwendet der Garant die Worte "Aval" oder "gut als Aval" oder etwas ähnliches, so übernimmt er gemäß den Artt. 46 (3), 47 (4)(c) die strengere Garantieform. Verwendet der Garant dagegen die Worte "garantiert", "Zahlung garantiert", oder "Einziehung garantiert", so übernimmt er gemäß den Artt. 46 (3), 47 (4)(b) nur die schwächere Garantieform. Verwendet der Garant dagegen die im anglo-amerikanischen Rechtskreis gebräuchlichen Worte "prior endorsements guaranteed", so übernimmt er gemäß Art. 46 (3) S.2 überhaupt keine Garantie im Rahmen der Konvention. Der Ausschluß dieser Garantieform hängt damit zusammen, daß diese Garantie im anglo-amerikanischen Rechtskreis regelmäßig nur die Wirksamkeit der Indossamente, nicht aber die Zahlungsfähigkeit der Indossanten garantieren soll.[83] Eine derartige Garantie ist in der Konvention aber überflüssig, da gemäß Art. 15 (1)(b) anders als im anglo-amerikanischen Recht auch gefälschte Indossamente Übertragungswirkung haben.

Enthält die Garantieerklärung dagegen keinen klarstellenden Zusatz, sondern besteht sie nur aus der Unterschrift des Garanten, so bestimmen

83 Vgl. UNCITRAL Yb. 1987 Vol.18 A/42/17 S.11 Anm.68.

Art. 47 (4)(d) und (e) in Abhängigkeit von der Geschäftstätigkeit des Garanten die Art der von ihm übernommenen Garantie. Ist der Garant eine Bank oder eine andere "Finanzielle Institution", so übernimmt er gemäß Art. 47 (4)(e) mit seiner Unterschrift die strengere Aval-Bürgschaft im Sinne des Art. 47 (4)(c).[84] Ist der Garant dagegen keine Bank oder "Finanzielle Institution", so übernimmt er gemäß Art. 47 (4)(d) lediglich die einfache Garantie im Sinne des Art. 47 (4)(b). Der Begriff "Finanzielle Institution" im Sinne des Art. 47 (4) ist in der Arbeitsgruppe nicht näher definiert worden.[85] Obwohl dies kritisiert worden ist, hat die Arbeitsgruppe eine nähere Definition für überflüssig gehalten, da die Bedeutung dieses Begriffes durch Interpretation zu erschließen sei und in der Praxis nur selten problematisch werde.[86] Art. 47 (4)(d) und (e) sollen hinsichtlich der Garantiewirkung einer einzelnen Unterschrift zwischen im Umgang mit Wertpapieren erfahrenen und unerfahrenen Handelskreisen differenzieren.[87] Banken geben ihre Garantien häufig allein durch Unterschrift. Diesem Handelsbrauch soll die Regelung des Art. 47 (4)(e) offenbar entsprechen.[88] Andere Handelskreise, die keine regelmäßigen Erfahrungen mit Wechselbürgschaften haben, sollen dagegen nicht durch die strengere Haftung der Aval-Garantie der Konvention überrascht werden.[89] Daraus folgt für den Begriff "Finanzielle Institution", daß damit alle Wechselgaranten erfaßt werden sollen, die zwar nicht Banken im Sinne der jeweiligen nationalen Bankgesetzgebung sind, aber wie diese im Wertpapierverkehr auftreten und über entsprechende Erfahrungen im Umgang mit Wechseln und Wechselgarantien verfügen. Dazu dürften insbesondere Inkassobüros zählen.

Ungeachtet dessen ist die Regelung der Konvention als zu komplex und schwer verständlich kritisiert worden.[90] Diese Kritik scheint aus zwei Gründen unberechtigt. Zuerst ist festzuhalten, daß die Konvention in wesentlichen Zügen die Regelung der Artt. 30ff WG des Genfer Rechtes übernimmt. Damit kann hinsichtlich großer Teile der Regelung nicht von einer schwer verständlichen Regelung gesprochen werden. Eine gewisse Komplexität wird durch die Einführung einer zweiten Garantieart verursacht. Hier hat die Konvention in Art. 47 (4) jedoch eine klare Abgrenzung zwischen den beiden Garantiearten gefunden. Die Auslegungsregeln des Art. 47 (4)(d) und (e) greifen auch

---

84 *Cheng*, 3 M.L.J. 1988 S.Liii(lvi).

85 UNCITRAL Yb. 1987 Vol.18 A/42/17 S.12 Anm.72.

86 Vgl. UNCITRAL Yb. 1987 Vol.18 A/42/17 S.12 Anm.72.

87 Vgl. UNCITRAL Yb. 1987 Vol.18 A/42/17 S.11 Anm.66.

88 Vgl. UNCITRAL Yb. 1987 Vol.18 A/42/17 S.11 Anm.66.

89 Vgl. UNCITRAL Yb. 1987 Vol.18 A/42/17 S.11 Anm.66.

90 Vgl. UNCITRAL Yb. 1988 Vol.19 A/43/405 S.195 Anm.18f, S.198 Anm.17, S.200 Anm.16.

nur dann ein, wenn der Wechselgarant nicht bereits vorher im Wechsel zum Ausdruck gebracht hat, welche Garantie er zu übernehmen gedenkt. Ferner ist zu berücksichtigen, daß die Konvention vorrangig zur Verwendung durch internationale Handels- und Finanzkreise bestimmt ist, die es gewöhnt sind, sich auch mit für sie neuen und zuerst fremden Rechtsbestimmungen auseinanderzusetzen. Hinzu kommt, daß die Wechselgarantie in der strengeren Aval-Form besonders im *Forfait*-Geschäft[91] sehr beliebt ist und daher anzunehmen ist, daß sich diese Garantieform allgemein durchsetzen wird. In jedem Fall ist die Lösung der Konvention, den Parteien eine Wahlmöglichkeit zu gewähren, aber als besonders flexibel zu begrüßen.[92]

17.2.3 Verpflichtungsinhalt der Wechselgarantie und Einwendungen des Wechselgaranten.

Die Konvention unterscheidet hinsichtlich des Inhalts der Verpflichtung des Garanten zwischen den Wechselgaranten des Ausstellers und des Indossanten und dem Wechselgaranten des Bezogenen. Dagegen unterscheidet die Konvention bei den dem Garanten zustehenden Einwendungen hinsichtlich der persönlichen Einwendungen in Art. 47 (4)(a) wiederum zwischen den Wechselgaranten des Ausstellers und des Indossanten und dem Wechselgaranten des Bezogenen und hinsichtlich der gegenüber einem "Geschützten Inhaber" gemäß Art. 47 (4)(b) und (c) zulässigen Einwendungen nach der Art der vom Garanten übernommenen Garantie.

Bezüglich des Inhalts der Wechselgarantie folgt die Konvention in Art. 47 (1) dem Grundsatz des Art. 32 I WG, wonach sich die Haftung des Garanten inhaltlich nach der Haftung des Hauptverpflichteten richtet. Ist der Hauptverpflichtete ein primärer Wechselschuldner, ist auch der Garant primär verpflichtet; ist der Hauptverpflichtete ein sekundärer Wechselschuldner, ist auch der Garant lediglich sekundär verpflichtet.[93]

Abweichend von diesem Grundsatz behandelt die Konvention aber auch den Garanten des Bezogenen als primären Wechselschuldner.[94] So bestimmt

---

91 Darunter ist die Diskontierung eines Wechsels unter Verzicht auf jeden Rückgriff gegen den Diskontkreditgeber gegen Stellung einer Garantie, z.B. einer Wechselbürgschaft, zu verstehen. Vgl. *Baumbach/Duden/Hopt* (7) BankGesch VI Anm. 3 A. Siehe auch oben Kapitel 7.1 S.72.

92 In diesem Sinne auch *Horn-Herrmann* S.259(269).

93 Vgl. UNCITRAL Yb. 1982 Vol.13 A/CN.9/213 S.161 Art.43 Anm.1; UNCITRAL Yb. 1987 Vol.18 A/42/17 S.11 Anm.67.

94 Vgl. UNCITRAL Yb. 1987 Vol.18 A/42/17 S.15,17 Anm.110,128; UNCITRAL Yb. 1979 Vol.10 A/CN.9/157 S.66 Anm.51.

die Konvention in Art. 47 (2)(a) für den Garanten des Bezogenen, daß dieser bei Fälligkeit dem Inhaber oder einer anderen Wechselpartei, die den Wechsel an den Inhaber bezahlt hat, den Wechsel zahlt. Ist der Wechsel kein Sichtwechsel,[95] so ist der Wechselgarant des Bezogenen gemäß Art. 47 (2)(b) verpflichtet, den Wechsel bereits bei Notleiden wegen Nicht-Annahme an den Inhaber oder eine andere Wechselpartei, die den Wechsel bezahlt hat, zu zahlen. Art. 47 (2)(b) führt damit zu einer Beschleunigung der Haftung des Garanten des Bezogenen für den Fall, daß der Bezogene die Annahme verweigert.[96] Diese Haftungsbeschleunigung tritt aber gemäß Art. 54 (3) nicht ein, wenn der Bezogene die Annahme eines Sichtwechsels verweigert. Die Konvention berücksichtigt damit, daß Sichtwechsel gewöhnlicherweise nicht zum Akzept vorgelegt werden. Verstößt der Inhaber gegen diesen Handelsbrauch, so hat der Inhaber keinen Anspruch auf vorzeitige Befriedigung durch den Garanten des Bezogenen.[97]

Die vorzeitige Haftung des Garanten des Bezogenen setzt laut Art. 47 (2)(b) neben dem Notleiden des Wechsels grundsätzlich voraus, daß der Wechsel wegen Nicht-Annahme protestiert worden ist. Damit will die Konvention dem Garanten des Bezogenen den Nachweis verschaffen, daß der Wechsel auch wirklich wegen Nicht-Annahme notleidend geworden ist.[98] Ein Protest ist dagegen nicht erforderlich, wenn er gemäß Art. 62 (2) erlassen ist.

17.2.3.1 Die gegenüber einem "Inhaber" zulässigen Einwendungen des Garanten.

Hinsichtlich der gegenüber einem einfachen Inhaber verfügbaren persönlichen Einwendungen des Garanten behandelt die Konvention alle Garanten einheitlich. Art. 47 (3)(a) bestimmt, daß jeder Garant dem einfachen Inhaber gegenüber seine persönlichen Einwendungen erheben kann, die gemäß Art. 28 (1), (3) und (4) gegen den einfachen Inhaber erhoben werden können. Diese Verweisung umfaßt zum einen die über die Artt. 28 (1)(a), 30 (1) einem geschützten Inhaber gegenüber zulässigen Einwendungen. Dieses sind alle gemäß Art. 30 (1)(a) ausdrücklich zulässigen Einwendungen der Konvention sowie die aus einem der Wechselbürgschaft zugrundeliegenden Rechtsgeschäft mit dem Inhaber erwachsenden Einwendungen und die Einwendungen des betrügerischen Verhaltens des Inhabers bei Erlangung der Unterschrift des Garanten sowie der Geschäftsunfähigkeit oder des fehlenden

---

95 Vgl. dazu UNCITRAL Yb. 1987 Vol.18 A/42/17 S.12 Anm.71.

96 UNCITRAL Yb. 1987 Vol.18 A/42/17 S.12 Anm.67.

97 Vgl. UNCITRAL Yb. 1987 Vol.18 A/42/17 S.14,12 Anm.210; 71.

98 UNCITRAL Yb. 1987 Vol.18 A/42/17 S.12 Anm.71.

Erklärungsbewußtseins des Garanten.[99] Ferner vermag der Garant gemäß Art. 28 (1)(b) alle Einwendungen aus einem der Wechselgarantie etwa zugrundeliegenden Rechtsgeschäft mit dem Aussteller heranzuziehen sowie gemäß Art. 28 (1)(c) alle Einwendungen, die sich aus der Begebung der Wechselbürgschaft ergeben, schließlich gemäß Art. 28 (1)(d) auch alle Einwendungen, die sich aus anderen Rechtsbeziehungen zwischen dem Garanten und dem Inhaber ergeben sowie gemäß Art. 28 (1)(e) alle sonstigen unter der Konvention zulässigen Einwendungen.[100]

Hinsichtlich der Verfügbarkeit der in der Person seines Hauptverpflichteten begründeten Einwendungen unterscheidet Art. 47 (4)(a) wiederum zwischen dem Garanten des Bezogenen und den Garanten des Ausstellers und Indossatar. Letztere können sich auf alle Einwendungen ihres Hauptverpflichteten berufen, die dieser gemäß Art. 28 (1), (3) und (4) gegen den einfachen Inhaber erheben kann. Dazu gehören auch alle Einwendungen aus dem der Wechselbegebung durch den Begünstigten zugrundeliegenden Rechtsgeschäft sowie vertragliche Einwendungen aus anderen Rechtsbeziehungen zwischen dem Hauptverpflichteten und dem Inhaber. Mit der grundsätzlichen Zulässigkeit aller Einwendungen des Hauptverpflichteten weicht die Konvention von der im deutschen Wechselgesetz geübten Praxis ab[101] und folgt einer Lösung, wie sie auch im Schweizer und französischem Wechselrecht vertreten wird.[102]

Dagegen stehen die Einwendungen des Hauptverpflichteten dem Garanten des Bezogenen nicht zu.[103] Diese Unterscheidung ist wiederum durch den Umstand bedingt, daß der Bezogene, für den sich der Garant verbürgt hat, gar nicht aus dem Wechsel verpflichtet ist. Systematisch ergibt sich dieses Ergebnis aus der Verweisung in Art. 47 (4)(a) auf die Einwendungen in Art. 28 (1),(3) und (4), die nur einer Wechselpartei zustehen, nicht aber dem Bezogenen;[104] logisch bereits daraus, daß dem Bezogenen als Nichtschuldner gar keine Einwendungen gegen eine nicht bestehende Verpflichtung zustehen können.

Die Verweisungstechnik der Konvention verdeckt einen fundamentalen Unterschied zwischen der Konventionslösung und dem Genfer Recht. Während im Genfer Recht der Garant gemäß Art. 32 II WG auch dann verpflichtet

---

99 Näher dazu oben Kapitel 12.2.3.1 bis Kapitel 12.2.3.3 S.180 bis S.185.

100 Näher dazu oben Kapitel 12.2.4.1 bis Kapitel 12.2.4.5 S.189 bis S.192.

101 Vgl. *Baumbach/Hefermehl* WG Art.32 Rn.2; *Hueck/Canaris* § 13 I 5; BGH WM 59,740f; a.A. *Jacobi* S.684.

102 SchwBGE 84 II 645,648f; *Ripert-Roblot* Nr.2013 S.164; differenzierend *Jäggi/Druey/Greyerz* § 28 Nr.3 mwN.

103 Vgl. UNCITRAL Yb. 1987 Vol.18 A/42/17 S.12 Anm.72.

104 UNCITRAL Yb. 1987 Vol.18 A/42/17 S.12 Anm.72.

ist, wenn die Verpflichtung seines Hauptverpflichteten aus einem anderen Grund als einem Formfehler nichtig ist, der Garant also auch dann haftet, wenn der Bürgschaftsbegünstigte materiell nicht wirksam verpflichtet ist,[105] kann sich der Garant des Ausstellers oder Indossanten unter der Konvention gemäß Art. 28 (1)(a) durch Verweisung auf die Artt. 30 (1)(a), 34, 35 (1)(b), 36 (3) darauf berufen, daß sein Hauptverpflichteter wegen Fälschung seiner Unterschrift, Verfälschung des Wechselinhalts oder vollmachtsloser Vertretung nicht oder zumindest nicht so aus dem Wechsel haftet.[106] Dies bedeutet eine erhebliche Beschränkung der Garantiewirkung gegenüber dem Genfer Recht.

Angesichts der Tatsache, daß der "einfache" Inhaber bestehende Einwendungen nur im Rahmen des Art. 28 (1)(b) und (c) durch Redlichkeit bei Erwerb zu überwinden vermag, bedeutet eine Wechselgarantie in der Konvention für den einfachen Inhaber keine Verstärkung seiner Rechtsposition, insbesondere da der Garant grundsätzlich alle Einwendungen erheben kann, die seinem Hauptverpflichteten zustehen. Da dies selbst dann gilt, wenn der Wechselgarant die strengere Aval-Garantie übernommen hat, wird eine Wechselgarantie für den "einfachen" Inhaber in der Konvention häufig nutzlos sein.

17.2.3.2 Die gegenüber einem "Geschützten Inhaber" zulässigen Einwendungen des Garanten.

Vorteilhafter sieht die Rechtsposition des "Geschützten Inhabers" aus. Diesem gegenüber sind gemäß Art. 47 (3)(b) persönliche Einwendungen des Garanten nur im Rahmen des Art. 30 (1) zulässig. Einwendungen, die in der Person des Hauptverpflichteten bestehen, sind gemäß Art. 47 (4)(b) und (c) in Abhängigkeit von der Art der Garantie nur in beschränktem Umfang zulässig.

Übernimmt der Garant eine einfache Garantie gemäß Art. 47 (4)(b) mit den Worten "garantiert" oder "Zahlung garantiert" oder unterschreibt er lediglich den Wechsel und ist er keine Bank oder "Finanzielle Institution" gemäß Art. 47 (4)(d), so kann der Garant nur diejenigen Einwendungen seines Hauptverpflichteten erheben, die dieser gemäß Art. 30 (1) gegenüber dem "Geschützten Inhaber" erheben könnte. Allerdings gilt auch in diesem Fall die oben geschilderte Abweichung der Konventionslösung von der Regelung des Art. 32 II WG, wonach sich der Garant auch gegenüber dem "Geschützten Inhaber" darauf berufen kann, daß die Person, für die er die Garantie übernommen hat, nicht oder nicht so aus dem Wechsel haftet.

---

105 Vgl. *Baumbach/Hefermehl* WG Art.32 Rn.2.

106 Kritisch hierzu auch *Crawford* Remarks S.15f.

Dieser Einwand ist dem Garanten nur dann verwehrt, wenn er gemäß Art. 47 (4)(c) eine Garantie mit den Worten "Aval" oder "gut als Aval" übernimmt, oder eine Bank oder "Finanzielle Institution" die Garantie nach Art. 47 (4)(e) durch bloße Unterschrift eingeht.

In diesem Fall stehen dem Garanten neben seinen persönlichen Einwendungen gemäß Art. 47 (3)(b) laut Art. 47 (4)(c) aus der Person des Hauptverpflichteten lediglich vier Einwendungen zu.

Gemäß Art. 47 (4)(c)(i) der Einwand des Art. 30 (1)(b), daß der Inhaber die Unterschrift seines Hauptverpflichteten durch eine Täuschung erlangt hat. Diese Täuschung muß begangen sein, nachdem der Inhaber "Geschützter Inhaber" geworden ist, weil Art. 29 (e) bei einer früheren Täuschung bereits den Erwerb der Stellung eines "Geschützten Inhabers" verhindert hätte. Eine solche Täuschung kann damit nur gegenüber einer Wechselpartei begangen werden, die den Wechsel erst nach Erwerb durch den "Geschützten Inhaber" unterschreibt. Hierbei ist der Fall denkbar, daß der Hauptverpflichtete des Garanten entweder seinerseits als Garant unterzeichnet hat, oder daß der "Geschützte Inhaber" einen unvollständigen Wechsel erworben hat, auf dem entweder die Unterschrift des Ausstellers, oder aber das Akzept des Bezogenen gefehlt hat und er sich diese Unterschriften nachträglich erschlichen hat.

Zweitens kann der Wechselgarant eines sekundären Wechselverpflichteten gemäß Art. 47 (4)(c)(ii) dem "Geschützten Inhaber" gegenüber einwenden, daß der Wechsel gegenüber dem Bezogenen nicht ordentlich gemäß Art. 53 zum Akzept oder dem Akzeptanten gemäß Art. 57 zur Zahlung vorgelegt oder drittens gemäß Art. 47 (4)(c)(iii), daß dieser nicht ordentlich gemäß Art. 63 wegen Nicht-Annahme oder Nicht-Zahlung protestiert worden ist. Dem Garanten des Bezogenen dagegen stehen diese Einwendungen gemäß Art. 53 (2), Art. 57 (2) und Art. 63 (2) ebensowenig zu wie den Garanten des Akzeptanten und den Garanten des Ausstellers eines Internationalen Eigen-Wechsels.

Art. 47 (4)(c)(ii) und (iii) erlangen angesichts der Verweisung in Art. 47 (3)(b) auf Art. 30 (1)(a) nur dann eine eigenständige Bedeutung, wenn der Garant diese Einwendungen nicht selbst gemäß Artt. 47 (3)(b), 30 (1)(a) erheben kann, weil ihm gegenüber die Vorlage oder der Protest erlassen war. Hauptfall dürfte dabei der ausdrückliche Erlaß der Vorlage zur Zahlung oder des Protestes gemäß den Artt. 56 (2)(a)(ii), 62 (2)(a)(ii) durch den Garanten sein. Diese Konsequenz ist im Hinblick auf das darin liegende widersprüchliche Verhalten des Garanten bedenklich.

Viertens kann der Garant auch gegenüber dem "Geschützten Inhaber" einwenden, daß der Anspruch gegen den Hauptverpflichteten mittlerweile gemäß Art. 84 verjährt ist. Dieser Einwand ergibt sich bereits aus Art. 84

direkt, da dort die Verjährungsfristen für den jeweiligen Hauptverpflichteten und seinen Garanten gleichförmig geregelt sind.

Im Vergleich zum Genfer Recht eröffnet die Konvention dem Aval-Garanten keine wesentlichen neuen Verteidigungsmöglichkeiten. So ist auch nach dem Genfer Wechselrecht der Einwand des Garanten zulässig, der Inhaber habe die Unterschrift des Hauptverpflichteten durch Täuschung erlangt.[107] Entsprechend Art. 47 (4)(c)(ii) und (iii) kann sich auch der Wechselbürge des Genfer Rechts, mit Ausnahme des Wechselbürgen des Akzeptanten darauf berufen, daß der Wechsel nicht ordnungsgemäß protestiert worden ist.[108] Dies gilt jedoch im Gegensatz zur Regelung der Konvention dann nicht, wenn der Wechselbürge selbst den Protest erlassen hat.[109] Entsprechend verliert der Inhaber seinen Anspruch gegen den Wechselbürgen einer sekundär haftenden Wechselpartei, wenn er die Vorlage- und Protestfristen versäumt.[110] Auch in der Gleichstellung der Wechselverpflichteten und ihrer Garanten hinsichtlich der Verjährungsfristen stimmt die Regelung in Art. 47 (4)(c)(iv) im Ergebnis mit dem Genfer Recht überein.[111] Wie im Genfer Wechselgesetz werden dagegen die Auswirkungen von Hemmungen und Unterbrechungen der Verjährung auf den Fristablauf für die Garanten und ihre Hauptverpflichteten getrennt zu beurteilen sein.[112]

17.2.4 Rückgriffsanspruch des Wechselgaranten.

Die Konvention gewährt dem zahlenden Garanten in Art. 48 (2) einen eigenen Rückgriffsanspruch gegen die Wechselpartei, für welche er sich verbürgt hat, sowie gegen deren Vormänner. Nicht in der Konvention geregelt ist dagegen der interne Ausgleich zwischen dem Garanten im Verhältnis zum Bezogenen,

---

107 Die Begründung ist hier unterschiedlich. Teilweise wird dem Garanten das Recht eingeräumt, sich auf die Einwendungen zu berufen, die seinem Hauptverpflichteten zustehen. So SchwBGE 84 II 645,648f; *Ripert-Roblot* Nr.2013 S.164; *Jacobi* S.684; im Ergebnis zustimmend, jedoch mit anderer Begründung *Jäggi/Druey/Greyerz* § 28 Nr.3; teilweise wird zur Begründung die Figur des Rechtsmißbrauches herangezogen, ausführlich *Canaris* ZHR 151 (1987) 517,(526f,534ff); und vgl. *Baumbach/Hefermehl* WG Art.32 Rn.2, Art.17 Rn.65,93f; *Hueck/Canaris* § 13 I 5 b).

108 Vgl. *Baumbach/Hefermehl* WG Art.32 Rn.1; *Stranz* WG Art.32 Anm.2.

109 Vgl. Art. 46 III, *Stranz* WG Art.32 Anm.2.

110 Vgl. Art. 53 WG, *Baumbach/Hefermehl* WG Art.32 Rn.1.

111 Vgl. *Baumbach/Hefermehl* WG Art.32 Rn.1; *Stranz* WG Art.32 Anm.2; *Jacobi* S.685 Fn.6 zum Genfer Recht.

112 Dies ergibt sich daraus, daß die Konvention die Hemmung und Unterbrechung der Verjährung dem nationalen Recht überlassen hat, UNCITRAL Yb. 1980 Vol.11 A/CN.9/178 S.49 Anm.67; UNCITRAL Yb. 1980 Vol.11 A/CN.9/181 S.69 Anm.141; zum Genfer Recht *Stranz* WG Art.32 Anm.2.

wenn dieser das Akzept verweigert.[113] Der Anspruch aus Art. 48 (2) richtet sich nicht gegen den Bezogenen, da dieser mangels Unterschrift auf dem Wechsel nicht Wechselpartei im Sinne des Art. 5 (i) geworden ist. Der Wechselgarant des Bezogenen hat daher weder einen wechselrechtlichen Anspruch aus der Konvention gegen den Bezogenen noch gegen sonstige Wechselparteien und ist daher mit seinem Rückgriffsanspruch auf nationales Recht angewiesen.[114]

---

113 Vgl. UNCITRAL Yb. 1987 Vol.18 A/CN.9/SR.383 S.181 Anm.56-65.

114 Vgl. UNCITRAL Yb. 1987 Vol.18 A/CN.9/SR.383 S.181 Anm.58,61.

§ 18 Schlußbemerkung

Im Endergebnis hinterläßt die Konvention inhaltlich einen positiven Eindruck. Ungeachtet kleinerer Mängel ist die Konvention flexibel genug, um dem internationalen Handels- und Finanzverkehr alle Gestaltungsmöglichkeiten zu bieten, die im modernen Zahlungsverkehr benötigt werden. Hingegen erscheinen die teilweise sehr detaillierten Vorschriften und die Verwendung häufiger Querverweise stilistisch weniger geglückt. Dieser Gesetzesstil erschwert die Lesbarkeit der einzelnen Vorschriften. Ungeachtet aller inhaltlichen und formalen Mängel der Konvention bleibt das Problem der Unvereinbarkeit des Beitritts zur Konvention für die Genfer Vertragsstaaten bestehen.

Die Bestimmung des Anwendungsbereiches der Konvention ist, sieht man hier einmal von dem Problem der Vereinbarkeit mit dem Genfer Wechselgesetz ab, insgesamt gelungen. Die Konvention soll nur auf "Internationale Rechtsgeschäfte" Anwendung finden. Dabei greift die Konvention für die Bestimmung der "Internationalität" nicht auf das tatsächlich zugrundeliegende Rechtsgeschäft zurück, sondern bestimmt die "Internationalität" ausschließlich nach den auf dem Wechsel enthaltenen Ortsangaben. Ein "internationales" Rechtsgeschäft im Sinne der Konvention liegt danach dann vor, wenn mindestens zwei der auf dem Wechsel nach Art. 2 anzugebenden Orte in verschiedenen Staaten liegen, ungeachtet der Richtigkeit der Angaben. Aus dem Erscheinungsbild des Wechsels wird somit auf die Internationalität des zugrundeliegenden Rechtsgeschäfts geschlossen. Diese Lösung hat zugegebenermaßen den Nachteil, daß sich die Parteien die Anwendung der Konvention durch falsche Ortsangaben erschleichen können. Auch der in Art. 88 (1) auf Initiative der Vertreter der Haager Konferenz für Internationales Privatrecht und Frankreichs aufgenommene Vorbehalt, die Anwendung der Konvention durch die Gerichte auf Wechsel zu beschränken, bei denen Ausstellungs- und Zahlungsort in Vertragsstaaten liegen, vermag diese Gefahr nicht zu beseitigen. Die Vorbehaltslösung bleibt in ihrer Wirkung auf Vertragsstaaten beschränkt. Zur Einschränkung des Anwendungsbereiches der Konvention ist der Vorbehalt deshalb ungeeignet, weil er die ausschließliche Anknüpfung der Anwendungsvoraussetzungen an den Parteiwillen nicht beseitigt. Eine gravierende Schwäche des Vorbehaltes liegt darin, daß der

Vorbehalt nicht die Anwendbarkeit der Konvention als solche beschränkt, sondern lediglich die gerichtliche Durchsetzbarkeit des Wechselanspruchs unter der Konvention. Dies kann zur Anwendung unterschiedlicher Rechtssysteme auf ein und denselben Fall führen, abhängig davon, ob ein Fall rechtshängig wird oder nicht.[1]

Diesem Nachteil der Konvention steht aber der gleichermaßen gewichtige Vorteil gegenüber, daß sich die Anwendbarkeit der Konvention allein aus dem Inhalt des Wechsels ergibt. Der Verkehr und die Gerichte können dem Wechsel direkt entnehmen, ob die Konvention Anwendung findet.[2] Diese Lösung entspricht damit dem Wechselrechtsgrundsatz, daß sich alle wesentlichen Merkmale des Wechsels aus diesem selbst erkennen lassen müssen. Damit wird eine im internationalen Rechtsverkehr schädliche Unsicherheit über das anwendbare Recht vermieden. Daher erscheinen Vor- und Nachteile der Lösung der Konvention ausgewogen.

Hinsichtlich der formalen Voraussetzungen hat die Konvention versucht, einen Kompromiß zwischen den strengen Voraussetzungen des Genfer Wechselgesetzes und der größeren Freiheit des anglo-amerikanischen Rechtes zu finden.[3] Da die UNCITRAL Wechsel neben die bestehenden nationalen Wechsel treten sollen, setzen die UNCITRAL Wechsel zusätzlich voraus, daß die Wechsel die Formel "Internationaler Wechsel (UNCITRAL-Konvention)" bzw. "Internationaler Eigen-Wechsel (UNCITRAL-Konvention)" in Überschrift und Text enthalten. Diese Formvoraussetzung erscheint ausreichend, um die Internationalen Wechsel von den nationalen Wechseln unterscheiden zu können. Im Ergebnis bietet die Konvention eine gegenüber dem Genfer Wechselgesetz erheblich größere formale Flexibilität. Die Zulassung von Raten- und Zinswechseln erfüllt eine Forderung der internationalen Finanzkreise und ist in ihrer Ausgestaltung durchweg zu begrüßen. Eine Gefahr des Mißbrauchs von Verfallsklauseln durch wirtschaftlich einflußreiche Kreditgeber ist allerdings nicht auszuschließen. Diese Gefahr erscheint jedoch gering im Vergleich zu der Erleichterung, welche diese Klauseln im Regelfall für den Finanzverkehr bringen.

Besonders die Vorschriften der Artt. 75, 76 für Fremdwährungswechsel zeigen den modernen, praxisorientierten Charakter der Konvention. Die Regelung der Konvention unterscheidet sich zwar nur geringfügig von entsprechenden Regelungen in anderen Wechselrechten. Abweichend von bestehendem Recht ist ein Wechsel unter der Konvention aber grundsätzlich in der

---

1 So auch *Horn-Herrmann* S.259 (261) in Fn. 4, ebenso in *Herrmann*, 10 U. Pa. J.Int'l Bus.L. 517(524f) (1988).

2 *Blomquist*, 9 Cal.West.I.L.J. 30,63 (1979).

3 Vgl. *Bloch*, J.Dr.Int.1979,770(779).

Währung zu zahlen, in welcher die Wechselsumme ausgedrückt ist. Die Konvention hat sich auch bei der Bestimmung der für die Umrechnung maßgeblichen Wechselkurse modernen Handelsgepflogenheiten angepaßt. Die weitestgehende Unterordnung unter den Willen der Parteien und die große Flexibilität der Vorschriften bezüglich der verwendbaren Währungseinheiten wird diesen Teil der Konvention für den internationalen Finanzverkehr interessant machen. Alles in allem hat die Konvention damit eine praktische, wenn auch leider nur schwer lesbare Regelung geschaffen.[4]

Ebenfalls gelungen ist die Regelung des Art. 12 für unvollständige Wechsel. An dieser Vorschrift zeigt sich der undogmatische, problemorientierte Ansatz der Konvention. Die unterschiedslose Anwendung der Vorschrift auf Blankowechsel und fehlerhafte Wechsel vereinfacht die Handhabung dieser Vorschrift. Der Verzicht auf die Ausfüllungsbefugnis als Erfordernis für die Wirksamkeit des Internationalen Wechsels fördert die Umlauffähigkeit des Papieres. Zweifelhaft ist allerdings die Entscheidung, Mängel bei den absoluten Wirksamkeitsvoraussetzungen vom Anwendungsbereich des Art. 12 auszunehmen. Diese Lösung schützt den Aussteller auf Kosten der Rechtssicherheit, was im Ergebnis die Anwendbarkeit der Konvention behindern könnte, ohne daß hierfür ein überwiegendes Schutzinteresse seitens des Ausstellers zu erkennen wäre.

Gut gelungen ist in der Konvention auch der Kompromiß zwischen dem Genfer und dem anglo-amerikanischen Wechselrecht hinsichtlich der Behandlung gefälschter Indossamente. Die Konvention hat sich entgegen dem Genfer System dafür entschieden, wirtschaftlich das Risiko eines mangelhaften Indossamentes dem direkten Indossatar des Fälschers oder vollmachtslosen Vertreters aufzulegen. Die Konvention folgt damit dem anglo-amerikanischen Grundsatz "Kenne Deinen Indossanten".[5] Dieser Grundsatz findet seine Berechtigung in der Überlegung, daß der Indossatar am ehesten die Berechtigung seines Indossanten überprüfen kann.[6] Trotz aller Kritik an dieser Lösung[7] ist die Risikozuweisung der Konvention zu billigen.[8] Das Fälschungsrisiko scheint keine besondere Bedeutung bei Internationalen Wechseln zu haben, so daß die Entscheidung der Konvention geringe praktische Bedeutung

---

4 Vgl. bereits die Kritik bei *Guest*, 27 Am.J.Comp.L. 533,543 (1979).

5 UNCITRAL Yb. 1982 Vol.13 A/CN.9/213 S.147 Art.23 Anm.28; *Schinnerer*, ÖBankA 1986,259(263); *Dohm*, 21 Am.J.Comp.L. 474,492 (1973); *Schinnerer*, FS Wagner S.315(323f); *Herrmann*, 10 U. Pa. J.Int'l Bus.L. 517,528 (1988).

6 Vgl. *Dohm*, 21 Am.J.Comp.L. 474,492 (1973); a.A. *Bloch*, J.Dr.Int.1979,770(786).

7 Vgl. *Dohm*, 21 Am.J.Comp.L. 474,492 (1973); *Bloch*, J.Dr.Int.1979,770(786); vgl. auch *Schinnerer*, FS Wagner S.315(328).

8 So auch im Ergebnis *Mertens/Pflug*, AG 1978, 219(281); *Liesecke*, WM 1973, 442(449).

hat.[9] Ferner scheinen die am Einzug von Internationalen Wechseln beteiligten Parteien eine Praxis entwickelt zu haben, die das Fälschungsrisiko minimiert.

Die Regelung der Konvention übernimmt im übrigen die Vorteile der Regelung des Genfer Systems. Der Umlauf des Internationalen Wechsels wird nicht behindert, da auch ein mangelbehaftetes Indossament Transportwirkung hat. Die Zahlung des redlichen, nicht fahrlässigen Wechselschuldners führt zu seiner Enthaftung und bringt die Wechselschuld zum Erlöschen. Eine Rückabwicklung der Rechtsgeschäfte der Wechselparteien untereinander findet nicht statt. Eine Regreßkette wird vermieden. Der Vormann, der durch das mangelbehaftete Indossament einen Schaden erlitten hat, hat einen direkten Anspruch gegen den Indossatar des Fälschers bzw. vollmachtslosen Vertreters.

Weniger gelungen ist dagegen die dem anglo-amerikanischen Recht entlehnte Gleichbehandlung von Fälscher und vollmachtslosem Vertreter in Art. 25 und Art. 26. Die jetzige Regelung ist damit begründet worden, die Argumente, die für eine Haftung des Indossatars im Fall einer Fälschung sprächen, träfen auch für den Fall der vollmachtslosen Indossierung zu. Ausserdem sei die Unterscheidung zwischen einem Fälscher und einem vollmachtslosen Vertreter in der Praxis schwierig.[10] Die Gleichbehandlung von Fälscher und vollmachtslosem Vertreter in der Konvention vermag sowohl aus formalen Gründen wie auch wertungsmäßig nicht zu überzeugen. Der formale Aufbau der Konvention ist insofern widersprüchlich, als ein angeblich einheitliches Problem in zwei verschiedenen Vorschriften geregelt wird. Dieser Aufbau erzeugt den irrigen Eindruck, die Konvention würde den Fälscher und den vollmachtslosen Vertreter unterschiedlich behandeln, obwohl beide Normen inhaltlich identisch sind.

Aber auch inhaltlich ist die Gleichbehandlung von Fälscher und vollmachtslosem Vertreter nicht überzeugend. Die Risikozuweisung an den Indossatar des vollmachtslosen Vertreters ist ungerechtfertigt. Anders als beim Fälscher konkretisiert sich beim vollmachtslosen Vertreter typischerweise ein Risiko aus dem Innenverhältnis des Vertreters mit seinem Geschäftsherrn. Eine Haftung des Indossatars gegenüber dem Geschäftsherrn für ein vollmachtsloses Indossament des Vertreters des Geschäftsherrn verkehrt die Risikoentstehung in ihr Gegenteil. Vielmehr ist es eine Angelegenheit des Geschäftsherrn, das Verhalten seines Vertreters zu überwachen. In seiner

---

9 So auch *Herrmann*, 10 U. Pa. J.Int'l Bus.L. 517,528f (1988).

10 UNCITRAL Yb. 1985 Vol.16 A/CN.9/261 S.147 Anm.43; vgl. *Herrmann*, 10 U. Pa. J.Int'l Bus.L. 517,529 (1988).

jetzigen Form ist die Lösung der Konvention bezüglich der Behandlung vollmachtsloser Indossamente daher unbillig. Ungeachtet dieser Kritik ist aber insgesamt die Lösung des Problems mangelbehafteter Indossamente in der Konvention zufriedenstellend gelöst.

Der von der Konvention verwendete Redlichkeitsmaßstab "Kenntnis" des Art. 6 stellt im Ergebnis geringere Anforderungen an die Redlichkeit der betreffenden Person als der Redlichkeitsmaßstab der Artt. 10 und 16 WG. Anders als Artt. 10 und 16 WG verlangt Art. 6 für die Redlichkeit einer Person nicht die Beachtung von Sorgfaltspflichten. Fahrlässige Unkenntnis einer Tatsache führt bei Art. 6 noch nicht zur "Kenntnis". Die Grenze der zulässigen, noch unschädlichen Unwissenheit wird nicht durch einen objektiven Standard bestimmt, sondern bestimmt sich nach der tatsächlichen Kenntnis der betreffenden Person von Drittatsachen. Erst wenn die Kenntnis dieser Tatsachen positiv festgestellt ist, kann das Gericht aus dieser Kenntnis anhand eines objektiven Maßstabs auf die Kenntnis der relevanten Tatsache schließen. Dabei soll positive Kenntnis der relevanten Tatsache dann angenommen werden dürfen, wenn die Unkenntnis dieser Tatsache nur durch willentliches Unterlassen von Erkundigungen und mit Gleichgültigkeit zu erklären ist. Im Vergleich mit Art. 17 WG stellt Art. 6 höhere Anforderungen an die Redlichkeit.[11] Bei beiden Redlichkeitsmaßstäben ist grob fahrlässige Unkenntnis allein noch unschädlich. Im Gegensatz zu Art. 17 WG verlangt Art. 6 hingegen kein Schädigungsbewußtsein des Inhabers, sondern läßt laut seinem zweiten Halbsatz bereits die Kenntnis von Drittatsachen für den Verlust der Redlichkeit genügen, wenn ein "vernünftiger Dritter" durch diese Drittatsachen Kenntnis der relevanten Tatsache gehabt hätte.

Auch im Vergleich mit den Redlichkeitsmaßstäben des anglo-amerikanischen Rechtskreises stellt Art. 6 geringere Anforderungen an die Redlichkeit des Erwerbers. Verglichen mit dem Redlichkeitsmaßstab "notice" im Sinne von sec. 3-304, 1-201 (25) UCC ist Art. 6 dem Erwerber insofern günstiger, als keine gesetzliche Fiktion der Kenntnis über die Lehre der "constructive notice" stattfindet.[12] Im Vergleich mit dem Redlichkeitsmaßstab "good faith" stellt Art. 6 insofern geringere Anforderungen, als nur Kenntnis bestimmter Drittatsachen, nicht aber das generelle Mißtrauen, "daß da etwas mit dem Papier nicht stimmt", zum Verlust der Redlichkeit führt. Die inhaltlichen Redlichkeitsanforderungen des Art. 6 sind somit enger als im anglo-amerikanischen Recht.

Soweit die Konvention in den Artt. 25, 26 und 30 fahrlässige Unkenntnis ausdrücklich miteinbezieht, wird als Maßstab der Sorgfaltspflichten auf die

---

11 Vgl. oben Kapitel 8.2.2 S.85.

12 A.A. *O'Callaghan*, XV. I.Tr.L.C. S. 10.

im Verkehrskreis der betreffenden Person üblichen Maßstäbe abgestellt. Dies entspricht dem Genfer Wechselgesetz.

Die Ausgestaltung des Redlichkeitsmaßstabes "Kenntnis" schützt den Verkehr in einem hohen Maße. Er erscheint somit geeignet, den Umlauf der Internationalen Wechsel zu fördern. Andererseits verschärft die Konvention an mehreren Stellen die Redlichkeitsanforderungen durch Einbeziehung von Unkenntnis infolge sorgfaltswidrigen Verhaltens. Dies sollte genügen, um Bedenken der Wechselschuldner gegen die Verwendung des Internationalen Wechsels zu zerstreuen.

Die Lösung der Einwendungsproblematik in der Konvention ist inhaltlich gelungen, jedoch formal unglücklich gelöst. Die Schwäche der Lösung der Konvention liegt in ihrer inkonsequenten Systematik. Die Konvention lehnt sich auf den ersten Blick eng an die Systematik des anglo-amerikanischen Wechselrechts an. Die Unterscheidung der Konvention zwischen "einfachem" Inhaber (holder) und "Geschütztem Inhaber" (protected holder) in den Artt. 27ff sowie die Übernahme der "shelter rule" in Art. 31 resultiert aus dieser engen Anlehnung an die anglo-amerikanische Gesetzessystematik.[13]

Im Laufe der Entwurfsarbeiten ist dieser Unterschied aber durch die Einführung der Möglichkeit des gutgläubigen und einredefreien Erwerb für den einfachen Inhaber überflüssig geworden. Der Unterschied zwischen den beiden Inhabertypen ist im Ergebnis vernachlässigbar. Es wäre konsequenter gewesen, diese Unterscheidung nach Einführung des redlichen, einwendungsfreien Erwerbs für den Inhaber aufzugeben. Dies ist aber wohl aus politischen Gründen nicht geschehen, da sonst die anglo-amerikanischen Teilnehmer die Konvention vermutlich abgelehnt hätten.

Auf den ersten Blick erscheinen die Voraussetzungen für den Erwerb des Status eines "Geschützten Inhabers" wesentlich strenger als die Voraussetzungen, welche die Konvention an der Erwerb der Stellung eines "einfachen" Inhabers stellt. Hierbei ist jedoch beachten, daß die Rechtsstellung eines "Geschützten Inhabers" nur dem gesteigerten Schutz vor Mängeln des Papieres dient. Ein Vergleich der Anforderungen, die an den Erwerb der Stellung einen "Geschützten Inhaber" gestellt werden, mit den Voraussetzungen für einen Einwendungsausschluß bei einem "einfachen" Inhaber zeigt aber, daß sowohl hinsichtlich der Schutzvoraussetzungen wie hinsichtlich des Schutzumfanges nur geringfügige Unterschiede bestehen.

In jedem Fall schaden dem Erwerber Täuschung bei Erwerb, Diebstahl des Papieres oder Beteiligung an einer solchen Tat. Kenntnis von Einwendungen gegen die Rechte an und aus dem Wechsel führt dazu, daß der Erwerber nicht "Geschützter Inhaber" wird und als "einfacher" Inhaber diesem

---

13 Vgl. *Schinnerer* Konventionsentwürfe S.9f.

Einwand ausgesetzt bleibt. Ein Unterschied in den Redlichkeitsvoraussetzungen ergibt sich nur bei Einwendungen, die gemäß Art. 28 (1)(d) aus nicht mit der Wechselbegebung zusammenhängenden Rechtsgeschäften erwachsen. Diese können nur einem "einfachen" Inhaber entgegengehalten werden, ihre Kenntnis schadet jedoch nicht beim Erwerb der Stellung eines "Geschützten Inhabers". Davon abgesehen sind beide Inhabertypen, sofern sie bei Erwerb keine Kenntnis von Mängeln des Papieres haben, nur solchen Einwendungen ausgesetzt, die gemäß Art. 30 (1), 28 (1)(a) gegenüber jedem Inhaber erhoben werden können.

Entsprechendes gilt hinsichtlich der Gegenansprüche, die gegenüber dem jeweiligen Inhaber erhoben werden können. Der "einfache" Inhaber kann gemäß Art. 28 (2), wie der "Geschützte Inhaber", den Wechsel gutgläubig erwerben. Der frühere Berechtigte verliert dadurch seinen Gegenanspruch. Im Ergebnis entspricht damit die Rechtsstellung des "einfachen" Inhabers in Bezug auf Gegenansprüche Dritter derjenigen eines "Geschützten Inhabers".

Ein etwas stärkerer Unterschied zwischen den beiden Inhabertypen ergibt sich bei Einwendungen, die von einem Garanten gemäß Art. 47 (4) erhoben werden.

Dem "Geschützten Inhaber" gegenüber sind gemäß Art. 47 (3)(b) nur die persönlichen Einwendungen des Garanten im Rahmen des Art. 30 (1) zulässig. Einwendungen, die in der Person des Hauptverpflichteten bestehen, sind dagegen gemäß Art. 47 (4)(b) und (c) nur in beschränktem Umfang zulässig. Bei einer einfachen Garantie gemäß Art. 47 (4)(b) kann der Garant nur diejenigen Einwendungen seines Hauptverpflichteten erheben, die dieser gemäß Art. 30 (1) gegenüber dem "Geschützten Inhaber" erheben könnte. Bei der strengeren Garantieform im Sinne des Art. 47 (4)(c) stehen dem Garanten neben seinen persönlichen Einwendungen gemäß Art. 47 (3)(b) laut Art. 47 (4)(c) aus der Person des Hauptverpflichteten lediglich die Einwendungen des Art. 30 (1)(b) zu: Die Erlangung der Unterschrift des Hauptverpflichteten durch Täuschung seitens des Inhabers, die nicht ordnungsgemäße Vorlage zur Zahlung oder zur Annahme sowie des nicht fristgerechten Protestes und der Verjährung.

Dagegen vermag der Garant gegenüber dem "einfachen" Inhaber zusätzlich alle eigenen Einwendungen sowie die Einwendungen des Hauptverpflichteten gemäß Art. 28 (1)(b) aus einem der Wechselgarantie etwa zugrundeliegenden Rechtsgeschäft mit dem Aussteller heranzuziehen, dann alle Einwendungen gemäß Art. 28 (1)(c), die sich aus der Begebung der Wechselbürgschaft ergeben, ferner gemäß Art. 28 (1)(d) die Einwendungen, die sich aus anderen Rechtsbeziehungen zwischen dem Garanten oder Hauptverpflichteten und dem Inhaber ergeben sowie gemäß Art. 28 (1)(e) alle sonstigen unter der Konvention zulässigen Einwendungen. Hier ist der "einfache" Inhaber gegenüber dem "Geschützten Inhaber" tatsächlich spürbar weniger geschützt.

Vergleicht man den Schutz des Inhabers unter der Konvention mit dem Schutz unter den nationalen Wechselsystemen, so ergibt sich folgendes Bild: Wie im Genfer Recht bleibt der Inhaber unabhängig von seinem Status und seiner Redlichkeit allen Einwendungen seines unmittelbaren Vertragspartners gegen seine materielle Berechtigung am Wechsel ausgesetzt, die sich aus dem Kausalgeschäft ergeben und Gegenrechte am Wechsel begründen. Gegenrechten Dritter ist der vor Verfall des Wechsels redlich erwerbende Inhaber entsprechend Art. 16 II WG ebenfalls nicht ausgesetzt.

Nach Verfall ist der Inhaber dagegen allen Gegenrechten ausgesetzt, die gegenüber seinem Vormann bestanden. Ein Erwerb der Stellung eines "Geschützten Inhabers" ist nach Art. 29 (d) unmöglich. Hier ergibt sich ein Unterschied zum Genfer Recht, welches diese Wirkung erst nach Ablauf der Protestfrist eintreten läßt. Insoweit ist der "Inhaber" unter der UNCITRAL-Konvention gegenüber dem Inhaber unter dem Genfer Wechselgesetz benachteiligt.

Bei den Einwendungen gegen die Haftung aus dem Wechsel bestehen bezüglich urkundlicher Einwendungen gegenüber der Rechtsstellung des Inhabers im Genfer Wechselgesetz keine Unterschiede. Ebenfalls dem Genfer Wechselgesetz entspricht die Bestimmung des Art. 72 (4)(e), wonach eine Zahlung einem "Geschützten Inhaber" nicht entgegengehalten werden kann, wenn der Zahlende es versäumt hat, den Wechsel aus dem Verkehr zu ziehen. Der "einfache" Inhaber, dem gegenüber die Einwendung der Zahlung zulässig bleibt, ist dagegen im Vergleich zum Genfer Recht weniger geschützt.

Mängel der Wechselbegebung können gegenüber dem "Geschützten Inhaber" im Vergleich zum Genfer Wechselgesetz nur in begrenztem Umfang geltend gemacht werden. Jede Wechselpartei kann gegenüber dem "Geschützten Inhaber" die Einwendung der Täuschung oder des Diebstahls bei Erwerb (Art. 29 (e)) bzw. die Einwendung der fehlenden Geschäftsfähigkeit oder der Täuschung über die Rechtsnatur des Papieres (Art. 30 (1)(c)) erheben. Letztere Einwendung wird aber ausgeschlossen, wenn dem Erwerber fahrlässige Unkenntnis bezüglich der Rechtsnatur des Papieres vorgeworfen werden kann. Darüber hinaus kann eine unmittelbare Wechselpartei auch noch eine Täuschung bei Unterzeichnung des Wechsels gemäß Art. 30 (1)(b) einwenden. Nicht eingewandt werden können weitere Mängel der Begebung, wie Illegalität, Sittenwidrigkeit, Drohung und Wucher. Insofern ist der Schutz des "Geschützten Inhabers" weitergehender als der Schutz des redlichen Erwerbers im Genfer Wechselgesetz, der diesen Einwendungen ausgesetzt bleibt. Der "einfache" Inhaber bleibt allen Mängeln der Begebung grundsätzlich ausgesetzt. Allerdings kann auch der "einfache" Inhaber diese Mängel gemäß Art. 28 (1)(c) durch Redlichkeit beim Erwerb ausschließen. Damit schützt die Konvention beide Inhabertypen wesentlich umfassender vor Mängeln der Wechselbegebung, als es das Genfer Wechselgesetz tut.

Hinsichtlich der sonstigen Einwendungen ergibt sich im übrigen ein differenziertes Bild. Einwendungen aus der Kausalbeziehung[14] kann der Wechselschuldner entsprechend dem Genfer Recht einem "Geschützten Inhaber" nur dann entgegenhalten, wenn dieser sein unmittelbarer Vertragspartner ist. Dem "einfachen" Inhaber gegenüber läßt Art. 28 (1)(b) zwar grundsätzlich auch Einwendungen aus der Kausalbeziehung des Wechselverpflichteten mit dem Aussteller oder einem früheren Inhaber zu. Dieser Unterschied gegenüber dem Genfer Wechselgesetz besitzt aber nur geringe praktische Bedeutung, da auch der "einfache" Inhaber diese Einwendungen durch einen redlichen, einwendungsfreien Erwerb abschneiden kann.

Art. 28 (1)(d) erweitert gegenüber dem "einfachen" Inhaber die aus der unmittelbaren Beziehung zum Wechselschuldner zulässigen Einwendungen. Dieser kann gegenüber dem "einfachen" Inhaber auch Einwendungen vertraglichen Ursprungs erheben, die aus anderen Rechtsbeziehungen als dem Kausalgeschäft erwachsen. Dies sind insbesondere die Einwendungen der Aufrechnung und der Widerklage. Anders als in Art. 28 (1)(b) kann der "Inhaber" in Art. 28 (1)(d) diese Einwendungen nicht durch Redlichkeit überwinden. Im Ergebnis entspricht Art. 28 (1)(d) dem Genfer Wechselrecht, welches ebenfalls keinen Einwendungsausschluß zu Lasten des unmittelbaren Vertragspartner kennt. Insgesamt entspricht der Schutzumfang der Konvention hinsichtlich der Einwendungen aus dem Kausalgeschäft bei einem redlichen "einfachen" Inhaber dem des Art. 17 WG. Allerdings muß der "einfache" Inhaber auch gegenüber Einwendungen aus der Kausalbeziehung des Wechselverpflichteten mit dem Aussteller oder einem früheren Inhaber redlich sein. Der "Geschützte Inhaber" wird dagegen noch weitergehender als im Genfer Wechselgesetz auch vor diesen Einwendungen seines unmittelbaren Vertragspartners aus anderen Rechtsbeziehungen geschützt.

Insgesamt kommt der Schutzumfang der Konvention dem des Genfer Wechselgesetzes sehr nahe. Hinsichtlich von Mängeln des Begebungsvertrages werden beide Inhabertypen stärker geschützt als im Genfer Wechselrecht. Dagegen ist der Schutz im Genfer Recht hinsichtlich verfallener Wechsel stärker. Hinsichtlich anderer Mängel entspricht der Schutz des "einfachen" Inhabers dem des Genfer Wechselgesetzes, der des "Geschützten Inhaber"

---

14 Dies schließt nachträgliche Abänderungen der Kausalbeziehung mit ein.

geht in seinen Wirkungen sogar noch etwas darüber hinaus. Inhaltlich ist damit gegen die Einwendungssystematik der Konvention nichts einzuwenden.

Anders sieht es jedoch mit der Unterscheidung von zwei verschiedenen Inhabertypen aus. Der wesentliche Unterschied im Schutzumfang zwischen dem "einfachen" Inhaber und dem "Geschützten Inhaber" besteht beim Schutz vor Einwendungen eines Wechselgaranten. Im übrigen sind die Unterschiede im Schutz vernachlässigbar. Da Wechselgarantien aber offensichtlich keine dominierende Bedeutung im Wechselverkehr mehr haben, rechtfertigt dieser Unterschied letztlich nicht die Beibehaltung von zwei unterschiedlichen Inhabertypen.

Da die Konvention hinsichtlich des Schutzumfanges keinen praktisch entscheidenden Unterschied zwischen den beiden Inhabertypen macht, ist die Unterscheidung zwischen dem "Geschützten Inhaber" und dem "einfachen" Inhaber überflüssig geworden. Dies zeigt sich auch an der "Shelter rule" des Art. 31, welche nicht mit der Regelung des gutgläubigen, einredefreien Erwerbs des "einfachen" Inhabers in Art. 28 (1),(2) harmonisiert worden ist. Art. 31 schützt den "Geschützten Inhaber" in seinem Vertrauen auf die ungehinderte Verwertbarkeit des Papieres, indem er unabhängig von der Redlichkeit des möglicherweise bösgläubigen Erwerbers diesem die Rechte des "Geschützten Inhaber" zukommen läßt. Der "Geschützte Inhaber" ist aber in seinem Vertrauen nicht ersichtlich schutzwürdiger als der redliche, "einfache" Inhaber. Hier wäre es somit nach der Einführung des gutgläubigen Erwerbs auch für den "einfachen" Inhaber in Art. 28 folgerichtig gewesen, den Rechtsgedanken des Art. 31 auch auf den Erwerb von einem redlichen Inhaber, der nicht "Geschützter Inhaber" ist, auszuweiten. Dies ist jedoch nicht geschehen. Damit bleibt Art. 31 eine Sondervorschrift ohne systematische Einbindung in die übrige Rechtsschutzsystematik.

Ebenfalls weniger gelungen ist der Gesetzesstil. Die Systematik der Einwendungsvorschriften ist angesichts der Vielzahl von Verweisungen, Ausnahmen und insbesondere angesichts des verwirrenden Nebeneinanders von zwei unterschiedlichen Inhabertypen kompliziert und verwirrend geraten. Diese Probleme bestätigen die Bedenken, die bereits auf der 2. Haager Wechselkonferenz gegen die positive Aufzählung der zulässigen Einwendungen sprachen. Die Einwendungssystematik der Konvention kann daher redaktionell nicht als sonderlich geglückt gelten.

Dagegen stellt die Regelung des außerwechselrechtlichen Gewährleistungsanspruchs des Art. 45 eine für das Genfer System zwar ungewöhnliche, insgesamt aber gelungene Regelung dar. Art. 45 ist im Interesse einer möglichst weitgehenden Rechtsvereinheitlichung aller mit dem Wechselrecht zusammenhängenden Probleme zu begrüßen. Inhaltlich ist an der Vorschrift des

Art. 45 lediglich zu kritisieren, daß Schadensersatz für Mängel des Eigentums oder der Verfügungsbefugnis nicht von Art. 45 erfaßt wird und durch den abschließenden Charakter der Vorschrift auch nach nationalen Recht ausgeschlossen ist.

Ebenfalls gelungen ist die Lösung der Konvention hinsichtlich der Enthaftung der Parteien. Die Bestimmungen für die Vorlage zur Zahlung und die Zahlungsmodalitäten folgen im wesentlichen bestehenden Bestimmungen. Soweit Abweichungen bestehen, wie zum Beispiel bei der Teilzahlungsregelung, sind diese auf Wunsch der Praxis vorgenommen worden. Die Regelung des Schutzumfanges des gutgläubig an einen Nichtberechtigten Zahlenden geht über den Schutz unter bestehenden Regelungen hinaus. Grundsätzlich hindert nur Kenntnis von zwei Umständen, Diebstahl und Unterschriftsfälschung, die Enthaftung, wobei fahrlässige Unkenntnis unschädlich ist. Nur im Fall der Unterschriftenfälschung schadet dem Zahlenden fahrlässige Unkenntnis insofern, als er sich damit trotz Enthaftung anderen Wechselparteien gegenüber gemäß Art. 25 (1)(c), (3) schadensersatzpflichtig macht. Diese Lösung ist ein akzeptabler Kompromiß zwischen dem anglo-amerikanischen Rechtssystem und dem Genfer Recht.

Besonders begrüßenswert ist die Einführung eines Protestersatzes durch einfache Erklärung in Art. 60 (3). Eine solche Erklärung wird in ihrer Wirkung durch Art. 60 (4) einem formellen Protest gleichgestellt.

Inhaltlich ist damit gegen einen Beitritt Deutschlands zur UNCITRAL-Konvention nichts einzuwenden. Die Konvention ist insgesamt gelungen und scheint geeignet, im internationalen Verkehr schnell die Verwendung nationaler Wechsel zu ersetzen. Ausgesprochen problematisch ist für die Genfer Vertragsstaaten hingegen die Vereinbarkeit des Beitritts zur Konvention mit den bestehenden Vertragspflichten aus den Genfer Wechselabkommen.

Folgt man dem hier vertretenen Standpunkt, daß die Genfer Vertragsstaaten durch ihre Vertragsförderungspflicht gehindert sind, der inhaltlich mit dem Genfer Wechselgesetz konkurrierenden Konvention beizutreten,[15] so müssen die Genfer Vertragsstaaten zumindest das Genfer Wechselgesetz revidieren, wenn nicht gar kündigen, wollen sie der Konvention beitreten. Ein derartiges Unterfangen wirft mehrere Probleme auf. So wird die Einberufung einer Konferenz der Genfer Vertragsstaaten bereits Schwierigkeiten bereiten. Die Vereinten Nationen haben sich nicht bereit erklärt, die Aufgaben des

---

15 So auch *Herber*, RIW/AWD 1977,314(319); *Liesecke*, WM 1973,442(443); *Schinnerer*, FS Wagner S.315(328); mit Einschränkung auch *Roblot*, Mélanges Vincent S. 361(370).

Völkerbundes für eine Einberufung zu übernehmen.[16] Selbst wenn diese Schwierigkeit überwunden werden sollte, so bleiben im weiteren die Folgen einer Revision für das innerstaatliche Wechselrecht unklar. Es ist anzunehmen, daß nur ein Teil der Genfer Vertragsstaaten bereit sein wird, einer Änderung der Genfer Wechselabkommen zuzustimmen. In diesem Fall müssen die beitrittswilligen Staaten das Genfer Wechselgesetz kündigen. Damit droht eine erneute Rechtszersplitterung zwischen den heutigen Vertragsstaaten des Genfer Wechselgesetzes. Selbst wenn alle Vertragsstaaten der Genfer Wechselabkommen bereit wären, die Ausstellung von UNCITRAL-Wechseln für internationale Rechtsgeschäfte zu akzeptieren, wäre eine wirkliche Rechtsvereinheitlichung nur zu erreichen, wenn die UNCITRAL-Konvention auch innerstaatlich angewandt werden würde. Eine derartige innerstaatliche Anwendung der Konvention wäre jedoch nur um den Preis einer wissentlichen Nichtachtung der eindeutigen Bestimmung des ausschließlich internationalen Anwendungsbereiches in Art. 2 zu erreichen. Soll dieses Ergebnis vermieden werden, so folgt daraus für die Genfer Vertragsstaaten die Notwendigkeit, das Genfer Wechselgesetz für nationale Wechselgeschäfte beizubehalten. Damit würde im Ergebnis aber keine Rechtsvereinheitlichung erzielt werden, sondern es würde lediglich für internationale Rechtsgeschäfte an die Stelle der Wahl zwischen dem Genfer Wechselgesetz oder anglo-amerikanischen Wechselrecht die Wahl zwischen nationalem Recht und der UNCITRAL-Konvention treten.

Bei einer Abwägung der Schwierigkeiten, die eine Revision oder Kündigung der Genfer Abkommen aufwerfen wird, mit dem zu erwartenden Nutzen der Konvention spricht somit vieles dafür, die Konvention mit Zurückhaltung aufzunehmen und abzuwarten, ob die Konvention für die wichtigsten Handelspartner Deutschlands in Kraft tritt.

---

16 Vgl. *Schinnerer*, FS Wagner S.315(328); derselbe in FS Schwind S.237(238).

I. UNITED NATIONS CONVENTION ON INTERNATIONAL BILLS OF EXCHANGE AND INTERNATIONAL PROMISSORY NOTES

(General Assembly resolution 43/165, annex)

Chapter I. Sphere of application and form of the instrument

Article 1

(1) This Convention applies to an international bill of exchange when it contains the heading "International bill of exchange (UNCITRAL Convention)" and also contains in its text the words "International bill of exchange (UNCITRAL Convention)".

(2) This Convention applies to an international promissory note when it contains the heading "International promissory note (UNCITRAL Convention)" and also contains in its text the words "International promissory note (UNCITRAL Convention)".

(3) This Convention does not apply to cheques.

Article 2

(1) An international bill of exchange is a bill of exchange which specifies at least two of the following places and indicates that any two so specified are situated in different States:

(a) The place where the bill is drawn;

(b) The place indicated next to the signature of the drawer;

(c) The place indicated next to the name of the drawee;

(d) The place indicated next to the name of the payee;

(e) The place of payment,

provided that either the place where the bill is drawn or the place of payment is specified on the bill and that such place is situated in a Contracting State.

(2) An international promissory note is a promissory note which specifies at least two of the following places and indicates that any two so specified are situated in different States:

(a) The place where the note is made;

(b) The place indicated next to the signature of the maker;

(c) The place indicated next to the name of the payee;

(d) The place of payment,

provided that the place of payment is specified on the note and that such place is situated in a Contracting State.

(3) This Convention does not deal with the question of sanctions that may be imposed under national law in cases where an incorrect or false statement has been made on an instrument in respect of a place referred to in paragraph (1) or (2) of this article. However, any such sanctions shall not affect the validity of the instrument or the application of this Convention.

Article 3

(1) A bill of exchange is a written instrument which:

(a) Contains an unconditional order whereby the drawer directs the drawee to pay a definite sum of money to the payee or to his order;

(b) Is payable on demand or at a definite time;

(c) Is dated;

(d) Is signed by the drawer.

(2) A promissory note is a written instrument which:

(a) Contains an unconditional promise whereby the maker undertakes to pay a definite sum of money to the payee or to his order;

(b) Is payable on demand or at a definite time;

(c) Is dated;

(d) Is signed by the maker.

Chapter II. Interpretation

Section 1. General provisions

Article 4

In the interpretation of this Convention, regard is to be had to its international character and to the need to promote uniformity in its application and the observance of good faith in international transactions.

Article 5

In this Convention:

(a) "Bill" means an international bill of exchange governed by this Convention;

(b) "Note" means an international promissory note governed by this Convention;

(c) "Instrument" means a bill or a note;

(d) "Drawee" means a person on whom a bill is drawn and who has not accepted it;

(e) "Payee" means a person in whose favour the drawer directs payment to be made or to whom the maker promises to pay;

(f) "Holder" means a person in possession of an instrument in accordance with article 15;

(g) "Protected holder" means a holder who meets the requirements of article 29;

(h) "Guarantor" means any person who undertakes an obligation of guarantee under article 46, whether governed by paragraph (4) *(b)* ("guaranteed") or paragraph (4) *(c)* ("aval") of article 47;

(i) "Party" means a person who has signed an instrument as drawer, maker, acceptor, endorser or guarantor;

(j) "Maturity" means the time of payment referred to in paragraphs (4), (5), (6) and (7) of article 9;

(k) "Signature" means a handwritten signature, its facsimile or an equivalent authentication effected by any other means; "forged signature" includes a signature by the wrongful use of such means;

(l) "Money" or "currency" includes a monetary unit of account which is established by an intergovernmental institution or by agreement between two or more States, provided that this Convention shall apply without prejudice to the rules of the intergovernmental institution or to the stipulations of the agreement.

Article 6

For the purposes of this Convention, a person is considered to have knowledge of a fact if he has actual knowledge of that fact or could not have been unaware of its existence.

Section 2. Interpretation of formal requirements

Article 7

The sum payable by an instrument is deemed to be a definite sum although the instrument states that it is to be paid:

(a) With interest;

(b) By instalments at successive dates;

(c) By instalments at successive dates with a stipulation in the instrument that upon default in payment of any instalment the unpaid balance becomes due;

(d) According to a rate of exchange indicated in the instrument or to be determined as directed by the instrument; or

(e) In a currency other than the currency in which the sum is expressed in the instrument.

Article 8

(1) If there is a discrepancy between the sum expressed in words and the sum expressed in figures, the sum payable by the instrument is the sum expressed in words.

(2) If the sum is expressed more than once in words, and there is a discrepancy, the sum payable is the smaller sum. The same rule applies if the sum is expressed more than once in figures only, and there is a discrepancy.

(3) If the sum is expressed in a currency having the same description as that of at least one other State than the State where payment is to be made, as indicated in the instrument, and the specified currency is not identified as the currency of any particular State, the currency is to be considered as the currency of the State where payment is to be made.

(4) If an instrument states that the sum is to be paid with interest, without specifying the date from which interest is to run, interest runs from the date of the instrument.

(5) A stipulation stating that the sum is to be paid with interest is deemed not to have been written on the instrument unless it indicates the rate at which interest is to be paid.

(6) A rate at which interest is to be paid may be expressed either as a definite rate or as a variable rate. For a variable rate to qualify for this purpose, it must vary in relation to one or more reference rates of interest in accordance with provisions stipulated in the instrument and each such reference rate must be published or otherwise available to the public and not be subject, directly or indirectly, to unilateral determination by a person who is named in the instrument at the time the bill is drawn or the note is made, unless the person is named only in the reference rate provisions.

(7) If the rate at which interest is to be paid is expressed as a variable rate, it may be stipulated expressly in the instrument that such rate shall not be less than or exceed a specified rate of interest, or that the variations are otherwise limited.

(8) If a variable rate does not qualify under paragraph (6) of this article or for any reason it is not possible to determine the numerical value of the variable rate for any period, interest shall be payable for the relevant period at the rate calculated in accordance with paragraph (2) of article 70.

Article 9

(1) An instrument is deemed to be payable on demand:

(a) If it states that it is payable at sight or on demand or on presentment or if it contains words of similar import; or

(b) If no time of payment is expressed.

(2) An instrument payable at a definite time which is accepted or endorsed or guaranteed after maturity is an instrument payable on demand as regards the acceptor, the endorser or the guarantor.

(3) An instrument is deemed to be payable at a definite time if it states that it is payable:

(a) On a stated date or at a fixed period after a stated date or at a fixed period after the date of the instrument;

(b) At a fixed period after sight;

(c) By instalments at successive dates; or

(d) By instalments at successive dates with the stipulation in the instrument that upon default in payment of any instalment the unpaid balance becomes due.

(4) The time of payment of an instrument payable at a fixed period after date is determined by reference to the date of the instrument.

(5) The time of payment of a bill payable at a fixed period after sight is determined by the date of acceptance or, if the bill is dishonoured by non-acceptance, by the date of protest or, if protest is dispensed with, by the date of dishonour.

(6) The time of payment of an instrument payable on demand is the date on which the instrument is presented for payment.

(7) The time of payment of a note payable at a fixed period after sight is determined by the date of the visa signed by the maker on the note or, if his visa is refused, by the date of presentment.

(8) If an instrument is drawn, or made, payable one or more months after a stated date or after the date of the instrument or after sight, the instrument is payable on the corresponding date of the month when payment must be made. If there is no corresponding date, the instrument is payable on the last day of that month.

Article 10

(1) A bill may be drawn:

(a) By two or more drawers;

(b) Payable to two or more payees.

(2) A note may be made:

(a) By two or more makers;

(b) Payable to two or more payees.

(3) If an instrument is payable to two or more payees in the alternative, it is payable to any one of them and any one of them in possession of the instrument may exercise the rights of a holder. In any other case the instrument is payable to all of them and the rights of a holder may be exercised only by all of them.

Article 11

A bill may be drawn by the drawer:

(a) On himself;

(b) Payable to his order

Section 3. Completion of an incomplete instrument

Article 12

(1) An incomplete instrument which satisfies the requirements set out in paragraph (1) of article 1 and bears the signature of the drawer or the acceptance of the drawee, or which satisfies the requirements set out in paragraph (2) of article 1 and paragraph (2) *(d)* of article 3, but which lacks other elements pertaining to one or more of the requirements set out in articles 2 and 3, may be completed, and the instrument so completed is effective as a bill or a note.

(2) If such an instrument is completed without authority or otherwise than in accordance with the authority given:

(a) A party who signed the instrument before the completion may invoke such lack of authority as a defence against a holder who had knowledge of such lack of authority when he became a holder;

(b) A party who signed the instrument after the completion is liable according to the terms of the instrument so completed.

Chapter III. Transfer

Article 13

An instrument is transferred:

(a) By endorsement and delivery of the instrument by the endorser to the endorsee; or

(b) By mere delivery of the instrument if the last endorsement is in blank.

Article 14

(1) An endorsement must be written on the instrument or on a slip affixed thereto ("*allonge*"). It must be signed.

(2) An endorsement may be:

(a) In blank, that is, by a signature alone or by a signature accompanied by a statement to the effect that the instrument is payable to a person in possession of it;

(b) Special, that is, by a signature accompanied by an indication of the person to whom the instrument is payable.

(3) A signature alone, other than that of the drawee, is an endorsement only if placed on the back of the instrument.

Article 15

(1) A person is a holder if he is:

(a) The payee in possession of the instrument; or

(b) In possession of an instrument which has been endorsed to him, or on which the last endorsement is in blank, and on which there appears an uninterrupted series of endorsements, even if any endorsement was forged or was signed by an agent without authority.

(2) If an endorsement in blank is followed by another endorsement, the person who signed this last endorsement is deemed to be an endorsee by the endorsement in blank.

(3) A person is not prevented from being a holder by the fact that the instrument was obtained by him or any previous holder under circumstances, including incapacity or fraud, duress or mistake of any kind, that would give rise to a claim to, or a defence against liability on, the instrument.

Article 16

The holder of an instrument on which the last endorsement is in blank may:

(a) Further endorse it either by an endorsement in blank or by a special endorsement;

(b) Convert the blank endorsement into a special endorsement by indicating in the endorsement that the instrument is payable to himself or to some other specified person; or

(c) Transfer the instrument in accordance with subparagraph *(b)* of article 13.

Article 17

(1) If the drawer or the maker has inserted in the instrument such words as "not negotiable", "not transferable", "not to order", "pay (X) only", or words of similar import, the instrument may not be transferred except for purposes of collection, and any endorsement, even if it does not contain words authorizing the endorsee to collect the instrument, is deemed to be an endorsement for collection.

(2) If an endorsement contains the words "not negotiable", "not transferable", "not to order", "pay (X) only", or words of similar import, the instrument may not be transferred further except for purposes of collection, and any subsequent endorsement, even if it does not contain words authorizing the endorsee to collect the instrument, is deemed to be an endorsement for collection.

Article 18

(1) An endorsement must be unconditional.

(2) A conditional endorsement transfers the instrument whether or not the condition is fulfilled. The condition is ineffective as to those parties and transferees who are subsequent to the endorsee.

Article 19

An endorsement in respect of a part of the sum due under the instrument is ineffective as an endorsement.

Article 20

If there are two or more endorsements, it is presumed, unless the contrary is proved, that each endorsement was made in the order in which it appears on the instrument.

Article 21

(1) If an endorsement contains the words "for collection", "for deposit", "value in collection", "by procuration", "pay any bank", or words of similar import authorizing the endorsee to collect the instrument, the endorsee is a holder who:

(a) May exercise all rights arising out of the instrument;

(b) May endorse the instrument only for purposes of collection;

(c) Is subject only to the claims and defences which may be set up against the endorser.

(2) The endorser for collection is not liable on the instrument to any subsequent holder.

Article 22

(1) If an endorsement contains the words "value in security", "value in pledge", or any other words indicating a pledge, the endorsee is a holder who:

(a) May exercise all rights arising out of the instrument;

(b) May endorse the instrument only for purposes of collection;

(c) Is subject only to the claims and defences specified in article 28 or article 30.

(2) If such an endorsee endorses for collection, he is not liable on the instrument to any subsequent holder.

Article 23

The holder of an instrument may transfer it to a prior party or to the drawee in accordance with article 13; however, if the transferee has previously been a holder of the instrument, no endorsement is required, and any endorsement which would prevent him from qualifying as a holder may be struck out.

Article 24

An instrument may be transferred in accordance with article 13 after maturity, except by the drawee, the acceptor or the maker.

Article 25

(1) If an endorsement is forged, the person whose endorsement is forged, or a party who signed the instrument before the forgery, has the right to recover compensation for any damage that he may have suffered because of the forgery against:

(a) The forger;

(b) The person to whom the instrument was directly transferred by the forger;

(c) A party or the drawee who paid the instrument to the forger directly or through one or more endorsees for collection.

(2) However, an endorsee for collection is not liable under paragraph (1) of this article if he is without knowledge of the forgery:

(a) At the time he pays the principal or advises him of the receipt of payment; or

(b) At the time he receives payment, if this is later,

unless his lack of knowledge is due to his failure to act in good faith or to exercise reasonable care.

(3) Furthermore, a party or the drawee who pays an instrument is not liable under paragraph (1) of this article if, at the time he pays the instrument, he is without knowledge of the forgery, unless his lack of knowledge is due to his failure to act in good faith or to exercise reasonable care.

(4) Except as against the forger, the damages recoverable under paragraph (1) of this article may not exceed the amount referred to in article 70 or article 71.

Article 26

(1) If an endorsement is made by an agent without authority or power to bind his principal in the matter, the principal, or a party who signed the instrument before such endorsement, has the right to recover compensation for any damage that he may have suffered because of such endorsement against:

(a) The agent;

(b) The person to whom the instrument was directly transferred by the agent;

(c) A party or the drawee who paid the instrument to the agent directly or through one or more endorsees for collection.

(2) However, an endorsee for collection is not liable under paragraph (1) of this article if he is without knowledge that the endorsement does not bind the principal:

(a) At the time he pays the principal or advises him of the receipt of payment; or

(b) At the time he receives payment, if this is later,

unless his lack of knowledge is due to his failure to act in good faith or to exercise reasonable care.

(3) Furthermore, a party or the drawee who pays an instrument is not liable under paragraph (1) of this article if, at the time he pays the instrument, he is without knowledge that the endorsement does not bind the principal, unless his lack of knowledge is due to his failure to act in good faith or to exercise reasonable care.

(4) Except as against the agent, the damages recoverable under paragraph (1) of this article may not exceed the amount referred to in article 70 or article 71.

Chapter IV. Rights and liabilities

Section 1. The rights of a holder and of a protected holder

Article 27

(1) The holder of an instrument has all the rights conferred on him by this Convention against the parties to the instrument.

(2) The holder may transfer the instrument in accordance with article 13.

Article 28

(1) A party may set up against a holder who is not a protected holder:

(a) Any defence that may be set up against a protected holder in accordance with paragraph (1) of article 30;

(b) Any defence based on the underlying transaction between himself and the drawer or between himself and his transferee, but only if the holder took the instrument with knowledge of such defence or if he obtained the instrument by fraud or theft or participated at any time in a fraud or theft concerning it;

(c) Any defence arising from the circumstances as a result of which he became a party, but only if the holder took the instrument with knowledge of such defence or if he obtained the instrument by fraud or theft or participated at any time in a fraud or theft concerning it;

(d) Any defence which may be raised against an action in contract between himself and the holder;

(e) Any other defence available under this Convention.

(2) The rights to an instrument of a holder who is not a protected holder are subject to any valid claim to the instrument on the part of any person, but only if he took the instrument with knowledge of such claim or if he obtained the instrument by fraud or theft or participated at any time in a fraud or theft concerning it.

(3) A holder who takes an instrument after the expiration of the time-limit for presentment for payment is subject to any claim to, or defence against liability on, the instrument to which his transferor is subject.

(4) A party may not raise as a defence against a holder who is not a protected holder the fact that a third person has a claim to the instrument unless:

(a) The third person asserted a valid claim to the instrument; or

(b) The holder acquired the instrument by theft or forged the signature of the payee or an endorsee, or participated in the theft or the forgery.

Article 29

"Protected holder" means the holder of an instrument which was complete when he took it or which was incomplete within the meaning of paragraph (1) of article 12 and was completed in accordance with authority given, provided that when he became a holder:

(a) He was without knowledge of a defence against liability on the instrument referred to in paragraphs (1) *(a)*, *(b)*, *(c)* and *(e)* of article 28;

(b) He was without knowledge of a valid claim to the instrument of any person;

(c) He was without knowledge of the fact that it had been dishonoured by non-acceptance or by non-payment;

(d) The time-limit provided by article 55 for presentment of that instrument for payment had not expired;

(e) He did not obtain the instrument by fraud or theft or participate in a fraud or theft concerning it.

Article 30

(1) A party may not set up against a protected holder any defence except:

(a) Defences under paragraph (1) of article 33, article 34, paragraph (1) of article 35, paragraph (3) of article 36, paragraph (1) of article 53, paragraph (1) of article 57, paragraph (1) of article 63 and article 84 of this Convention;

(b) Defences based on the underlying transaction between himself and such holder or arising from any fraudulent act on the part of such holder in obtaining the signature on the instrument of that party;

(c) Defences based on his incapacity to incur liability on the instrument or on the fact that he signed without knowledge that his signature made him a party to the instrument, provided that his lack of knowledge was not due to his negligence and provided that he was fraudulently induced so to sign.

(2) The rights to an instrument of a protected holder are not subject to any claim to the instrument on the part of any person, except a valid claim arising from the underlying transaction between himself and the person by whom the claim is raised.

Article 31

(1) The transfer of an instrument by a protected holder vests in any subsequent holder the rights to and on the instrument which the protected holder had.

(2) Those rights are not vested in a subsequent holder if:

(a) He participated in a transaction which gives rise to a claim to, or a defence against liability on, the instrument;

(b) He has previously been a holder, but not a protected holder.

Article 32

Every holder is presumed to be a protected holder unless the contrary is proved.

Section 2. Liabilities of the parties

A. *General provisions*

Article 33

(1) Subject to the provisions of articles 34 and 36, a person is not liable on an instrument unless he signs it.

(2) A person who signs an instrument in a name which is not his own is liable as if he had signed it in his own name.

Article 34

A forged signature on an instrument does not impose any liability on the person whose signature was forged. However, if he consents to be bound by the forged signature or represents that it is his own, he is liable as if he had signed the instrument himself.

Article 35

(1) If an instrument is materially altered:

(a) A party who signs it after the material alteration is liable according to the terms of the altered text;

(b) A party who signs it before the material alteration is liable according to the terms of the original text. However, if a party makes, authorizes or assents to a material alteration, he is liable according to the terms of the altered text.

(2) A signature is presumed to have been placed on the instrument after the material alteration unless the contrary is proved.

(3) Any alteration is material which modifies the written undertaking on the instrument of any party in any respect.

Article 36

(1) An instrument may be signed by an agent.

(2) The signature of an agent placed by him on an instrument with the authority of his principal and showing on the instrument that he is signing in a representative capacity for that named principal, or the signature of a principal placed on the instrument by an agent with his authority, imposes liability on the principal and not on the agent.

(3) A signature placed on an instrument by a person as agent but who lacks authority to sign or exceeds his authority, or by an agent who has authority to sign but who does not show on the instrument that he is signing in a representative capacity for a named person, or who shows on the instrument that he is signing in a representative capacity but does not name the person whom he represents, imposes liability on the person signing and not on the person whom he purports to represent.

(4) The question whether a signature was placed on the instrument in a representative capacity may be determined only by reference to what appears on the instrument.

(5) A person who is liable pursuant to paragraph (3) of this article and who pays the instrument has the same rights as the person for whom he purported to act would have had if that person had paid the instrument.

Article 37

The order to pay contained in a bill does not of itself operate as an assignment to the payee of funds made available for payment by the drawer with the drawee.

B. *The drawer*

Article 38

(1) The drawer engages that upon dishonour of the bill by non-acceptance or by non-payment, and upon any necessary protest, he will pay the bill to the holder, or to any endorser or any endorser's guarantor who takes up and pays the bill.

(2) The drawer may exclude or limit his own liability for acceptance or for payment by an express stipulation in the bill. Such a stipulation is effective only with respect to the drawer. A stipulation excluding or limiting liability for payment is effective only if another party is or becomes liable on the bill.

C. *The maker*

Article 39

(1) The maker engages that he will pay the note in accordance with its terms to the holder, or to any party who takes up and pays the note.

(2) The maker may not exclude or limit his own liability by a stipulation in the note. Any such stipulation is ineffective.

D. *The drawee and the acceptor*

Article 40

(1) The drawee is not liable on a bill until he accepts it.

(2) The acceptor engages that he will pay the bill in accordance with the terms of his acceptance to the holder, or to any party who takes up and pays the bill.

Article 41

(1) An acceptance must be written on the bill and may be effected:

(a) By the signature of the drawee accompanied by the word "accepted" or by words of similar import; or

(b) By the signature alone of the drawee.

(2) An acceptance may be written on the front or on the back of the bill.

Article 42

(1) An incomplete bill which satisfies the requirements set out in paragraph (1) of article 1 may be accepted by the drawee before it has been signed by the drawer, or while otherwise incomplete.

(2) A bill may be accepted before, at or after maturity, or after it has been dishonoured by non-acceptance or by non-payment.

(3) If a bill drawn payable at a fixed period after sight, or a bill which must be presented for acceptance before a specified date, is accepted, the acceptor must indicate the date of his acceptance; failing such indication by the acceptor, the drawer or the holder may insert the date of acceptance.

(4) If a bill drawn payable at a fixed period after sight is dishonoured by non-acceptance and the drawee subsequently accepts it, the holder is entitled to have the acceptance dated as of the date on which the bill was dishonoured.

Article 43

(1) An acceptance must be unqualified. An acceptance is qualified if it is conditional or varies the terms of the bill.

(2) If the drawee stipulates in the bill that his acceptance is subject to qualification:

(a) He is nevertheless bound according to the terms of his qualified acceptance;

(b) The bill is dishonoured by non-acceptance.

(3) An acceptance relating to only a part of the sum payable is a qualified acceptance. If the holder takes such an acceptance, the bill is dishonoured by non-acceptance only as to the remaining part.

(4) An acceptance indicating that payment will be made at a particular address or by a particular agent is not a qualified acceptance, provided that:

(a) The place in which payment is to be made is not changed;

(b) The bill is not drawn payable by another agent.

E. *The endorser*

Article 44

(1) The endorser engages that upon dishonour of the instrument by non-acceptance or by non-payment, and upon any necessary protest, he will pay the instrument to the holder, or to any subsequent endorser or any endorser's guarantor who takes up and pays the instrument.

(2) An endorser may exclude or limit his own liability by an express stipulation in the instrument. Such a stipulation is effective only with respect to that endorser.

F. *The transferor by endorsement or by mere delivery*

Article 45

(1) Unless otherwise agreed, a person who transfers an instrument, by endorsement and delivery or by mere delivery, represents to the holder to whom he transfers the instrument that:

(a) The instrument does not bear any forged or unauthorized signature;

(b) The instrument has not been materially altered;

(c) At the time of transfer, he has no knowledge of any fact which would impair the right of the transferee to payment of the instrument against the acceptor of a bill or, in the case of an unaccepted bill, the drawer, or against the maker of a note.

(2) Liability of the transferor under paragraph (1) of this article is incurred only if the transferee took the instrument without knowledge of the matter giving rise to such liability.

(3) If the transferor is liable under paragraph (1) of this article, the transferee may recover, even before maturity, the amount paid by him to the transferor, with interest calculated in accordance with article 70, against return of the instrument.

G. *The guarantor*

Article 46

(1) Payment of an instrument, whether or not it has been accepted, may be guaranteed, as to the whole or part of its amount, for the account of a party or the drawee. A guarantee may be given by any person, who may or may not already be a party.

(2) A guarantee must be written on the instrument or on a slip affixed thereto ("*allonge*").

(3) A guarantee is expressed by the words "guaranteed", "*aval*", "good as *aval*" or words of similar import, accompanied by the signature of the guarantor. For the purposes of this Convention, the words "prior endorsements guaranteed" or words of similar import do not constitute a guarantee.

(4) A guarantee may be effected by a signature alone on the front of the instrument. A signature alone on the front of the instrument, other than that of the maker, the drawer or the drawee, is a guarantee.

(5) A guarantor may specify the person for whom he has become guarantor. In the absence of such specification, the person for whom he has become guarantor is the acceptor or the drawee in the case of a bill, and the maker in the case of a note.

(6) A guarantor may not raise as a defence to his liability the fact that he signed the instrument before it was signed by the person for whom he is a guarantor, or while the instrument was incomplete.

Article 47

(1) The liability of a guarantor on the instrument is of the same nature as that of the party for whom he has become guarantor.

(2) If the person for whom he has become guarantor is the drawee, the guarantor engages:

(a) To pay the bill at maturity to the holder, or to any party who takes up and pays the bill;

(b) If the bill is payable at a definite time, upon dishonour by non-acceptance and upon any necessary protest, to pay it to the holder, or to any party who takes up and pays the bill.

(3) In respect of defences that are personal to himself, a guarantor may set up:

(a) Against a holder who is not a protected holder only those defences which he may set up under paragraphs (1), (3) and (4) of article 28;

(b) Against a protected holder only those defences which he may set up under paragraph (1) of article 30.

(4) In respect of defences that may be raised by the person for whom he has become a guarantor:

(a) A guarantor may set up against a holder who is not a protected holder only those defences which the person for whom he has become a guarantor may set up against such holder under paragraphs (1), (3) and (4) of article 28;

(b) A guarantor who expresses his guarantee by the words "guaranteed", "payment guaranteed" or "collection guaranteed", or words of similar import, may set up against a protected holder only those defences which the person for whom he has become a guarantor may set up against a protected holder under paragraph (1) of article 30;

(c) A guarantor who expresses his guarantee by the words "*aval*" or "good as *aval*" may set up against a protected holder only:

(i) The defence, under paragraph (1) *(b)* of article 30, that the protected holder obtained the signature on the instrument of the person for whom he has become a guarantor by a fraudulent act;

(ii) The defence, under article 53 or article 57, that the instrument was not presented for acceptance or for payment;

(iii) The defence, under article 63, that the instrument was not duly protested for non-acceptance or for non-payment;

(iv) The defence, under article 84, that a right of action may no longer be exercised against the person for whom he has become guarantor;

(d) A guarantor who is not a bank or other financial institution and who expresses his guarantee by a signature alone may set up against a protected holder only the defences referred to in subparagraph *(b)* of this paragraph;

(e) A guarantor which is a bank or other financial institution and which expresses its guarantee by a signature alone may set up against a protected holder only the defences referred to in subparagraph *(c)* of this paragraph.

Article 48

(1) Payment of an instrument by the guarantor in accordance with article 72 discharges the party for whom he became guarantor of his liability on the instrument to the extent of the amount paid.

(2) The guarantor who pays the instrument may recover from the party for whom he has become guarantor and from the parties who are liable on it to that party the amount paid and any interest.

Chapter V. Presentment, dishonour by non-acceptance or non-payment, and recourse

Section I. Presentment for acceptance and dishonour by non-acceptance

Article 49

(1) A bill may be presented for acceptance.

(2) A bill must be presented for acceptance:

(a) If the drawer has stipulated in the bill that it must be presented for acceptance;

(b) If the bill is payable at a fixed period after sight; or

(c) If the bill is payable elsewhere than at the residence or place of business of the drawee, unless it is payable on demand.

Article 50

(1) The drawer may stipulate in the bill that it must not be presented for acceptance before a specified date or before the occurrence of a specified event. Except where a bill must be presented for acceptance under paragraph (2) *(b)* or *(c)* of article 49, the drawer may stipulate that it must not be presented for acceptance.

(2) If a bill is presented for acceptance notwithstanding a stipulation permitted under paragraph 1 of this article and acceptance is refused, the bill is not thereby dishonoured.

(3) If the drawee accepts a bill notwithstanding a stipulation that it must not be presented for acceptance, the acceptance is effective.

Article 51

A bill is duly presented for acceptance if it is presented in accordance with the following rules:

(a) The holder must present the bill to the drawee on a business day at a reasonable hour;

(b) Presentment for acceptance may be made to a person or authority other than the drawee if that person or authority is entitled under the applicable law to accept the bill;

(c) If a bill is payable on a fixed date, presentment for acceptance must be made before or on that date;

(d) A bill payable on demand or at a fixed period after sight must be presented for acceptance within one year of its date;

(e) A bill in which the drawer has stated a date or time-limit for presentment for acceptance must be presented on the stated date or within the stated time-limit.

Article 52

(1) A necessary or optional presentment for acceptance is dispensed with if:

(a) The drawee is dead, or no longer has the power freely to deal with his assets by reason of his insolvency, or is a fictitious person, or is a person not having capacity to incur liability on the instrument as an acceptor; or

(b) The drawee is a corporation, partnership, association or other legal entity which has ceased to exist.

(2) A necessary presentment for acceptance is dispensed with if:

(a) A bill is payable on a fixed date, and presentment for acceptance cannot be effected before or on that date due to circumstances which are beyond the control of the holder and which he could neither avoid nor overcome; or

(b) A bill is payable at a fixed period after sight, and presented for acceptance under paragraph (2) *(b)* or *(c)* of of its date due to circumstances which are beyond the control of the holder and which he could neither avoid nor overcome.

(3) Subject to paragraphs (1) and (2) of this article, delay in a necessary presentment for acceptance is excused, but presentment for acceptance is not dispensed with, if the bill is drawn with a stipulation that it must be presented for acceptance within a stated time-limit, and the delay in presentment for acceptance is caused by circumstances which are beyond the control of the holder and which he could neither avoid nor overcome. When the cause of the delay ceases to operate, presentment must be made with reasonable diligence.

Article 53

(1) If a bill which must be presented for acceptance is not so presented, the drawer, the endorsers and their guarantors are not liable on the bill.

(2) Failure to present a bill for acceptance does not discharge the guarantor of the drawee of liability on the bill.

Article 54

(1) A bill is considered to be dishonoured by non-acceptance:

(a) If the drawee, upon due presentment, expressly refuses to accept the bill or acceptance cannot be obtained with reasonable diligence or if the holder cannot obtain the acceptance to which he is entitled under this Convention;

(b) If presentment for acceptance is dispensed with pursuant to article 52, unless the bill is in fact accepted.

(2) *(a)* If a bill is dishonoured by non-acceptance in accordance with paragraph (1) *(a)* of this article, the holder may exercise an immediate right of recourse against the drawer, the endorsers and their guarantors, subject to the provisions of article 59.

(b) If a bill is dishonoured by non-acceptance in accordance with paragraph (1) *(b)* of this article, the holder may exercise an immediate right of recourse against the drawer, the endorsers and their guarantors.

(c) If a bill is dishonoured by non-acceptance in accordance with paragraph (1) of this article, the holder may claim payment from the guarantor of the drawee upon any necessary protest.

(3) If a bill payable on demand is presented for acceptance, but acceptance is refused, it is not considered to be dishonoured by non-acceptance.

Section 2. Presentment for payment and dishonour by non-payment

Article 55

An instrument is duly presented for payment if it is presented in accordance with the following rules:

(a) The holder must present the instrument to the drawee or to the acceptor or to the maker on a business day at a reasonable hour;

(b) A note signed by two or more makers may be presented to any one of them, unless the note clearly indicates otherwise;

(c) If the drawee or the acceptor or the maker is dead, presentment must be made to the persons who under the applicable law are his heirs or the persons entitled to administer his estate;

(d) Presentment for payment may be made to a person or authority other than the drawee, the acceptor or the maker if that person or authority is entitled under the applicable law to pay the instrument;

(e) An instrument which is not payable on demand must be presented for payment on the date of maturity or on one of the two business days which follow;

(f) An instrument which is payable on demand must be presented for payment within one year of its date;

(g) An instrument must be presented for payment:

(i) At the place of payment specified on the instrument;

(ii) If no place of payment is specified, at the address of the drawee or the acceptor or the maker indicated in the instrument; or

(iii) If no place of payment is specified and the address of the drawee or the acceptor or the maker is not indicated, at the principal place of business or habitual residence of the drawee or the acceptor or the maker;

(h) An instrument which is presented at a clearing-house is duly presented for payment if the law of the place where the clearing-house is located or the rules or customs of that clearing-house so provide.

Article 56

(1) Delay in making presentment for payment is excused if the delay is caused by circumstances which are beyond the control of the holder and which he could neither avoid nor overcome. When the cause of the delay ceases to operate, presentment must be made with reasonable diligence.

(2) Presentment for payment is dispensed with:

(a) If the drawer, an endorser or a guarantor has expressly waived presentment; such waiver:

(i) If made on the instrument by the drawer, binds any subsequent party and benefits any holder;

(ii) If made on the instrument by a party other than the drawer, binds only that party but benefits any holder;

(iii) If made outside the instrument, binds only the party making it and benefits only a holder in whose favour it was made;

(b) If an instrument is not payable on demand, and the cause of delay in making presentment referred to in paragraph (1) of this article continues to operate beyond 30 days after maturity;

(c) If an instrument is payable on demand, and the cause of delay in making presentment referred to in paragraph (1) of this article continues to operate beyond 30 days after the expiration of the time-limit for presentment for payment;

(d) If the drawee, the maker or the acceptor has no longer the power freely to deal with his assets by reason of his insolvency, or is a fictitious person or a person not having capacity to make payment, or if the drawee, the maker or the acceptor is a corporation, partnership, association or other legal entity which has ceased to exist;

(e) If there is no place at which the instrument must be presented in accordance with subparagraph *(g)* of article 55.

(3) Presentment for payment is also dispensed with as regards a bill, if the bill has been protested for dishonour by non-acceptance.

Article 57

(1) If an instrument is not duly presented for payment, the drawer, the endorsers and their guarantors are not liable on it.

(2) Failure to present an instrument for payment does not discharge the acceptor, the maker and their guarantors or the guarantor of the drawee of liability on it.

Article 58

(1) An instrument is considered to be dishonoured by non-payment:

(a) If payment is refused upon due presentment or if the holder cannot obtain the payment to which he is entitled under this Convention;

(b) If presentment for payment is dispensed with pursuant to paragraph (2) of article 56 and the instrument is unpaid at maturity.

(2) If a bill is dishonoured by non-payment, the holder may, subject to the provisions of article 59, exercise a right of recourse against the drawer, the endorsers and their guarantors.

(3) If a note is dishonoured by non-payment, the holder may, subject to the provisions of article 59, exercise a right of recourse against the endorsers and their guarantors.

Section 3. Recourse

Article 59

If an instrument is dishonoured by non-acceptance or by non-payment, the holder may exercise a right of recourse only after the instrument has been duly protested for dishonour in accordance with the provisions of articles 60 to 62.

A. *Protest*

Article 60

(1) A protest is a statement of dishonour drawn up at the place where the instrument has been dishonoured and signed and dated by a person authorized in that respect by the law of that place. The statement must specify:

(a) The person at whose request the instrument is protested;

(b) The place of protest;

(c) The demand made and the answer given, if any, or the fact that the drawee or the acceptor or the maker could not be found.

(2) A protest may be made:

(a) On the instrument or on a slip affixed thereto ("*allonge*"); or

(b) As a separate document, in which case it must clearly identify the instrument that has been dishonoured.

(3) Unless the instrument stipulates that protest must be made, a protest may be replaced by a declaration written on the instrument and signed and dated by the drawee or the acceptor or the maker, or, in the case of an instrument domiciled with a named person for payment, by that named person; the declaration must be to the effect that acceptance or payment is refused.

(4) A declaration made in accordance with paragraph (3) of this article is a protest for the purpose of this Convention.

Article 61

Protest for dishonour of an instrument by non-acceptance or by non-payment must be made on the day on which the instrument is dishonoured or on one of the four business days which follow.

Article 62

(1) Delay in protesting an instrument for dishonour is excused if the delay is caused by circumstances which are beyond the control of the holder and which he could neither avoid nor overcome. When the cause of the delay ceases to operate, protest must be made with reasonable diligence.

(2) Protest for dishonour by non-acceptance or by non-payment is dispensed with:

(a) If the drawer, an endorser or a guarantor has expressly waived protest; such waiver:

(i) If made on the instrument by the drawer, binds any subsequent party and benefits any holder;

(ii) If made on the instrument by a party other than the drawer, binds only that party but benefits any holder;

(iii) If made outside the instrument, binds only the party making it and benefits only a holder in whose favour it was made;

(b) If the cause of the delay in making protest referred to in paragraph (1) of this article continues to operate beyond 30 days after the date of dishonour;

(c) As regards the drawer of a bill, if the drawer and the drawee or the acceptor are the same person;

(d) If presentment for acceptance or for payment is dispensed with in accordance with article 52 or paragraph (2) of article 56.

Article 63

(1) If an instrument which must be protested for non-acceptance or for non-payment is not duly protested, the drawer, the endorsers and their guarantors are not liable on it.

(2) Failure to protest an instrument does not discharge the acceptor, the maker and their guarantors or the guarantor of the drawee of liability on it.

B. *Notice of dishonour*

Article 64

(1) The holder, upon dishonour of an instrument by non-acceptance or by non-payment, must give notice of such dishonour:

(a) To the drawer and the last endorser;

(b) To all other endorsers and guarantors whose addresses the holder can ascertain on the basis of information contained in the instrument.

(2) An endorser or a guarantor who receives notice must give notice of dishonour to the last party preceding him and liable on the instrument.

(3) Notice of dishonour operates for the benefit of any party who has a right of recourse on the instrument against the party notified.

Article 65

(1) Notice of dishonour may be given in any form whatever and in any terms which identify the instrument and state that it has been dishonoured. The return of the dishonoured instrument is sufficient notice, provided it is accompanied by a statement indicating that it has been dishonoured.

(2) Notice of dishonour is duly given if it is communicated or sent to the party to be notified by means appropriate in the circumstances, whether or not it is received by that party.

(3) The burden of proving that notice has been duly given rests upon the person who is required to give such notice.

Article 66

Notice of dishonour must be given within the two business days which follow:

(a) The day of protest or, if protest is dispensed with, the day of dishonour; or

(b) The day of receipt of notice of dishonour.

Article 67

(1) Delay in giving notice of dishonour is excused if the delay is caused by circumstances which are beyond the control of the person required to give notice, and which he could neither avoid nor overcome. When the cause of the delay ceases to operate, notice must be given with reasonable diligence.

(2) Notice of dishonour is dispensed with:

(a) If, after the exercise of reasonable diligence, notice cannot be given;

(b) If the drawer, an endorser or a guarantor has expressly waived notice of dishonour; such waiver:

(i) If made on the instrument by the drawer, binds any subsequent party and benefits any holder;

(ii) If made on the instrument by a party other than the drawer, binds only that party but benefits any holder;

(iii) If made outside the instrument, binds only the party making it and benefits only a holder in whose favour it was made;

(c) As regards the drawer of the bill, if the drawer and the drawee or the acceptor are the same person.

Article 68

If a person who is required to give notice of dishonour fails to give it to a party who is entitled to receive it, he is liable for any damages which that party may suffer from such failure, provided that such damages do not exceed the amount referred to in article 70 or article 71.

Section 4. Amount payable

Article 69

(1) The holder may exercise his rights on the instrument against any one party, or several or all parties, liable on it and is not obliged to observe the order in which the parties have become bound. Any party who takes up and pays the instrument may exercise his rights in the same manner against parties liable to him.

(2) Proceedings against a party do not preclude proceedings against any other party, whether or not subsequent to the party originally proceeded against.

Article 70

(1) The holder may recover from any party liable:

(a) At maturity: the amount of the instrument with interest, if interest has been stipulated for;

(b) After maturity:

(i) The amount of the instrument with interest, if interest has been stipulated for, to the date of maturity;

(ii) If interest has been stipulated to be paid after maturity, interest at the rate stipulated, or, in the absence of such stipulation, interest at the rate specified in paragraph (2) of this article, calculated from the date of presentment on the sum specified in subparagraph *(b)* (i) of this paragraph;

(iii) Any expenses of protest and of the notices given by him;

(c) Before maturity:

(i) The amount of the instrument with interest, if interest has been stipulated for, to the date of payment: or, if no interest has been stipulated for, subject to a discount from the date of payment to the date of maturity, calculated in accordance with paragraph (4) of this article;

(ii) Any expenses of protest and of the notices given by him.

(2) The rate of interest shall be the rate that would be recoverable in legal proceedings taken in the jurisdiction where the instrument is payable.

(3) Nothing in paragraph (2) of this article prevents a court from awarding damages or compensation for additional loss caused to the holder by reason of delay in payment.

(4) The discount shall be at the official rate (discount rate) or other similar appropriate rate effective on the date when recourse is exercised at the place where the holder has his principal place of business, or, if he does not have a place of business, his habitual residence, or, if there is no such rate, then at such rate as is reasonable in the circumstances.

Article 71

A party who pays an instrument and is thereby discharged in whole or in part of his liability on the instrument may recover from the parties liable to him:

(a) The entire sum which he has paid;

(b) Interest on that sum at the rate specified in paragraph (2) of article 70, from the date on which he made payment;

(c) Any expenses of the notices given by him.

Chapter VI. Discharge

Section 1. Discharge by payment

Article 72

(1) A party is discharged of liability on the instrument when he pays the holder, or a party subsequent to himself who has paid the instrument and is in possession of it, the amount due pursuant to article 70 or article 71:

(a) At or after maturity; or

(b) Before maturity, upon dishonour by non-acceptance.

(2) Payment before maturity other than under paragraph (1) *(b)* of this article does not discharge the party making the payment of his liability on the instrument except in respect of the person to whom payment was made.

(3) A party is not discharged of liability if he pays a holder who is not a protected holder, or a party who has taken up and paid the instrument, and knows at the time of payment that the holder or that party acquired the instrument by theft or forged the signature of the payee or an endorsee, or participated in the theft or the forgery.

(4) *(a)* A person receiving payment of an instrument must, unless agreed otherwise, deliver:

(i) To the drawee making such payment, the instrument;

(ii) To any other person making such payment, the instrument, a receipted account, and any protest.

(b) In the case of an instrument payable by instalments at successive dates, the drawee or a party making a payment, other than payment of the last instalment, may require that mention of such payment be made on the instrument or on a slip affixed thereto ("*allonge*") and that a receipt therefor be given to him.

(c) If an instrument payable by instalments at successive dates is dishonoured by non-acceptance or by non-payment as to any of its instalments and a party, upon dishonour, pays the instalment, the holder who receives such payment must give the party a certified copy of the instrument and any necessary authenticated protest in order to enable such party to exercise a right on the instrument.

(d) The person from whom payment is demanded may withhold payment if the person demanding payment does not deliver the instrument to him. Withholding payment in these circumstances does not constitute dishonour by non-payment under article 58.

(e) If payment is made but the person paying, other than the drawee, fails to obtain the instrument, such person is discharged but the discharge cannot be set up as a defence against a protected holder to whom the instrument has been subsequently transferred.

Article 73

(1) The holder is not obliged to take partial payment.

(2) If the holder who is offered partial payment does not take it, the instrument is dishonoured by non-payment.

(3) If the holder takes partial payment from the drawee, the guarantor of the drawee, or the acceptor or the maker:

(a) The guarantor of the drawee, or the acceptor or the maker is discharged of his liability on the instrument to the extent of the amount paid;

(b) The instrument is to be considered as dishonoured by non-payment as to the amount unpaid.

(4) If the holder takes partial payment from a party to the instrument other than the acceptor, the maker or the guarantor of the drawee:

(a) The party making payment is discharged of his liability on the instrument to the extent of the amount paid;

(b) The holder must give such party a certified copy of the instrument and any necessary authenticated protest in order to enable such party to exercise a right on the instrument.

(5) The drawee or a party making partial payment may require that mention of such payment be made on the instrument and that a receipt therefor be given to him.

(6) If the balance is paid, the person who receives it and who is in possession of the instrument must deliver to the payor the receipted instrument and any authenticated protest.

Article 74

(1) The holder may refuse to take payment at a place other than the place where the instrument was presented for payment in accordance with article 55.

(2) In such case if payment is not made at the place where the instrument was presented for payment in accordance with article 55, the instrument is considered to be dishonoured by non-payment.

Article 75

(1) An instrument must be paid in the currency in which the sum payable is expressed.

(2) If the sum payable is expressed in a monetary unit of account within the meaning of subparagraph *(l)* of article 5 and the monetary unit of account is transferable between the person making payment and the person receiving it, then, unless the instrument specifies a currency of payment, payment shall be made by transfer of monetary units of account. If the monetary unit of account is not transferable between those persons, payment shall be made in the currency specified in the instrument or, if no such currency is specified, in the currency of the place of payment.

(3) The drawer or the maker may indicate in the instrument that it must be paid in a specified currency other than the currency in which the sum payable is expressed. In that case:

(a) The instrument must be paid in the currency so specified;

(b) The amount payable is to be calculated according to the rate of exchange indicated in the instrument. Failing such indication, the amount payable is to be calculated according to the rate of exchange for sight drafts (or, if there is no such rate, according to the appropriate established rate of exchange) on the date of maturity:

(i) Ruling at the place where the instrument must be presented for payment in accordance with subparagraph *(g)* of article 55, if the specified currency is that of that place (local currency); or

(ii) If the specified currency is not that of that place, according to the usages of the place where the instrument must be presented for payment in accordance with subparagraph *(g)* of article 55;

(c) If such an instrument is dishonoured by non-acceptance, the amount payable is to be calculated:

(i) If the rate of exchange is indicated in the instrument, according to that rate;

(ii) If no rate of exchange is indicated in the instrument, at the option of the holder, according to the rate of exchange ruling on the date of dishonour or on the date of actual payment;

(d) If such an instrument is dishonoured by non-payment, the amount payable is to be calculated:

(i) If the rate of exchange is indicated in the instrument, according to that rate;

(ii) If no rate of exchange is indicated in the instrument, at the option of the holder, according to the rate of exchange ruling on the date of maturity or on the date of actual payment.

(4) Nothing in this article prevents a court from awarding damages for loss caused to the holder by reason of fluctuations in rates of exchange if such loss is caused by dishonour for non-acceptance or by non-payment.

(5) The rate of exchange ruling at a certain date is the rate of exchange ruling, at the option of the holder, at the place where the instrument must be presented for payment in accordance with subparagraph *(g)* of article 55 or at the place of actual payment.

Article 76

(1) Nothing in this Convention prevents a Contracting State from enforcing exchange control regulations applicable in its territory and its provisions relating to the protection of its currency, including regulations which it is bound to apply by virtue of international agreements to which it is a party.

(2) *(a)* If, by virtue of the application of paragraph (1) of this article, an instrument drawn in a currency which is not that of the place of payment must be paid in local currency, the amount payable is to be calculated according to the rate of exchange for sight drafts (or, if there is no such rate, according to the appropriate established rate of exchange) on the date of presentment ruling at the place where the instrument must be presented for payment in accordance with subparagraph *(g)* of article 55.

(b) (i) If such an instrument is dishonoured by non-acceptance, the amount payable is to be calculated, at the option of the holder, at the rate of exchange ruling on the date of dishonour or on the date of actual payment.

(ii) If such an instrument is dishonoured by non-payment, the amount is to be calculated, at the option of the holder, according to the rate of exchange ruling on the date of presentment or on the date of actual payment.

(iii) Paragraphs (4) and (5) of article 75 are applicable where appropriate.

Section 2. Discharge of other parties

Article 77

(1) If a party is discharged in whole or in part of his liability on the instrument, any party who has a right on the instrument against him is discharged to the same extent.

(2) Payment by the drawee of the whole or a part of the amount of a bill to the holder, or to any party who takes up and pays the bill, discharges all parties of their liability to the same extent, except where the drawee pays a holder who is not a protected holder, or a party who has taken up and paid the bill, and knows at the time of payment that the holder or that party acquired the bill by theft or forged the signature of the payee or an endorsee, or participated in the theft or the forgery.

Chapter VII. Lost instruments

Article 78

(1) If an instrument is lost, whether by destruction, theft or otherwise, the person who lost the instrument has, subject to the provisions of paragraph (2) of this article, the same right to payment which he would have had if he had been in possession of the instrument. The party from whom payment is claimed cannot set up as a defence against liability on the instrument the fact that the person claiming payment is not in possession of the instrument.

(2) *(a)* The person claiming payment of a lost instrument must state in writing to the party from whom he claims payment:

- (i) The elements of the lost instrument pertaining to the requirements set forth in paragraph (1) or paragraph (2) of articles 1, 2 and 3; for this purpose the person claiming payment of the lost instrument may present to that party a copy of that instrument;
- (ii) The facts showing that, if he had been in possession of the instrument, he would have had a right to payment from the party from whom payment is claimed;
- (iii) The facts which prevent production of the instrument.

(b) The party from whom payment of a lost instrument is claimed may require the person claiming payment to give security in order to indemnify him for any loss which he may suffer by reason of the subsequent payment of the lost instrument.

(c) The nature of the security and its terms are to be determined by agreement between the person claiming payment and the party from whom payment is claimed. Failing such an agreement, the court may determine whether security is called for and, if so, the nature of the security and its terms.

(d) If the security cannot be given, the court may order the party from whom payment is claimed to deposit the sum of the lost instrument, and any interest and expenses which may be claimed under article 70 or article 71, with the court or any other competent authority or institution, and may determine the duration of such deposit. Such deposit is to be considered as payment to the person claiming payment.

Article 79

(1) A party who has paid a lost instrument and to whom the instrument is subsequently presented for payment by another person must give notice of such presentment to the person whom he paid.

(2) Such notice must be given on the day the instrument is presented or on one of the two business days which follow and must state the name of the person presenting the instrument and the date and place of presentment.

(3) Failure to give notice renders the party who has paid the lost instrument liable for any damages which the person whom he paid may suffer from such failure, provided that the damages do not exceed the amount referred to in article 70 or article 71.

(4) Delay in giving notice is excused when the delay is caused by circumstances which are beyond the control of the person who has paid the lost instrument and which he could neither avoid nor overcome. When the cause of the delay ceases to operate, notice must be given with reasonable diligence.

(5) Notice is dispensed with when the cause of delay in giving notice continues to operate beyond 30 days after the last day on which it should have been given.

Article 80

(1) A party who has paid a lost instrument in accordance with the provisions of article 78 and who is subsequently required to, and does, pay the instrument, or who, by reason of the loss of the instrument, then loses his right to recover from any party liable to him, has the right:

(a) If security was given, to realize the security; or

(b) If an amount was deposited with the court or other competent authority or institution, to reclaim the amount so deposited.

(2) The person who has given security in accordance with the provisions of paragraph (2) *(b)* of article 78 is entitled to obtain release of the security when the party for whose benefit the security was given is no longer at risk to suffer loss because of the fact that the instrument is lost.

Article 81

For the purpose of making protest for dishonour by non-payment, a person claiming payment of a lost instrument may use a written statement that satisfies the requirements of paragraph (2) *(a)* of article 78.

Article 82

A person receiving payment of a lost instrument in accordance with article 78 must deliver to the party paying the written statement required under paragraph (2) *(a)* of article 78, receipted by him, and any protest and a receipted account.

Article 83

(1) A party who pays a lost instrument in accordance with article 78 has the same rights which he would have had if he had been in possession of the instrument.

(2) Such party may exercise his rights only if he is in possession of the receipted written statement referred to in article 82.

Chapter VIII. Limitation (prescription)

Article 84

(1) A right of action arising on an instrument may no longer be exercised after four years have elapsed:

(a) Against the maker, or his guarantor, of a note payable on demand, from the date of the note;

(b) Against the acceptor or the maker or their guarantor of an instrument payable at a definite time, from the date of maturity;

(c) Against the guarantor of the drawee of a bill payable at a definite time, from the date of maturity or, if the bill is dishonoured by non-acceptance, from the date of protest for dishonour or, where protest is dispensed with, from the date of dishonour;

(d) Against the acceptor of a bill payable on demand or his guarantor, from the date on which it was accepted or, if no such date is shown, from the date of the bill;

(e) Against the guarantor of the drawee of a bill payable on demand, from the date on which he signed the bill or, if no such date is shown, from the date of the bill;

(f) Against the drawer or an endorser or their guarantor, from the date of protest for dishonour by non-acceptance or by non-payment or, where protest is dispensed with, from the date of dishonour.

(2) A party who pays the instrument in accordance with article 70 or article 71 may exercise his right of action against a party liable to him within one year from the date on which he paid the instrument.

Chapter IX. Final provisions

Article 85

The Secretary-General of the United Nations is hereby designated as the Depositary for this Convention.

Article 86

(1) This Convention is open for signature by all States at the Headquarters of the United Nations, New York, until 30 June 1990.

(2) This Convention is subject to ratification, acceptance or approval by the signatory States.

(3) This Convention is open for accession by all States which are not signatory States as from the date it is open for signature.

(4) Instruments of ratification, acceptance, approval and accession are to be deposited with the Secretary-General of the United Nations.

Article 87

(1) If a Contracting State has two or more territorial units in which, according to its constitution, different systems of law are applicable in relation to the matters dealt with in this Convention, it may, at the time of signature, ratification, acceptance, approval or accession, declare that this Convention is to extend to all its territorial units or only to one or more of them, and may amend its declaration by submitting another declaration at any time.

(2) These declarations are to be notified to the Depositary and are to state expressly the territorial units to which the Convention extends.

(3) If a Contracting State makes no declaration under paragraph (1) of this article, the Convention is to extend to all territorial units of that State.

Article 88

(1) Any State may declare at the time of signature, ratification, acceptance, approval or accession that its courts will apply the Convention only if both the place indicated in the instrument where the bill is drawn, or the note is made, and the place of payment indicated in the instrument are situated in Contracting States.

(2) No other reservations are permitted.

Article 89

(1) This Convention enters into force on the first day of the month following the expiration of twelve months after the date of deposit of the tenth instrument of ratification, acceptance, approval or accession.

(2) When a State ratifies, accepts, approves or accedes to this Convention after the deposit of the tenth instrument of ratification, acceptance, approval or accession, this Convention enters into force in respect of that State on the first day of the month following the expiration of twelve months after the date of deposit of its instrument of ratification, acceptance, approval or accession.

Article 90

(1) A Contracting State may denounce this Convention by a formal notification in writing addressed to the Depositary.

(2) The denunciation takes effect on the first day of the month following the expiration of six months after the notification is received by the Depositary. Where a longer period for the denunciation to take effect is specified in the notification, the denunciation takes effect upon the expiration of such longer period after the notification is received by the Depositary. The Convention remains applicable to instruments drawn or made before the date at which the denunciation takes effect.

DONE at New York, this ninth day of December, one thousand nine hundred and eighty-eight, in a single original, of which the Arabic, Chinese, English, French, Russian and Spanish texts are equally authentic.

IN WITNESS WHEREOF the undersigned plenipotentiaries, being duly authorized by their respective Governments, have signed this Convention.

Endgültiger Text in A/Res/43/165	A/43/405	A/42/17 Annex	A/CN.9/211 A/CN.9/213	A/CN.9/67= A/CN.9/WG.IV/WP.2
1	1	1	1	1
2	2	1bis	1(2)(e) 1(3)(e)	1(2) 2
3	3	1ter	1(2)(b)-(d) 1(3)(b)-(d)	1
-	4	2	2	3
4	5	3	3	4
5	6	4	4	5, 27 (3)
6	7	5	5	6
7	8	6	6	7
8	9	7	7	8
9	10	8	8	9
10	11	9	9	10
11	12	10	10	-
12	13	11	11	11
13	14	12	12	12, 13, 14
14	15	13	13	5(3)(a)-(c)
15	16	14	14	13(2)
16	17	15	15	15
17	18	16	16	16
18	19	17	17	17
19	20	18	18	18
20	21	19	19	19
21	22	20	20	20
22	23	20bis	-	-
23	24	21	21	21
24	25	22	22	-

Endgültiger Text in A/Res/43/165	A/43/405	A/42/17 Annex	A/CN.9/211 A/CN.9/213	A/CN.9/67= A/CN.9/WG.IV/WP.2
25	26	23	23	22
26	27	23bis	23(3)	22
27	28	24	24	23, 12
28	29	25	25	24
29	30	25bis	4(7)	5(7)
30	31	26	26	25
31	32	27	27	25(2)
32	33	28	28	26
33	34	29	29	27
34	35	30	30	28
35	36	31	31	29
36	37	32	32	30
37	38	33	33	35(2)
38	39	34	34	31, 33, 34
39	40	35	35	-
40	41	36	36	33, 35, 36
41	42	37	37	37
42	43	38	38	38
43	44	39	39	39, 40
44	43	40	40	31, 33, 41
45	46	41	41	42
46	47	42	42	32, 33, 43
47	48	43	43	44
48	49	44	44	45
49	50	45	45	46
50	51	46	46	47

Endgültiger Text in A/Res/43/165	A/43/405	A/42/17 Annex	A/CN.9/211 A/CN.9/213	A/CN.9/67= A/CN.9/WG.IV/WP.2
51	52	47	47	48
52	53	48	48	49
53	54	49	49	50
54	55	50	50	51
55	56	51	51	53
56	57	52	52	54
57	58	53	53	52, 55
58	59	54	54	56
59	60	55	55	57
60	61	56	56	58
61	62	57	57	59
62	63	58	58	61
63	64	59	59	60
64	65	60	60	62
65	66	61	61	63
66	67	62	62	64
67	68	63	63	65
68	69	64	64	66
69	70	65	65	67
70	71	66	66	67
71	72	67	67	68, 69
72	73	68	68	69, 70, 75, 76, 77
73	74	69	69	71
74	75	70	70	72
75	76	71	71	74, 75,[1] 76,[2]
76	77	72	72	74[3]

Endgültiger Text in A/Res/43/165	A/43/405	A/42/17 Annex	A/CN.9/211 A/CN.9/213	A/CN.9/67= A/CN.9/WG.IV/WP.2
77	78	73	73	73, 78 [4]
78	79	74	74	80
79	80	75	75	81
80	81	76	76	82 [5]
81	82	77	77	83 [5]
82	83	78	78	84 [5]
83	84	79	79	85, 86 [5]
84	85	80	80	79
85	86	81	-	-
-	-	82	-	-
86	87	83	-	-
87	88	84	-	-
88(1)	89(1)	84bis	-	-
88(2)	89(2)	85	-	-
89	90	86	-	-
-	-	87	-	-
90	91	88	-	-

1 In Jahrbuch 1980 Vol.11 A/CN.9/178 Art.75.
2 In Jahrbuch 1980 Vol.11 A/CN.9/178 Art.76.
3 Ab Jahrbuch 1980 Vol.11 A/CN.9/181 auch Art. 74 bis.
4 Ab Jahrbuch 1980 Vol.11 A/CN.9/178 auch Art. 77.
5 Ab Jahrbuch 1976 Vol.7 A/CN.9/117.

UN-Dokument	Abgedruckt in	Datum	Sitzung
A/Res/43/165 (Text)	Yearbook 1988 Vol.19	9 Dezember 1988	43 Gen.Assembly 76 Plenary meet.
A/43/820	Yearbook 1988 Vol.19	21 November 1988	43 Gen. Assembly
A/C.6/43/SR.10	Yearbook 1988 Vol.19 [1]	7 Oktober 1988	6 Committee
A/C.6/43/L.2	Yearbook 1988 Vol.19 [1]	30 September 1988	6 Committee
A/43/405 Add.3	Yearbook 1988 Vol.19	21 September 1988	43 Gen.Assembly
A/43/405 Add.2	Yearbook 1988 Vol.19	30 August 1988	43 Gen.Assembly
A/43/405 Add.1	Yearbook 1988 Vol.19	15 Juli 1988	43 Gen.Assembly
A/43/405	Yearbook 1988 Vol.19	27 Juni 1988	43 Gen.Assembly
A/43/17	Yearbook 1988 Vol.19	11-22 April 1988	21 Commission
A/CN.9/300	Yearbook 1988 Vol.19	11-22 April 1988	note secretariat
A/42/17	Yearbook 1987 Vol.18	20 Juli -14 August 1987	20 Commission
A/42/17 Annex 1	Yearbook 1987 Vol.18	20 Juli -14 August 1987	20 Commission
A/CN.9/SR.378, 379,381-385,388	Yearbook 1987 Vol.18	6-14 August 1987	20 Commission, 378-388 meeting
A/CN.9/288 A/CN.9/288 Annex 1	Yearbook 1987 Vol.18	17 Februar -27 Februar 1987	15 Working Grp.
A/CN.9/WG.IV/ WP.32, A/CN.9/WG.IV/ WP.32/Add.1-10	Yearbook 1987 Vol.18	5-16 Januar 1987	15 Working Grp. Working Paper
A/CN.9/WG.IV/ WP.33	Yearbook 1987 Vol.18	29 Oktober 1986	15 Working Grp. Working Paper
A/41/17	Yearbook 1986 Vol.17	23 Juni -11 Juli 1986	19 Commission

1 Dieses Dokument ist nur in Auszügen wiedergegeben.

UN-Dokument	Abgedruckt in	Datum	Sitzung
A/CN.9/SR.335-SR.356	Yearbook 1986 Vol.17	23 Juni -11 Juli 1986	19 Commission, 335-356 meeting
A/CN.9/285	Yearbook 1986 Vol.17	16 Juni -11 Juli 1986	note secretariat
A/CN.9/273	Yearbook 1986 Vol.17	9 Dezember -20 Dezember 1985	14 Working Grp.
A/CN.9/274 (Text)	Yearbook 1986 Vol.17	9 Dezember -20 Dezember 1985	14 Working Grp.
A/CN.9/WG IV/ WP.30	Yearbook 1986 Vol.17	16 September 1985	14 Working Gr. Working Paper
A/40/17	Yearbook 1985 Vol.16	3-21 Juni 1985	18 Commission
A/CN.9/261	Yearbook 1985 Vol.16	7-18 Januar 1985	13 Working Gr.
A/39/17	Yearbook 1984 Vol.15	25 Juni -6 Juli 1984	17 Commission
A/CN.9/SR.286 -SR.301	Yearbook 1984 Vol.15	25 Juni -6 Juli 1984	Draft Convention 286-301 meeting
A/CN.9/248 A/CN.9/249 A/CN.9/249 Add.1	Yearbook 1984 Vol.15	keine Angabe	report Secr.gen.
A/38/17	Yearbook 1983 Vol.14	24 Mai -3 Juni 1983	16 Commission
A/37/17	Yearbook 1982 Vol.13	26 Juli -7 August 1982	15 Commission
A/CN.9/223	Yearbook 1982 Vol.13	18 Juni 1982	note secretariat
A/CN.9/213 (Kommentar) A/CN.9/211 (Text)	Yearbook 1982 Vol.13	3-14 August 1981	11 Working Grp.
A/36/17	Yearbook 1981 Vol. 12	19-26 Juni 1981	14 Commission
A/CN.9/WG IV/ WP.24	Yearbook 1981 Vol. 12	30 Juli 1981	note secretariat

UN-Dokument	Abgedruckt in	Datum	Sitzung
A/CN.9/WG IV/ WP.23	Yearbook 1981 Vol. 12	16 Juni 1981	note secretariat
A/CN.9/WG IV/ WP.22	Yearbook 1981 Vol. 12	12 Juni 1981	note secretariat
A/CN.9/196	Yearbook 1981 Vol. 12	5-16 Januar 1981	10 Working Grp.
A/35/17	Yearbook 1980 Vol. 11	14-15 Juli 1980	13 Commission
A/CN.9/181 A/CN.9/181/Annex	Yearbook 1980 Vol. 11	2-11 Januar 1980	9 Working Group
A/CN.9/178	Yearbook 1980 Vol. 11	3 September -14 September 1979	8 Working Group
A/CN.9/157	Yearbook 1979 Vol. 10	3-12 Januar 1979	7 Working Group
A/33/17	Yearbook 1978 Vol. 9	30 Mai -16 Juni 1978	11 Commission
A/CN.9/147	Yearbook 1978 Vol. 9	3-13 Januar 1978	6 Working Group
A/CN.9/141	Yearbook 1978 Vol. 9	18-29 Juli 1977	5 Working Group
A/31/17	Yearbook 1976 Vol. 7	12 April - 7 Mai 1976	9 Commission
A/CN.9/117	Yearbook 1976 Vol. 7	2-12 Februar 1976	4 Working Group
A/10017	Yearbook 1975 Vol. 6	1-17 April 1975	8 Commission
A/CN.9/99	Yearbook 1975 Vol. 6	6-17 Januar 1975	3 Working Group
A/9617	Yearbook 1974 Vol. 5	13-17 Mai 1974	7 Commission
A/CN.9/86	Yearbook 1974 Vol. 5	7-18 Januar 1974	2 Working Group
A/9017	Yearbook 1973 Vol. 4	2-13 April 1973	6 Commission
A/CN.9/77	Yearbook 1973 Vol. 4	8-19 Januar 1973	1 Working Group
A/CN.9/WG.IV/ WP.2 (Text)	Yearbook 1973 Vol. 4	21 November 1972	report Secr.gen.

UN-Dokument	Abgedruckt in	Datum	Sitzung
A/8717	Yearbook 1972 Vol. 3	10 April -5 Mai 1972	5 Commission
A/CN.9/67	Yearbook 1972 Vol. 3	31 März 1972	report Secr.gen.
A/8417	Yearbook 1971 Vol. 2	29 März -20 April 1971	4 Commission
A/CN.9/48	Yearbook 1971 Vol. 2	14 Dezember 1970	report Secr.gen.
A/CN.9/38/ Add.1	Yearbook 1971 Vol. 2	5 März 1971	report Secr.gen.
A/8017	Yearbook 1970 Vol. 1	6-30 April 1970	3 Commission
A/CN.9/38	Yearbook 1970 Vol. 1	keine Angabe	report Secr.gen.
A/CN.9/19	Yearbook 1970 Vol. 1	keine Angabe	report Secr.gen.
A/7618	Yearbook 1970 Vol. 1	3-31 März 1969	2 Commission
A/7216	Yearbook 1970 Vol. 1	29 Januar -26 Februar 1968	1 Commission

Index